alibi lime shap ELI5 InterpretML을 활용한 XAI

박유성 지음

자유아카데미

머리말

앙상블러닝이나 딥러닝은 예측의 정밀도 측면에서 전통적인 통계적 예측 방법론을 앞서고 있다고 해도 과언은 아니다. 이러한 예측 정밀도에도 불구하고 AI를 알지 못하는 end-user에게 이들 모형의 예측이 '왜?' '어떻게?'를 설명하지 못하면, 정밀도만 높을 뿐 모형의 예측 결과가 산업현장의 의사결정에 거의 도움을 주지 못하게 된다.

XAI는 AI 모형과 end-user 간의 이러한 괴리를 메꿀 뿐만 아니라 AI 모형을 투명하고(transparency) 신뢰할만하게(trustworth) 만드는 도구이자 모형이다. 특히, XAI는 AI에 대한 전문지식이 없는 산업현장과 연구 분야에 있는 end-user도 AI 모형의 예측 결과를 쉽게 이해하고 진단할 수 있도록 한다.

이 책에서는 AI 모형을 적합시키고 예측했을 때, "이 예측모형에서 어떤 특성 변수가 얼마나 중요하지? 특정 표본의 예측 결과에 대한 각 특성 변수의 기여도는? text 데이터 또는 image 데이터인 경우, 어떤 단어(또는 단어모임) 또는 이미지의 어떤 부분이 예측 결과에 중요한 기여를 하지? 각 특성 변수값이 변화할 때 예측값은 어떤 방향으로 얼마만큼 변화하지? 특성 변수 간의 교호작용이 예측에 미치는 영향은? 특정 클래스에 소속되기 위해서 결정적인 역할을 하는 특성 변수값은? 텍스트는? 이미지는? 원래 클래스에서 다른 클래스 또는 목표 클래스로 변경하기 위해서는 어떤 특성 변수를 얼마만큼 변경해야 하지? 이미지의 어떤 부분을 어떻게 변화시키면 되지?" 등의 여러 질문에 대한 답변을 통해, XAI의 역할과 기능을 체계적으로 정리하고 다양한 예제를 실습하도록 하여 XAI를 실제 문제에 응용할 수 있도록 하였다.

XAI의 또 다른 중요한 기능은 end-user의 언어로 AI 모형을 설명하는 데 있다. 이러한 설명은 AI에 대한 지식이 없더라도 모형의 구조를 이해하게 할 뿐만 아니라, 모형의 bias와 fairness를 점검하여 AI 모형의 특이현상 여부를 end-user의 관점에서 판별할 수 있도록 한다. 아무리 정밀도가 높더라도 bias가 있거나 fairness가 결여된 AI 모형은 실제 문제에 적용할 수 없으므로 적용 가능한 AI 모형인지에 대한 AI 모형의 신뢰도 점검은 필수적이다.

XAI를 효과적으로 처리할 수 있도록 ELI5, shap, lime, alibi, InterpretML 등의 라이브러리의 사용법을 자세하게 설명하였으며 실습에 필요한 코드와 데이터는 자유아카데미 홈페이지 자료실(www.freeaca.com)에서 download할 수 있도록 하였다. 각 라이브러리의 사용법을 자세하게 수록하였지만, 라이브러리별로 자료의 사전정리 과정이 매우 다르고 경우에 따라서는 매우 복잡하여 쉽게 익숙해지지 않을 것이다. XAI에 익숙해지는 가장 좋은 방법 중 하나는 이 책에서 제공한 각 XAI의 방법론에 대한 직관적인 설명을 먼저 이해하고 제공된 코드를 seed code로 하여 필요할 때마다 수정하여 사용하는 방법이다. 오자와 탈자가 없도록 반복하여 확인하였지만 발견되면 저자에게 알려주길 바란다.

끝으로 이 책의 개념도를 그려주고 교정을 도와준 박진세군의 노고에 감사를 전하며, 항상 응원하고 격려해 주는 사랑하는 가족들에게도 감사의 마음을 전한다.

저자 박유성

차례

3부 Shapley Additive Explainers

4부 CounterFactual Explainers

5부 ALIBI와 EBM

1장

XAI
(Explainable AI)

머신러닝이나 딥러닝 모형과 같은 AI는 언어 생성 모형인 GPT-3의 출현으로 computer가 우리의 일상에 직접적인 영향을 주기 시작했고, machine이 사람보다 좀 더 우수한 운전자(자율자동차)나 유능한 의사도 될 수 있다는 논의가 되고 있다. AI가 사람만큼 지능적일 수도 있다는 막연한 믿음을 가질 정도로 정확도가 높기 때문이다. 그러나 대부분의 머신러닝 모형이나 딥러닝 모형은 왜 그런 예측치를 내놓았는지에 대한 설명없이 결과만 내놓는 경우가 대부분이다. 이는 결과에 대한 신뢰도에 심각한 의구심을 가지는 원인이 될 수밖에 없다. 이런 결과가 나온 핵심적인 이유는? 왜 다른 결과는 나오지 않았지? 언제 무슨 이유로 이 모형을 신뢰해야 하지? 모형에 error가 발견되면 어떻게 고쳐야 하지? 등과 같은 질문에 답을 할 수 없는 모형이라면 이 모형은 아무리 정밀도가 높더라도 실제 문제 해결을 위해 적용하는데 망설일 수밖에 없게 된다.

설명 가능한 AI(explainable AI, XAI)는 AI 모형이 만들어 낸 예측치에 대한 근거(rationale)를 이해하기 위한 방법론으로, <그림 1-1>은 AI 모형과 XAI의 차이를 보여주고 있다. <그림 1-1>의 핵심적인 내용은 다섯 가지로 요약된 질문을 end-user가 이해할 수 있느냐에 따라 AI 모형과 XAI로 구분된다는 내용이다. AI 모형은 일반적으로 결과를 도출해 내기는 하지만 결과 생성 과정을 이해할 수 없는 black-box이다. 한편, XAI는 AI 모형의 user가 모형을 이해할 수 있도록 하고 모형의 예측 결과를 신뢰할 수 있는지를 판단하게 하는 방법론이며, AI 모형에 의한 의사결정에 대한 기대효과, 투명성(transparency), bias, 공정성(fairness) 등을 점검하는 역할을 담당한다. 여기에서 투명성은 특성 변수가 어떻게 얼마만큼 어떤 행태로 예측치에 영향을 미치는가를 알려주는 척도이며, bias는 예를 들어 암환자 확진 여부를 예측하는 모형에서 특정 연령대에 있는 사람이 모두 암이며 이러한 표본이 작을 경우, 이 특정 연령대의 암 진단에 대한 연령의 효과가 다른 연령대에 비해 매우 높게 나오게 된다. 이러한 경우 bias가 발생했다고 말한다. 이를 해소하기 위해서 이 연령대의 데이터를 추가하거나, 데이터의 추가가 가능하지 않으면 분석데이터에서 제거하는 것이 바람직하다.

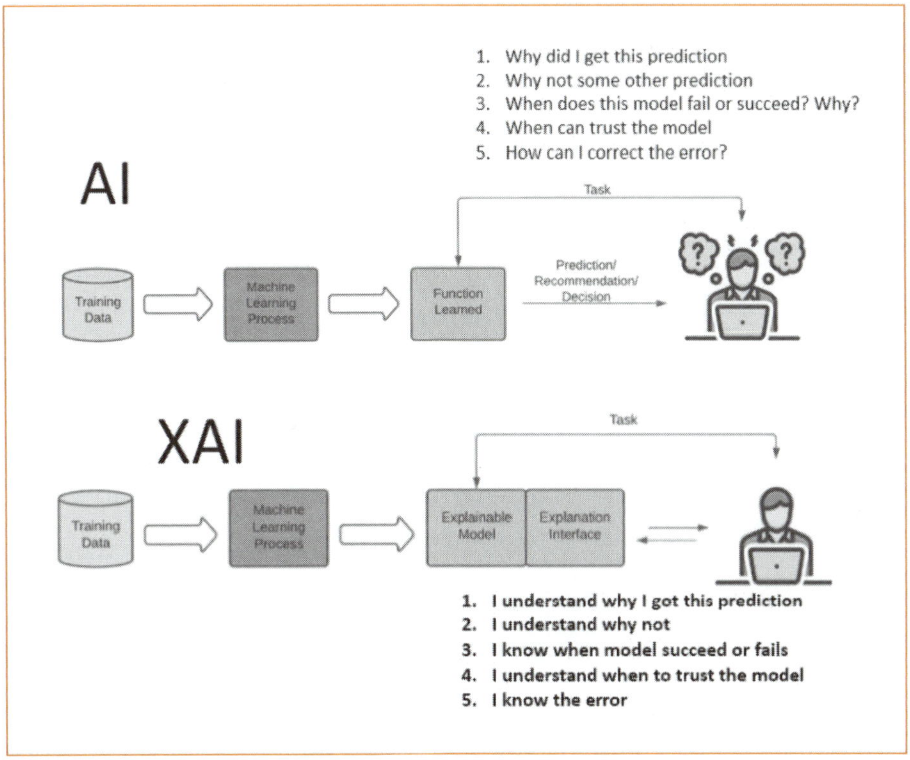

그림 1-1 AI와 XAI
출처: https://www.kdnuggets.com/2021/06/explainable-ai-xai-explainable-boosting-machines-ebm.html

fairness는 사진으로 의사(doctor) 여부를 딥러닝 모형으로 분류하고자 할 때, 데이터가 대부분 가운을 입고 청진기를 목에 두른 백인 남성 이미지이면 백인 남성이 의사(doctor) 여부를 결정하는 중요한 요소가 된다. 즉, 여성이거나 다른 유색인종이 청진기를 목에 두른 이미지는 의사가 아니라고 구분할 가능성이 높아진다. 이를 fairness가 결여된 데이터라고 말하며 이를 기반으로 학습한 딥러닝 모형도 fairness를 갖지 못한다고 말한다.

선형모형이나 로지스틱 회귀모형은 복잡한 앙상블러닝이나 딥러닝 모형에 비해 성능이 떨어지지만 여전히 빈번하게 사용되는 회귀 및 분류모형이다. 근본적인 이유는 해석이 용이하고 예측치에 대한 특성 변수의 기여도가 명확한 소위 유리박스 모형(glass-box model) 혹은 백색박스 모형(white-box model) 범주에 이 모형들이 해당되기 때문이다. 예를 들어

$$y_i = \beta_0 + \beta_1 x_{1i} + \cdots + \beta_p x_{pi} + \epsilon_i$$

의 선형회귀모형에서 $\beta_k x_{ki}$는 i번째 표본의 특성 변수 x_{ki}가 예측치에 영향을 주는 정도를 수량화한 것이고, β_k는 절댓값의 크기로 목적 변수 y에 기여하는 중요도를 설명하고 부호로 예측치의 증가 및 감소를 평가하는 방향성 정보도 제공한다. 즉, 모형식 자체로부터 예측치가 어떻게 생성되는지를 알 수 있는 모형이 유리박스 모형이다.

이러한 수량화는 맞게 예측한 경우와 틀리게 예측하는 경우로 나누어 그 이유를 설명할 수 있게 하고 이로부터 모형을 실제 문제에 적용할 수 있는지에 대한 모형의 신뢰도 지표로도 사용할 수 있다. 다만, 이러한 모형의 신뢰도는 모형의 성능과 일치하지는 않는다. 이와 반대로 Bagging 또는 Boosting 모형과 같은 앙상블러닝이나 수많은 은닉층으로 구성된 딥러닝의 예측 정밀도는 기존의 선형모형보다 월등하지만 내부적으로 어떻게 작동하여 예측치가 만들어지는지를 알 수 없어 블랙박스 모형(balck-box model)으로 분류되며 이들 모형들의 신뢰도는 일반적으로 낮은 편이다.

이처럼 유리박스 모형과 블랙박스 모형을 모형의 복잡한 정도로 구분하는 것이 일반적이지만, 모형의 미분 가능성으로 분류하기도 한다. 예를 들어, 딥러닝 모형을 tensorflow.keras로 구축하면 tensorflow의 자동 미분 기능으로 인해 모형 내부에 있는 모든 모수에 대해 미분 가능하므로 유리박스 모형으로 분류되지만, Bagging 또는 Boosting 모형은 미분이 불가능하므로 블랙박스 모형으로 구분된다. 이러한 분류는 모형의 설명 가능성(explainability)을 구할 때 머신러닝 모형의 미분 여부가 중요한 역할을 하기 때문이다.

블랙박스 모형에 대한 구분 방법과 관계없이 블랙박스 모형의 특징은 입력 특성 변수와 출력 결과만 관측되므로 오직 이 2개의 관측치만으로 블랙박스 모형

의 설명 가능성을 구현해야 한다. 설명 가능성은 입력되는 특성 변수의 변화가 예측치의 변화에 미치는 영향의 정도를 사람이 이해할 수 있도록 수량화하는 과정으로 정의할 수 있다.

설명 가능성은 크게 global explainer와 local explainer로 나눌 수 있다. global explainer는 전체 데이터에서 차지하는 특성 변수의 중요도를 파악하는 explainer를 말하고 local explainer는 개별 표본에 대해 특성 변수가 예측치에 미치는 기여도를 측정하는 explainer를 말한다. 앞의 선형회귀모형에서 β_k는 k번째 특성 변수의 global explainer이고 $\beta_k x_{ki}$는 i번째 표본의 특성 변수 x_{ki}값에 따라 다르게 영향을 주므로 local explainer에 해당된다.

대표적인 global explainer는 PD(partial dependence), PV(partial dependence variance), PI(permutation importance), 그리고 ALE(accumulated local effect) 등이 있으며, 대표적인 local explainer는 SHAP(Sharpley Additive explainers), LIME(local interpretable model-agnostic explainations), Anchors, 그리고 Counterfactual instances, IG(Integrated Gradients), Similarity explainers(SE) 등이 있다. 이중 SHAP은 local explainer일 뿐만 아니라 global explainer이기도 하다.

이러한 explainer들을 실행하고 시각화하는 open-source 라이브러리는 현재 개발단계에 있으며 대표적인 라이브러리는 ELI5, alibi, shap, lime등이 있다. ELI5(Explain like I'm 5)는 이름 자체가 의미하는 바와 같이 머신러닝 모형에서 제공하는(구체적으로 sklearn) 설명 가능성과 관련된 수량화 값을 하나의 라이브러리로 통합한 것으로 생각해도 된다. ELI5는 global과 local explainer를 모두 제공하지만 sklearn에서 제공하는 tabular 데이터에서만 적용되며 앙상블러닝과 같이 복잡한 모형은 오직 global explainer인 PI만 제공한다.

LIME은 블랙박스 모형에 적용되는 모형 무관(model agnostic) local explainer이다. LIME은 tabular 데이터에도 적용이 가능하지만, 초모수조절 문제 때문에 가능한 한 text 데이터나 image 데이터의 explainer로 사용하는 것이 좋다. LIME은 대리모형(surrogate model)을 이용하여 블랙박스 모형에서의 특성 변수 기여도를 계산한다. 여기에서 대리모형은 선형회귀모형이나 의사결정나무와 같은 유리박스 모형으로 정의된다. 이미지 자료의 예로 LIME의 작동 원리를 간단하게 설명해 보자. 이미지를 픽셀들의 모임인 super-pixel로 나눈 후, 이 super-pixel을 on/off의 개념으로 원래의 이미지에서 임의로 제거한다. 만약 off된 super-pixel이 중요한 픽셀의 모임이면 블랙박스 모형의 성능이 많이 떨어질 것이고, 반대로 이 super-pixel이 블랙박스 모형에 기여도가 작다면 제거하여도 블랙박스 모형의 성능에 거의 영향이 없을 것이다. 이러한 변화를 대리모형으로 탐지(detect)하는 것이 LIME의 작동 원리이다. LIME에서 특성 변수의 on/off의 개념은 tabular, text, image 데이터에 따라 다르게 정의되므로 LIME 라이브러리는 LimeTabular explainer, LimeText explainer, 그리고 LimeImage explainer로 구분하여 제공한다.

alibi는 통합라이브러리로 alibi를 통해 local 및 global explainer를 쉽게 구현할 수 있다. tabular, text, image 데이터 등 모든 type의 데이터에 적용되지만 특히, Anchors나 Counterfactual을 유연하게 실행할 수 있도록 한 라이브러리이다. Anchors는 특정 특성 변수값이 특정 범위에 있으면 머신러닝 모형의 예측치가 거의 변동이 없는 핵심 특성 변수와 이 특성 변수값의 범위(또는 범주)를 탐색하는 local explainer이다. tabular 데이터의 경우, 특성 변수를 범위로 범주화하고, 이미지의 경우 super-pixel로 범주화한다. 이렇게 범주화된 핵심 특성 변수를 탐색하고 이 특성 변수값이 주어졌을 때, 동일한 예측치(또는 예측범주)를 출력할 확률(예를 들어, 0.99 이상)과 전체 데이터에서 이러한 핵심 특성 변수를 가진 비율(이를 coverage라고 함)을 제시하여 explainer의 신뢰도를 제공한다.

Counterfactual은 어떤 특성 변수를 얼마나 수정해야 원래 label을 다른 label로 변경할 수 있나?에 대한 해결책을 주는 local explainer이다. 예를 들어, 은행에 대출 신청이 거부되었을 때, 대출신청자의 심사항목 중 어느 항목을 얼마나 개선해야 대출 신청이 승인되는지를 알고 싶다거나, 건강검진 결과 중 어느 검진 항목을 얼마나 향상시켜야 암에 걸릴 확률을 1% 이하로 줄일 수 있는가를 탐색하는 것이 counterfactual explainer의 목적이다.

shap은 경제학자 Shapley의 게임이론을 근간으로 특성 변수의 주 효과와 교호작용효과가 예측치에 기여하는 정도를 측정하는 SHAP value를 구하고 시각화하는 라이브러리이다. 다양하고 유용한 plot들을 제공하고 모형의 설명 가능성을 시각화하여 모형의 해석과 투명성, bias, fairness를 진단할 수 있도록 하고 있다. local explainer로서의 SHAP value를 제공한 후, 이를 종합하여 global explainer의 SHAP value를 구하는 구조로 되어 있다. 설명 가능성 explainer 중 가장 널리 사용되고 있는 explainer이다.

shap 라이브러리에는 ShapExplainer, KernelShapExplainer, TreeShapExplainer, 그리고 DeepShapExplainer가 있다. ShapExplainer와 KernelShapExplainer는 블랙박스 모형에 적용되므로 모형 무관(model agnostic) explainer이다. TreeShap은 decision tree를 기반으로 하는 bagging 또는 boosting 모형에 특화된 explainer이고 DeepShap은 딥러닝 모형에 특화된 explainer이다. ShapExplainer의 계산부담을 줄이기 위해 KernelShap이 제안되었고 LIME과 같이 대리모형을 이용한다. TreeShap과 DeepShap은 적용되는 앙상블러닝 모형이나 딥러닝 모형의 특성을 반영하여 계산부담을 최소화하기 위해 제안된 explainer이다. shap 라이브러리는 각 explainer에 따라 Shap value의 자료타입, 출력형태, 그리고 시각화 plot의 종류와 적용방법이 다르므로 각 explainer의 사용법을 잘 구분하여 적용해야 한다.

Random forest 모형과 같은 bagging 모형이나, XGBoost, LightGBM, CatBoost와 같은 boosting 모형은 미분이 불가능하고 모형의 내부구조에 접근이 불가능한 블랙박스 모형에 해당된다. EBM(Explainable Boosting Machine)은 bagging과 boosting을 결합한 일반화된 선형결합 모형(generalized additive model)으로 유리박스 모형이다. Gradient Boosting을 기반으로 설계되었으므로 XGBoost이나 LightGBM 만큼의 모형 성능을 가지고 있지만 유리박스 모형이므로 모형의 수학적 표현 자체가 global explainer이자 local explainer가 된다. 지금까지 설명해온 XAI가 원래의 분석모형에 의존하여 local 및 global explainer를 산출한 반면, EBM은 데이터 분석뿐만 아니라 모형 자체가 explainer가 되는 새로운 접근법이다.

이 책에서 구체적으로 논의할 XAI를 적용할 수 있는 모형(B: black-box 모형, W: glass-box 모형), explainer의 유형(local or global), 과제목표(R: regression, C: classification), 그리고 적용할 수 있는 데이터(tabular, text, image), explainer를 구현할 라이브러리를 아래 <표 1-1>과 같이 정리할 수 있다. 여기에서 블랙박스 모형은 이 모형에 XAI를 적용할 때, 이 모형의 입력데이터와 출력데이터만 사용하면 이 모형을 블랙박스 모형이라고 한다.

참고로 XAI 라이브러리인 alibi를 이용한 사례분석에서 제공하는 프로그램은 비록 많은 수정을 하였고 해설을 추가하였지만, alibi 사용설명서에서 제공한 프로그램을 거의 그대로 원용한 것임을 밝혀둔다.

<표 1-1>에 정리된 XAI가 모든 XAI를 포함하고 있지는 않다. 예를 들어, Protodash(Gurumoorthy et al., 2019), Cycling Boosting(Wick et al., 2019), 그리고 TCAV(Kim et al., 2018) 등은 논의에 포함하지 않았다. 첫 번째 이유는 이러한 XAI를 손쉽게 처리할 수 있는 라이브러리가 개발 중이거나 완성되지 않았기 때문이고, 두 번째 이유는 Protodash는 개념적으로 SE와 동일하고, Cyclic Boosting은 EBM과 비교하여 알고리즘만 다를 뿐 boosting을 사용하여 유리박스 모형으로 정의한다는 점에서 EBM과 거의 동일한 기능을 가진 모형이기 때문이다. TCAV는 새로운 접근법의 explainer로 사람이 사물에 대해 가지고 있는 개념(concept)으로 딥러닝 모형을 설명하려는 explainer이다. 예를 들어, 얼룩말을 탐지하는 딥러닝 모형을 학습시켰을 때, 일반적인 explainer는 얼룩말의 입력 특성 변수인 픽셀로 딥러닝의 예측 결과를 설명하려고 하는 반면, 사람이 얼룩말에 대해 일반적으로 가지고 있는 줄무늬(stripe)라는 개념이 딥러닝 모형의 예측 결과(얼룩말)에 얼마나 중요한 기여를 하는지를 측정하는 explainer가 TCAV이

표 1-1 XAI의 종류와 적용 가능한 라이브러리

XAI	적용 모형	explainer	task	적용 data	라이브러리	비고
ALE	B	global	R/C	연속형 tabular	alibi	특성 변수 간 독립성 가정 없음
PD	B	global	R/C	tabular	alibi	특성 변수 간 독립성 가정
PV	B	global	R/C	tabular	alibi	PD에 의존
PI	B	global	R/C	tabular	alibi, ELI5	손실함수와 목적 변수값이 필요
LIME	B	local	R/C	tabular, text, image	lime	
Anchors	B	local	C	tabular, text, image	alibi	계산 시간이 오래 걸림
SHAP	B/W	local & global	R/C	tabular, text, image	shap	
CEM	B/W	local	C	tabular, image	alibi	autoencoder 모형 필요. 데이터 domain 정보 필요
IG	W	local	R/C	tabular, text, image	alibi	미분 가능한 모형만 적용됨
CFI	B/W	local	C	tabular, image	alibi	초모수 조정이 필요함
CFP	B/W	local	C	tabular, image	alibi	autoencoder 모형 필요
CFRL	B	local	C	tabular, image	alibi	제한조건을 줄 수 있음. autoencoder 모형 필요. 강화학습 모형 이용
SE	W	local	R/C	tabular, text, image	alibi	
EBM		local & global	R/C	tabular	InterpretML	모형 자체가 XAI

다. 그러나 TCAV는 딥러닝에 한정되어 사용될 뿐만 아니라 개념(concept)을 대표하는 개념 데이터를 별도로 제공해야 하는 어려움이 있다. 실제 응용이 되기 위해서는 좀 더 개선된 TCAV가 필요해 보이며 Anchors를 이용해서 구한 anchor가 TCAV를 대신할 수 있다.

1부

Global Explainers

global explainer는 특성 변수가 예측치에 미치는 영향을 전체 데이터에서 평가한 특성 변수 중요도와 특성 변수값의 변화에 따른 목적 변수값의 변화를 파악하는 partial dependence로 요약할 수 있다. 여기서 partial dependence란 다른 특성 변수들에 대한 영향을 배제한 상태에서 관심 있는 특성 변수와 목적 변수만의 순수 관계를 말한다. 특성 변수와 ELI5를 이용하여 sklearn에서 제공하는 특성 변수 중요도를 파악하고, alibi에서 제공하는 PV(partial dependence variance)와 PI(permutation importance)를 통해 블랙박스 모형에서의 특성 변수 중요도를 구하고 PD(partial dependence)와 ALE(accumulated local effect)를 이용하여 블랙박스 모형에 입력되는 각 특성 변수의 예측결과에 대한 기여도를 논의하고자 한다. ALE는 비록 실수형 특성 변수에만 적용되지만, PD와 다르게 특성 변수 간의 독립을 가정하지 않은 partial dependence이다.

2장

ELI5

(Explainable like I'm 5)

머신러닝 모형에서 특성 변수의 중요도는 모형을 해석하고 진단하는 데 유용한 explainer이다. 선형회귀모형이나 로지스틱 회귀모형과 같은 선형모형에서 회귀계수는 global explainer에 해당하고, 의사결정나무에서는 Gini 지수나 Entropy 등의 불순도 지수로부터 구한 information gain의 크기로 특성 변수의 중요도를 구한다. ELI5는 위와 같은 간단한 유리박스 모형을 포함하여 sklearn에서 실행되는 모든 머신러닝 모형의 특성 변수 중요도를 제공하고 있다. sklearn은 통계적 모형과 앙상블러닝으로 tabular 데이터 분석을 할 수 있도록 한 라이브러리이다. sklearn에서 제공하는 모형의 구조를 먼저 이해해야만 ELI5의 explainer를 완전하게 이해할 수 있지만, 개념적 이해만으로도 ELI5를 적용하고 해석하는 데 무리가 없다. 그러므로 ELI5의 특성 변수 중요도에 대한 구체적인 계산 방법은 논의하지 않고 개념적으로 설명하고자 한다. 관심 있는 독자는 박유성(2022)을 참고하길 바란다.

ELI5는 이름이 의미하는 바와 같이, 한 줄의 코드로 파이썬 라이브러리인 sklearn에서 지원하는 머신러닝 모형들의 설명 가능성을 제공하는 라이브러리이다. 선형회귀모형, 의사결정나무와 같은 유리박스 모형(glass-box model)에서는 모수추정치를 수량화 값으로 제공하여 global과 local explainer로 사용하고, XGBoost와 Randomforest와 같은 블랙박스 모형에서는 global explainer인 특성 변수 중요도와 PI(permutation importance)를 제공한다. 그러나 ELI5에서 제공하는 PI는 Breiman(2001)이 제안한 것으로 bias 되어 있어 성능이 나쁜 모형에서 낮은 중요도를 가진 특성 변수가 성능이 좋은 모형에서는 높은 중요도를 보이는 경우가 발생한다. 다음 절에서 이에 대해 자세히 논의할 것이며 최근에 개선된 PI에 대해서도 논의에 포함할 것이다.

ELI5에서 제공하는 explainer를 이해하는 가장 좋은 방법은 실제 자료를 적용하여 직접 구해서 해석해 보는 것이다. ELI5를 적용하기 위해 Sand(2020)가 제공한 프로그램을 기반으로 다음과 같이 데이터 사전정리 과정과 적용할 모형을 호출한다. 아래에서 호출하여 사용된 ColumnTransformers는 특성 변수가 범주형 또는 문자형일 때 쉽게 one-hot encoding 또는 실수형 데이터로 전환시켜주는 클래스이며 balanced-accuracy-score는 분류과제에서 범주별 recall의 평균이다. 주로 imbalanced data에 적용된 모형을 평가할 때 사용한다.

```
import pandas as pd
from sklearn.preprocessing import OneHotEncoder
from sklearn.compose import ColumnTransformer
from sklearn.model_selection import train_test_split, GridSearchCV
from sklearn.metrics import balanced_accuracy_score, classification_report
from sklearn.linear_model import LogisticRegression
from sklearn.tree import DecisionTreeClassifier
from sklearn.ensemble import RandomForestClassifier
from lightgbm.sklearn import LGBMClassifier
from xgboost.sklearn import XGBClassifier
```

다음의 bank 데이터는 포르투갈의 한 은행에서 정기예금 가입을 위한 marketing 데이터이다. 가입을 하면 yes, 가입하지 않으면 no로 목적 변수가 정의되며 16개의 특성 변수를 가지고 있다.

```
df = pd.read_csv("bank.csv",sep=';')
df.head()
```

	age	job	marital	education	default	balance	housing	loan	contact	day	month	duration	campaign	pdays	previous	poutcome	y
0	30	unemployed	married	primary	no	1787	no	no	cellular	19	oct	79	1	-1	0	unknown	no
1	33	services	married	secondary	no	4789	yes	yes	cellular	11	may	220	1	339	4	failure	no
2	35	management	single	tertiary	no	1350	yes	no	cellular	16	apr	185	1	330	1	failure	no
3	30	management	married	tertiary	no	1476	yes	yes	unknown	3	jun	199	4	-1	0	unknown	no
4	59	blue-collar	married	secondary	no	0	yes	no	unknown	5	may	226	1	-1	0	unknown	no

ColumnTransformer를 적용하기 위해 실수형 변수와 문자형 특성 변수명을 각각 num_features와 cat_features로 정의한다.

```
y = df["y"].map({"no": 0, "yes": 1})
X = df.drop("y", axis=1)
```

```
num_features = ["age", 'balance',"campaign", "pdays", "previous"]
cat_features = ["job", "marital", "education","default", "housing", "loan",
                "contact", "month",  "poutcome"]
```

다음은 ColumnTransformer를 preprocessor로 객체화하고 있다. 자료변환의 형태에 따라 (name, transformer 함수, column names) 형태로 특성 변수를 전환한다. num_features에 지정된 특성 변수들은 변환없이 그대로 사용하기 때문에 'numerical'로 이름을 부여하고 'transformer' 함수로 'passthrough'를 지정하고 있다. cat_features에 지정된 특성 변수들은 one-hot encoding한다.

```
preprocessor = ColumnTransformer([("numerical", "passthrough", num_features),
                        ("categorical", OneHotEncoder(sparse=False,
                                            handle_unknown="ignore"),cat_features)])
```

다음과 같이 범주가 imbalanced 되어 있으므로 층화추출하여 학습데이터와 시험데이터로 분리한 후, 학습데이터 ColumnTransformer를 적용하여 범주형 특성 변수를 one-hot encoding한다.

```
X_train, X_test, y_train, y_test = train_test_split(X, y, stratify=y, test_size=.3,
                                                    random_state=42)
preprocessor.fit_transform(X_train)
```

다음 프로그램은 one-hot encoding 값을 갖는 특성 변수를 범주형 특성 변수명_특성 변수값 형태로(예를 들어, 범주형 특성 변수가 job이고 범주값이 blue_collar이면 job_blue_collar로 전환) 특성 변수명을 변경하고 있다. 이는 이어서 적용하는 ELI5의 해석을 용이하게 하기 위함이다.

```
ohe_categories = preprocessor.named_transformers_["categorical"].categories_
print(ohe_categories)
new_ohe_features = [f"{col}__{val}" for col, vals in zip(cat_features,
                    ohe_categories) for val in vals]
```

```
print(new_ohe_features)
all_features = num_features + new_ohe_features
```

```
[array(['admin.', 'blue-collar', 'entrepreneur', 'housemaid', 'management',
        'retired', 'self-employed', 'services', 'student', 'technician',
        'unemployed', 'unknown'], dtype=object), array(['divorced', 'married', 'single'],
        dtype=object), array(['primary', 'secondary', 'tertiary', 'unknown'], dtype=object),
        array(['no', 'yes'], dtype=object), array(['no', 'yes'], dtype=object), array(['no', 'yes'],
        dtype=object), array(['cellular', 'telephone', 'unknown'], dtype=object), array(['apr',
        'aug', 'dec', 'feb', 'jan', 'jul', 'jun', 'mar', 'may',
         'nov', 'oct', 'sep'], dtype=object), array(['failure', 'other', 'success', 'unknown'],
dtype=object)]

['job__admin.', 'job__blue-collar', 'job__entrepreneur', 'job__housemaid',
'job__management', 'job__retired', 'job__self-employed', 'job__services', 'job__student',
'job__technician', 'job__unemployed', 'job__unknown', 'marital__divorced', 'marital__married',
'marital__single', 'education__primary', 'education__secondary', 'education__tertiary',
'education__unknown', 'default__no', 'default__yes', 'housing__no', 'housing__yes',
'loan__no', 'loan__yes', 'contact__cellular', 'contact__telephone', 'contact__unknown',
'month__apr', 'month__aug', 'month__dec', 'month__feb', 'month__jan', 'month__jul',
'month__jun', 'month__mar', 'month__may', 'month__nov', 'month__oct', 'month__sep',
'poutcome__failure', 'poutcome__other', 'poutcome__success', 'poutcome__unknown']
```

학습데이터 X_train과 X_test를 ColumnTransformer에 적용하고 column명을 all_features로 정의한다.

```
X_train = pd.DataFrame(preprocessor.transform(X_train), columns=all_features)
X_test = pd.DataFrame(preprocessor.transform(X_test), columns=all_features)
```

다음은 최종 X_train 데이터의 일부를 보여주고 있다.

```
X_train.head()
```

	age	balance	campaign	pdays	previous	job__admin.	job__blue-collar	job__entrepreneur	job__housemaid	job__management	...	month__jun	month__mar	n
0	37.0	1467.0	1.0	-1.0	0.0	0.0	0.0	1.0	0.0	0.0	...	0.0	0.0	
1	25.0	34.0	1.0	-1.0	0.0	0.0	0.0	0.0	0.0	0.0	...	0.0	0.0	
2	53.0	1278.0	3.0	-1.0	0.0	0.0	0.0	0.0	0.0	0.0	...	0.0	0.0	
3	31.0	-6.0	2.0	-1.0	0.0	0.0	0.0	0.0	1.0	0.0	...	0.0	0.0	
4	43.0	3529.0	2.0	-1.0	0.0	0.0	0.0	0.0	0.0	0.0	...	0.0	0.0	

5 rows × 49 columns

다음 프로그램은 y=0이 4,000번 관측되고 y=1이 521번 관측되었으므로 이러한 imbalance를 해소하기 위해 class_weight='balance'를 부여하고 있다. 이 옵션은 y클래스 관측 빈도수에 반비례하여 가중치를 부여한다. 그러므로 y=1에 속하는 표본은 y=0에 속하는 표본에 비례하여 4000/521=7.68배의 가중치를 갖게 된다.

```
lr_model = LogisticRegression(class_weight="balanced", solver="liblinear",
                              random_state=42)
dt_model = DecisionTreeClassifier(class_weight="balanced",max_depth=10,
                                  min_samples_split= 0.05)
rf_model = RandomForestClassifier(class_weight="balanced",max_depth=10,
                                  min_samples_split= 0.01, n_jobs=-1)
lgb_model = LGBMClassifier(class_weight="balanced",max_depth=12,
                           min_child_samples=60,n_estimators=50, n_jobs=-1)
xgb_model = XGBClassifier(class_weight="balanced",max_depth=10,
                          min_samples_split= 0.05,verbosity=0)
```

```
lr_model.fit(X_train, y_train)
dt_model.fit(X_train,y_train)
rf_model.fit(X_train,y_train)
lgb_model.fit(X_train,y_train)
xgb_model.fit(X_train,y_train)
```

다음 프로그램과 같이 5개의 모형을 학습시킨 후, imbalance 때문에 balanced_accuracy_score를 이용하여 모형의 성능을 평가한다.

```
y_pred_lr = lr_model.predict(X_test)
y_pred_dt = dt_model.predict(X_test)
y_pred_rf = rf_model.predict(X_test)
y_pred_lgb = lgb_model.predict(X_test)
y_pred_xgb = xgb_model.predict(X_test)

print(balanced_accuracy_score(y_test, y_pred_lr))
print(balanced_accuracy_score(y_test, y_pred_dt))
```

```
print(balanced_accuracy_score(y_test, y_pred_rf))
print(balanced_accuracy_score(y_test, y_pred_lgb))
print(balanced_accuracy_score(y_test, y_pred_xgb))
```

```
0.6474545784495827
0.6587859476077628
0.64838329170136
0.6650707743547044
0.5755887188027071
```

다음은 출력된 y=1 범주에 대한 logistic 회귀모형의 회귀계수로 이 계수의 절댓값이 특성 변수의 중요도가 된다.

```
lr_model.coef_
```

```
array([[ 2.48158080e-03,  -6.01523246e-06,  -6.92148273e-02,
         6.10392157e-05,   9.81345421e-02,  -5.82839199e-02,
        -2.38801663e-01,   2.56872666e-01,  -1.61842243e-02,
         1.16030939e-01,   6.17016569e-01,   1.77816725e-02,
        -2.38892559e-01,   3.47845125e-01,  -1.56216600e-01,
        -6.39807613e-01,   1.80321866e-01,   2.56448895e-01,
        -2.21724032e-01,   1.52957394e-01,   9.33351456e-02,
         2.11791354e-01,   1.24317504e-01,  -2.41761746e-01,
        -1.61643100e-01,   3.49325357e-01,   1.72657817e-01,
         1.50244397e-02,   3.52482040e-01,  -1.64799783e-01,
         3.79647674e-01,   3.97044036e-01,  -5.89009453e-01,
        -1.44463555e-01,  -1.95322611e-01,   7.11543824e-01,
        -1.18102211e-01,  -1.22111977e+00,  -4.53006464e-01,
         4.88241300e-02,   1.01067000e+00,  -4.82569270e-01,
        -6.29061956e-01,   1.52120443e+00,   1.39085708e-01,
        -7.87105826e-01,  -1.97489072e-01,   1.73220581e+00,
        -5.59928656e-01]])
```

다음 프로그램은 eli5.show_weights를 통해 logistic 회귀모형으로 계산된 특성 변수 중요도를 보여주고 있다. ELI5에서는 선형회귀모형, 로지스틱 회귀모형, 선형 support vector machine, 의사결정나무 등 소위 유리박스 모형의 특성 변수 중요도는 회귀계수이다. 단, 의사결정나무 모형의 특성 변수 중요도는 곧이어 설명에서 볼 수 있듯이 다르게 계산된다. ELI5는

```
pip install eli5
```

로 설치한다. 아래는 ELI5를 이용하여 로지스틱 회귀모형의 특성 변수 중요도를 출력한 그림이다. 중요도 순으로 출력한 것을 제외하고 앞의 회귀계수와 일치함을 확인할 수 있다.

```
import eli5
eli5.show_weights(lr_model, feature_names=all_features)
```

y=1 top features

Weight?	Feature
+1.732	poutcome__success
+1.521	month__oct
+1.011	month__mar
+0.712	month__dec
+0.617	job__retired
+0.397	contact__telephone
+0.380	contact__cellular
+0.352	loan__no
+0.349	default__yes
+0.348	job__student
+0.257	job__entrepreneur
+0.256	marital__divorced
... 15 more positive ...	
... 15 more negative ...	
-0.453	month__jul
-0.483	month__may
-0.560	poutcome__unknown
-0.589	contact__unknown
-0.629	month__nov
-0.640	job__unemployed
-0.787	poutcome__failure
-1.221	month__jan

다음은 의사결정나무에 대한 show_weights를 보여주고 있다. 의사결정나무를 포함하여 의사결정나무를 기반으로 하는 모든 앙상블러닝 모형은 소위 information gain으로 특성 변수 중요도를 정의한다. 즉, 나무를 분할할 때 줄이는 손실값에 가중치를 곱하여 중요도를 계산한다. 여기에서 가중치는 특정 특성 변수가 분할될 때의 관측치 수이며 이 특성 변수가 2개 이상의 노드에 관여할 때 information gain을 가중평균하여 특성 변수 중요도를 구한다.

```
eli5.show_weights(dt_model, feature_names=all_features)
```

Weight	Feature
0.2909	poutcome__success
0.1577	balance
0.1571	contact__unknown
0.0914	month__oct
0.0732	age
0.0421	pdays
0.0294	marital__married
0.0294	month__nov
0.0273	month__jun
0.0199	campaign
0.0191	job__student
0.0186	loan__no
0.0185	job__services
0.0135	poutcome__unknown
0.0119	education__unknown
0	job__retired
0	month__sep
0	job__unemployed
0	job__self-employed
0	job__technician
	… 29 more …

Random forest 모형에서는 각 의사결정나무의 특성 변수별 information gain을 구한 후, 평균을 구해 global explainer인 특성 변수 중요도를 산출한다. 다음은 random forest 모형의 특성 변수 중요도를 보여주고 있다. random forest 모형은 2개 이상의 Boostrap 데이터를 사용하므로 특성 변수 중요도의 평균과 표준편차를 아래와 같이 산출할 수 있다.

```
eli5.show_weights(rf_model, feature_names=all_features)
```

Weight	Feature
0.1098 ± 0.0858	balance
0.0987 ± 0.0905	age
0.0844 ± 0.1532	poutcome__success
0.0668 ± 0.1253	pdays
0.0566 ± 0.1188	contact__unknown
0.0471 ± 0.0519	campaign
0.0428 ± 0.1083	previous
0.0374 ± 0.0651	month__oct
0.0367 ± 0.0818	contact__cellular
0.0299 ± 0.1096	poutcome__unknown
0.0243 ± 0.0510	month__may
0.0208 ± 0.0450	housing__yes
0.0198 ± 0.0408	job__blue-collar
0.0174 ± 0.0394	housing__no
0.0161 ± 0.0310	loan__no
0.0159 ± 0.0362	loan__yes
0.0158 ± 0.0287	marital__married
0.0153 ± 0.0338	month__nov
0.0144 ± 0.0329	month__mar
0.0137 ± 0.0267	month__aug
	… 29 more …

다음은 LightGBM과 XGBoost의 특성 변수 중요도를 보여주고 있다. 2개 이상의 의사결정나무를 더해서 예측모형을 만드는 Boosting 모형에서는 random forest와 다르게 하나의 예측치만 존재하므로 특성 변수 중요도도 하나만 계산된다.

```
eli5.show_weights(lgb_model, feature_names=all_features)
```

Weight	Feature
0.2340	balance
0.1869	age
0.1408	poutcome__success
0.0682	contact__unknown
0.0592	campaign
0.0389	pdays
0.0253	marital__married
0.0247	job__blue-collar
0.0185	month__may
0.0167	loan__no
0.0156	housing__no
0.0154	education__tertiary
0.0153	previous
0.0149	month__jun
0.0123	month__jul
0.0122	education__secondary
0.0110	month__jan
0.0104	month__nov
0.0098	job__management
0.0075	job__services
	... 29 more ...

```
eli5.show_weights(xgb_model, feature_names=all_features)
```

Weight	Feature
0.1774	poutcome__success
0.0652	month__oct
0.0429	contact__unknown
0.0365	job__unknown
0.0333	month__mar
0.0276	month__feb
0.0273	month__sep
0.0256	month__jun
0.0242	poutcome__other
0.0220	marital__divorced
0.0216	month__apr
0.0206	default__no
0.0201	month__jan
0.0198	month__nov
0.0197	job__management
0.0195	job__retired
0.0187	loan__no
0.0174	housing__no
0.0170	job__blue-collar
0.0160	pdays
	... 29 more ...

다음은 유리박스 모형 중의 하나인 로지스틱 회귀모형으로 local explainer인 각 표본별 특성 변수 중요도를 산출하고 있다. 단순하게 관측된 특성 변수를 회귀계수에 곱한 값이 local 특성 변수 중요도이다. 유리박스 모형뿐만 아니라 블랙박스 모형에도 적용가능한 일반적인 local explainer는 다음 장에서 논의할 explainer를 포함하여 SHAP, LIME, Anchors 등을 통해 자세하게 논의될 것이다. 범주가 0인 다섯 번째 표본은 확률 0.662로 범주 0으로 예측되었고 month_nov가 이 표본의 예측치에 가장 크게 기여하였다.

```
i = 4
X_test.iloc[[i]]
print(y_test.iloc[i])

eli5.show_prediction(lr_model, X_test.iloc[i],
                    feature_names=all_features, show_feature_values=True)
```

y=0 (probability **0.622**, score **-0.499**) top features

Contribution?	Feature	Value
+0.629	month__nov	1.000
+0.560	poutcome__unknown	1.000
+0.222	marital__married	1.000
+0.208	campaign	3.000
+0.162	default__no	1.000
+0.008	balance	1375.000
+0.000	pdays	-1.000
-0.015	housing__yes	1.000
-0.114	age	46.000
-0.116	job__management	1.000
-0.124	education__tertiary	1.000
-0.188	<BIAS>	1.000
-0.352	loan__no	1.000
-0.380	contact__cellular	1.000

다음은 의사결정나무로 산출한 다섯 번째 표본의 예측 결과와 local 특성 변수 중요도를 보여주고 있다. 특성 변수에 대해 선형인 로지스틱 모형의 local 특성 변수 중요도와 비선형모형인 의사결정나무의 local 특성 변수 중요도가 많이 다른 것을 볼 수 있다. 의사결정나무가 모형에 대한 가정이 없는 비선형모형이므로 좀 더 신뢰할 수 있고 특히, 예측확률이 0.915로 매우 높게 나와 다섯 번째 표본

의 경우, 의사결정나무 모형이 로지스틱 모형보다 신뢰도가 높다고 할 수 있다.

```
eli5.show_prediction(dt_model, X_test.iloc[i],
                     feature_names=all_features, show_feature_values=True)
```

y=0 (probability **0.915**) top features

Contribution?	Feature	Value
+0.500	<BIAS>	1.000
+0.309	balance	1375.000
+0.062	marital__married	1.000
+0.045	poutcome__success	0.000
+0.020	month__oct	0.000
+0.019	age	46.000
+0.012	month__jun	0.000
+0.008	pdays	-1.000
-0.060	contact__unknown	0.000

다음은 permutation importance(PI)를 ELI5로 구하고 있다. PI의 구체적인 정의와 개념은 3.4절에서 자세하게 논의될 것이다. 여기에서는 PI가 global 특성 변수 중요도라는 사실만 가지고 ELI5를 이용한 PI를 구해보도록 하자. ELI5의 PI는 default로 n_iter=5로 부여하여 각 특성 변수별로 5번의 shuffling을 반복 실행한다. 아래 프로그램과 같이 scoring='balance_accuracy'를 부여하여 원래 데이터의 balance_accuracy와 shuffling한 데이터의 balance_accuracy의 차이가 global 특성 변수 중요도가 된다.

```
from eli5.sklearn import PermutationImportance
perm_dt = PermutationImportance(dt_model, scoring="balanced_accuracy")

perm_dt.fit(X_test, y_test)
eli5.show_weights(perm_dt, feature_names=all_features)
```

Weight	Feature
0.0444 ± 0.0230	contact__unknown
0.0276 ± 0.0134	poutcome__success
0.0269 ± 0.0126	month__jun
0.0228 ± 0.0095	age
0.0192 ± 0.0297	balance
0.0168 ± 0.0074	pdays
0.0113 ± 0.0128	loan__no
0.0039 ± 0.0068	month__nov
0.0037 ± 0.0065	job__student
0.0033 ± 0.0053	month__oct
0.0002 ± 0.0004	job__services
0.0001 ± 0.0095	marital__married
0 ± 0.0000	job__unemployed
0 ± 0.0000	job__unknown
0 ± 0.0000	marital__divorced
0 ± 0.0000	marital__single
0 ± 0.0000	education__secondary
0 ± 0.0000	job__retired
0 ± 0.0000	job__technician
0 ± 0.0000	previous
… 29 more …	

의사결정나무와 동일한 방법으로 random forest와 LightGBM 등의 PI를 구할 수 있으나, 앞에서 언급한 대로 ELI5의 PI는 bias 되어 있으므로 가급적 3.4절에서 논의되는 Fisher et al.(2019)의 PI를 이용하길 바란다.

ELI5에 의한 선형모형의 특성 변수 중요도는 회귀계수임을 논의한 바 있다. 그러나 회귀계수는 특성 변수의 측정 단위에 의존하므로 표준화되어 있지 않으면 해석에 주의를 기울여야 한다. 또한 의사결정나무에서의 특성 변수의 중요도는 특성 변수의 증감이 예측치에 미치는 영향을 측정할 수 없다. 다음 장부터는 이러한 ELI5의 특성 변수 중요도를 개선하고 모형의 설명 가능성을 좀 더 명확하게 하는 global explainer와 local explainer의 이론적 배경과 적용 사례를 살펴보고자 한다.

3장

Global Explainer의 종류와 작동원리

특성 변수가 모형의 예측치에 기여하는 정도와 각 특성 변수가 변화할 때 예측치의 변화추이를 파악하는 것은 모형을 설명하고 이해하는 데 필수적이다. PD(partial dependence)와 ALE(accumulated local effect)는 특성 변수가 변화할 때 모형 예측치의 변화 추이를 보여주는 global explainer이다. PD는 특성 변수가 서로 간에 독립이라는 가정을 하지만 ALE는 이러한 가정이 없는 explainer이다. PV(partial dependence variance)와 PI(permutation importance)는 특성 변수의 중요도를 측정한다. PV는 PD를 기반으로 하지만 PI는 손실함수를 기반으로 각 특성 변수의 중요도를 측정하는 global explainer이다.

3.1 PD(Partial Dependence)

특성 변수가 예측치에 미치는 영향의 측도로 가장 널리 사용되고 있는 global explainer 중의 하나는 PD(partial dependence)이다. PD는 2D 텐서로 구성된 tabular 데이터에 적용한 global explainer로 다음과 같이 구한다. 특성 변수 $\boldsymbol{x} = (x_1, x_2, \cdots, x_k)$가 있을 때, 미리 학습된 머신러닝 모형 f의 예측치를 $f(\boldsymbol{x})$라고 표기하자. 편의상 특성 변수가 확률변수이면 대문자, 관측되면 소문자로 표기하기로 하자. 그러면 PD는

$$PD(x_i) = E[f(x_i, X_{-i})] = \int f(x_i, \boldsymbol{x}_{-i}) p(\boldsymbol{x}_{-i} \mid x_i) d\boldsymbol{x}_{-i} \tag{3.1}$$

로 정의된다. X_{-i}는 확률변수 $X_1, X_2, \cdots, X_k$ 중 X_i를 제외한 모든 확률변수를 의미하고 $\boldsymbol{x}_{-i}$는 X_i의 관측치 x_i를 제외한 X_{-i}의 관측치를 의미한다. 식 (3.1)이 의미하는 바는 x_i 이외의 모든 다른 특성 변수에 대한 적분을 취하므로 X_{-i}의 효과를 지워버리고(partial out) 오직 x_i가 $f(\boldsymbol{x})$에 미치는 영향만 측정하게 된다.

식 (3.1)에 정의된 조건부분포 $p(\boldsymbol{x}_{-i} \mid x_i)$ 대신 특성 변수가 서로 간에 독립이라는 가정에서

$$PD(x_i) \approx \int f(x_i, \boldsymbol{x}_{-i})\, p(\boldsymbol{x}_{-i})\, d\boldsymbol{x}_{-i}$$

으로 PD를 근사적으로 구한다. 그러므로 $PD(x_i)$의 추정치는

$$\widehat{PD}(x_i) = \frac{1}{n}\sum_{j=1}^{n} f(x_i, \boldsymbol{x}_{-i}^{(j)}) \tag{3.2}$$

가 된다. 여기에서 $\boldsymbol{x}_{-i}^{(j)}$는 학습데이터에서 임의로 추출된 j번째 $\boldsymbol{x}_{-i}$를 의미한다. X_{-i}의 주변분포(marginal distribution) $p(\boldsymbol{x}_{-i})$를 가장 잘 대표하는 데이터가 학습데이터이기 때문이다. 식 (3.1)의 기대치로 $\boldsymbol{x}_{-i}$의 효과를 제거하는 역할을 식 (3.2)의 표본추정치로 구현하기 위해서는 $\boldsymbol{x}_{-i}$를 임의표본으로 n번 대체하여 평균을 구하면 된다. 이를 임의화(randomization)라고 말하고 이러한 임의화로 $\boldsymbol{x}_{-i}$가 목적 변수 y에 대한 정보력을 제거하게 된다. 학습데이터에서 관측된 모든 x_i값에 대해 식 (3.2)의 PD를 구해 그림을 그리면 특성 변수 x_i와 예측치와 관계를 보여주게 된다.

예를 들어 오직 2개의 특성 변수 x_1(몸무게), x_2(키)가 있다고 가정할 때

$$\widehat{PD}(x_1) = \frac{1}{n}\sum_{j=1}^{n} f(x_1, x_2^{(j)})$$

으로 PD를 추정하게 된다. 그러나 몸무게를 x_1으로 고정하고 키의 효과를 제거하기 위해 키를 임의로 추출하여 대입하면, 예를 들어 고정된 몸무게 30 kg에 키 2 m라는 거의 불가능한 몸무게와 키의 조합이 발생하여 머신러닝 모형 f가 학습하지 못한 경우가 발생하게 된다. 몸무게와 키가 서로 간에 상관관계를 가지고 있음에도 불구하고 독립이라고 가정했기 때문에 발생한 현상이다. 이처럼 키와 몸무게와 같이 특성 변수 간에 강한 상관관계를 가지고 있으면 PD를 global explainer로 사용하는데 주의를 기울여야 한다. PD는 두 개 이상의 특성 변수에 대해서도 아래와 같이 구할 수 있다.

$$\widehat{PD}(\boldsymbol{x}_s) = \frac{1}{n}\sum_{j=1}^{n} f(\boldsymbol{x}_s, \boldsymbol{x}_{-s}^{(j)})$$

여기서, 예를 들어 $\boldsymbol{x} = (x_1, x_2, x_3, x_4)$일 때 $\boldsymbol{x}_s = (x_1, x_3)$이면 $\boldsymbol{x}_{-s} = (x_2, x_4)$인 서로 배반사건이다.

3.2 PV(Partial Dependence Variance)

PV는 앞에서 논의한 PD를 기반으로 계산되는 global explainer로 특성 변수의 중요도를 측정한다. PV의 원리를 설명하기 위해 아래와 같이 6개 특성 변수의 PD를 산출해서 그린 그림을 살펴보자. $PD(x_i)$를 관측된 모든 x_i에 대해 구하게 되므로 아래와 같은 <그림 3-1>을 그리게 된다. 그림에서 볼 수 있듯이 상단부에 있는 3개 특성 변수의 PD는 해당 특성 변수가 변하면 예측치(대여 자전거수)의 변동이 많은 반면, 하단부 3개 특성 변수의 PD는 특성 변수가 변하더라

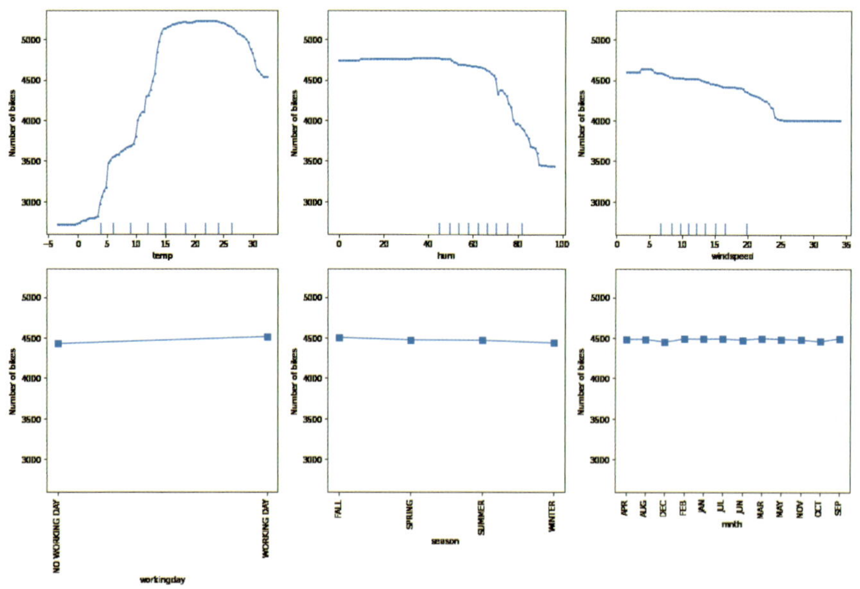

그림 3-1 6개 특성 변수에 대한 Partial Dependence

도 예측치의 변동이 거의 없는 것으로 보인다. 그러므로 특성 변수값의 변동에 따라 PD의 변동이 크면 이 특성 변수는 예측치에 대한 기여도가 크다고 할 수 있다. PV는 각 특성 변수값에 따라 측정된 PD들의 표준편차로 정의되며 PV가 크면 클수록 해당 특성 변수의 중요도(importance)는 점점 커지게 된다.

예를 들어, $x_1 = 5, 10, 2, 8, 20$으로 관측되었을 때 $PD(5), PD(10), PD(2), PD(8), PD(20)$을 추정한 후, 이 PD 등의 표준편차가 $PV(x_1)$이 된다. 두 개 이상의 특성 변수도 $PD(\boldsymbol{x}_S)$의 표준편차를 구하면 이 값이 교호작용(interaction) 중요도인 $PV(\boldsymbol{x}_s)$가 된다.

만약 특성 변수가 범주형이면, 예를 들어 x_1이 범주형이면 특성 변수 x_1의 PV는

$$[\max_j PD(x_1^{(j)}) - \min_j PD(x_1^{(j)})]/4$$

로 계산된다. 여기에서 $x_1^{(j)}$는 x_1의 j번째 관측치이고 $\max_j PD(x_1^{(j)}) - \min_j PD(x_1^{(j)})$는 범위이므로 $\frac{범위}{4}$는 연속형 자료의 표준편차 추정치이기 때문에 범주형 특성 변수의 PV가 된다.

3.3 ALE(Accumulated Local Effect)

ALE는 특성 변수가 독립이라는 가정에서 구한 PD의 단점을 보완한 global explainer이다. ALE의 쉬운 이해를 위해 오직 2개의 특성 변수 x_1과 x_2만 있다고 가정하자. 그러면 특성 변수 x_1의 non-centered ALE는

$$NC\_ALE(x_1) = \int_{\min(x_1)}^{x_1} E(\frac{\partial f(X_1, X_2)}{\partial X_1} \mid X_1 = z_1) dz_1 \tag{3.3}$$

$$= \int_{\min(x_1)}^{x_1} \int [\frac{\partial f(z_1, x_2)}{\partial z_1} p(x_2 \mid z_1)] dx_2 dz_1$$

으로 정의된다. 식 (3.3)에서 $\partial f(z_1, x_2)$를 선형화(linearization)하여 표현하면

$$f(z_1, x_2) - f(z_0, x_2)$$

이고 식 (3.3)의

$$E(\partial f(z_1, X_2)) = \int \partial f(z_1, x_2) p(x_2 \mid z_1) dx_2$$

이므로 $E(\partial f(z_1, X_2))$는 $E(f(z_1, X_2) - f(z_0, X_2))$로 변하게 된다. $X_1 = z_1$로 주어진 조건부 확률을 반영하기 위해 X_1을 작은 간격(small interval) $z_0 \sim z_1$에 고정해 놓고 이 interval 내에서 관측되는 모든 X_2 가능한 값의 평균(즉, 기대치)을 구한다. 즉, x_1이 작은 interval($z_0 \sim z_1$)만큼 변할 때 X_2에 대한 기대치 $E(f(z_1, X_2) - f(z_0, X_2))$는 X_2의 f에 대한 효과를 제거한 x_1만의 순수 f의 변화량이 된다.

x_1의 작은 구간($z_0 \sim z_1$) 내에 있는 X_2에 대한 기대치를 취하므로 x_1과 x_2의 상호의존관계를 반영하여 특성 변수 간의 독립성 가정이 불필요하다. 이런 관점에서 $E(f(z_1, X_2) - f(z_0, X_2))$를 특성 변수 x_1의 local effect라고 한다. 이러한

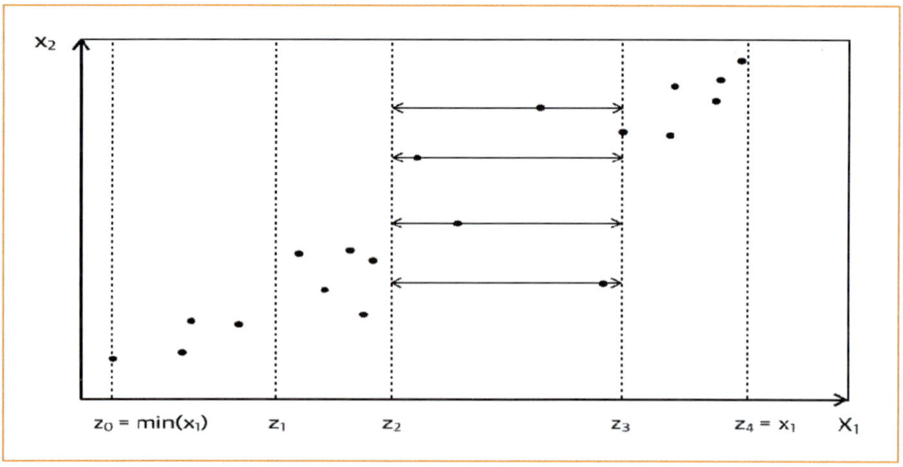

그림 3-2 ALE의 추정

local effect를 $\int_{\min(x_1)}^{x_1}$ 하므로, 즉 x_1의 최솟값부터 x_1까지 누적합하므로 accumulated라는 이름이 붙여졌다. 식 (3.3)에 정의된 $NC_ALE(x_1)$의 구체적인 추정 방법을 알기 위해 다음 <그림 3-2>를 고려해 보자.

<그림 3-2>와 같이 $\min(x_1)=z_0$부터 관측치 x_1까지 네 등분(보통은 quantile)하여 각 등분 내의 x_1과 x_2의 좌표점을 • 으로 표시하고 있다. 등분 내의 표본 수는 $[z_{i-1}, z_i)$ 내의 표본 수로 정의한다. 예를 들어, $[z_0, z_1)$은 4개의 표본이 $[z_1, z_2)$는 5개의 표본이 있는 것을 볼 수 있다. $[z_{i-1}, z_i)$를 $I(i)$로 표기하고 $I(i)$ 안에 있는 표본 수는 $n(i)$로 정의한다. $I(3)$을 살펴보면 x_1의 좌표점을 2개의 좌표점으로 재정의하는데, 하나는 $I(3)$의 하한점인 z_2로 이동하고 다른 하나는 상한점인 z_3로 이동한 것을 볼 수 있다. 즉, $I(3)$ 내에 있는 x_1의 좌표점은 모두 z_2와 z_3로 이동하지만 x_2는 원래의 좌표점을 그대로 유지하고 있는 것을 볼 수 있다. 이러한 과정을 $I(1) \sim I(4)$에 대해 동일하게 실행한다. 그러면 식 (3.3)에 정의된 $NC_ALE(x_1)$은

$$\widehat{NC\_ALE}(x_1) = \sum_{k=1}^{k(x_1)} \frac{1}{n(k)} \sum_{i \in I(k)} [f(z_k, x_2^{(i)}) - f(z_{k-1}, x_2^{(i)})] \tag{3.4}$$

으로 추정된다. 여기에서 $k(x_1)$은 $\min(x_1)$에서 x_1까지의 분할 수를 말한다. <그림 3-2>에서 $k(x_1)=4$이다. $x_1^{(i)}$와 $x_2^{(i)}$는 특성 변수 x_1과 x_2의 i번째 관측치를 의미한다. 식 (3.4)의 두 번째 $\sum$은 $I(k)$ 내에 있는 표본점 $(z_{k-1}, x_2^{(i)})$와 $(z_k, x_2^{(i)})$를 입력하여 구한 예측치 f의 변동치 $[f(z_k, x_2^{(i)}) - f(z_{k-1}, x_2^{(i)})]$들의 합계이다. 여기에서 합계는 $x_2^{(i)}$에 대한 합계이므로 $n(k)$으로 나누면 식 (3.3)의 조건부 기대치(즉, $p(x_2 \mid z_1)$에 대한 기대치)가 된다.

식 (3.4) $NC_ALE(x)$의 추정식은 오직 특성 변수가 실수형일 때만 적용될 수 있다. 현재까지 범주형 특성 변수에 대한 ALE는 연구되지 않았다. 식 (3.3)과

(3.4)는 중심화되지 않은 ALE이다. 즉, $\min(x_1)$에 의존하는 NC_ALE이므로 이를 중심화할 필요가 있다. 중심화 ALE는

$$ALE(x) = \text{식 } (3.3) - E(NC\_ALE(X))$$

으로 정의되므로 중심화된 ALE의 추정치는

$$\widehat{ALE}(x_1) = \sum_{k=1}^{k(x_1)} \frac{1}{n(k)} \sum_{i \in I(k)} [f(z_k, x_2^{(i)}) - f(z_{k-1}, x_2^{(i)})] - \frac{1}{n} \sum_{j=1}^{n} \widehat{NC\_ALE}(x_1^{(j)})$$

가 된다. 여기에서 $x_1^{(j)}$는 x_1의 j번째 관측치이다.

3.4 PI(Permutation Importance)

어떤 머신러닝 모형에 입력된 특성 변수가 예측치에 미치는 영향을 파악하기 위한 가장 쉬운 방법은 관심 있는 특성 변수를 제거한 후, 모형을 재적합하여 모든 특성 변수를 입력한 원래 모형과 성능비교 (회귀일 때는 MSE, R^2 등, 분류일 때는 accuracy, recall, ROC 등) 즉, 모든 특성 변수를 입력한 원래 모형의 성능과 j번째 특성 변수를 제외하고 재적합한 모형성능의 차로 j번째 특성 변수의 중요도(importance)를 구하면 된다. 그러나 이러한 방법은 모형을 재적합해야 하므로 특성 변수가 많아지거나 모형이 복잡해지면 계산 부담이 커서 이용할 수 없는 경우가 대부분이다.

계산 부담을 줄일 수 있는 방법은 모든 특성 변수를 입력하여 학습시킨 모형을 재사용하는 방법이다. j번째 특성 변수를 제거하는 것과 동일한 효과를 주는 방법은 모든 표본의 j번째 특성 변수에 random noise를 추가하면 j번째 특성 변수는 더는 예측치에 기여하는 정보를 주지 못하게 된다. 이러한 random noise는 j번째 특성 변수와 동일한 분포를 갖는 noise가 아니면 bias가 존재하므로, 데이터에 있는 j번째 특성 변수를 shuffling하면 j번째 특성 변수에 random noise를 추가한 것과 동일한 효과를 가지게 된다. 이러한 shuffling을 특성 변수별로 n번 반복하여 모형성능 차이를 평균하면 이 값이 특성 변수별 중요도가 된다. 이러한 global explainer를 PI(permutation importance)라고 한다.

좀 더 자세하게 논의하기 위해 서로 간에 독립인 확률변수 $Z^{(a)}=(Y^{(a)},X_1^{(a)},X_2^{(a)})$와 $Z^{(b)}=(Y^{(b)},X_1^{(b)},X_2^{(b)})$가 있다고 가정하자. 그런데 이 두 개의 확률변수는 동일한 다변량 분포함수 F로부터의 확률변수로, 분포적으로 동일하다. 여기에서 X_1과 X_2는 특성 변수를 나타내는 확률변수이고 Y는 목적 변수를 나타내는 확률변수로 이해하면 된다. M을 머신러닝 모형 그리고 L을 손실함수라고 표기하자. 이러한 가정에서 다음과 같이 두 가지의 손실함수 기대치를 고려해 보자.

$$
\begin{aligned}
e_{org}(M) &= E(L(M, Y^{(a)},X_1^{(a)},X_2^{(a)})) \\
&= E_{Y^{(a)},X_1^{(a)},X_2^{(a)}} L(M, Y^{(a)},X_1^{(a)},X_2^{(a)}) \\
&= \iiint L(M, y^{(a)},x_1^{(a)},x_2^{(a)})p(y^{(a)},x_1^{(a)},x_2^{(a)})dy^{(a)}dx_1^{(a)}dx_2^{(a)}
\end{aligned}
$$

와

$$
\begin{aligned}
e_{switch}(M) &= E(L(M, Y^{(a)},X_1^{(b)},X_2^{(a)})) \\
&= E_{Y^{(a)},X_1^{(b)},X_2^{(a)}} L(M, Y^{(a)},X_1^{(b)},X_2^{(a)}) \\
&= \iiint L(M, y^{(a)},x_1^{(b)},x_2^{(a)})p(y^{(a)},x_1^{(b)},x_2^{(a)})dy^{(a)}dx_1^{(b)}dx_2^{(a)} \\
&= \iiint L(M, y^{(a)},x_1^{(b)},x_2^{(a)})p(y^{(a)},x_2^{(a)})p(x_1^{(b)})dy^{(a)}dx_2^{(a)}dx_1^{(b)} \\
&= \iiint [L(M, y^{(a)},x_1^{(b)},x_2^{(a)})p(x_1^{(b)})dx_1^{(b)}]p(y^{(a)},x_2^{(a)})dy^{(a)}dx_2^{(a)}
\end{aligned}
$$

이다. $e_{switch}(M)$의 네 번째 등식이 성립하는 이유는 $Z^{(a)}$와 $Z^{(b)}$가 같은 분포함수 F(또는 같은 확률밀도함수 p)를 가지고 있지만 서로 간에 독립이기 때문이다. $e_{switch}(M)$의 의미를 살펴보면, $X_1^{(b)}$는 $X_1^{(a)}$와 동일한 주변분포(marginal distribution)를 가지고 있으나 $Y^{(a)}$와는 독립이므로 $X_1^{(b)}$는 $X_1^{(a)}$와 다르게 $Y^{(a)}$에 대한 정보가 전혀 없는 확률변수로 바꾼(switch) 손실함수의 기대치이다. 즉, $e_{switch}(M)$에서는 고정된 $y^{(a)}$와 $x_2^{(a)}$에서 $X_1^{(b)}$에 적분하여 $x_1^{(b)}$의 정보를 제거(partial out)했으므로 $Y^{(a)}$를 오직 $X_2^{(a)}$로만 예측하는 $M(X_2^{(a)}) = \hat{Y}$이 되므로 $e_{switch}(M)$는 이 $\hat{Y}$와 $Y^{(a)}$의 차이를 측정하는 손실함수의 기대치이다. 한편, $e_{org}(M)$은 $Y^{(a)}$에 대한 정보를 가지고 있는 $X_1^{(a)}$와 $X_2^{(a)}$를 모두 이용한 $Y^{(a)}$의 예측치 $M(X_1^{(a)}, X_2^{(a)})$로 구한 손실함수의 기대치로 해석할 수 있다.

그러므로 $e_{org}(M)$에서 $Y^{(a)}$에 대한 $X_1^{(a)}$의 기여도가 크면 클수록 $e_{switch}(M)$는 커지게 된다. $e_{switch}(M)$의 크기를 $e_{org}(M)$에 대비한 상대적 크기로 측정해야 하므로 Fisher et al. (2019)는 다음과 같은 의존비(reliance ratio) MR과 의존차이(reliance difference) MR_{diff}를 제안하였다.

$$MR(M) = \frac{e_{switch}(M)}{e_{org}(M)}, \quad MR_{diff}(M) = e_{switch}(M) - e_{org}(M).$$

$MR(M)$이 크면 클수록 $X_1^{(a)}$의 중요도는 크다고 말하며 일반적으로 $MR(M) > 1$이다. $MR(M) = 1$이면 특성 변수 $X_1^{(a)}$는 머신러닝 모형 M에 의한 예측에 전혀 기여하지 못한다는 의미이고 $MR(M) < 1$이면 모형 M이 성능이 나쁘다는 의미이므로 다른 머신러닝 모형을 고려해야 한다. 이러한 관점에서 특성 변수의 PI는 MR이나 MR_{diff} 값으로 산출된다. 가장 큰 MR이나 MR_{diff} 값을 가진 특성 변수가 가장 중요한 특성 변수가 된다.

$e_{switch}(M)$과 $e_{org}(M)$를 추정하기 위해, 학습데이터의 i번째 표본의 목적 변수를 y_i, 특성 변수를 (x_{1i}, x_{2i})로 표기하자. 여기에서 x_{1i}와 x_{2i}는 모두 1차원 이상의 특성 변수를 나타내지만, 각 특성 변수의 PI를 구할 때는 x_{1i}는 1차원을 가정한다. 이러한 notation을 이용하여

$$\hat{e}_{org}(M) = \frac{1}{n}\sum_{i=1}^{n} L(M, y_{i,}\ x_{1i}, x_{2i})$$

으로 $e_{org}(M)$을 추정하고

$$\hat{e}_{switch}(M) = \frac{1}{n(n-1)}\sum_{i=1}^{n}\sum_{j \neq i}^{n} L(M, y_j, x_{1i}, x_{2j})$$

으로 $e_{switch}(M)$을 추정한 후, MR과 MR_{diff}에 대입한다.

이러한 관점에서 볼 때, $Z^{(a)} = (Y^{(a)}, X_1^{(a)}, X_2^{(a)})$는 학습데이터이고 $X_1^{(b)}$는 학습데이터의 x_1을 permute해서 구한 값으로 대응시킬 수 있다. 그러므로 $\hat{e}_{org}(M)$은 n개의 학습데이터를 그대로 사용하는 반면, $\hat{e}_{switch}(M)$은 x_1을 permute하여 계산한 값이다. 단, permute한 x_1이 목적 변수 y에 대한 정보를 갖지 않도록 원래의 관측치 pair를 갖는 x_{1i}는 제외한다. 이러한 x_1의 permutation도 x_1의 임의화(randomization) 과정에 해당된다. $\hat{e}_{switch}(M)$은 표본의 크기 n이 크면 계산 부담이 매우 크다는 약점이 있기 때문에 이에 대한 대안으로

$$\hat{e}_{bisec}(M) = \frac{1}{2[n/2]}\sum_{i=1}^{[n/2]}[L(M, y_i, x_{1,i+[n/2]}, x_{2i}) + L(M, y_{i+[n/2]}, x_{1i}, x_{2,i+[n/2]})]$$

을 표본크기가 클 때 사용한다. $\hat{e}_{bisec}(M)$은 학습데이터를 임의로 이등분하여 (y, x_2)는 첫 이등분값, x_1은 두 번째 이등분값으로 짝지어 손실함수를 구하고 반대로 짝지어 손실함수를 구한 후, 평균하여 산출하고 있다.

$\hat{e}_{org}(M)$, $\hat{e}_{switch}(M)$, 그리고 $\hat{e}_{bisec}(M)$은 모두 U-통계량에 해당되며 각각 $e_{org}(M)$과 $e_{switch}(M)$의 불편추정치(unbiased estimate)이다. Breiman(2001)이 제안한

$$\hat{e} = \frac{1}{n}\sum_{i=1}^{n} L(M, y_i, x_{1,p_i}, x_{2i})$$

이며 x_{1,p_i}는 학습데이터의 특성 변수 x_1을 permute한 값이다. 그러나 $\hat{e}$는 $e_{switch}(M)$의 bias된 추정치이므로 사용하지 않는 것이 좋다.

PD, PV, ALE, 그리고 PI는 ALIBI를 이용하여 구현된다. ALIBI는

```
pip install alibi
```

를 실행하여 설치한다.

ALIBI의 기초문법은 다음과 같이 4가지 절차로 요약될 수 있다.

- 필요한 explainer를 호출한다.
- 예측모형이 블랙박스 모형이면 예측함수를 정의한다.
- 모형을 학습시킨 학습데이터가 필요하면 .fit step을 추가한다.
- explainer의 explain 함수를 이용하여 데이터 X의 explanation을 구한다.

예를 들어, ALIBI에서는 PI를 다음과 같이 초기화된다.

```
from alibi.explainers import PermutationImportance
phi=PermutationImportance(predictor=predictor, loss_fns=None,
    score_fns=None, feature_names=feature_names)
```

여기에서 predictor는 예측함수이고 loss_fns는 'mean_absolute_error', 'mean_squared_error', 'log_loss'을 지정할 수 있으며 2개 이상의 서로 다른 손실함수로 PI를 구하고자 할 때는 list로 지정하면 된다. score_fns는 'accuracy', 'precision', 'recall', 'f1', 'roc_auc', 'r2' 등을 지정할 수 있으며, 2개 이상을 구하고자 할 때는 list 자료로 지정하면 된다. 예를 들어 score_fns=['accuracy','f1']으로 지정하면 PI를 accuracy 기준과 f1 기준으로 제공한다. loss_fns나 score_fns나 둘 중의 하나는 지정해야 손실함수를 계산할 수 있다. loss_fns를 사용하면 손실의 증가량으로, score_fns를 사용하여 score의 감소량으로 $MR(M)$ 또는 $MR_{diff}(M)$을 계산한다.

다음과 같이 .explain을 적용하여 X_test의 PI를 계산한다.

```
exp=phi.explain(X=X_test, y=t_test, features=None, method='estimate',
                kind='ratio', n_repeats=50)
```

PI는 손실함수나 score로부터 구해지므로 목적 변수 y를 제공해야 한다. features는 None이 default로 모든 특성 변수에 대해 PI를 출력한다. 만약 features=[0,2,(0,2)]로 지정하면 0번째와 2번째 특성 변수 PI와 결합 PI를 제공한다. method='estimate'는 $\hat{e}_{bisec}(M)$를, 'exact'는 $\hat{e}_{switch}(M)$를 의미하며 default 'estimate'이다. kind는 'ratio'가 default로 $MR(M)$을, 'difference'는 $MR_{diff}(M)$을 의미한다. n_repeats는 permutation 횟수를 말한다.

exp의 출력은 exp.meta와 exp.data로 구성되어 있다. exp.meta는 explainer 명, type(white-box 또는 black-box), global 또는 local 등을 dictionary 데이터로 출력하고 exp.data는 exp 출력을 dictionary 형태로 저장한 데이터이다. 그러므로 exp.meta.keys()와 exp.data.keys()로 출력정보를 우선 파악해야 한다. 구체적인 적용 방법은 4장 ALIBI를 이용한 explainer를 적용하면서 설명하게 될 것이다.

PI는 다음과 같이 alibi에 내장된 plot_permutation_importance로 시각화를 할 수 있다.

```
from alibi.explanations import plot_permutation_importance
plot_permutation_importance(exp)
```

4장

PD, PV, ALE, 그리고 PI의 적용과 응용

4.1 Partial Dependence(PD)

다음과 같이 분석에 필요한 모듈과 alibi로부터 PatialDependence, plot_pd를 호출한다.

```
import numpy as np
import pandas as pd
from sklearn.preprocessing import StandardScaler, OneHotEncoder, OrdinalEncoder
from sklearn.compose import ColumnTransformer
from sklearn.ensemble import RandomForestRegressor
from sklearn.model_selection import train_test_split
from alibi.explainers import PartialDependence, plot_pd
```

다음은 PD와 PV를 적용하기 위한 bike 데이터를 불러내어 첫 5개의 표본을 보여주고 있다. cnt는 목적 변수로 자전거 대여수이며 특성 변수 11개 중 7개는 범주형임을 볼 수 있다.

```
df =
pd.read_csv('https://raw.githubusercontent.com/christophM/interpretable-ml-book/master
                /data/bike.csv')
df.head()
```

	season	yr	mnth	holiday	weekday	workingday	weathersit	temp	hum	windspeed	cnt	days_since_2011
0	WINTER	2011	JAN	NO HOLIDAY	SAT	NO WORKING DAY	MISTY	8.175849	80.5833	10.749882	985	0
1	WINTER	2011	JAN	NO HOLIDAY	SUN	NO WORKING DAY	MISTY	9.083466	69.6087	16.652113	801	1
2	WINTER	2011	JAN	NO HOLIDAY	MON	WORKING DAY	GOOD	1.229108	43.7273	16.636703	1349	2
3	WINTER	2011	JAN	NO HOLIDAY	TUE	WORKING DAY	GOOD	1.400000	59.0435	10.739832	1562	3
4	WINTER	2011	JAN	NO HOLIDAY	WED	WORKING DAY	GOOD	2.666979	43.6957	12.522300	1600	4

Alibi에 의한 explainer의 출력이 설명 가능하도록 특성 변수명, 목적 변수명, 그리고 범주형 특성 변수값을 list로 제공해야 한다. 특성 변수 간의 교호작용을 구하기 위해 특성 변수는 일반적으로 index화한다. 이런 이유로 범주형 특성 변수는 dictionary 데이터로, key는 index 그리고 values는 범주값으로 정의된 list로 작성하여야 한다. 다음은 특성 변수와 목적 변수명을 list 자료로 정의하고 범

주형 특성 변수와 실수형 특성 변수를 index화하는 과정을 보여주고 있다.

```
feature_names = df.columns.tolist()
feature_names.remove('cnt')

target_names = ['Number of bikes']
categorical_columns_names = ['season', 'yr', 'mnth', 'holiday', 'weekday',
                             'workingday','weathersit']
# define categorical and numerical indices for later preprocessing
# alibi의 explain내의 features option은 int로 지정해야 하기 때문
# 그리고 pd나 pv에서 지정하는 categorical_names는 dictionary{index:list of categorical
# values}의 index
categorical_columns_indices = [feature_names.index(cn) for cn
                               in categorical_columns_names]
numerical_columns_indices = [feature_names.index(fn) for fn in feature_names
                             if fn not in categorical_columns_names]
X = df[feature_names]
y = df['cnt']

X_train, X_test, y_train, y_test = train_test_split(X, y, test_size=0.2, random_state=0)
print(categorical_columns_indices)
print(numerical_columns_indices)
```

```
[0, 1, 2, 3, 4, 5, 6]
[7, 8, 9, 10]
```

OrdinaryEncoder()는 2D 텐서로 제공된 범주형 특성 변수의 범주를 순서형 정수로 변환해 주는 클래스이다. 예를 들어, 특성 변수 season은 'SPRING', 'SUMMER', 'FALL', 'WINTER'를 범주값으로 가지고 있는데 alphabet 순으로 'FALL'은 0, 'SPRING'은 1, 'SUMMER'는 2, 그리고 'WINTER'는 3으로 mapping 해준다. oe.categories_ 속성을 출력해 보면 쉽게 확인할 수 있을 것이다. 이러한 OrdinaryEncoder()의 속성을 이용하여 아래와 같이 범주형 특성 변수의 index와 이 index의 범주값으로 구성된 dictionary인 categorical_names를 정의하고 있다.

```
oe = OrdinalEncoder().fit(X_train[categorical_columns_names])
#print(oe.categories_)
# transform the categorical columns to ordinal encoding
X_train.loc[:, categorical_columns_names] =
                        oe.transform(X_train[categorical_columns_names])
X_test.loc[:, categorical_columns_names] =
                        oe.transform(X_test[categorical_columns_names])
print(X_train[:5])
# convert data to numpy
X_train, y_train = X_train.to_numpy(), y_train.to_numpy()
X_test, y_test = X_test.to_numpy(), y_test.to_numpy()
# define categorical mappings
categorical_names = {i: list(v) for (i, v) in
                    zip(categorical_columns_indices, oe.categories_)}
print('—————————————————')
print(categorical_names)
```

```
     season   yr  mnth  holiday  weekday  workingday  weathersit       temp  ₩
97      1.0  0.0   0.0      1.0      0.0         1.0         1.0   7.784151
503     1.0  1.0   8.0      1.0      0.0         1.0         0.0  18.515849
642     0.0  1.0  10.0      1.0      4.0         1.0         1.0  22.902500
498     1.0  1.0   8.0      1.0      3.0         0.0         0.0  20.787500
303     0.0  0.0  10.0      1.0      1.0         1.0         0.0   7.980000

         hum  windspeed  days_since_2011
97   83.6250  15.208464               97
503  52.3333   9.166739              503
642  72.2917   7.875582              642
498  57.6250  15.082839              498
303  70.3333   7.125450              303
------------------------------
{0: ['FALL', 'SPRING', 'SUMMER', 'WINTER'], 1: [2011, 2012], 2: ['APR', 'AUG', 'DEC', 'FEB', 'JAN', 'JUL', 'JUN', 'MAR', 'MAY', 'NOV', 'OC
T', 'SEP'], 3: ['HOLIDAY', 'NO HOLIDAY'], 4: ['FRI', 'MON', 'SAT', 'SUN', 'THU', 'TUE', 'WED'], 5: ['NO WORKING DAY', 'WORKING DAY'], 6:
['GOOD', 'MISTY', 'RAIN/SNOW/STORM']}
```

ColumnTransformer를 이용하여 실수형 특성 변수를 표준화하고 범주형 특성 변수는 OneHotEncoder로 one-hot encoding한다.

```
preprocessor = ColumnTransformer(
                [("num", StandardScaler(), numerical_columns_indices),
                 ("cat", OneHotEncoder(sparse=False, handle_unknown="ignore"),
                 categorical_columns_indices)])
```

ColumnTransformer를 학습데이터 X_train에 학습시킨 후, 학습데이터와 시험데이터에 적용한다.

```
preprocessor.fit(X_train)
X_train_ohe = preprocessor.transform(X_train)
X_test_ohe = preprocessor.transform(X_test)
```

Random forest 모형의 예측 결과에 대한 explainer를 구하기 위해 아래와 같이 학습데이터에 Random forest 모형을 학습시킨다.

```
predictor = RandomForestRegressor(random_state=0)
predictor.fit(X_train_ohe, y_train)

print('Train score: %.2f' % (predictor.score(X_train_ohe, y_train)))
print('Test score: %.2f' % (predictor.score(X_test_ohe, y_test)))
```

```
Train score: 0.98
Test score: 0.90
```

Alibi의 PD는 블랙박스 모형을 가정하므로 아래와 같이 예측함수 predict_fn을 정의하고 있다. 이어지는 코드에서 feature_names와 target_names는 list로 제공되어야 하며, categorical_names는 dictionary로 key는 범주형 특성 변수의 index, values는 list 타입으로 제공되는 범주값이다.

```
prediction_fn = lambda x: predictor.predict(preprocessor.transform(x))
```

```
explainer = PartialDependence(predictor=prediction_fn, feature_names=feature_names,
                    target_names=target_names,categorical_names=categorical_names)
```

다음은 explainer 함수의 옵션 features에 PD를 구하고자 하는 특성 변수의 index를 지정하기 위해 list features를 정의하고 있다.

```
features = [feature_names.index('temp'),feature_names.index('hum'),
            feature_names.index('windspeed'),feature_names.index('season')]
print(features)
```

```
[7, 8, 9, 0]
```

다음은 학습데이터 X_train를 이용하여 features에 지정된 특성 변수(들)의 PD를 구하고 있다. features=None이 default이며 이 경우에는 X_train에 있는 모든 특성 변수의 PD를 출력한다. .explain의 모수 kind='average'를 부여하면 PD를 출력한다. 만약 kind='individual'를 부여하면 ICE(individual conditional expectation)을 구하게 된다. ICE는 $\widehat{PD}(x_i) = \frac{1}{n}\sum_{j=1}^{n} f(x_i, \boldsymbol{x}_{-i}^{(j)})$에서 $f(x_i, \boldsymbol{x}_{-i}^{(j)})$, $j = 1, 2, \cdots, n$을 말한다. 그러므로 PD는 ICE의 평균이다. kind='both'를 부여하면 ICE와 PD를 동시에 제공한다.

```
exp = explainer.explain(X=X_train,features=features,kind='average')
```

다음 그림은 plot_pd를 이용하여 PD를 그려주고 있다. 'temp가 0~15℃로 증가하면 자전거렌트 수가 급격하게 증가하다가 15~25 ℃ 사이에는 상수이며 25℃ 이상이면 자전거렌트 수가 줄어든다는 것을 알 수 있다. 습도(hum)가 높을수록 자전거렌트 수는 감소하지만 70% 이상이면 급속하게 감소하는 경향을 보이고, 바람의 속도가 높을수록 자전거렌트 수는 선형적으로 느리게 감소한다는 것을 보여주고 있다. 그러나 자전거렌트 수는 계절에는 크게 영향을 받지 않는 것으로 나타났다.

```
plot_pd(exp=exp,fig_kw={'figheight': 10, 'figwidth': 15});
```

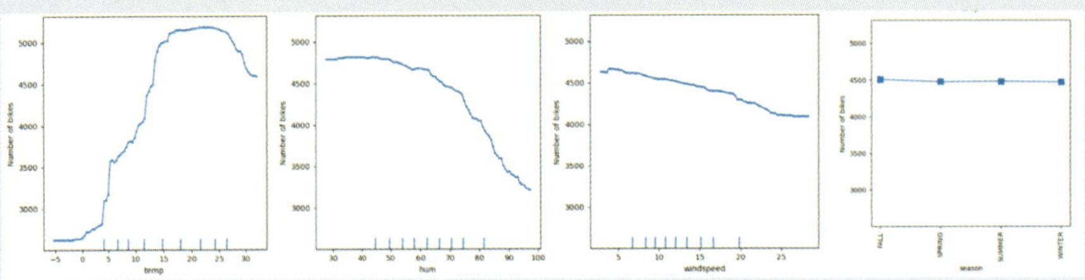

다음은 kind='both'를 지정하여 ICE와 PD를 동시에 보여주고 있다. n_ice는 ICE의 출력갯수를 지정하며 'all'를 지정하면 데이터 수만큼 ICE를 출력하게 된다.

```
exp = explainer.explain(X=X_train,features=features,kind='both')
```

```
plot_pd(exp=exp, n_cols=3, n_ice=50,
        sharey='row',center=True,fig_kw={'figheight': 10, 'figwidth': 15});
```

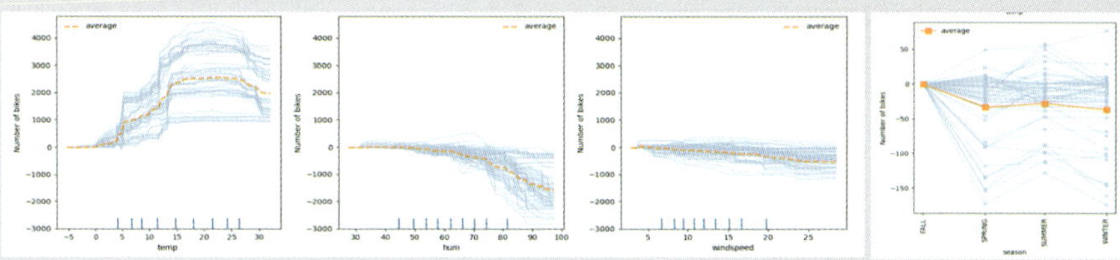

2개의 특성 변수가 목적 변수에 미치는 교호작용 PD를 살펴보기 위해 다음과 같이 관심있는 교호작용을 tuple로 묶어서 list로 정의하면 이들 변수 간의 교호작용 PD를 구할 수 있다. 온도가 12 ℃ 이하에서는 바람의 세기가 목적 변수에 거의 영향이 없지만 12 ~ 27 ℃에서 바람의 세기가 20 이상이면 자전거렌트 수가 감소하는 것으로 나타났다.

```
feature_interaction = [(feature_names.index('temp'), feature_names.index('windspeed')),
                       (feature_names.index('mnth'), feature_names.index('weathersit')),
                       (feature_names.index('season'), feature_names.index('temp'))]
```

```
exp = explainer.explain(X=X_train,features=feature_interaction,
                        kind='average',grid_resolution=25)
```

```
plot_pd(exp=exp,n_cols=2,fig_kw={'figheight': 10, 'figwidth': 10})
```

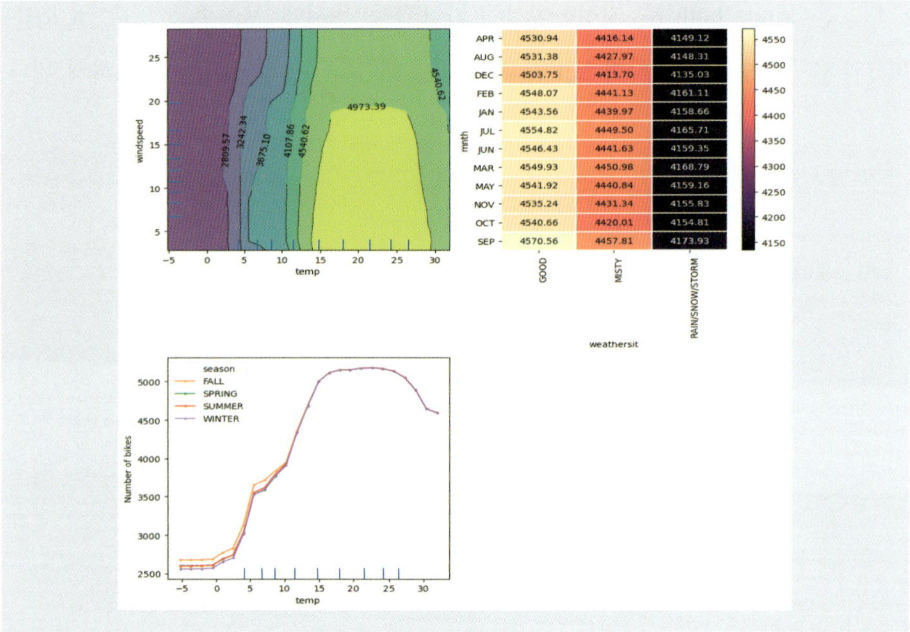

4.2 Partial Dependence Variance(PV)

다음은 PV를 적용하기 위해 PartialDependenceVariance를 호출하여 PV를 동기화하고 X_train 데이터를 이용하여 PV를 계산하고 있다.

```
from alibi.explainers import PartialDependenceVariance
pd_variance = PartialDependenceVariance(predictor=prediction_fn,
                                        feature_names=feature_names,
                                        categorical_names=categorical_names,
                                        target_names=target_names)
```

```
exp_importance_all = pd_variance.explain(X=X_train, method='importance')
```

다음은 plot_pd_variance를 이용하여 PV로 평가된 특성 변수 중요도를 보여주고 있다. day_since_2011, temp, hum 순으로 중요도를 보여주고 있다.

```
from alibi.explainers import plot_pd_variance
plot_pd_variance(exp=exp_importance_all)
```

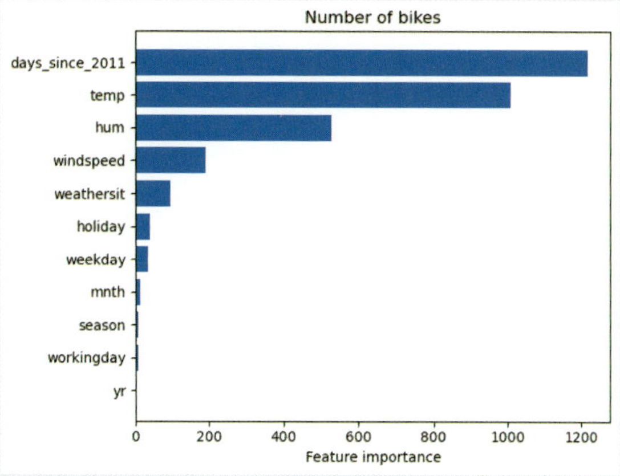

features에 features=[temp, hum, windspeed, season]를 지정하면 지정된 특성 변수만의 중요도를 출력할 수 있다.

```
exp_importance = pd_variance.explain(X=X_train, features=features, method='importance')
```

```
from alibi.explainers import plot_pd_variance
plot_pd_variance(exp=exp_importance)
```

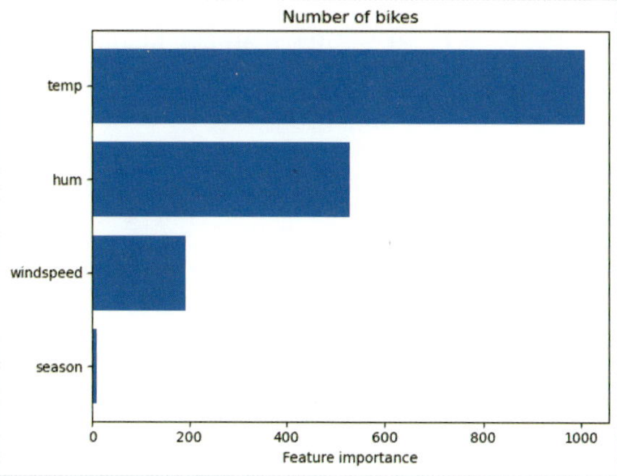

plot_pd_variance 옵션에서 summarise=False를 부여하면 특성 변수의 PD와 PV를 동시에 출력할 수 있다.

```
plot_pd_variance(exp=exp_importance, summarise=False,
                 fig_kw={'figheight': 10, 'figwidth': 10})
```

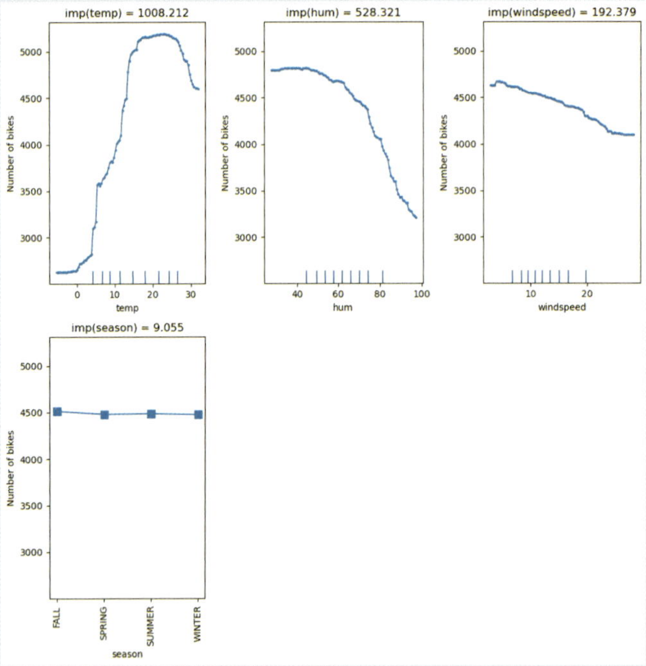

features에 tuple로 짝지은 특성 변수들을 지정하고 method= 'interaction'를 지정하면 짝진 특성 변수의 교호작용 중요도인 PV를 구할 수 있다.

```
exp_interaction = pd_variance.explain(X_train, features=feature_interaction,
                                      method='interaction')
plot_pd_variance(exp=exp_interaction)
```

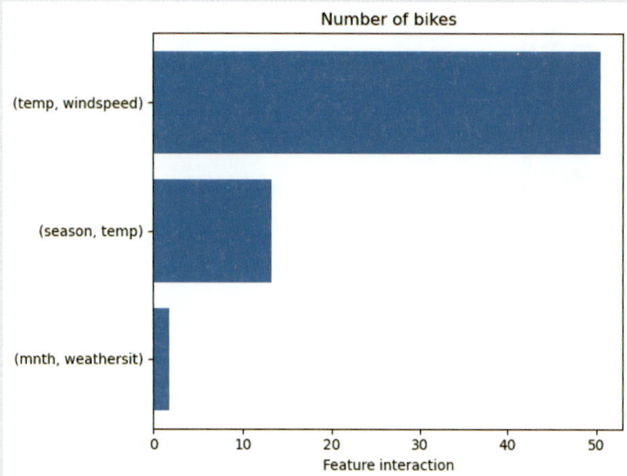

같은 방법으로 summarise=False를 부여하면 교호작용 PV값과 PD를 동시에 구할 수 있다.

```
plot_pd_variance(exp=exp_interaction,summarise=False,
                 fig_kw={'figheight': 10, 'figwidth': 10})
```

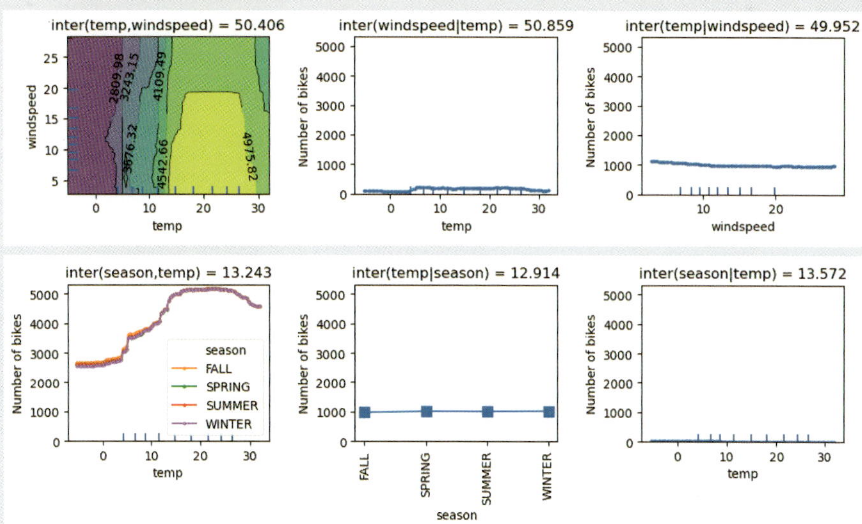

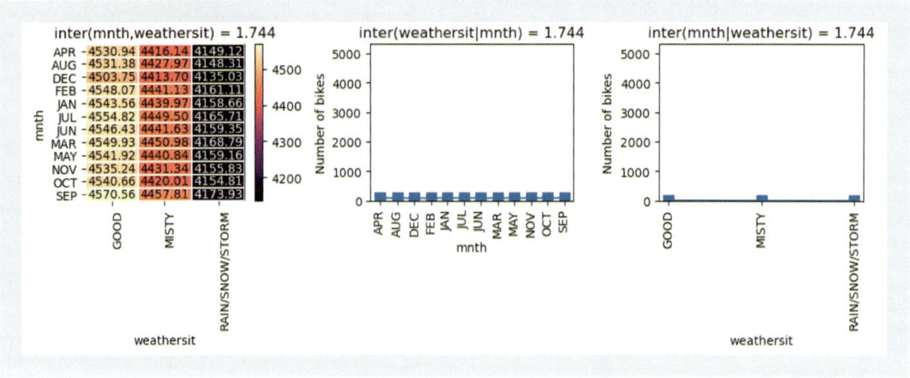

4.3 ALE

특성 변수가 실수형일 때만 ALE를 적용할 수 있으므로 아래와 같이 IRIS 데이터를 호출한다. ALE와 PD를 비교하기 위해 필요한 모듈을 호출한다.

```
%matplotlib inline
import numpy as np
import matplotlib.pyplot as plt
from sklearn.datasets import load_iris
from sklearn.linear_model import LogisticRegression
```

```
from sklearn.metrics import accuracy_score
from sklearn.model_selection import train_test_split
from alibi.explainers import ALE, plot_ale, PartialDependence, plot_pd,
                             PartialDependenceVariance
```

아래와 같이 특성 변수명과 목적 변수명을 정의하고 학습데이터와 시험데이터를 분리한다.

```
data = load_iris()
feature_names = data.feature_names
target_names = data.target_names
```

```
X = data.data
y = data.target
print(feature_names)
print(target_names)
X_train, X_test, y_train, y_test = train_test_split(X, y, test_size=0.25, random_state=42)
```

```
['sepal length (cm)', 'sepal width (cm)', 'petal length (cm)', 'petal width (cm)']
['setosa' 'versicolor' 'virginica']
```

학습데이터 X_train을 로지스틱 회귀모형에 적합하고 성능을 점검한 후,

```
lr = LogisticRegression(max_iter=200)
lr.fit(X_train, y_train)
accuracy_score(y_test, lr.predict(X_test))
```

```
1.0
```

로지스틱 회귀모형의 예측함수를 3개 label(setosa, versicolor, virginica)에 속할 확률(lr.predict_proba)과 logit 값(lr.decision_function)으로 지정하여 각각을 동기화한다. logit 값을 지정한 이유는 특성 변수가 logit 값에 선형인지를 점검하기 위함이다.

```
proba_ale_lr = ALE(lr.predict_proba, feature_names=feature_names,
                        target_names=target_names)
logit_ale_lr = ALE(lr.decision_function, feature_names=feature_names,
                      arget_names=target_names)
```

```
proba_exp_lr = proba_ale_lr.explain(X_train)
logit_exp_lr=logit_ale_lr.explain(X_test)
```

다음과 같이 특성 변수 'petal length'(features=[2])가 각 label에 속할 확률에 미치는 영향을 plot_ale로 살펴볼 수 있다. 예를 들어, setosa에 속할 확률은 petal length가 1.7에서 3.7로 증가하면 선형적으로 감소하다가 3.7 이상이면 확률의

변동이 거의 없는 것을 관측할 수 있다.

```
plot_ale(proba_exp_lr, features=[2])
```

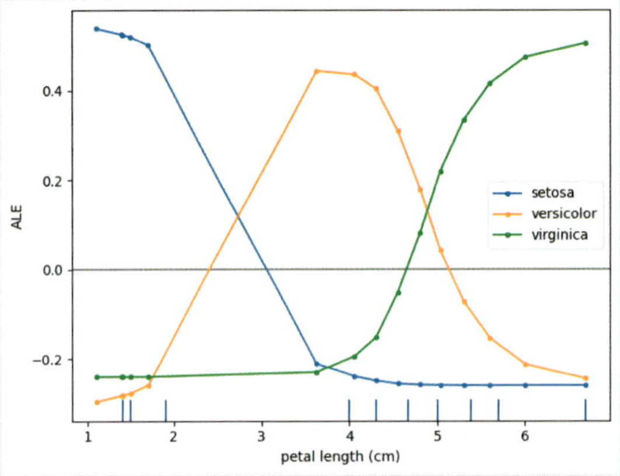

아래 그림에서 볼 수 있듯이 예측함수가 logit이면 특성 변수와 목적 변수 logit 값과의 관계가 선형임을 확인할 수 있다.

```
plot_ale(logit_exp_lr,features=[2])
```

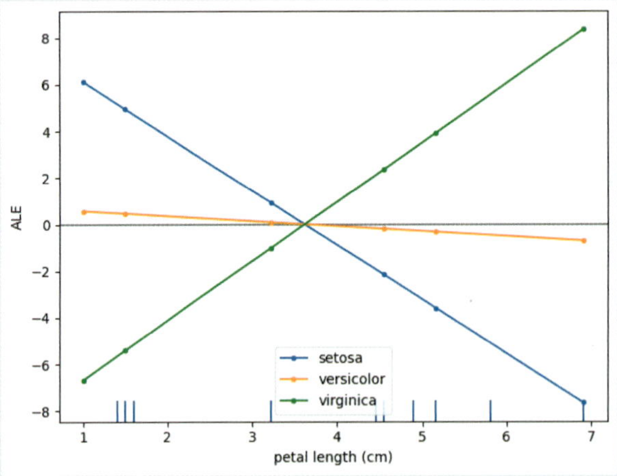

다음은 ALE와 PD를 비교하기 위해 예측함수를 lr.predict_proba로 지정한 후, 특성 변수 petal length에 대해 각 label 별로 PD를 그려주고 있다.

```
explainer_pd = PartialDependence(predictor=lr.predict_proba,
                    feature_names=feature_names, target_names=target_names)
```

```
exp_pd = explainer_pd.explain(X=X_train, kind='average')
```

참고로 아래의 plot_pd 옵션의 target은 plot_ale와 다르게 오직 하나의 label(즉, 하나의 목적 변수 범주값)만 지정하게 되어 있으므로 주의해야 한다. 특성 변수 petal length의 ALE와 PD는 큰 차이가 없음을 알 수 있다. 다른 특성 변수에 대해서도 확인해 보길 바란다.

```
for i in range(3):
    plot_pd(exp=exp_pd,target=i,features=[2],fig_kw={'figheight': 4, 'figwidth': 4});
```

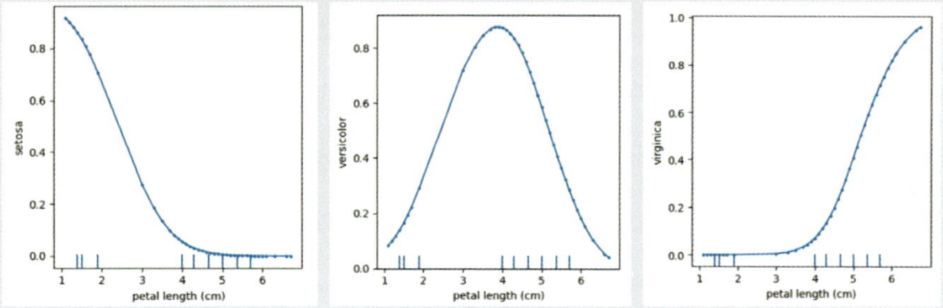

아래는 예측함수를 logit으로 지정했을 때, 각 label 별 특성 변수 PD를 보여주고 있다. 로지스틱 선형모형을 적합하여 당연하지만, 목적 변수 logit과 특성 변수가 모두 선형관계임을 알 수 있다.

```
explainer_pd2 = PartialDependence(predictor=lr.decision_function,
                    feature_names=feature_names,target_names=target_names)
exp_pd2 = explainer_pd2.explain(X=X_test, kind='average')
```

```
for i in range(3):
    plot_pd(exp=exp_pd2, target=i, pd_limits=[-5.,5.])
```

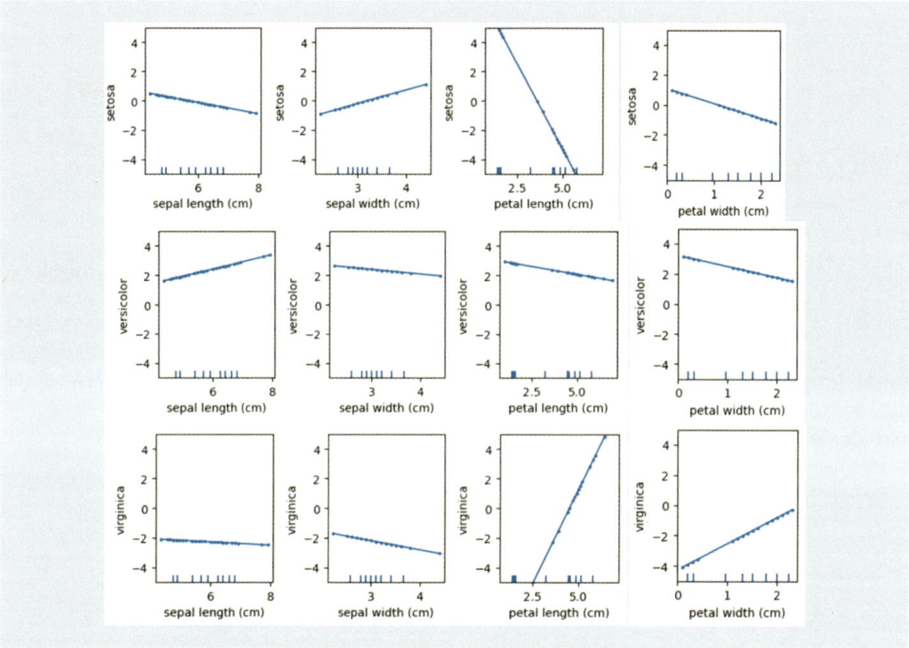

다음은 PV를 이용한 각 label 별 특성 변수 중요도를 보여주고 있다. label에 관계 없이 petal length가 가장 중요한 특성 변수임을 보여주고 있다. 두 번째로 중요한 특성 변수는 setosa의 경우 sepal length이지만 versicolor와 virginica는 petal width임을 확인할 수 있다.

```
pd_variance = PartialDependenceVariance(predictor=lr.predict_proba,
                        feature_names=feature_names,target_names=target_names)
exp_importance = pd_variance.explain(X=X_train, method='importance')
```

```
from alibi.explainers import plot_pd_variance
plot_pd_variance(exp=exp_importance,targets=[0,1,2])
```

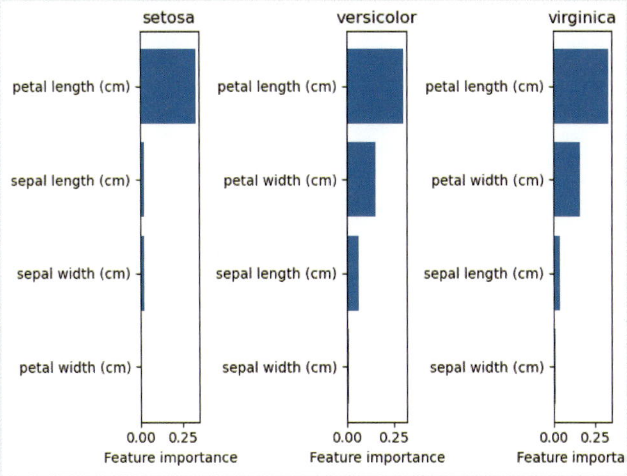

동일한 IRIS 데이터에 비선형모형인 Gradient Boosting 모형을 아래와 같이 적합한 후, 시험데이터로 측정한 accuracy가 로지스틱 회귀모형과 동일하게 1.0인 것을 볼 수 있다.

```
from sklearn.ensemble import GradientBoostingClassifier
gb =  GradientBoostingClassifier()
gb.fit(X_train, y_train)
accuracy_score(y_test, xgb.predict(X_test))
```

```
1.0
```

ALE에 Gradient Boosting 모형의 예측함수를 정의하고 동기화한 후, logit 예측함수를 이용하여 label별 특성 변수의 ALE를 보여주고 있다. 로지스틱 회귀모형과 다르게 목적 변수 logit과 특성 변수의 관계가 비선형관계임을 보여주고 있다.

```
logit_ale_gb = ALE(gb.decision_function, feature_names=feature_names,
                   target_names=target_names)
proba_ale_gb = ALE(gb.predict_proba, feature_names=feature_names,
                    target_names=target_names)
logit_exp_gb = logit_ale_gb.explain(X_train)
proba_exp_gb = proba_ale_gb.explain(X_train)
```

```
plot_ale(logit_exp_gb, n_cols=2, fig_kw={'figwidth': 8, 'figheight': 5})
```

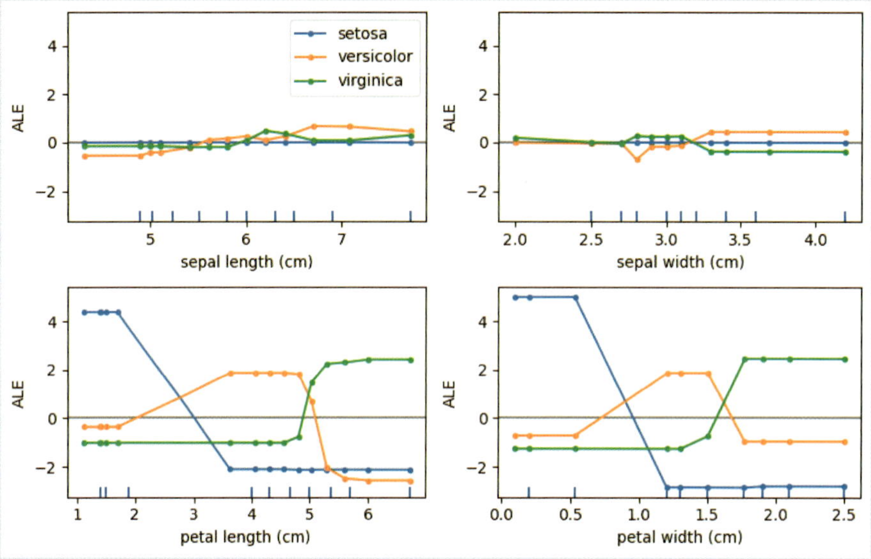

아래는 Gradient Boosting 모형에서 제공하는 특성 변수 중요도이다. 이 중요도는 ELI5에서도 동일한 결과를 산출할 수 있다. label과 관계없이 petal length가 가장 중요한 특성 변수이고 petal width가 두 번째로 중요한 특성 변수임을 보여주고 있다. 그러나 이러한 특성 변수의 중요도는 label별로 제공하지 않으므로 PV를 이용하여 label별 특성 변수를 구해야 한다.

```
gb.feature_importances_
```

```
array([0.00220374, 0.0164499 , 0.57659043, 0.40475594])
```

다음은 예측함수가 setosa에 속할 확률일 때, 적용하는 모형이 로지스틱 회귀 모형일 경우와 Gradient Boosting 모형일 경우의 특성 변수 ALE를 비교하고 있다. petal width에서 두 모형 간 뚜렷한 차이를 관측할 수 있다.

```
fig, ax = plt.subplots(1, 2, figsize=(8, 4), sharey='row')
plot_ale(proba_exp_lr, features=[2, 3], targets=['setosa'], ax=ax, line_kw={'label': 'LR'});
plot_ale(proba_exp_gb, features=[2, 3], targets=['setosa'], ax=ax,
         line_kw={'label': 'GB'});
```

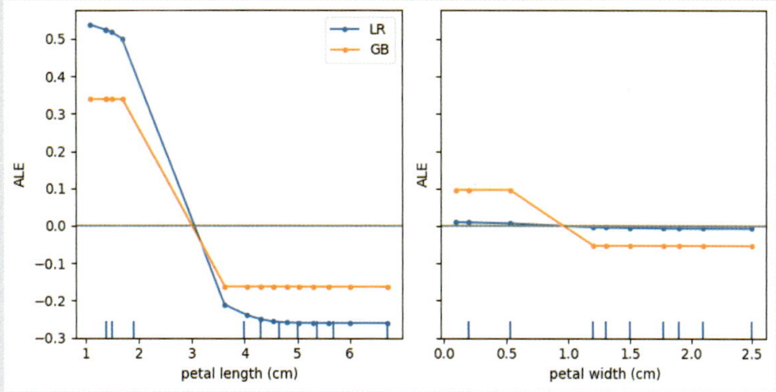

다음은 Gradient Boosting 모형의 예측함수로부터 구한 특성 변수 PD를 보여주고 있다. 특성 변수 PD는 대응하는 ALE와 비교할 때 차이가 있음을 알 수 있다. PD는 특성 변수가 독립이라는 가정에서 구해진 global explainer이기 때문에 이러한 차이가 발생한다.

```
logit_pd_gb = PartialDependence(gb.decision_function, feature_names=feature_names,
                                target_names=target_names)
proba_pd_gb = PartialDependence(gb.predict_proba, feature_names=feature_names,
                                target_names=target_names)
logit_pd_exp_gb = logit_pd_gb.explain(X_train)
proba_pd_exp_gb = proba_pd_gb.explain(X_train)
```

```
for i in range(3):
    plot_pd(logit_pd_exp_gb, n_cols=2,target=i, fig_kw={'figwidth': 8, 'figheight': 5})
```

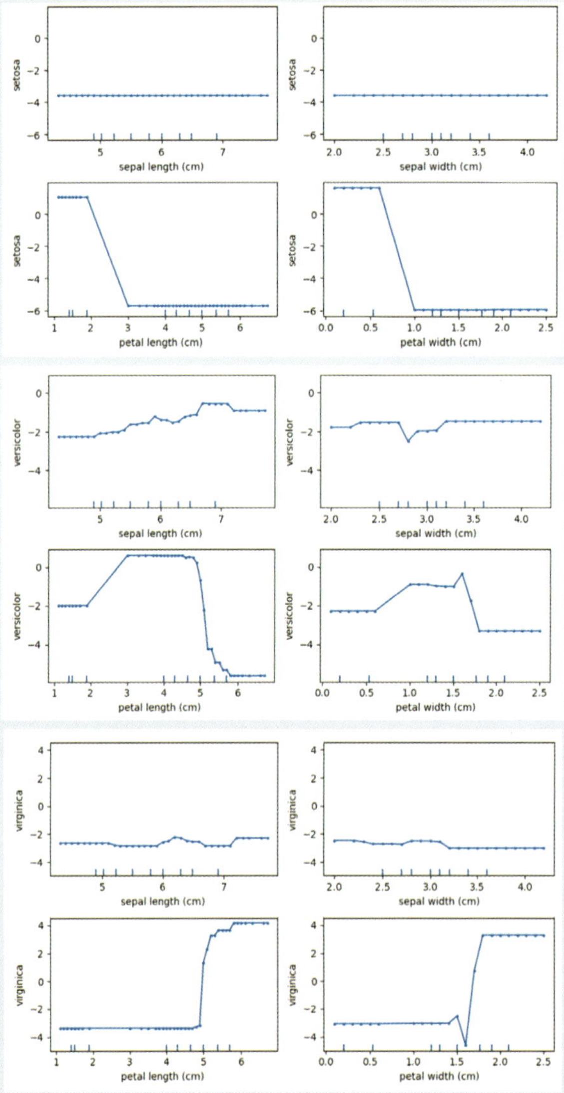

다음은 Gradient Boosting 예측함수를 각 label에 속할 확률로 정의했을 때, 각 label별 특성 변수의 중요도를 PV를 통해 보여주고 있다. 로지스틱 회귀모형과 다르게 label과 관계없이 petal length, petal width, sepal width 순으로 특성 변수 중요도를 보여주고 있으며 sepal length는 예측에 거의 기여하지 않는 것으로 나타났다.

```
pdgb_variance = PartialDependenceVariance(predictor=gb.predict_proba,
feature_names=feature_names,target_names=target_names)

exp_gb_importance = pdgb_variance.explain(X=X_train, method='importance')
```

```
plot_pd_variance(exp=exp_gb_importance,targets=[0,1,2])
```

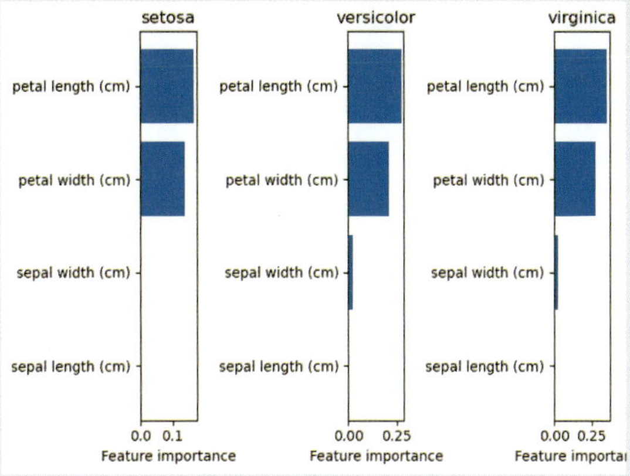

4.4 Permutation Importance(PI)

다음은 특성 변수 중요도를 PI로 산출하기 위해 필요한 모듈을 호출하고 있다. 여기에서 alibi.explainers의 PermutationImportance는 PI를 구하기 위한 class이다.

```
import numpy as np
import pandas as pd
import matplotlib.pyplot as plt
import seaborn as sns
from sklearn.model_selection import train_test_split
from sklearn.preprocessing import OneHotEncoder
from sklearn.compose import ColumnTransformer
from sklearn.ensemble import RandomForestClassifier
from sklearn.metrics import classification_report, f1_score, roc_auc_score
from alibi.explainers import PermutationImportance, plot_permutation_importance
```

PI를 적용하기 위한 데이터는 일의 만족도, 평가, 봉급 등의 9개 특성 변수로 목적 변수 이직여부(left)를 예측하기 위한 데이터이다. 9개의 특성 변수 중 4개는 범주형이고 5개는 실수형 특성 변수로 구성되어 있다.

```
df=pd.read_csv('HR_comma_sep.csv')
df.head()
```

	satisfaction_level	last_evaluation	number_project	average_montly_hours	time_spend_company	Work_accident	left	promotion_last_5years	sales	salary
0	0.38	0.53	2	157	3	0	1	0	sales	low
1	0.80	0.86	5	262	6	0	1	0	sales	medium
2	0.11	0.88	7	272	4	0	1	0	sales	medium
3	0.72	0.87	5	223	5	0	1	0	sales	low
4	0.37	0.52	2	159	3	0	1	0	sales	low

```
df.info()
```

```
<class 'pandas.core.frame.DataFrame'>
RangeIndex: 14999 entries, 0 to 14998
Data columns (total 10 columns):
 #   Column                 Non-Null Count  Dtype
---  ------                 --------------  -----
 0   satisfaction_level     14999 non-null  float64
 1   last_evaluation        14999 non-null  float64
 2   number_project         14999 non-null  int64
 3   average_montly_hours   14999 non-null  int64
 4   time_spend_company     14999 non-null  int64
 5   Work_accident          14999 non-null  int64
 6   left                   14999 non-null  int64
 7   promotion_last_5years  14999 non-null  int64
 8   sales                  14999 non-null  object
 9   salary                 14999 non-null  object
dtypes: float64(2), int64(6), object(2)
memory usage: 1.1+ MB
```

explainer를 적용하기 위한 특성 변수명(feature_names), 목적 변수명(target_name), 그리고 범주형 특성 변수 index(categorical_index)를 아래와 같이 정의하고 있다.

```
target_name = 'left'
feature_names = df.columns.to_list()
feature_names.remove(target_name)
categorical_names = ['Work_accident','promotion_last_5years', 'sales','salary']
numerical_names = [ft for ft in feature_names if ft not in categorical_names]
categorical_indices = [feature_names.index(ft) for ft in categorical_names]
```

아래와 같이 이직(left=1)인 경우가 전체의 23.81%로 소수 클래스이므로 모형적합 시 이러한 불균형(imbalance)을 고려해야 하며 모형의 성능이 데이터의 imbalance에 영향을 덜 받기 위해서는 성능측정을 accuracy 대신 precision, recall 또는 f1으로 해야 한다.

```
target_perc =
  df[target_name].value_counts(normalize=True).mul(100).rename('percent').reset_index()
g = sns.catplot(data=target_perc, x='index', y='percent', kind='bar')
g.ax.set_ylim(0, 100)
for p in g.ax.patches:
    txt = str(p.get_height().round(2)) + '%'
    txt_x, txt_y = p.get_x(), p.get_height()
    g.ax.text(x=txt_x, y=txt_y, s=txt, fontdict={'size': 15})
```

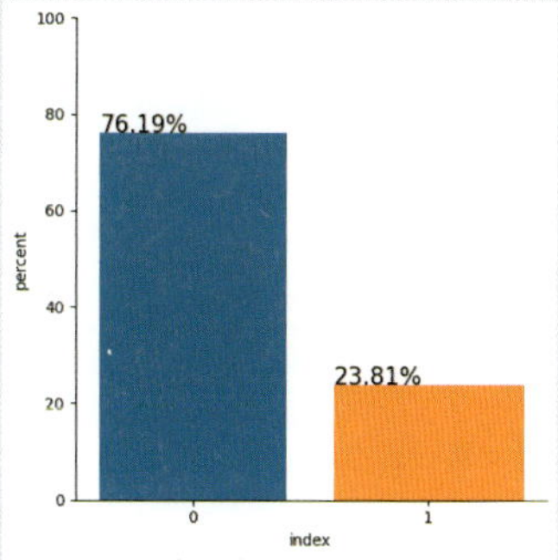

Alibi의 explainer는 numpy 데이터를 입력받아야 하므로 pandas 데이터를 numpy 데이터로 변환한 후, 학습데이터와 시험데이터로 분리한다.

```
X = df[feature_names].to_numpy()
y = df[target_name].to_numpy()
X_train, X_test, y_train, y_test = train_test_split(X, y, test_size=0.2,
                                                    stratify=y,random_state=0)
```

다음과 같이 범주형 특성 변수를 one-hot-encoding하기 위해 Column Transformer를 적용하고 있다. 실수형 특성 변수는 그대로 사용하기 때문에

reminder= 'passthrough'를 지정하고 있다. default는 reminder='drop'이며 이 경우 모든 실수형 특성 변수가 제거되므로 reminder='passthrough'는 반드시 필요한 조건이다.

```
preprocessor = ColumnTransformer([("cat", OneHotEncoder(sparse=False, drop='if_binary',
                handle_unknown="ignore"),categorical_indices)],remainder='passthrough')
```

다음과 같이 ColumnTransformer를 적용하여 변환한 데이터를 random forest 모형에 적합한 후, 학습데이터와 시험데이터에서 모형의 성능을 점검한다.

```
preprocessor = preprocessor.fit(X_train)
X_train_ohe = preprocessor.transform(X_train)
X_test_ohe = preprocessor.transform(X_test)
```

```
rf = RandomForestClassifier(class_weight='balanced', random_state=0)
rf = rf.fit(X_train_ohe, y_train)

y_train_hat = rf.predict(X_train_ohe)
print(classification_report(y_true=y_train, y_pred=y_train_hat))
```

```
              precision    recall  f1-score   support

           0       1.00      1.00      1.00      9142
           1       1.00      1.00      1.00      2857

    accuracy                           1.00     11999
   macro avg       1.00      1.00      1.00     11999
weighted avg       1.00      1.00      1.00     11999
```

```
y_test_hat = rf.predict(X_test_ohe)
print(classification_report(y_true=y_test, y_pred=y_test_hat))
```

```
              precision    recall  f1-score   support

           0       0.99      1.00      0.99      2286
           1       1.00      0.96      0.98       714

    accuracy                           0.99      3000
   macro avg       0.99      0.98      0.99      3000
weighted avg       0.99      0.99      0.99      3000
```

PI를 적용하기 위한 예측함수를 다음과 같이 정의한다.

```
def predict_fn(X: np.ndarray) -> np.ndarray:
    return rf.predict(preprocessor.transform(X))
```

PI를 동기화하고 loss_fns를 생략한 대신 score_fns=['accuracy', 'f1']으로 부여하여 PI를 2개의 score로 계산하도록 한다. 그러므로 $e_{switch} = e_{org} + score$ 감소량으로 정의된다.

```
explainer = PermutationImportance(predictor=predict_fn, score_fns=['accuracy', 'f1'],
                    feature_names=feature_names, verbose=True)
exp = explainer.explain(X=X_test, y=y_test)
```

다음은 accuracy와 f1으로 계산된 PI 값으로 특성 변수의 중요도를 산출하고 있다. accuracy와 f1은 특성 변수의 중요도가 동일하며, sales, salary, accident, 그리고 promotion_last_years는 PI 값이 모두 1값을 보이고 있어 모형의 accuracy나 f1을 높이는 데 전혀 기여하지 못하는 것으로 나타났다. accuracy와 f1을 이용하여 PI를 계산하므로 2개의 column으로 plot을 하도록 n_cols=2로 지정하였다.

```
plot_permutation_importance(exp, n_cols=2, fig_kw={'figwidth': 14, 'figheight': 6});
```

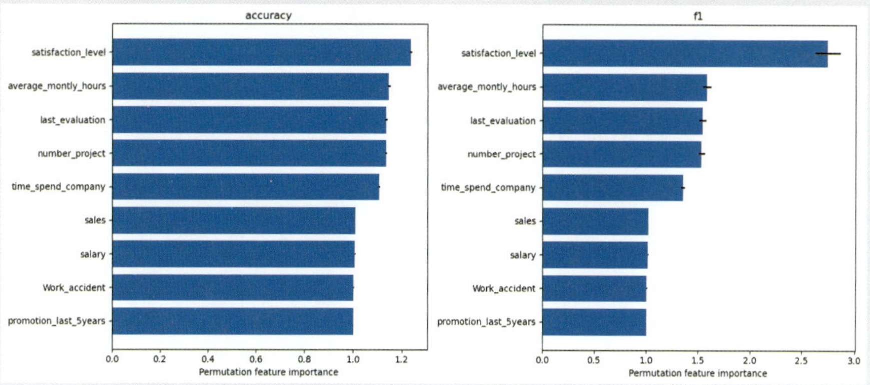

PI를 계산하기 위한 손실함수나 score는 맞춤형으로 정의하여 사용할 수 있다. 아래는 PI를 구하기 위해 1−f1을 손실함수로 정의하고 있다.

```
def loss_f1(y_true: np.ndarray, y_pred: np.ndarray) -> float:
        return 1 - f1_score(y_true=y_true, y_pred=y_pred)
```

```
explainer_loss_f1 = PermutationImportance(predictor=predict_fn,
                    loss_fns={'1 - f1': loss_f1}, feature_names=feature_names,
                    verbose=True)
exp_loss_f1 = explainer_loss_f1.explain(X=X_test, y=y_test)
```

```
plot_permutation_importance(exp=exp_loss_f1, fig_kw={'figwidth': 7, 'figheight': 6})
```

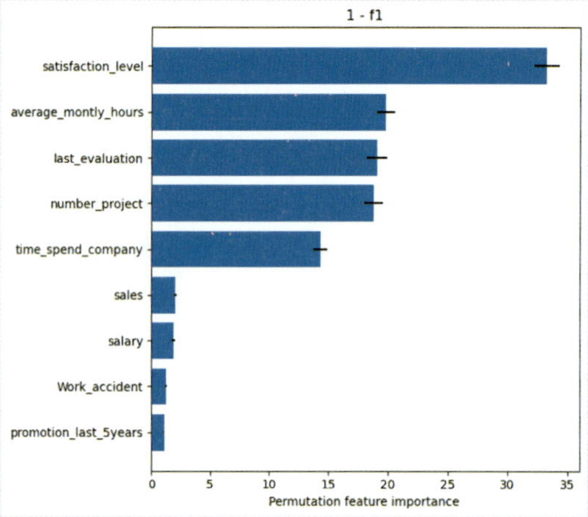

다음은 손실함수를 1−ROC_AUC로 정의하고 이를 기반으로 PI를 구하고 있다. ROC_AUC가 확률로 계산되므로 예측함수를 rf.predict_proba로 정의하고 있다. 맞춤형 손실함수 1−f1인 경우와 상이한 특성 변수 중요도를 보여주고 있다. 이처럼 PI는 손실함수의 선택에 따라 다른 특성 변수 중요도를 보일 수 있다. 그러므로 2개 이상의 손실함수 또는 score를 PI에 적용하여 특성 변수의 중요도를 결정할 필요가 있다.

```
def loss_auc(y_true: np.ndarray, y_score: np.ndarray) -> float:
        return 1 - roc_auc_score(y_true=y_true, y_score=y_score)
def proba_fn(X: np.ndarray) -> np.ndarray:
    return rf.predict_proba(preprocessor.transform(X))[:, 1]
```

```
explainer_loss_auc = PermutationImportance(predictor=proba_fn,
                     loss_fns={'1 - auc': loss_auc}, feature_names=feature_names,
                     verbose=True)
```

```
exp_loss_auc = explainer_loss_auc.explain(X=X_test, y=y_test)
```

```
plot_permutation_importance(exp=exp_loss_auc, fig_kw={'figwidth': 7, 'figheight': 6})
```

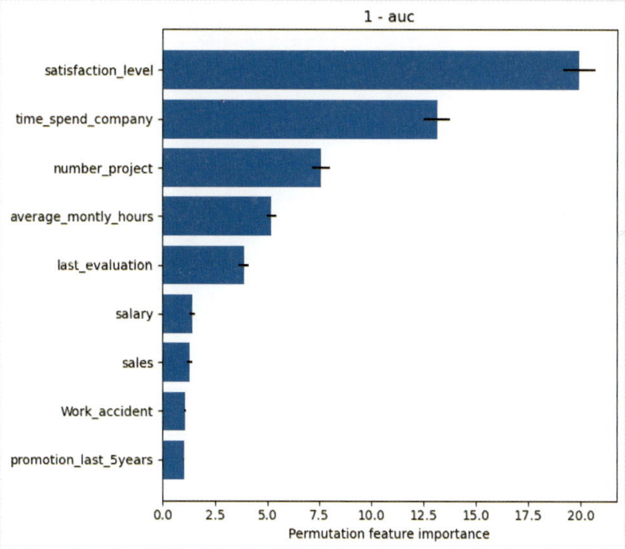

2부
Local Explainers

XAI
EXPLAINABLE AI

5장 LIME
6장 Anchors
7장 IG(Integrated Gradients)
8장 SE(Similarity Explanations)

회귀 또는 분류를 위한 AI 모형을 구축한 후, local explainer는 AI 모형의 표본별 예측치에 대한 특성 변수의 기여도를 측정한다. 학습된 머신러닝 및 딥러닝 모형에서 특성 변수가 예측에 도움을 주지 못하는 예측 중립적(prediction neutral)으로 변경시킨 후, 관측된 손실함수의 변동값을 측정하는 LIME(local interpretable model- agnostic explanations), 분류를 목적으로 하는 블랙박스 모형의 예측 label 에 결정적인 역할을 하는 특성 변수를 추출하는 Anchors, 딥러닝 모형과 같이 비선형 함수를 가지고 있을 때 각 표본의 특성 변수 기여도를 구하는 IG(Integrated Gradients), 그리고 특정표본을 설명하기 위해 특정표본과 가장 비슷한 표본(들)을 학습데이터에서 찾는 GS(gradient similarity) 등의 local explainers에 대해 살펴보도록 하자.

5장

LIME

블랙박스 모형 f를 학습데이터에 적합시킨 후, i번째 표본의 특성 변수 $\boldsymbol{x}_i$를 입력하면 예측치 $f(\boldsymbol{x}_i)$를 출력하게 된다. 이때 각 특성 변수값을 약간씩 흔들어 주면 이에 따라 예측치 $f(\boldsymbol{x}_i)$ 값도 흔들리게 될 것이다. 그리고 특성 변수별로 같은 강도로 흔들어 주더라도 각 특성 변수의 예측치 $f(\boldsymbol{x}_i)$에 대한 영향은 다를 것이다. 선형모형

$$f(\boldsymbol{x}_i) = \beta_0 + \beta_1 x_{1i} + \cdots + \beta_k x_{ki}$$

을 예로 설명하면 x_{1i}을 약간씩 흔들어 주면 $f(\boldsymbol{x}_i)$는 $\beta_1 x_{1i}$만큼 움직일 것이고 x_{ki}을 흔들어 주면 $f(\boldsymbol{x}_i)$는 $\beta_k x_{ki}$만큼 변동할 것이다.

그러나 블랙박스 모형의 입력이 text, image, genomics와 같이 차원이 아주 크면, 예를 들어 픽셀의 크기가 360×360인 컬러이미지의 $360 \times 360 \times 3 = 388{,}800$개 특성 변수가 입력되었을 때 이렇게 많은 특성 변수를 하나씩 변동하여도 계산 부담은 논외로 하더라도 예측치의 변동이 거의 일어나지 않을 가능성도 높고, 픽셀의 변화로 인한 예측치의 변화를 사람의 눈으로 인식하여 해석하는 것은 불가능에 가깝다고 할 수 있다.

LIME(local interpretable model-agnostic explanations)은 특성 변수 개수가 작은 경우에도 적용이 가능하지만, 특성 변수 수가 매우 클 때 유용하게 사용할 수 있는 특성 변수 explainer이며 표본별로 특성 변수의 중요도를 측정하는 local explainer이다. LIME은 i번째 표본의 특성 변수를 N번 흔들어 주어 N개의 특성 변수를 만든 후, 학습된 블랙박스 모형에 입력하여 N개의 예측치를 만든다. 이렇게 만든 N개의 (특성 변수, 예측치)를 합성데이터(synthetic data)라고 한다. i번째 표본의 특성 변수들의 중요도를 구하므로 N개의 합성 특성 변수가 원래의 특성 변수와 가까울수록 가중치를 많이 부여한다. 선형회귀모형이나 의사결정나무를 가중치가 부여된 합성데이터에 적용하여 추정된 모수(선형회귀모형인 경우)나 information gain으로 표본별 특성 변수 중요도를 계산한다. 이러한 유리박스 모형을 대리모형(surrogate model)이라고 한다.

LIME은 L1 규제화된 LASSO 모형을 대리모형으로 하여 가장 중요한 k개의 특성 변수(top-k 특성 변수)의 중요도를 추정된 계수의 절댓값 크기로 산출한다. 대리모형은 적용하는 표본마다 다르므로(즉 선형회귀모형이면 적합한 표본마다 다른 모수가 추정되므로) 대리모형을 블랙박스의 표본점의 접선(tangent)으로 해석하기도 한다. 이러한 해석을 최대한 충족시키기 위해 합성데이터의 각 특성 변수가 원래의 특성 변수에 가까울수록 가중치를 많이 부여한다. 그러므로 중요한 특성 변수는 약간만 흔들어 주어도 가중치가 크므로 예측치가 크게 흔들릴 것이다. 지금까지의 논의를 바탕으로 LIME의 손실함수는

$$L(f, g, w(x^*)) + \Omega(g)$$

으로 정의되고 이 손실함수를 최소로 하는 유리박스 모형인 대리모형 g를 구하는 것이 LIME의 목적이다. 여기에서 f는 블랙박스 모형이고 $w(x^*)$는 합성변수에 부여된 가중치이며 $\Omega(g)$는 대리모형의 복잡도에 대한 손실함수이다. 손실함수 L은 f의 예측치와 g의 예측치와의 거리 측도로, 예를 들어 g가 선형회귀모형이면 MSE, 의사결정나무이면 information gain 등이 대표적인 예이다. 물론 f와 g의 예측치는 합성 특성 변수들을 입력하여 구한 예측치들이다. 일반적으로 g의 복잡도는 미리 결정하므로(L1 규제화를 통해 0이 아닌 k개의 특성 변수 또는 이미 결정한 top-k 특성 변수) 실제적으로 LIME의 손실함수는

$$L(f, g, w(x^*))$$

으로 줄어든다. 그러므로 LIME의 핵심은 어떻게 합성데이터를 생성하고 각 합성데이터에 어떤 가중치를 부여하느냐이다. 합성데이터의 생성은 tabular 데이터, text 데이터, 그리고 image 데이터 등의 데이터 type에 따라 다르게 정의된다.

5.1 데이터에 따른 LIME의 적용

LIME을 적용하기 위해서는 다음과 같이 lime을 설치해야 한다.

```
pip install lime
```

5.1.1 Tabular 데이터의 경우

Tabular 데이터는 행은 표본의 크기, 열은 특성 변수로 구성된 tabular 형태의 데이터를 말하며 주로 통계학에서 다루는 데이터 형태이다. 논의의 편의를 위해 대리모형 g를 LASSO라고 가정하자. Tabular 데이터에서 합성데이터의 생성과 local 특성 변수 중요도는 다음과 같이 구하게 된다.

(1) 관심있는 표본을 선택하고 이 표본의 특성 변수값을 x^*로 표기한다.
(2) 블랙박스 모형을 학습시킨 학습데이터로부터 각 특성 변수의 평균과 분산을 계산한다.
(3) 앞에서 구한 평균과 분산을 가진 정규분포로부터 각 특성 변수를 임의추출한다
(4) (3)에서 임의추출된 특성 변수를 f에 입력하여 그 예측치를 목적 변수 y로 정의한다.
(5) (3)과 (4)를 N번 반복하여 N개의 합성데이터를 생성한다.
(6) 원래의 특성 변수 x^*와 합성데이터의 특성 변수와의 거리를 구한다. 일반적으로 RBF(radial basis function)를 적용하여 거리를 산출하여 이를 합성데이터 표본점들의 가중치로 정의한다.
(7) 합성데이터에 대리모형인 가중 LASSO 모형을 적용하여 가장 큰 k개의 회귀계수를 구하고 이 k개의 회귀계수를 top-k 특성 변수 중요도로 정의한다.

위 7개 절차에서 볼 수 있듯이 LIME의 특성 변수 중요도는 특성 변수가 변하면 블랙박스 모형의 예측치가 얼마나 변하는지를 보여주는 측도이다. 직관적으로

LIME을 설명하면 합성 특성 변수에 의해 특정 특성 변수값이 변하더라도 예측치가 변하지 않으면 LASSO 모형에서 이 회귀계수는 거의 0에 가깝게 된다는 사실을 이용한 것이다. Tabular 데이터에 적용된 LIME의 가장 큰 문제는 절차 (6)의 RBF의 width의 결정이다. 이 width는 정규분포의 표준편차로 해석되므로 width가 작을수록 원래 특성 변수에 가까운 합성 특성 변수에 가중치를 많이 주게 된다. 그러므로 초모수 width를 어떤 값으로 주느냐에 따라 때때로 대리모형인 LASSO 회귀계수 부호도 바뀌는 현상이 발생하곤 한다. 아직까지 이 width의 결정문제는 해결되지 않고 있다. 절차(7)에서 특성 변수의 중요도가 상위 k개인 특성 변수의 선택은 LASSO 모형의 L1 규제화 값을 점차적으로 증가시켜 0이 아닌 회귀계수가 k개가 되도록 조절하여 선택한다.

5.1.2 Text 데이터의 경우

Text 데이터와 다음절에서 설명할 image 데이터에 대한 합성데이터의 생성은 앞 절에서 설명한 tabular 데이터의 합성데이터 생성 방법과는 다르다. Text 데이터 표본에 나타난 text를 말뭉치(corpus)로 분리한 후, 표본에 나타난 말뭉치의 빈도나 index를 딥러닝 모형에 입력하여 자연어 과제를 실행한다. 그러므로 자연어 과제의 블랙박스 모형은 딥러닝 모형이다. 여기에 대응하는 유리박스 모형을 위한 특성 변수는 1 또는 0의 값을 갖도록 정의한다. 1은 특정 표본 말뭉치가 합성 특성 변수에 존재한다는 의미이고 0은 표본 말뭉치가 합성 특성 변수에 존재하지 않는다는 것을 의미한다. 즉, 유리박스 모형을 위한 합성 특성 변수는 원래 표본 말뭉치를 on/off 개념으로 정의하게 된다. 예를 들어,

"Hi ya babe x u 4goten bout me"

라는 문장이 spam인지 아닌지를 구별하기 위해 사용되는 표본이라고 하면, 이 표본은 총 8개의 단어로 구성된 것을 알 수 있다. 이 표본은 유리박스 모형의 관점에서는

z=[1,1,1,1,1,1,1,1]

으로 합성 특성 변수를 정의할 수 있다. 이를 기반으로 LIME의 특성 변수 중요도를 구현하는 대리모형을 위한 합성 특성 변수 예는 아래 <표 5-1>과 같다.

표 5-1 text 자료의 합성 특성 변수 3개의 생성 예

합성 특성 변수 id	Hi	ya	babe	x	u	4goten	bout	me	가중치
0	1	1	1	1	1	1	1	1	1
1	0	1	0	1	0	1	1	1	5/8
2	1	0	0	0	1	0	0	1	3/8

<표 5-1>에서 볼 수 있듯이 8개의 특성 변수인 말뭉치를 on/off 형태로 합성 특성 변수 z를 생성하고 있다. 두 번째 합성 특성 변수(id=1)에 대응하는 블랙박스 모형의 입력 특성 변수 x는

"〈unk〉 ya 〈unk〉 x 〈unk〉 4goten bout me"

으로 변경된다. 여기에서 <unk>는 unknown으로 언어모형에서 oov(out of vocabulary)일 때 사용하는 말뭉치이다. 그러므로 대리모형의 합성 특성 변수의 생성은 블랙박스 모형의 특성 변수(말뭉치)를 임의로 추출하여 이에 대응하는 합성 특성 변수는 값 1을 부여하고 나머지 말뭉치는 값 0을 부여하면 된다. 원래의 말뭉치와의 거리로 측정되는 합성변수의 가중치는 1의 비율로 계산된다. <표 5-1>에서 z_1의 가중치는 1의 비율로 5/8이며 z_2는 1의 비율이 3/8이므로 가중치는 3/8이 된다.

지금까지의 논의를 정리하면 다음과 같다.

(1) 관심 있는 표본 text 자료를 선택한다.

(2) 표본 text를 구성하는 말뭉치를 임의로 선택하여 합성 특성 변수 z와 대응하는 블랙박스 특성 변수 x를 생성한다.

(3) 블랙박스 모형에 x를 입력하여 예측치 y를 생성한다.

(4) (2)와 (3)을 N번 반복하여 N개의 합성데이터 (z,y)를 생성한다.

(5) 1의 비율로 합성데이터 각각의 가중치를 계산한다.

(6) 합성데이터에 대리모형을 적합하여 z의 회귀계수로 표본 text 자료의 말뭉치 중요도를 정의한다.

5.1.3 image 데이터의 경우

image 데이터의 특성 변수는 픽셀이므로 블랙박스 모형에 입력되는 특성 변수 수는 매우 많지만 픽셀 하나가 가지는 예측치에 대한 기여도는 매우 작다는 특징을 가지고 있다. 이러한 이유로 픽셀의 그룹화인 super-pixel로 유리박스 모형의 합성 특성 변수를 생성하게 된다. super-pixel은 이미지 내의 객체 간 의미 있는 경계선을 찾아 아래에서 오른쪽 오리말 이미지와 같이 픽셀을 그룹화한 것을 말하며 이러한 super-pixel은 super-pixel 알고리즘을 통해 구현된다.

대리모형의 합성 특성 변수는 <그림 5-1>과 같은 super-pixel을 기초로 하여 text 자료에서 논의된 1 또는 0으로 구성된 z로 정의한다. 즉, <그림 5-1>에서 super-pixel을 임의로 뽑아 1값을 부여하고 뽑히지 않은 super-pixel은 이미지에서 제거하여 0의 값을 부여한다. 아래 <그림 5-2>는 super-pixel을 임의로 뽑아

그림 5-1 오리말과 super-pixel의 구성

출처: https://ema.drwhy.ai/figure/duck_horse_06.png

그림 5-2 합성 특성 변수에 대응하는 블랙박스 모형의 입력 이미지
출처: https://ema.drwhy.ai/figure/duck_horse_process.png

생성한 블랙박스 모형의 특성 변수를 보여주고 있다.

대리모형의 합성 특성 변수값 0에 대응하는 블랙박스 모형의 특성 변수(pixel) 값은 일반적으로 0(검은색) 또는 입력 이미지의 평균값으로 대체한다. <그림 5-2>는 흰색(255)으로 대체한 경우를 보여주고 있다. super-pixel을 기준으로 합성변수 z를 생성하고 특성 변수 중요도는 super-pixel이 예측치에 미치는 영향으로 측정된다는 것을 제외하고 text 자료의 LIME 절차와 동일하다.

5.2 SP-LIME

LIME의 특성 변수 중요도를 이용하여 블랙박스 모형의 특성을 대표하는 표본 데이터 셋을 추출할 수 있다. w_{ij}를 LIME으로 i번째 표본에서 구한 j번째 특성 변수의 중요도라고 정의하면 다음과 같은 절차로 대표성을 갖는 데이터 셋을 구할 수 있다. 이를 SP-LIME(submodular pick LIME)이라고 한다.

(1) 대표성을 갖는 표본 수를 B로 지정한다.

(2) n개의 표본을 임의로 뽑아 w_{ij}를 계산한다. 여기서 $n > B$, $i = 1,2,\cdots,n$이고 $j = 1,2,\cdots,k$이며 k는 특성 변수 수이다.

(3) $I_j = \sqrt{\sum_{i=1}^{n} |w_{ij}|}$, $j = 1, \cdots, k$ 를 계산하고 $V = \{\ \}$로 놓는다.

(4) I_j의 집합 $C_{V \cup i} = \{I_j : w_{\ell j} > 0$, for all $\ell \in V\} \cup \{I_j : w_{ij} > 0\}$을 계산한다. 단 $i \not\in V$이다.

(5) $c_{V \cup i} = \sum_{j \in C_{V \cup i}} I_j$를 계산하여 $\max_i c_{V \cup i}$를 만족하는 표본 i를 V에 편입시켜 $V = V \cup i$으로 V를 update한다.

(6) 절차(4)와 (5)를 V의 크기가 B가 될 때까지 반복한다.

간단한 예제를 통해 위의 6개 절차를 이해해 보도록 하자. <표 5-2>는 절차(2)에서 LIME으로 계산한 w_{ij}라고 가정하자. 계산의 편의를 위해 $w_{ij} = 1$ 또는 0 값을 갖는 것으로 가정하고 $B = 3$이라고 가정하자.

표 5-2 4개의 표본과 5개의 특성 변수의 w_{ij}

표본 \ 특성 변수	x_1	x_2	x_3	x_4	x_5
1	1	1	0	0	0
2	0	1	1	0	0
3	0	1	1	0	0
4	0	0	0	1	1

<표 5-2>로부터 특성 변수값을 보면 $I_1 = 1, I_2 = 3, I_3 = 2, I_4 = 1, I_5 = 1$이 된다. x_2가 가장 중요한 변수임을 알 수 있다. 첫 반복에서 $V = \varnothing$ 이므로 절차(3)과 (4)를 이용하여

$$C_1 = \{I_1, I_2\}, C_2 = \{I_2, I_3\}, C_3 = \{I_2, I_3\}, C_4 = \{I_4, I_5\}$$

이다. 위에서 예를 들어 C_1은 표본 $i = 1$일 때이고, w_{11}과 w_{12}만 0보다 크므로 $C_1 = \{I_1, I_2\}$가 된다.

$$c_1 = 4, c_2 = 5, c_3 = 5, c_4 = 2$$

가 된다. c_2와 c_3가 가장 큰 값이므로 2번째 또는 3번째 표본이 V에 편입된다. 우리의 예에서는 2번째 표본을 선택하자. 그러므로 $V=\{2\}$가 된다. 절차(4)에 의해

$$C_{2\cup 1}=\{I_1,I_2,I_3\},\ C_{2\cup 3}=\{I_2,I_3\},\ C_{2\cup 4}=\{I_2,I_3,I_4,I_5\}$$

이므로

$$c_{2\cup 1}=6,\ c_{2\cup 3}=5,\ c_{2\cup 4}=7$$

이 된다. 그러므로 $V=\{2,4\}$으로 update된다.

$$C_{\{2,4\}\cup 1}=\{I_1,I_2,I_3,I_4,I_5\},\ \ C_{\{2,4\}\cup 3}=\{I_2,I_3,I_4,I_5\}$$

이므로

$$c_{\{2,4\}\cup 1}=8, c_{\{2,4\}\cup 3}=7$$

이며 $V=\{2,4,1\}$이 되고 $B=3$이므로 절차(6)에 의해 알고리즘을 종료한다.

위 예제에서 볼 수 있듯이 SP-LIME은 특성 변수의 중요도가 큰 표본들로 구성하되, 이 표본들이 모든 특성 변수들을 대표하도록 대표 표본을 구성하는 표본으로 구성한다. 표본3은 특성 변수 x_2와 x_3을 대표하는 표본이지만 표본2가 이미 SP-LIME에 포함되었으므로 표본3은 SP_LIME에서 제외된다.

5.3 LIME의 적용과 응용

Lime은 tabular 데이터, text 데이터, image 데이터에 따라 각각 LimeTabular Explainer, LimeTextExplainer, 그리고 LimeImageExplainer를 호출하여 특성 변수 중요도를 산출하게 된다. tabular 데이터에 적용된 Lime의 용법을 설명하면 다음과 같다.

```
from lime import lime_tabular
explainer=lime_tabular.LimeTabularExplainer(X, mode="regression",
                                            feature_names=feature_names)
```

여기서 X는 특성 변수의 평균과 분산을 구할 데이터이며 일반적으로 학습데이터를 사용한다. mode는 회귀일 경우 "regression"을 지정하고 분류일 경우 "classification"을 지정한다. feature_names는 특성 변수 명을 list로 제공하여야 하며 lime으로 구한 특성 변수의 기여도를 출력할 때 이용된다. LIME은 local explainer이므로 관심 있는 표본의 예측치에 대한 특성 변수 기여도를 제공하여 다음과 같이 explain_instance로 계산된다.

```
explanation = explainer.explain_instance(x, predict_fn)
```

x는 특성 변수 기여도를 구하고자 하는 표본이고 predict_fn은 예측함수로 sklearn의 경우, 회귀이면 model.predict, 분류이면 model.predict_proba로 지정한다. LimeTextExplainer와 LimeImageExplainer도 유사하게 정의되며 자세한 내용은 5.3.2절과 5.3.3절에서 논의될 것이다.

5.3.1 LIME의 적용: Tabular 데이터

다음과 같이 필요한 라이브러리를 호출한 후, Boston housing 데이터를 이용하여 13개 특성 변수로 목적 변수인 주택가격을 예측하고자 한다. 아래 출력에서는 생략하였지만 boston.key()와 boston.DESCR를 실행하면 boston housing 데이터의 자료구조와 특성 변수에 대한 자세한 설명을 볼 수 있다.

```
#!pip install lime
import pandas as pd
import numpy as np
import lime
import matplotlib.pyplot as plt
```

```
import warnings
warnings.filterwarnings("ignore")
from sklearn.datasets import load_boston

boston = load_boston()
print(boston.keys())
print(boston.DESCR)

boston_df = pd.DataFrame(data=boston.data, columns = boston.feature_names)
boston_df["Price"] = boston.target

boston_df.head()
```

	CRIM	ZN	INDUS	CHAS	NOX	RM	AGE	DIS	RAD	TAX	PTRATIO	B	LSTAT	Price
0	0.00632	18.0	2.31	0.0	0.538	6.575	65.2	4.0900	1.0	296.0	15.3	396.90	4.98	24.0
1	0.02731	0.0	7.07	0.0	0.469	6.421	78.9	4.9671	2.0	242.0	17.8	396.90	9.14	21.6
2	0.02729	0.0	7.07	0.0	0.469	7.185	61.1	4.9671	2.0	242.0	17.8	392.83	4.03	34.7
3	0.03237	0.0	2.18	0.0	0.458	6.998	45.8	6.0622	3.0	222.0	18.7	394.63	2.94	33.4
4	0.06905	0.0	2.18	0.0	0.458	7.147	54.2	6.0622	3.0	222.0	18.7	396.90	5.33	36.2

다음 프로그램과 같이 Boston housing 데이터를 학습데이터와 시험데이터로 분리하고 블랙박스 모형인 LightGBM을 적합하고 있다. 시험데이터의 $R^2 = 0.72$로 과대적합이 발생하였으므로 초모수를 조절하여 과대적합을 해소할 필요가 있다.

```
from sklearn.model_selection import train_test_split

X, Y = boston.data, boston.target
X_train, X_test, Y_train, Y_test = train_test_split(X, Y, test_size=0.1, random_state=123,
                                                    shuffle=True)
X_train.shape, X_test.shape
print(boston.feature_names)
```

```
['CRIM' 'ZN' 'INDUS' 'CHAS' 'NOX' 'RM' 'AGE' 'DIS' 'RAD' 'TAX' 'PTRATIO' 'B' 'LSTAT']
```

```
from sklearn.linear_model import LinearRegression
from lightgbm import LGBMRegressor
lgb = LGBMRegressor()
lgb.fit(X_train, Y_train)
print("Test R^2 Score  : ", lgb.score(X_test, Y_test))
print("Train R^2 Score : ", lgb.score(X_train, Y_train))
```

```
Test R^2 Score  :  0.7249485253146986
Train R^2 Score :  0.979442670706155
```

Boston housing 데이터가 tabular 데이터이므로 LimeTabularExplainer를 호출한 후, 입력 옵션 X_train은 특성 변수의 평균과 분산을 계산할 데이터 셋이고 회귀가 목적이므로 mode='regression'으로 옵션을 준다. 만약 모형의 목적이 분류이면 mode='classification'으로 지정하면 된다. feature_names를 지정해야 LIME의 결과가 특성 변수 명으로 출력되어 해석이 쉽게 된다.

```
from lime.lime_tabular import LimeTabularExplainer
explainer = LimeTabularExplainer(X_train, mode="regression",
                                 feature_names= boston.feature_names)
```

.explain_instance로 원하는 표본의 lime 특성 변수 중요도를 출력한다. 첫 번째 옵션은 적용할 표본을, 두 번째 옵션은 예측함수를(회귀이기 때문에 .predict를 이용했지만 분류일 때는 .predict_proba로 해야 한다), 세 번째 옵션인 num_features=7은 총 13개 특성 변수 중 중요도 크기순으로 7개만 출력하라는 옵션이다. num_features=10이 default이며 show_in_notebook()으로 시각화한다.

```
print("Prediction : ", lgb.predict(X_test[0].reshape(1,-1)))
print("Actual :        ", Y_test[0])

explanation = explainer.explain_instance(X_test[0], lgb.predict, num_features=7)
explanation.show_in_notebook()
```

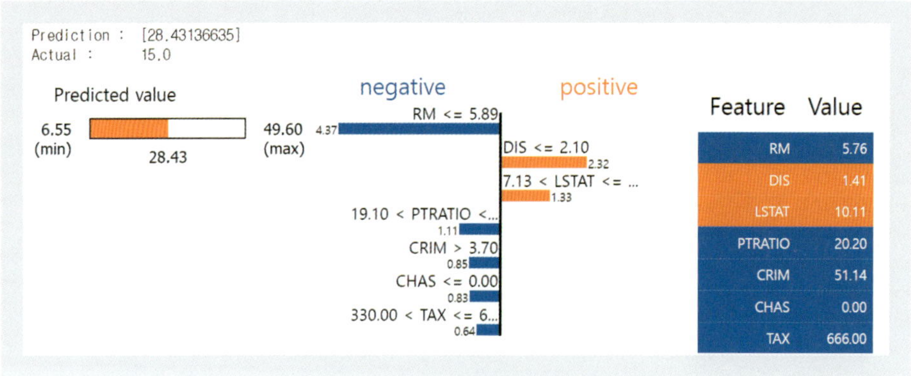

위 출력을 보면 블랙박스 모형(이 경우, LighGBM)의 예측치는 28.43이며 실제 관측치는 15.0인 것을 볼 수 있다. 특성 변수 중 RM, DIS, LSTA 순으로 특성 변수 중요도를 가지고 있으며 파란색은 음의 특성 변수 중요도로 예측치에 음의 기여도를, 빨간색은 양의 특성 변수 중요도로 예측치에 양의 기여도를 보여주고 있다. 막대그래프에 있는 수치(DIS의 경우 2.32)가 특성 변수 중요도이다. 막대그래프 위에 있는 부등호와 함께 있는 숫자는 의사결정나무의 노드를 나타낸다. 위 출력의 오른쪽 Feature value는 첫 번째 시험데이터 표본(X_test[0])의 특성 변수값이며 각 특성 변수값은 의사결정나무의 노드값 부등호를 만족하는 것을 볼 수 있다.

다음은 대리모형에 의한 예측치(local_pred)와 원래 모형인 블랙박스 모형에 의한 예측치(predicted_value)를 보여주고 있다.

```
print("Explanation Local Prediction  : ", explanation.local_pred)
print("Explanation Global Prediction : ", explanation.predicted_value)
```

```
Explanation Local Prediction  :  [22.04102881]
Explanation Global Prediction :  28.431366346873872
```

다음은 분류를 목적으로 하는 breast_cancer 데이터로 특성 변수는 30개로 구성되어 있으며 암(malignant)과 정상(benign)인지를 분류하기 위해 XGBoost를 적합하였으며 98%의 accuracy를 보여주고 있다.

```
from sklearn.datasets import load_breast_cancer
from lightgbm import LGBMClassifier
from xgboost import XGBClassifier
breast_cancer = load_breast_cancer()
#print(breast_cancer.keys())
#print(breast_cancer.DESCR)

X, Y = breast_cancer.data, breast_cancer.target
print(len(breast_cancer.feature_names))
X_train, X_test, Y_train, Y_test = train_test_split(X, Y, test_size=0.1,stratify=Y,
                                                    random_state=123)
print(X_train.shape, X_test.shape)
print(np.unique(Y))

xgb = XGBClassifier()
xgb.fit(X_train, Y_train)

print("Test  Accuracy : %.2f"%xgb.score(X_test, Y_test))
print("Train Accuracy : %.2f"%xgb.score(X_train, Y_train))
```

```
Test  Accuracy : 0.98
Train Accuracy : 1.00
```

주어진 과제가 분류 문제이므로 다음과 같이 mode='classification'으로 지정하고 범주 이름인 malignant와 benign으로 출력할 수 있도록 class_names를 지정해 주고 있다.

```
explainer = LimeTabularExplainer(X_train, mode="classification",
    class_names=breast_cancer.target_names,
    feature_names=breast_cancer.feature_names)
```

다음은 시험데이터의 첫 번째 표본의 30개 특성 변수 중 8개 특성 변수의 중요도를 보여주고 있다. .explaine_instance에 xgb.predict_proba로 예측함수를 지정하였다.

```
print("Prediction : ", breast_cancer.target_names[xgb.predict(X_test[0].reshape(1,-1))[0]])
print("Actual :       ", breast_cancer.target_names[Y_test[0]])

explanation = explainer.explain_instance(X_test[0], xgb.predict_proba,num_features=8)

explanation.show_in_notebook()
```

```
Prediction :  malignant
Actual :      malignant
```

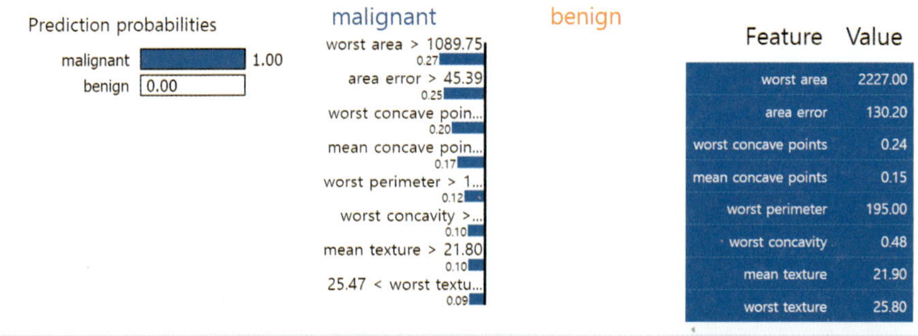

다음은 블랙박스 모형의 예측치가 틀린 표본을 추출하여 이 표본에 대한 특성 변수 중요도를 보여주고 있다. 실제로는 benign인데 malignant로 잘못 예측한 경우이다. .explain_instance 함수 내에 num_sample=2000으로 지정하여 합성데이터를 2,000개 생성하고 대리모형에 적합한 후, 이를 통해 블랙박스 모형이 malignant (y=0)으로 잘못 예측한 이유를 살펴볼 수 있다. worst_texture, mean_texture 등 6개의 상위 중요도를 보인 특성 변수가 malignant로 예측하도록 한 것으로 판단할 수 있다.

```
preds = xgb.predict(X_test)

false_preds = np.argwhere((preds != Y_test)).flatten()

idx=false_preds[0]
print("Prediction:",breast_cancer.target_names[xgb.predict(X_test[idx].reshape(1,-1))[0]])
print("Actual :       ", breast_cancer.target_names[Y_test[idx]])

explanation = explainer.explain_instance(X_test[idx],
```

```
                    xgb.predict_proba, num_samples=2000, num_features=8)
explanation.show_in_notebook()
```

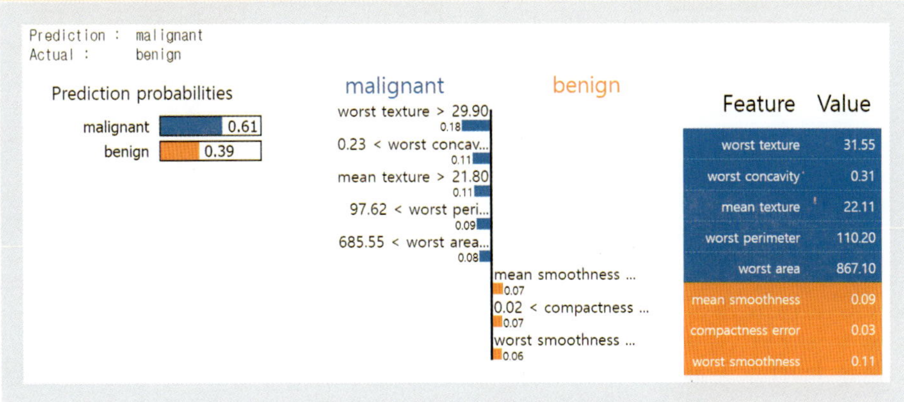

다음은 SP-LIME을 이용하여 블랙박스 모형에 의해 X_train으로부터 특성 변수 중요도 측면에서 대표성을 갖는 다섯 개의 표본(B=5)을 추출하기 위해 num_exps_desired로 B=5를 지정하고 있다.

```
import warnings
from lime import submodular_pick

sp_obj = submodular_pick.SubmodularPick(explainer, X_train, xgb.predict_proba,
                                        num_features=10,num_exps_desired=5)
```

sp_explanations를 이용하여 5개 표본의 범주별 예측 확률과 특성 변수 중요도를 보여주고 있다. 공간상의 제약으로 오직 두 번째 표본 결과만 보여주고 있다. 대리모형에 의해 benign으로 분류한 이유를 특성 변수 중요도로 파악할 수 있다.

```
[exp.show_in_notebook() for exp in sp_obj.sp_explanations]
```

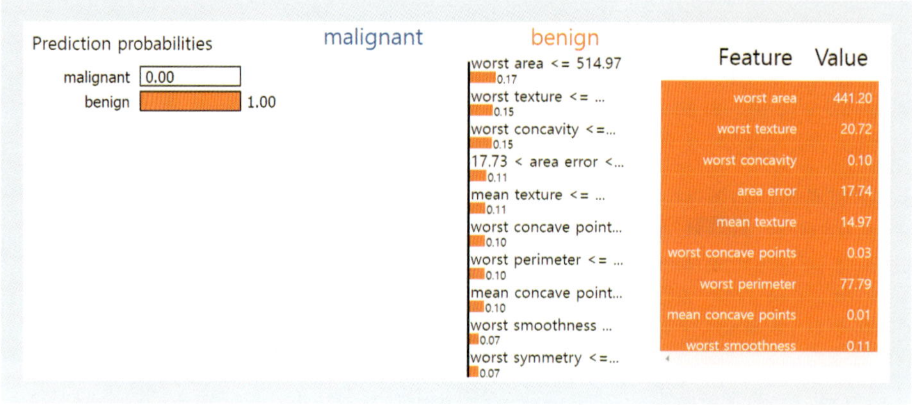

분류 label이 3개 이상인 경우에 적용된 LIME을 논의하기 위해 wine 데이터를 호출한다. 산도, 색깔, 향 등 13개의 특성 변수들로 wine을 3개 등급(label)으로 분류하는 것이 분석 목적이고 학습된 XGBoost는 약 92%의 정밀도를 가지고 있다.

```
from sklearn.datasets import load_wine
from xgboost import XGBClassifier

wine = load_wine()
#print(wine.keys())
#print(wine.DESCR)
X, Y = wine.data, wine.target
X_train, X_test, Y_train, Y_test = train_test_split(X, Y, test_size=0.2, stratify=Y,
                                                    random_state=123)

print(X_train.shape, X_test.shape)
print(np.unique(Y_train))

gb=XGBClassifier()
gb.fit(X_train, Y_train)

print("Test  Accuracy : %.2f"%gb.score(X_test, Y_test))
print("Train Accuracy : %.2f"%gb.score(X_train, Y_train))
```

```
Test  Accuracy : 0.92
Train Accuracy : 1.00
```

학습된 XGBoost를 LimeTabularExplainer에 적용하여 시험데이터에서 첫 번째 표본(X_test[0])의 특성 변수 중요도를 보여주고 있다. 특성 변수 중요도는 one.vs.rest(ovr) 기법으로 이항분류를 반복적으로 적용하여 보여주고 있다. top_labels=3을 지정하여 특성 변수 측면에서 가장 의미있는 3개의 ovr을 보여주고 있다.

```
explainer = LimeTabularExplainer(X_train, mode="classification",
                                 class_names=wine.target_names,
                                 feature_names=wine.feature_names)
```

```
print("Prediction : ", wine.target_names[gb.predict(X_test[0].reshape(1,-1))[0]])
print("Actual :      ", wine.target_names[Y_test[0]])

explanation = explainer.explain_instance(X_test[0], gb.predict_proba,num_features=3,
                                         top_labels=3)

explanation.show_in_notebook()
```

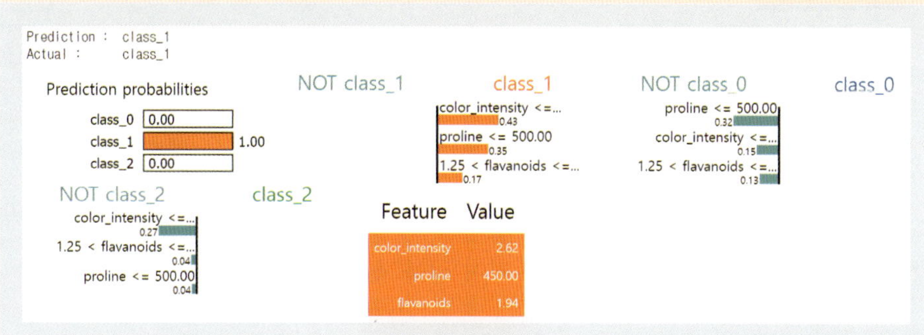

다음은 분류가 잘못 예측된 2개의 대표적 표본으로 설명하기 위해 top_labels=2를 부여하여 특성 변수 중요도를 보여주고 있다.

```
import random
preds = gb.predict(X_test)
```

```
false_preds = np.argwhere((preds != Y_test)).flatten()
idx  = random.choice(false_preds)
print("Prediction : ", wine.target_names[gb.predict(X_test[idx].reshape(1,-1))[0]])
print("Actual :        ", wine.target_names[Y_test[idx]])

explanation = explainer.explain_instance(X_test[idx],
                                         gb.predict_proba, num_features=5,top_labels=2)

explanation.show_in_notebook()
```

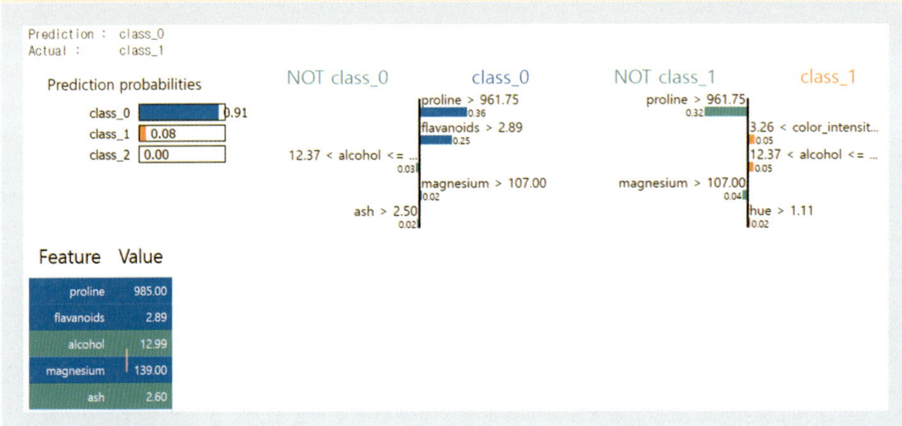

5.3.2 Text 데이터

SMS에 전송된 문자메시지가 spam인지 아닌지를 식별하고 각 표본에 있는 말뭉치의 예측치에 대한 중요도(또는 기여도)를 산출하기 위해

https://archive.ics.ucl.edu/ml/machine-learning-databases/00228/smsspamcollection.zip

으로부터 text 데이터를 내려받아 저장한 후, 아래와 같이 데이터를 읽고 목적변수 y와 text 자료를 정의하고 있다.

```
!wget https://archive.ics.uci.edu/ml/machine-learning-databases/00228/
smsspamcollection.zip
```

```
with open('SMSSpamCollection','rt',encoding='UTF8') as f:
    data = [line.strip().split('₩t') for line in f.readlines()]

y, text = zip(*data)
```

아래에서 볼 수 있듯이 spam 메시지가 747개, 정상인 것은 4,827개인 것을 볼 수 있으며 층화추출로 학습데이터와 시험데이터를 분리하고 있다.

```
import collections

collections.Counter(y)
```

```
Counter({'ham': 4827, 'spam': 747})
```

```
from sklearn.model_selection import train_test_split

text_train, text_test, y_train, y_test =
                train_test_split(text,y,stratify=y,random_state=42,test_size=0.25)
```

입력된 단어(word)를 일종의 상대빈도수인 tfidt(term frequency inverse document frequency)로 수량화하기 위해 Tfidtvetorizer(analyzer='words')를 호출하고 있다. 전체 데이터에서 유일한 단어가 7,448개 있으므로 학습데이터의 크기는 (4180, 7448) 2D 텐서로 수량화된 것을 볼 수 있다. 이 데이터에 98%의 정밀도를 가진 random forest를 학습시킨 것을 보여주고 있다.

```
from sklearn.feature_extraction.text import TfidfVectorizer
from sklearn.ensemble import RandomForestClassifier
from sklearn.metrics import confusion_matrix, classification_report

tfidf_vectorizer = TfidfVectorizer(analyzer="word")
tfidf_vectorizer.fit(text_train)

X_train_tfidf = tfidf_vectorizer.transform(text_train)
```

```
X_test_tfidf = tfidf_vectorizer.transform(text_test)

print(X_train_tfidf.shape, X_test_tfidf.shape)

rf = RandomForestClassifier()

rf.fit(X_train_tfidf, y_train)

print("Test  Accuracy : %.2f"%rf.score(X_test_tfidf, y_test))
print("Train Accuracy : %.2f"%rf.score(X_train_tfidf, y_train))
```

```
(4180, 7448) (1394, 7448)
Test  Accuracy : 0.98
Train Accuracy : 1.00
```

다음은 LimeTextExplainer를 이용하여 class_names를 지정하고 explainer를 동기화하고 있다. 이처럼 LIME은 자료의 형태에 따라 합성 특성 변수의 생성 방법이 다르므로 다른 explainer를 사용한다.

```
from lime import lime_text

explainer = lime_text.LimeTextExplainer(class_names=["ham", "spam"])
```

다음 프로그램은 표본의 특성 변수 중요도를 산출하기 위한 .explain_instance 함수에 지정해야 할 예측함수를 정의하고 있다. 텍스트를 입력하여 tfidt로 수량화한 후, random forest로 예측한 범주별 확률을 출력하는 맞춤형 예측함수이다. 만약 classifier=rf.predict_proba로 정의하면 특성 변수의 값이 tfidt 값으로 입력되므로 해석이 불가능하게 된다. 사람이 특성 변수를 인식하기 위해서는 입력되는 특성 변수값은 tfidt 이전 단계인 말뭉치여야 한다. 그러므로 아래와 같이 pred_fn()의 입력은 text 자료가 되도록 정의하고 출력은 numpy 범주확률이 되도록 하고 있다. 예측치에 대한 특성 변수 기여도를 text 자료로 표현해야 설명할 수 있고 .explain_instance의 classifier_fn=pred_fn을 지정하기 위해서는 numpy 범주 확률이어야 하기 때문이다.

```
def pred_fn(text):
    text_transformed = tfidf_vectorizer.transform(text)
    return rf.predict_proba(text_transformed)

pred_fn(text_test[:2])
```

```
array([[0.99, 0.01],
       [0.45, 0.55]])
```

다음과 같이 시험데이터의 두 번째 표본을 입력하면 블랙박스 모형인 random forest는 0.55 확률로 두 번째 표본을 spam으로 분류하며 이 분류는 맞게 분류한 것으로 나타났다. 동시에 spam으로 분류하도록 기여도가 높은 단어들은 빨간색으로 중요도 순으로 출력한다. 기여도가 역방향으로 작동하는 말뭉치는 파란색으로 표시된다.

```
print("Actual Text : ", text_test[1])

print("Prediction : ", rf.predict(X_test_tfidf[1].reshape(1,-1))[0])
print("Actual :       ", y_test[1])

explanation = explainer.explain_instance(text_test[1], classifier_fn=pred_fn)#classifier_fn의 input은 string

explanation.show_in_notebook()
```

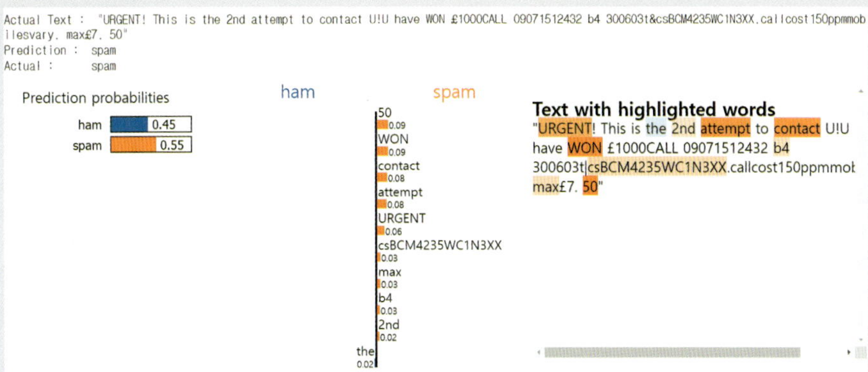

다음은 블랙박스 모형이 spam을 ham으로 잘못 예측한 표본을 추출하여 특성 변수 중요도를 보여주고 있다. 블랙박스 모형과 다르게 대리모형으로 평가된 특성 변수(말뭉치) 기여도는 spam에 몰려 있는 것을 볼 수 있다. 이는 해당 표본이 블랙박스 모형의 분류 경계선상에 있다고 평가할 수 있다.

```
import numpy as np
import random
preds = rf.predict(X_test_tfidf)

false_preds = np.argwhere((preds != y_test)).flatten()
idx  = random.choice(false_preds)

print("Actual Text : ", text_test[idx])
print("Prediction : ", rf.predict(X_test_tfidf[idx].reshape(1,-1))[0])
print("Actual :        ", y_test[idx])

explanation = explainer.explain_instance(text_test[idx], classifier_fn=pred_fn)

explanation.show_in_notebook()
```

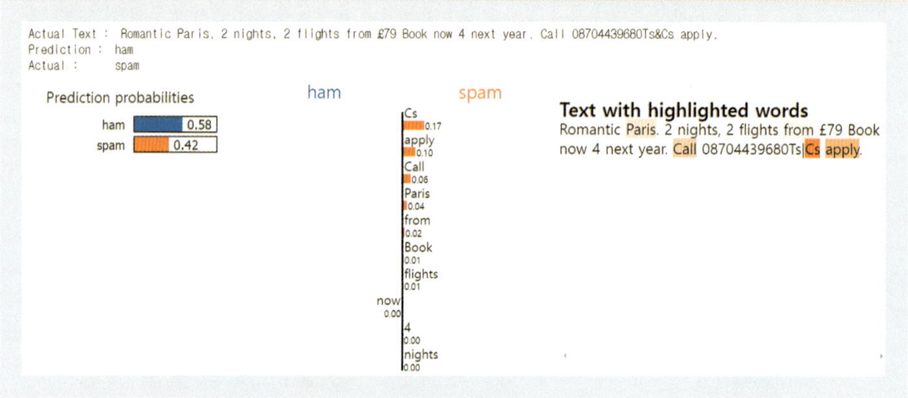

5.3.3 image 데이터

LIME에서 image 데이터의 특성 변수는 super-pixel 이미지이며 이러한 super-pixel 이미지의 예측치에 대한 기여도(동일하게, 특성 변수 중요도)는 LimeImageExplainer로 구현된다. 블랙박스 모형으로 사전학습된 Interception_V3

모형을 이용하고자 한다. Inception_V3는 ImageNet 데이터 셋을 학습한 모형으로 입력된 이미지를 1,000개의 범주로 분류하는 사전학습 모형이다. 아래 프로그램과 같이 dog_cat.jpg를 호출하여 이미지 크기를 (299,299,3)으로 조절한 후, convert_to_tensor로 image 데이터를 텐서 데이터로 전환하여 이미지를 출력하고 있다. 이미지의 크기를 (299,299,3)으로 조절한 이유는 Inception_V3의 입력 텐서의 크기가 (299,299,3)이기 때문이며 (1,299,299,3)으로 reshape한 이유는 tf.keras에서 image 데이터는 4D 텐서로 입력해야 하기 때문이다.

```
import tensorflow as tf
import matplotlib.pyplot as plt
#%matplotlib inline
import numpy as np
from PIL import Image

img=Image.open('dog_cat.jpg')
image=img.resize((299,299))
image=tf.convert_to_tensor(image)
#print(image)
plt.imshow(image)
image=np.reshape(image,(1,299,299,3))
```

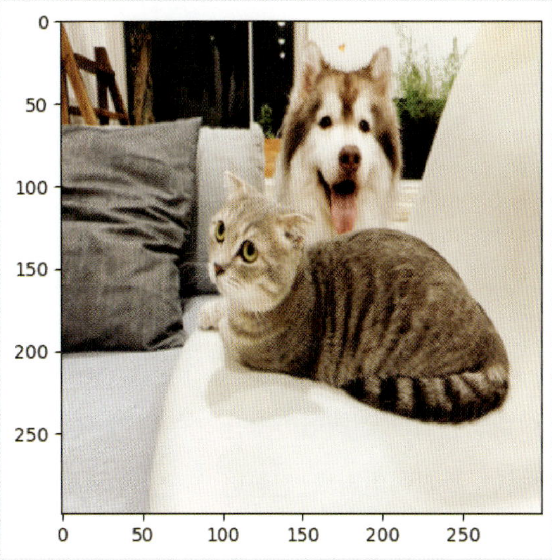

다음은 Inception_V3를 호출하여 모형을 fine-tuning 하지 않고 학습된 모수를 FC (fully connected) 층까지 그대로 사용하기 위해 include_top=True를 지정하고 있다. 앞에서 정의된 이미지텐서가 정수이므로 functional API의 Input층을 dftype=tf.unit8로 지정하고 Inception_V3의 입력은 실수로 입력해야 하기 때문에 입력 특성 변수를 실수로 전환해주고 있다.

```
v3=tf.keras.applications.inception_v3.InceptionV3(include_top=True, weights='imagenet')
input_image = tf.keras.Input([None, None, 3], dtype = tf.uint8)
x = tf.cast(input_image, tf.float32)
x = tf.keras.applications.inception_v3.preprocess_input(x)
x = v3(x)
model = tf.keras.Model(inputs=input_image, outputs=x)
```

dog_cat.jpg를 입력하여 출력확률을 오름차순으로 정리한 후, 가장 큰 확률을 가진 5개의 범주는 다음과 같다. 참고로 label 249는 malamute를, 281은 tabby cat을 의미한다. 자세한 imagenet label list는 검색해 보길 바란다.

```
preds=model.predict(image)
for x in preds.argsort()[0][-5:]:
    print(x, preds[0,x])
```

```
1/1 [==============================] - 1s 1s/step
250 0.015409561
282 0.016838701
281 0.02171547
248 0.040528804
249 0.7147622
```

다음은 image 크기를 4D 텐서에서 3D 텐서로 전환해주고 있다. .explain_instance에서 입력이미지는 3D 컬러이미지만 가능하기 때문이다. 그러므로 만약 입력이미지가 흑백이면 컬러이미지로 전환한 후 입력해야 한다.

```
image=image[0]

from lime import lime_image
explainer = lime_image.LimeImageExplainer()
```

이제 dog_cat.jpg를 LimeImageExplainer에 적용하여 super-pixel의 예측치에 대한 기여도를 구해보자. 아래의 .explain_instance에서 classfier_fn는 label 확률을 입력받아야 하므로 model.predict를 지정해 주고 있다. Inception_V3의 출력은 각 범주에 속할 확률이기 때문이다. top_labels=5를 지정하여 1,000개의 범주 중 확률이 가장 높은 5개의 범주만 출력하도록 하고 hide_color=0는 대리모형의 특성 변수가 0, 즉 turn-off 된 super-pixel을 검은색(0)으로 하도록 지정하고 있다. 만약 hide_color=None으로 지정하면 표본 이미지에 있는 평균색으로 turn-off 된 super-pixel을 표현하게 된다. num_samples는 대리모형을 학습시키기 위한 합성데이터의 크기를 의미한다. default=1000이다.

```
explanation = explainer.explain_instance(image, model.predict, top_labels=5, hide_color=0,
num_samples=3000)
```

다음은 예측치에 기여도가 높은 super-pixel을 표현하는 데 유용한 mark_boundaries를 호출하고 있다. mark_boundaries(A,B)는 A이미지에 mark인 B를 겹쳐서 출력하게 하는 함수이다. 아래와 같이 get_image_and_mask의 첫 번째 옵션은 설명할 label을 지정하고 두 번째 옵션은 positive_only=True를 지정하여 양의 기여도를 갖는 super-pixel만 mask하여 출력하도록 한다. 만약 negative_only =True를 지정하면 음의 기여도를 갖는 super-pixel을 출력한다. num_features=5는 기여도순으로 가장 큰 기여도를 갖는 super-pixel을 출력하게 한다. hide_rest =True를 지정하면 .explain_instance에 지정된 hide_color에 따라 turn-off된 superpixel의 색을 표현한다. temp는 원래 이미지이고 mask는 mask된 super-pixel을 출력하게 된다. mask_boundaries(temp/255, mask)로 원래 이미지를 0~1 사이의 실수값으로 변환한 이미지 위에 5개의 양의 기여도를 갖는 super-pixel을 겹쳐서 출력하도록 하고 있다. 아래 그림에서 볼 수 있듯이 malamute 얼굴에 집중된 5개의 super-pixel이 highlight 되어 있으며 turn-off 된 super-pixel은 검은색으로 표현되어 있다.

```
from skimage.segmentation import mark_boundaries

temp, mask = explanation.get_image_and_mask(249, positive_only=True,
                                            num_features=5, hide_rest=True)
plt.imshow(mark_boundaries(temp/255, mask))
```

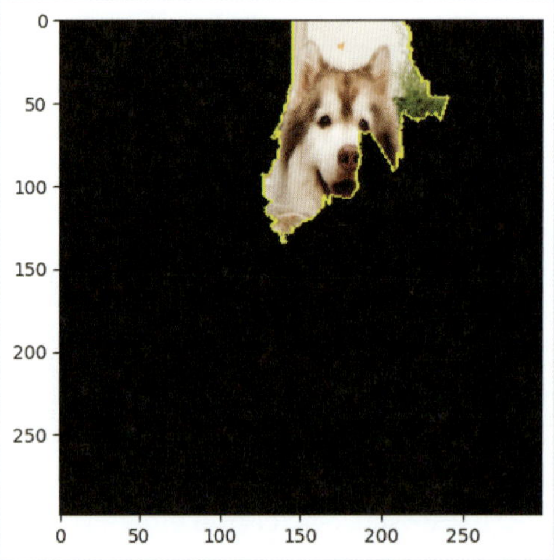

다음은 hide_rest=False로 수정하여 turn-off된 super-pixel들이 원래 이미지를 갖도록 하여 출력하고 있다.

```
temp, mask = explanation.get_image_and_mask(249, positive_only=True,
                                            num_features=5, hide_rest=False)
plt.imshow(mark_boundaries(temp / 255, mask))
```

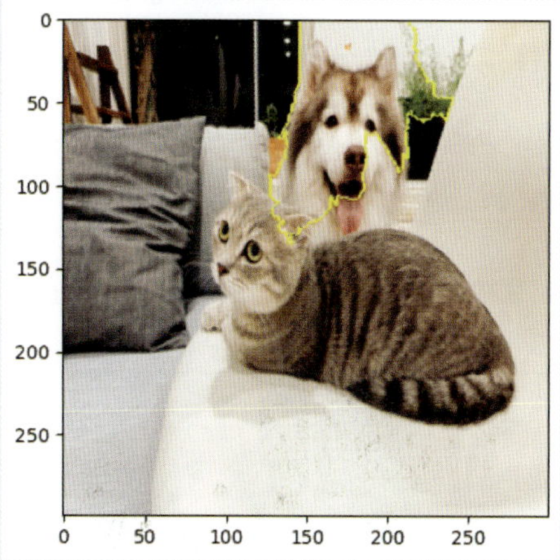

아래에서는 negative_only=True로 지정하고 min_weight=0.01로 부여하여 super-pixel의 기여도가 최소 0.01인 super-pixel만 출력하도록 하고 있다. 고양이 얼굴을 둘러싼 super-pixel은 malamute를 식별하는 데 음의 효과를 가지고 있는 것을 보여주고 있다.

```
temp, mask = explanation.get_image_and_mask(249, positive_only=False,
                    negative_only=True, num_features=15, hide_rest=False,
                    min_weight=0.01)
plt.imshow(mark_boundaries(temp /255, mask))
```

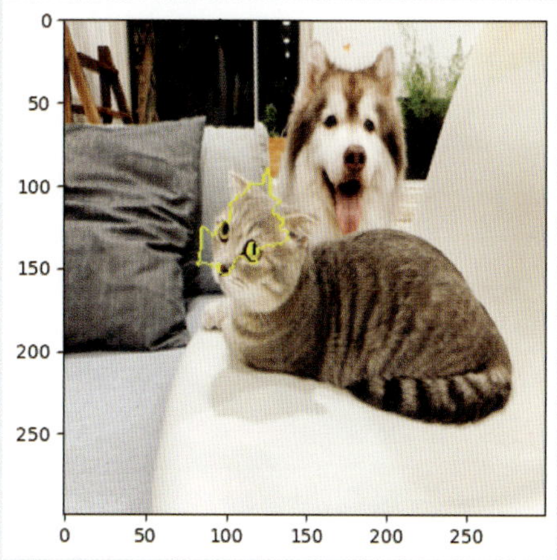

다음은 tabby cat을 의미하는 label 281에 대해 그린 그림으로, 고양이 얼굴과 목덜미에 양의 기여도를 갖는 super-pixel 5개가 집중된 것을 볼 수 있다.

```
temp, mask = explanation.get_image_and_mask(281, positive_only=True,
                                            num_features=5, hide_rest=False)
plt.imshow(mark_boundaries(temp / 255, mask))
```

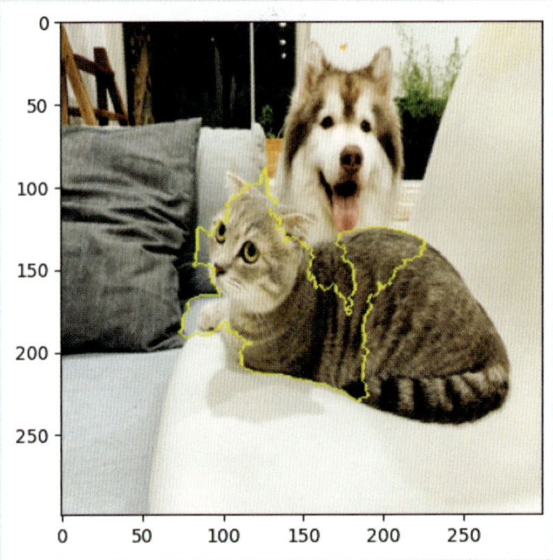

6장

Anchors

어떤 표본에 있는 10개의 특성 변수가 $\boldsymbol{x}=(x_1, x_2, \cdots, x_{10})$으로 관측되었을 때, 분류를 목적으로 하는 블랙박스 모형 f에 $\boldsymbol{x}$를 입력하여 $f(\boldsymbol{x})$가 범주 0으로 예측되었다고 가정하자. $f(z_1, x_2, x_3, z_4, x_5, z_6, \cdots, z_{10})$을 앞의 표본에서 x_2, x_3, x_5는 그대로 유지하고 나머지 특성 변수값은 임의로 $z_1, z_4, z_6, \cdots, z_{10}$으로 바꿔서 입력했을 때의 블랙박스 예측치라고 하자. 예를 들어, $z_1, z_4, z_6, \cdots, z_{10}$을 100번 바꿔서 입력했을 때 이 중 98번은 범주 0으로 예측했다면, 특성 변수 x_2, x_3, x_5는 블랙박스 모형에서 범주 0로 예측하는데 핵심적인 역할을 하는 반면, $z_1, z_4, z_6, \cdots, z_{10}$에 대응하는 나머지 특성 변수 $x_1, x_4, x_6, \cdots, x_{10}$은 범주 0을 예측하는데 거의 기여하지 않는다고 할 수 있다. 이러한 특성 변수값 x_2, x_3, x_5를 anchors라고 말하며 $A=\{x_2, x_3, x_5\}$으로 표기한다. 만약 $A=\{x_2, x_3, x_5\}$를 포함하고 있는 표본 수가 전체 학습데이터의 30%를 차지하고 있다면 anchors A의 coverage는 30%가 된다고 말한다. 이럴 경우, anchors A는 높은 신뢰성과 일반화가 가능한 anchors라고 할 수 있다.

Anchors는 이처럼 분류를 목적으로 하는 블랙박스 모형의 설명 가능성을 핵심 특성 변수로 표현하여 사람이 쉽게 이해할 수 있도록 Ribeiro, Singh, and Guestrin(2018)이 제안하였다.

6.1 Anchors의 결정

Anchors를 좀 더 자세하게 설명하기 위해 Ribeiro, Singh, and Guestrin이 사용한 예제와 수학적 표현을 그대로 원용하여 anchors A를 결정하는 절차를 설명하고자 한다.

(1) if-then 룰을 anchors라고 한다.

(2) anchors가 주어졌을 때 anchors 이외의 특성 변수값을 다른 값으로 바꿔도 예측에는 거의 변함이 없다.

(3) 즉, anchors를 포함하고 있는 표본들의 예측은 거의 같다고 할 수 있다.

특정표본 x="This movie is not bad"를 입력하면 블랙박스 모형 $f(x)=$ 'positive'로 예측되었다고 가정하고 $A=\{$'not', 'bad'$\}$라고 하자. D를 특성 변수 x의 분포라고 표기하고 $D(\cdot \mid A)$를 anchors A가 주어졌을 때의 분포라고 가정하자. 다음 표는 D와 $D(\cdot \mid A)$의 예를 보여주고 있다.

표 6-1 특성 변수 x의 분포와 anchors A의 조건부 분포에서의 표본

분포	표본	비고
D	This director is always bad This movie is not nice This stuff is rather honest This star is not bad ⋮	학습데이터
$D(\cdot \mid A)$	This audio is not bad This novel is not bad This football is not bad	학습데이터 중 $A=\{$'not', 'bad'$\}$를 가진 표본들

<표 6-1>은 특성 변수 x의 분포 D와 이 분포로부터의 표본을 보여주고 있다. 대표적인 이러한 표본은 학습데이터이다. $D(\cdot \mid A)$는 anchors A가 주어졌을 때의 특성 변수 x의 조건부 분포이다. D에서의 표본과 구별하기 위해 $D(\cdot \mid A)$의 표본을 z라고 표기하자. 그리고 D에서의 표본 x가 anchors A를 포함하면 $A(x)=1$이라고 정의한다. 그러면 특성 변수의 부분집합 A가

$$A(x)=1\text{이고 } E_z(1_{[f(x)=f(Z)]} \mid A) \geq \tau$$

를 만족하면 A를 anchors라고 말한다. 여기에서 대문자 Z는 관측치 z에 대응하는 확률변수이고 f는 예측모형이다.

$$E_z(1_{[f(x)=f(Z)]} \mid A) = P(f(x)=f(\boldsymbol{Z}) \mid A) \tag{6.1}$$

이므로 1에 가까운 값을 갖는 τ에 대해

$$P(f(x)=f(Z) \mid A) \geq \tau$$

의 의미를 표본 관점에서 해석하면 다음과 같다. $\tau=0.98$일 때 $D(\cdot \mid A)$에 있는 표본 100개를 뽑아 $f(z)$를 구하면 이 중 98개 이상은 $f(z)=f(x)$라는 의미이다. 즉, 특성 변수값 x을 갖는 예측치 범주인 $f(x)$와 이 특성 변수값 x중 A에 속한 특성 변수를 고정한 특성 변수들의 집합인 $D(\cdot \mid A)$에서 임의로 뽑은 특성 변수 z의 범주 $f(z)$도 98% 이상 원래의 범주 $f(x)$와 일치하면 이 A를 anchors라고 말한다.

식 (6.1)에 정의된 $P(f(x)=f(Z) \mid A)$를 $pres(A)$로 표기할 때, anchors의 조건을 다음과 같이 완화한다.

$$P(pres(A) \geq \tau) \geq 1-\delta \tag{6.2}$$

여기서 δ를 허용오차라고 한다. 표본의 관점에서 설명하면, 예를 들어 $\tau=0.98$이고 $\delta=0.01$이라고 가정하면 $D(\cdot \mid A)$로부터 표본 z를 100개 뽑아 $f(z)=f(x)$인 표본개수가 98개 이상이면 $\tau=0.98$을 만족하고, 이러한 절차를 100번 반복하면 1번 정도는 $\tau=0.98$을 만족하지 못해도 된다는 의미이다. 이러한 δ는 최소의 표본으로 anchors A를 결정하는 Kaufmann and Kalyanakrishnan (2013)이 제안한 MAB(multi-armed bandit) 알고리즘의 상한, 하한 신뢰구간을 구하는 데 사용된다. MAB 알고리즘은 곧 논의할 것이다.

식 (6.2)의 허용오차 δ 때문에 $P(f(x)=f(Z) \mid A) \geq \tau$를 만족하는 2개 이상의 anchors A가 존재할 수 있다. 예를 들어 $A=\{x_1, x_2\}$, $A'=\{x_2, x_4\}$가 모두 anchors의 조건을 만족한다고 가정하자. 만약 전체 데이터(D)에서 A를 포함하고 있는 표본 수가 A'을 포함하고 있는 표본 수보다 많다면 anchors A의 일반화가 더 우수하므로 A를 선택하게 될 것이다. 이를 coverage라고 한다. 즉,

$$cov(A)=E_D(A(X)) \tag{6.3}$$

으로 coverage는 정의된다. D에 있는 표본 x가 A를 포함하고 있으면

$A(x)=1$이므로

$$E_D(A(\boldsymbol{X}))=P(A\in \boldsymbol{X})$$

이 된다. 여기서 X는 x에 대응하는 확률변수이다. 그러므로 전체 표본에서 anchors A를 포함하고 있는 특성 변수를 가진 표본 수의 비율이 $cov(A)$의 추정치가 된다.

지금까지 논의한 anchors A를 정리하면 식 (6.2)를 만족하는 anchors 중 가장 큰 coverage $cov(A)$를 가진 anchors가 anchors A이다. 수학적 표현으로 anchors A는

$$\max_{A\ s.t.\ 식\ (6.2)} cov(A) \tag{6.4}$$

로 정의된다.

특정 표본의 특성 변수 x에서 식 (6.4)를 만족하는 A를 greedy하게 구하는 것은 엄청난 계산을 요구하기 때문에 거의 불가능하다. 이러한 이유로 수많은 슬롯머신에서 가장 수익이 좋은 m개의 슬롯머신을 최소의 시행으로 찾아내는 Kaufmann and Kalyanakrishnan(2013)의 "pure exploration multi-armed bandit problem"에서 정의한 KL-LUCB 알고리즘을 이용하여 다음과 같은 절차로 anchors A를 구하게 된다.

다음 알고리즘은 요약이므로 좀 더 자세한 절차와 KL-LUCB 알고리즘은 Jun and Nowak (2016)과 Ribeiro, Singh and Guestrin(2018)을 참조하길 바란다. 먼저 특정 표본의 특성 변수를 $x=(x_1,x_2,\cdots,x_M)$으로 표기하자. anchors A를 결정하는 절차는 anchors 후보 선택과 최선의 anchors A를 결정하는 두 개의 절차로 나눌 수 있다. t=1부터 시작하여 다음 절차(1)과 절차(2)를 반복한다.

절차(1): Anchors 후보 선택

(1) $A_1=\varnothing$로 놓는다.

(2) $t=1$이면 $\{x_1, x_2, \cdots, x_M\}$에서 $cov(x_i) > c$이면 $\Lambda_1 \leftarrow \Lambda_1 \cup x_i$

(3) $t>1$이면 모든 $A \in \Lambda_{t-1}$에 대해 유일한 $\{A \cup x_l, A \cup x_{l+1}, \cdots, A \cup x_L\}$집합을 구성한다. 여기에서 $x_l, x_{l+1}, \cdots, x_L \in \{x_1, x_2, \cdots, x_M\}$이지만 $\notin \Lambda_{t-1}$이다

(4) 만약 $m = l, l+1, \cdots, L$에 대해 $cov(A \cup x_m) > c$이면 $\Lambda_t \leftarrow \Lambda_t \cup (A \cup x_m)$

● 절차(2): Anchors A의 결정

(1) 각 $A \in \Lambda_t$에 대해 $D(\cdot \mid A)$로부터 n개의 표본을 뽑아 $pres(A)$, $pres_{lb}(A), pres_{ub}(A)$를 구한다.

$$pres_{lb} = pres(A) - \sqrt{\frac{1}{2N_A(t)} \ln\left(\frac{5/4 \cdot s_t t^4}{\delta}\right)}, \quad s_t = \Lambda_t\text{의 크기}$$

$$pres_{lb} = pres(A) + \sqrt{\frac{1}{2N_A(t)} \ln\left(\frac{5/4 \cdot s_t t^4}{\delta}\right)},$$

여기서 $N_A(t)$는 $t-1$시점까지의 A를 포함한 누적 표본 수이다.

(2) $A = \text{argmax}_A \, pres(A)$, $A' = \text{argmax}_{A'} \, pres(A')$ for $A' \neq A$으로 정의한다.

(3) $pres_{ub}(A') - pres_{lb}(A) > \epsilon$이면 $pres_{ub}(A') - pres_{lb}(A) \le \epsilon$이 될 때까지 다음을 반복한다.

(3-1) $D(\cdot \mid A)$와 $D(\cdot \mid A')$으로부터 각각 표본을 뽑아(즉, $N_A(t)$와 $N_{A'}(t)$를 증가시켜) A와 A' 각각에 대한 $pres$, $pres_{lb}$, $pres_{ub}$를 update한다.

(3-2) 만약 $pres_{ub}(A') - pres_{lb}(A) \le \epsilon$이지만 $pres_{lb}(A) \le \tau$이면 $t = t+1$으로 증가시키고, 절차(1)의 (3)으로 돌아간다. 만약 $pres_{ub}(A') - pres_{lb}(A) \le \epsilon$이고 $pres_{lb}(A) > \tau$이면 A를 anchors로 결정하고 알고리즘을 stop한다.

위 알고리즘을 KL-LUCB 알고리즘이라고 한다. 그러나 다소 복잡해 보이므로 구체적인 예를 통해 이해해 보도록 하자. $\boldsymbol{x} = (x_1, x_2, x_3)$라고 하자. 즉, 특정 표본이 3개의 특성 변수를 가지고 있는 간단한 경우이다. 절차(1)의 Λ_1의 예비후보는 $\{x_1\}, \{x_2\}, \{x_3\}$이고 $c = 0.05$라고 가정할 때, $cov(x_1), cov(x_3) > c$이지만

$cov(x_2) < c$이면 $A_1 = \{x_1, x_3\}$이 된다. 절차(2)에서는 이 A_1를 받아서 $X_1 = x_1$으로 관측된 표본 중 임의로 n개를 뽑는다. 예를 들어 n=10일 때 특성 변수 (x_1, z_2, z_3)를 가진 표본 10개 뽑아 $f(x_1, x_2, x_3) = f(x_1, z_2, z_3)$인 비율로 $pres(x_1)$을 추정하고 동일한 방법으로 $pres(x_2)$를 추정한다. 다시 말해, $D(z \mid x_1)$으로부터 10개의 표본을 추출하여 이 중 7개가 $f(x_1, x_2, x_3)$와 같은 범주이면 $pres(x_1) = 0.7$이고, $D(z \mid x_3)$으로부터 10개의 표본을 추출하여 이 중 5개가 $f(x_1, x_2, x_3)$와 같은 범주이면 $pres(x_3) = 0.5$가 된다. 그러므로 $A_1 = \{x_1, x_3\}$에서 $A = x_1$이며 $A' = x_3$가 된다. $N_{x_1}(1) = N_{x_3}(1) = 0$이므로 절차(2)의 (3-1)을 실행하게 된다. 실행 결과, $\epsilon = 0.01$이고 $\tau = 0.98$을 가정했을 때, $pres_{ub}(x_3) - pres_{lb}(x_1) \le 0.01$이지만 $pres_{lb}(x_1) \le 0.98$이면 절차(1)의 (3)을 반복하게 된다.

A_2의 예비후보는 $\{(x_1, x_2), (x_1, x_3), (x_3, x_2)\}$가 된다. 이 예비 후보의 coverage 0.05를 넘으면 $pres(x_1, x_2), pres(x_1, x_3), pres(x_2, x_3)$를 구해서 가장 큰 pres를 가진 특성 변수로 A를 정의하고 절차(2)의 (3-2)의 두 번째 stop 조건을 만족하면 이 A를 anchors로 결정하고 알고리즘을 종료한다. 이렇게 t를 증가시켜 시도하지 않고 종료하는 이유는 A의 크기가 작을수록 anchors의 설명 가능성이 높기 때문이다.

절차(2)에서 표본추출할 때, $D(\cdot \mid A)$에서 임의 추출한다고만 언급하였다. Anchors에서의 표본추출은 tabular 데이터, text 데이터, image 데이터에 따라 다르게 정의된다. tabular 데이터에서는 특성 변수가 범주형 또는 연속형일 수 있다. 연속형일 때는 먼저 범주형으로 변환하여야 하며 일반적으로 분위수(quantile)로 연속형 특성 변수를 범주화한다. 이러한 범주화된 특성 변수로 재정의된 학습데이터로부터 $D(\cdot \mid A)$를 구성하고 이로부터 표본을 임의추출하게 된다.

그러나 text 데이터와 image 데이터는 Tabular 데이터와 다르게, 선택된 표본으로부터 직접 $D(\cdot \mid A)$를 구성하게 된다. 이는 LIME과 동일한 표본 생성 개념이다. 즉, text 데이터의 경우, anchors가 아닌 말뭉치는 <unk>로 대체하거나 가장 유사한 말뭉치(embedding 값의 측면에서 내적합이 가장 큰) 또는 BERT와 같은 사전학습 모형을 이용하여 예측한 단어로 대체하여 $D(\cdot \mid A)$를 생성한다. image 데이터의 경우, anchors에 속하지 않은 super-pixel은 표본이미지의 평균으로 대체하거나 특정색(보통 검은색 또는 흰색)으로 대체하여 $D(\cdot \mid A)$를 생성한다.

6.2 Anchors의 적용과 응용

앞에서 논의했듯이 $D(\cdot \mid A)$의 표본추출 방법이 데이터의 형태에 따라 다르므로 alibi에서는 AnchorTabular, AnchorImage, 그리고 AnchorText로 나누어 데이터의 형태에 따라 anchors를 구하도록 하고 있다.

6.2.1 AnchorImage

다음과 같이 필요한 라이브러리를 호출하고 alibi로부터 AnchorImage를 호출하여 anchors를 추출하고자 한다.

```
import matplotlib.pyplot as plt
import numpy as np
import tensorflow as tf
from tensorflow.keras.layers import Conv2D, Dense, Dropout, Flatten,
                                    MaxPooling2D, Input
from tensorflow.keras.models import Model
from tensorflow.keras.utils import to_categorical
from alibi.explainers import AnchorImage
```

fashion_mnist 데이터를 학습데이터와 시험데이터로 분류한다. 목적 변수는 shirt, pants 등 10개의 label이다.

```
(x_train, y_train), (x_test, y_test) = tf.keras.datasets.fashion_mnist.load_data()
print('x_train shape:', x_train.shape, 'y_train shape:', y_train.shape)
```

```
x_train shape: (60000, 28, 28) y_train shape: (60000,)
```

다음은 학습데이터의 첫 번째 표본이미지를 보여주고 있다.

```
idx = 0
plt.imshow(x_train[idx]);
```

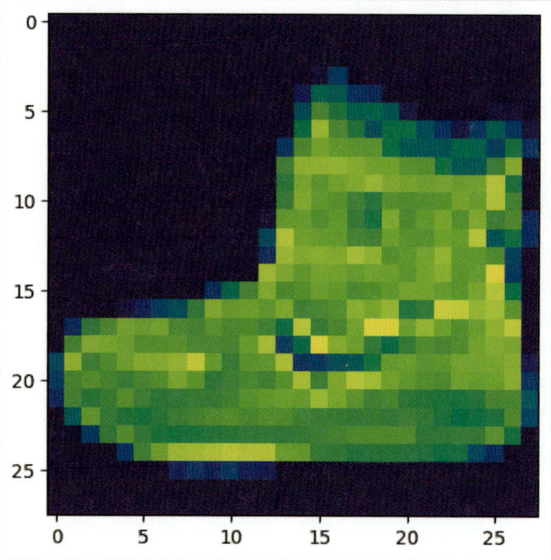

아래에서는 fashion_mnist image가 0~1 사이의 값을 갖도록 조절하고 (표본 수,28,28) 3D 텐서를 (표본 수,28,28,1) 4D 텐서로 전환해주고 있다. 아래에서 블랙박스 모형으로 적용할 딥러닝의 CNN 아키텍처는 4D 텐서를 입력받기 때문이다. 추가로 to_categorical을 이용하여 목적 변수를 one-hot encoding으로 변경한다.

```
x_train = x_train.astype('float32') / 255
x_test = x_test.astype('float32') / 255
x_train = np.reshape(x_train, x_train.shape + (1,))
```

```
x_test = np.reshape(x_test, x_test.shape + (1,))
print('x_train shape:', x_train.shape, 'x_test shape:', x_test.shape)
y_train = to_categorical(y_train)
y_test = to_categorical(y_test)
print('y_train shape:', y_train.shape, 'y_test shape:', y_test.shape)
```

```
x_train shape: (60000, 28, 28, 1) x_test shape: (10000, 28, 28, 1)
y_train shape: (60000, 10) y_test shape: (10000, 10)
```

다음과 같이 CNN 아키텍처를 이용하여 딥러닝 모형을 구축하고 학습시켜 약 86.8%의 정밀도를 보여주고 있다.

```
x_in = Input(shape=(28, 28, 1))
x = Conv2D(filters=64, kernel_size=2, padding='same', activation='relu')(x_in)
x = MaxPooling2D(pool_size=2)(x)
x = Dropout(0.3)(x)
x = Conv2D(filters=32, kernel_size=2, padding='same', activation='relu')(x)
x = MaxPooling2D(pool_size=2)(x)
x = Dropout(0.3)(x)
x = Flatten()(x)
x = Dense(256, activation='relu')(x)
x = Dropout(0.5)(x)
x_out = Dense(10, activation='softmax')(x)
cnn = Model(inputs=x_in, outputs=x_out)
cnn.compile(loss='categorical_crossentropy', optimizer='adam', metrics=['accuracy'])

cnn.summary()
cnn.fit(x_train, y_train, batch_size=64, epochs=3)
```

```
conv2d (Conv2D)             (None, 28, 28, 64)        320

max_pooling2d (MaxPooling2D  (None, 14, 14, 64)       0
)

dropout (Dropout)           (None, 14, 14, 64)        0
```

```
conv2d_1 (Conv2D)            (None, 14, 14, 32)        8224

max_pooling2d_1 (MaxPooling  (None, 7, 7, 32)          0
2D)

dropout_1 (Dropout)          (None, 7, 7, 32)          0

flatten (Flatten)            (None, 1568)              0

dense (Dense)                (None, 256)               401664

dropout_2 (Dropout)          (None, 256)               0

dense_1 (Dense)              (None, 10)                2570

=================================================================
Total params: 412,778
Trainable params: 412,778
Non-trainable params: 0
_________________________________________________________________
Epoch 1/3
938/938 [==============] - 27s 29ms/step - loss: 0.5904 - accuracy: 0.7826
Epoch 2/3
938/938 [==============] - 29s 31ms/step - loss: 0.4043 - accuracy: 0.8532
Epoch 3/3
938/938 [==============] - 30s 32ms/step - loss: 0.3612 - accuracy: 0.8683
```

시험데이터의 정밀도가 88.8%로 과대적합은 발생하지 않은 것으로 보인다.

```
score = cnn.evaluate(x_test, y_test, verbose=0)
print('Test accuracy: ', score[1])
```

```
Test accuracy:  0.8885999917984009
```

다음은 입력된 표본 이미지를 4개의 열과 7개의 행으로 이미지를 직사각형으로 분할한 super-pixel를 정의하고 있다. 이어지는 출력은 첫 번째 학습데이터를 super-pixel로 나눈 것을 보여주고 있다.

```
def superpixel(image, size=(4, 7)):
    segments = np.zeros([image.shape[0], image.shape[1]])
    row_idx, col_idx = np.where(segments == 0)
```

```
    print(row_idx, col_idx)
    for i, j in zip(row_idx, col_idx):
        segments[i, j] = int((image.shape[1]/size[1]) * (i//size[0]) + j//size[1])
    return segments
```

```
segments = superpixel(x_train[idx])
plt.imshow(segments)
```

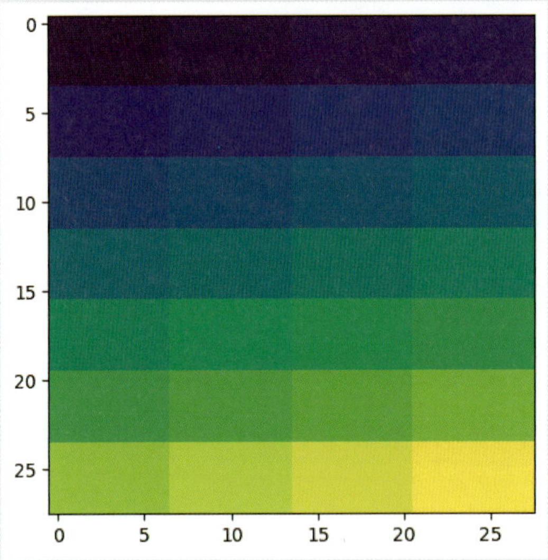

다음은 AnchorImage를 적용할 x_test의 두 번째 표본이미지를 보여주고 있다.

```
i = 1
image = x_test[i]
plt.imshow(image)
```

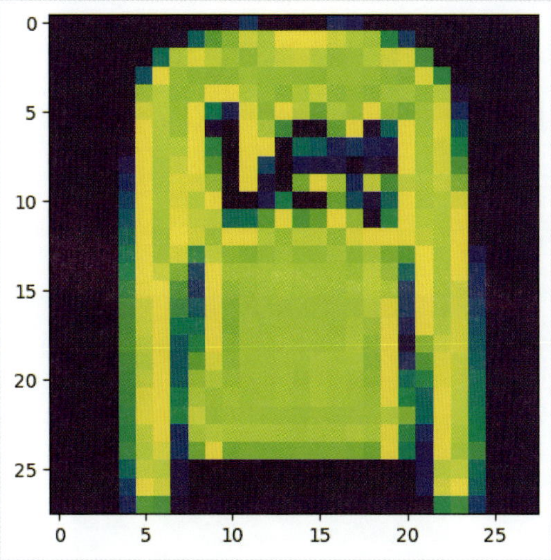

다음과 같이 AnchorImage에 입력할 예측함수를 predic_fn으로 함수화하고 입력할 이미지의 shape과 맞춤형 super-pixel을 segmentation_fn에 지정해 주고 있다. built-in superpixel은 'felzenszwalb', 'slic' 또는 'quickshift' 등이 있어 이를 지정해 주면 된다.

```
predict_fn = lambda x: cnn.predict(x)

image_shape = x_test[i].shape
explainer = AnchorImage(predict_fn, image_shape, segmentation_fn=superpixel)
```

다음은 AnchorImage를 .explain을 통해 구현한 것을 보여주고 있다. .explain에는 anchors를 구할 표본이미지(여기에서는 x_test[1]), threshold는 식 (6.2)의 τ를 말하고 p_sample은 superpixel을 off할 확률로 default는 0.5이다. 이외에도 식 (6.2)의 δ는 delta(default는 0.1)로 조절할 수 있다.

```
explanation = explainer.explain(image, threshold=.95, p_sample=.8, seed=0)
```

다음과 같이 plt.imshow로 explanation.anchor를 그림으로 출력할 수 있다. 참고로 explanation.anchor의 shape은 (28,28,1)인 3D 텐서이다. 소매끈 부분과 가슴쪽의 super-pixel이 셔츠를 인식하는 anchors임을 보여주고 있다.

```
plt.imshow(explanation.anchor);
```

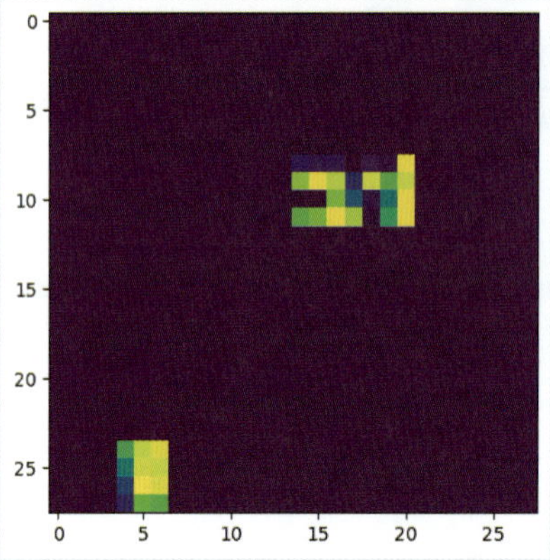

이제 화질이 좋은(즉, pixel의 크기가 큰) 고양이 이미지를 사전학습 모형인 inception_V3에 입력하여 1,000개 이미지 label 중 하나로 분류한 anchors를 찾아보도록 하자.

```
import tensorflow as tf
import matplotlib
%matplotlib inline
import matplotlib.pyplot as plt
import numpy as np
from tensorflow.keras.applications.inception_v3 import InceptionV3,
                                                        preprocess_input,decode_predictions
from alibi.datasets import load_cats
from alibi.explainers import AnchorImage
```

사전학습 모형을 model로 객체화하고 anchors의 입력데이터를 호출하여 inception_V3에 입력하기 위해 (299,299,3)으로 이미지의 크기를 조절하고 있다.

```
model = InceptionV3(weights='imagenet')

data, labels = load_cats(target_size=(299,299), return_X_y=True)
print(f'Images shape: {data.shape}')
```

```
Images shape: (4, 299, 299, 3)
```

다음과 같이 inception_V3의 process_input에 고양이 이미지를 입력한 후, inception_V3의 첫 번째 고양이 이미지에 대한 예측 결과는 tabby일 확률이 83.6%이고 tiger_cat일 확률은 13.1%, 그리고 Egyptian_cat일 확률은 1.36%이다.

```
images = preprocess_input(data)
preds = model.predict(images)
label = decode_predictions(preds, top=3)
print(label[0])
```

```
[('n02123045', 'tabby', 0.83623594), ('n02123159', 'tiger_cat', 0.13127545), ('n02124075', 'Egyptian_cat', 0.013603428)]
```

anchors를 찾기 위한 image_shape을 정의하고 있다. (299,299,3)으로 입력된 고양이 이미지를 보면 다음 그림과 같다. inception_V3의 예측함수를 정의하고 AnchorImage를 explainer로 객체화하고 있다.

```
plt.imshow(data[0])
```

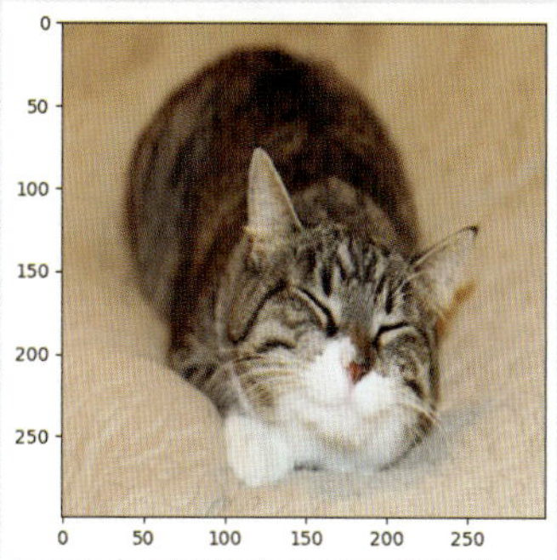

```
image_shape=(299,299,3)
predict_fn = lambda x: model.predict(x)
explainer = AnchorImage(predict_fn, image_shape,
                        segmentation_fn='slic',images_background=None)
```

다음과 같이 고양이 이미지에 대한 super-pixel anchors를 구해서 그림으로 보여주고 있다.

```
image = images[0]
np.random.seed(0)
explanation = explainer.explain(image, threshold=.95, p_sample=.5, tau=0.25)

plt.imshow(explanation.anchor)
```

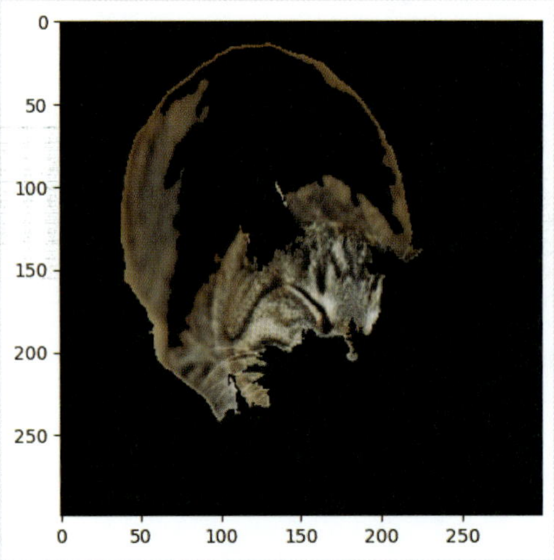

참고로, 다음 그림은 default로 주어진 'slic'에 의한 super-pixel을 보여주고 있으며 표본 내의 이미지와 이미지 간의 경계선을 중심으로 super-pixel이 구성된 것을 볼 수 있다.

```
plt.imshow(explanation.segments)
```

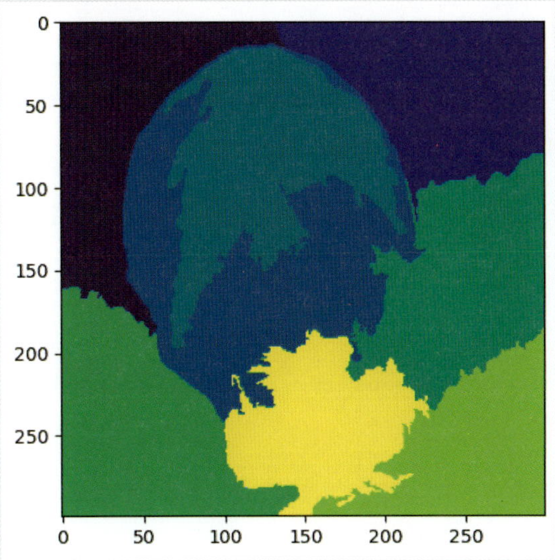

6.2.2 AnchorTabular

Tabular 데이터에서 anchors를 추출하는 방법을 논의하기 위해 필요한 라이브러리를 호출하고 alibi로부터 AnchorTabular를 호출한다. fetch_adult라는 tabular 데이터를 alibi.datasets에서 호출하고 있다.

```
import numpy as np
from sklearn.ensemble import RandomForestClassifier
from sklearn.compose import ColumnTransformer
from sklearn.pipeline import Pipeline
from sklearn.impute import SimpleImputer
from sklearn.metrics import accuracy_score
from sklearn.preprocessing import StandardScaler, OneHotEncoder
from alibi.explainers import AnchorTabular
from alibi.datasets import fetch_adult
```

fetch_adult 데이터의 목적 변수는 연수입이 5만 불 이상인지 아닌지의 이항분류

값을 가지고 있으며 특성 변수는 인구통계학적 변수로 실수값을 갖는 특성 변수와 범주형 특성 변수로 구성되어 있다. 원래의 adult 데이터를 alibi의 문법에 맞도록 변환한 것이 fetch_adult 데이터이다. 아래 adult.key()에서 category_map은 범주형 특성 변수를 순서형 정수로 전환하고 범주형 자료의 이름을 특성 변수명_범주명으로 변환한 범주형 특성 변수명이다. one-hot-encoding된 범주형 특성 변수명을 부여하여 anchors를 출력할 때 설명 가능성을 높이기 위함이다. 다음 출력을 보면 쉽게 이해할 수 있을 것이다.

```
adult = fetch_adult()
adult.keys()
```

```
dict_keys(['data', 'target', 'feature_names', 'target_names', 'category_map'])
```

```
data = adult.data
target = adult.target
feature_names = adult.feature_names
category_map = adult.category_map
print(category_map.keys())
print(category_map)
```

```
dict_keys([1, 2, 3, 4, 5, 6, 7, 11])
{1: ['?', 'Federal-gov', 'Local-gov', 'Never-worked', 'Private', 'Self-emp-inc', 'Self-emp-not-inc', 'State-gov', 'Without-pay'], 2: ['Associates', 'Bachelors', 'Doctorate', 'Dropout', 'High School grad', 'Masters', 'Prof-School'], 3: ['Married', 'Never-Married', 'Separated', 'Widowed'], 4: ['?', 'Admin', 'Blue-Collar', 'Military', 'Other', 'Professional', 'Sales', 'Service', 'White-Collar'], 5: ['Husband', 'Not-in-family', 'Other-relative', 'Own-child', 'Unmarried', 'Wife'], 6: ['Amer-Indian-Eskimo', 'Asian-Pac-Islander', 'Black', 'Other', 'White'], 7: ['Female', 'Male'], 11: ['?', 'British-Commonwealth', 'China', 'Euro_1', 'Euro_2', 'Latin-America', 'Other', 'SE-Asia', 'South-America', 'United-States', 'Yugoslavia']}
```

만약 built-in으로 만들어진 category_map이 없으면,

```
alibi.util.gen_category_map
```

으로 다음과 같이 호출하여 category_map을 만들 수 있다. 각자 실습해 보길 바

란다.

```
from alibi.utils import gen_category_map
```

다음과 같이 특성 변수(data)와 목적 변수를 shuffling한 후, 특성 변수 data와 목적 변수 target을 정의하고 있다. 최초의 30,000개의 표본을 학습데이터로 정의하고 나머지 데이터를 시험데이터로 분류하고 있다.

```
np.random.seed(0)
data_perm = np.random.permutation(np.c_[data, target])
data = data_perm[:,:-1]
target = data_perm[:,-1]

idx = 30000
X_train,Y_train = data[:idx,:], target[:idx]
X_test, Y_test = data[idx:,:], target[idx:]
```

다음은 범주형 특성 변수를 제외한 실수형 특성 변수만 추려서 missing 값을 해당 특성 변수의 중위수로 채워(impute)준 후, 실수형 특성 변수를 모두 표준화하도록 하고 있다.

```
ordinal_features = [x for x in range(len(feature_names)) if x not in
                    list(category_map.keys())]
ordinal_transformer = Pipeline(steps=[('imputer', SimpleImputer(strategy='median')),₩
                                      ('scaler', StandardScaler())])
```

범주형 특성 변수를 모아서 missing이 발생한 특성 변수는 자신의 중위수로 채우고 난 후, one-hot encoding으로 변환한다.

```
categorical_features = list(category_map.keys())
categorical_transformer = Pipeline(steps=[('imputer', SimpleImputer(strategy='median')),₩
('onehot', OneHotEncoder(handle_unknown='ignore'))])
```

다음과 같이 ColumnTransformer를 이용하여 앞에서 정의한 두 개의 pipeline을 실행하고 X_train 학습데이터에 적합하고 있다. 아래의 preprocessor는 anchors를 구하기 위한 예측함수를 정의할 때 사용한다. 원래의 입력 특성 변수를 preprocessor에 통과시켜 anchors가 ColumnTransformer 이전의 본래의 특성 변수로 구해질 수 있도록 하기 위함이다.

```
preprocessor = ColumnTransformer(transformers=[('num', ordinal_transformer,
                        ordinal_features),('cat', categorical_transformer,categorical_features)])
preprocessor.fit(X_train)
```

```
ColumnTransformer(transformers=[('num',
                                 Pipeline(steps=[('imputer',
                                                  SimpleImputer(strategy='median')),
                                                 ('scaler', StandardScaler())]),
                                 [0, 8, 9, 10]),
                                ('cat',
                                 Pipeline(steps=[('imputer',
                                                  SimpleImputer(strategy='median')),
                                                 ('onehot',
                                                  OneHotEncoder(handle_unknown
                                                  ='ignore'))]),
                                 [1, 2, 3, 4, 5, 6, 7, 11])])
```

ColumnTransformer로 변환시킨 학습데이터를 random forest 모형에 입력하여 학습시키고 있다. 학습 결과 모형의 정밀도는 85.6%이고 과대적합되었으므로 초모수를 통해 과대적합을 해소할 필요가 있는 것으로 나타났다.

```
np.random.seed(0)
clf = RandomForestClassifier(n_estimators=50)
clf.fit(preprocessor.transform(X_train), Y_train)

predict_fn = lambda x: clf.predict(preprocessor.transform(x))
print('Train accuracy: ', accuracy_score(Y_train, predict_fn(X_train)))
```

```
print('Test accuracy: ', accuracy_score(Y_test, predict_fn(X_test)))
```

```
Train accuracy:  0.9655333333333334
Test accuracy:  0.855859375
```

분석데이터가 tabular 데이터이므로 AnchorTabular를 호출하고 특성 변수와 범주형 특성 변수의 범주 이름을 지정해 준다. 특성 변수가 실수형일 때, 실수형 데이터는 범주형으로 범주화한다. anchor의 설명 가능성을 높혀주기 위함이다. 예를 들어 Age=35로 지정하는 것보다는 $35 \leq Age \leq 45$로 범주화하면 실수형 자료의 anchor를 좀 더 설명 가능하게 하여 precision과 coverage를 산출가능하도록 한다. 이런 이유로 실수형 특성 변수는 다음과 같이 25%, 50%, 그리고 75% percentile로 각 실수형 특성 변수를 범주화하고 있으며 이러한 범주화 값을 학습데이터 X_train으로부터 구하고 있다.

```
explainer = AnchorTabular(predict_fn, feature_names,
                          categorical_names=category_map, seed=1)
explainer.fit(X_train, disc_perc=[25, 50, 75])
```

```
AnchorTabular(meta={
  'name': 'AnchorTabular',
  'type': ['blackbox'],
  'explanations': ['local'],
  'params': {'seed': 1, 'disc_perc': [25, 50, 75]},
  'version': '0.9.0'}
)
```

X_test의 첫 번째 표본을 입력하여 예측 label을 구하면 년수입이 5만 불 이하 label로 예측하고 있다. 이 예측치는 randomforest로 정의된 예측함수 predict_fn에 기인하였으므로 random forest 모형의 예측 결과이다.

```
idx = 0
class_names = adult.target_names
```

```
cls=explainer.predictor(X_test[idx].reshape(1, -1))
print(cls)
print('Prediction: ', class_names[cls[0]])
```

```
[0]
Prediction: <=50K
```

threshold는 식 (6.2)의 τ로 anchors가 주어졌을 때 95% 이상이 X_test[0]의 예측 label(<=50K)와 일치하도록 조건을 부여하고 .anchor로 anchors를 표현하도록 하고 있다. 결과로 anchors는 Marital Status = Separated AND Sex = Female으로 나타났다. 즉, 이혼한 여성이면 95% 정도가 년소득이 5만불 이하의 label이고 coverage는 11%임을 보여주고 있다.

```
explanation = explainer.explain(X_test[idx], threshold=0.95)
print('Anchor: %s' % (' AND '.join(explanation.anchor)))
print('Precision: %.2f' % explanation.precision)
print('Coverage: %.2f' % explanation.coverage)
```

```
Anchor: Marital Status = Separated AND Sex = Female
Precision: 0.95
Coverage: 0.11
```

다음은 X_test의 7번째 표본에 적용하여 95% 이상의 precision을 갖는 anchors를 구하려 하였지만 실패했으며 72% precison을 보이는 anchors를 출력하고 있다. 다음 프로그램에서 볼 수 있듯이 실패한 원인이 bin의 크기가 너무 커서 bin의 크기를, 예를 들어 10% percentile 단위로 줄여서 시도해 볼 수도 있다는 comment도 출력하고 있다.

```
idx = 6
class_names = adult.target_names
```

```
print('Prediction: ', class_names[explainer.predictor(X_test[idx].reshape(1, -1))[0]])
explanation = explainer.explain(X_test[idx], threshold=0.95)
print('Anchor: %s' % (' AND '.join(explanation.anchor)))
print('Precision: %.2f' % explanation.precision)
print('Coverage: %.2f' % explanation.coverage)
```

```
Prediction: >50K

Could not find an anchor satisfying the 0.95 precision constraint. Now returning the best non-eligible result. The desired precision threshold might not be achieved due to the quantile-based discretisation of the numerical features. The resolution of the bins may be too large to find an anchor of required precision. Consider increasing the number of bins in `disc_perc`, but note that for some numerical distribution (e.g. skewed distribution) it may not help.

Anchor: Capital Loss > 0.00 AND Relationship = Husband AND Marital Status = Married AND Age > 37.00 AND Race = White AND Sex = Male AND Country = United-States
Precision: 0.72
Coverage: 0.02
```

6.2.3 AnchorText

text 데이터로부터 anchors를 구하는 예제를 살펴보기 위해 아래와 같이 필요한 클래스와 라이브러리를 호출한다. spacy를 사용한 이유는 사전학습된 spaCy 언어모형을 호출한 후, AnchorText에 입력하여 off된 text를 spaCy 언어모형의 예측치로 대체하기 위함이다.

```
import os
os.environ['TF_CPP_MIN_LOG_LEVEL'] = '3' # surpressing some transformers' output
import spacy
import string
import numpy as np
from sklearn.feature_extraction.text import CountVectorizer
from sklearn.linear_model import LogisticRegression
from sklearn.metrics import accuracy_score
from sklearn.model_selection import train_test_split
```

```
from alibi.explainers import AnchorText
from alibi.datasets import fetch_movie_sentiment
from alibi.utils import DistilbertBaseUncased, BertBaseUncased, RobertaBase
```

로지스틱 회귀모형을 적합하고 AnchorText에 적용할 데이터를 movies로 객체화하고 있다.

```
movies = fetch_movie_sentiment()
movies.keys()
```

```
dict_keys(['data', 'target', 'target_names'])
```

특성 변수를 data로, 목적 변수를 labels로 정의하고 목적 변수 범주명을 target_names로 정의하고 있다.

```
data = movies.data
labels = movies.target
target_names = movies.target_names
print(target_names)
```

```
['negative', 'positive']
```

학습데이터, 검증데이터, 시험데이터로 분리하고 movie 데이터의 type이 list이므로 세 개의 데이터를 np.array를 이용하여 텐서 데이터로 전환하고 있다.

```
train, test, train_labels, test_labels = train_test_split(data, labels,
                                                          test_size=.2,random_state=42)
train, val, train_labels, val_labels = train_test_split(train, train_labels, test_size=.1,
                                                        random_state=42)
train_labels = np.array(train_labels)
test_labels = np.array(test_labels)
val_labels = np.array(val_labels)
```

학습 text 자료를 빈도수로 전환하고 이 데이터를 로지스틱 회귀모형에 적합시키고 있다.

```
vectorizer = CountVectorizer()
vectorizer.fit(train)

np.random.seed(0)
clf = LogisticRegression(solver='liblinear')
clf.fit(vectorizer.transform(train), train_labels)
```

예측함수를 정의하여 모형의 성능을 측정하고 AnchorText의 예측모형으로 사용할 것이다. 여기서 x는 text 데이터이다. anchors를 입력된 text 자료로 표현해야 설명 가능하기 때문이다.

```
predict_fn = lambda x: clf.predict(vectorizer.transform(x))
```

다음과 같이 로지스틱 회귀모형의 accuracy는 75.9%이고 과대 적합된 것을 볼 수 있다. validation 데이터를 이용하여 과대적합을 해소할 초모수를 찾아야 하지만 여기서는 생략한다.

```
preds_train = predict_fn(train)
preds_val = predict_fn(val)
preds_test = predict_fn(test)
print('Train accuracy: %.3f' % accuracy_score(train_labels, preds_train))
print('Validation accuracy: %.3f' % accuracy_score(val_labels, preds_val))
print('Test accuracy: %.3f' % accuracy_score(test_labels, preds_test))
```

```
Train accuracy: 0.980
Validation accuracy: 0.754
Test accuracy: 0.759
```

사전학습된 spacy를 nlp로 정의한다.

```
nlp = spacy.load('en_core_web_md')
```

다섯 번째 표본을 선택하여 이를 출력하고, 이 표본 text를 입력한 예측 결과는 'negative'로 나타난 것을 볼 수 있다.

```
text = data[4]
print("* Text: %s" % text)
pred = target_names[predict_fn([text])[0]]
alternative = target_names[1 - predict_fn([text])[0]]
print("* Prediction: %s" % pred)
```

```
* Text: a visually flashy but narratively opaque and emotionally vapid exercise in style
and mystification .
* Prediction: negative
```

앞에서 정의한 예측함수 predict_fn을 AnchorText에 지정하고 off된 말뭉치를 'unknown'으로 할 때는 sampling_strategy='unknown'으로 지정하고, 'similarity'일 때는 spacy 사전학습 모형을 지정해야 한다. sampling_strategy= 'unknown'이면 off된 말뭉치는 'UNK'로 'similarity'이면 사전학습 모형인 spacy에서 예측된 말뭉치로 대체하게 된다. 만약 sampling_strategy='language_ model'를 지정하면 AnchorText에 추가적으로 languge_model 옵션을 지정해야 한다.

alibi.utils.lang_model.LanguageModel

를 참조하길 바란다.

```
explainer = AnchorText(predictor=predict_fn,sampling_strategy='unknown',nlp=nlp)
explanation = explainer.explain(text, threshold=0.95)
```

다음 출력은 예측범주 'negative'로 되게 한 anchors가 'flashy'이고 precision은 0.99로 나타나 'flashy'가 'negative' 범주를 예측하는 데 핵심적인 단어임을 보여주고 있다. anchors 'flashy'를 가지고 있고 'negative' 범주로 예측된 대표적인 표본을 보여주고 있다. sampling_strategy='unknown'이므로 off된 단어들이 'UNK'로 표시된 것을 볼 수 있다. 'flash'라는 anchors를 가지고 있으나 'positive' 범주로 원래 표본데이터와 다르게 예측된 대표적 표본도 출력하여 보여주고 있다.

```
print('Anchor: %s' % (' AND '.join(explanation.anchor)))
print('Precision: %.2f' % explanation.precision)
print('\nExamples where anchor applies and model predicts %s:' % pred)
print('\n'.join([x for x in explanation.raw['examples'][-1]['covered_true']]))
print('\nExamples where anchor applies and model predicts %s:' % alternative)
print('\n'.join([x for x in explanation.raw['examples'][-1]['covered_false']]))
```

```
Anchor: flashy
Precision: 0.99

Examples where anchor applies and model predicts negative:
a UNK flashy UNK UNK opaque and emotionally vapid exercise in style UNK mystification .
a UNK flashy UNK UNK UNK and emotionally UNK exercise UNK UNK and UNK UNK
a UNK flashy UNK narratively opaque UNK UNK UNK exercise in style and UNK UNK
UNK visually flashy UNK narratively UNK and emotionally UNK UNK UNK UNK UNK mystification .
UNK UNK flashy UNK UNK opaque and emotionally UNK UNK in UNK and UNK .
a visually flashy but UNK UNK and UNK UNK UNK in style UNK mystification .
a visually flashy but UNK opaque UNK emotionally vapid UNK in UNK and mystification .
a UNK flashy but narratively UNK UNK emotionally vapid exercise in style UNK mystification UNK
a UNK flashy but narratively opaque UNK emotionally vapid exercise in style and mystification .
a visually flashy UNK UNK opaque UNK UNK UNK exercise in UNK UNK UNK .

Examples where anchor applies and model predicts positive:
UNK UNK flashy but narratively UNK and UNK UNK UNK in style and UNK UNK
```

다음은 sampling_strategy='similarity'로 변경하여 off된 단어를 유사한 단어로 바꾸게 하고 sampling_proba=0.5로 지정하여 단어를 off 시키는 비율을 50%로 하도록 조절하였다.

```
explainer = AnchorText(predictor=predict_fn, sampling_strategy='similarity',
                       nlp=nlp, sample_proba=0.5)
```

다음과 같이 볼 수 있듯이 sampling_strategy='similarity'로 주었기 때문에

'UNK'대신 유사한 단어로 교체된 것을 볼 수 있다.

```
explanation = explainer.explain(text, threshold=0.95)

print('Anchor: %s' % (' AND '.join(explanation.anchor)))
print('Precision: %.2f' % explanation.precision)
print('\nExamples where anchor applies and model predicts %s:' % pred)
print('\n'.join([x for x in explanation.raw['examples'][-1]['covered_true']]))
print('\nExamples where anchor applies and model predicts %s:' % alternative)
print('\n'.join([x for x in explanation.raw['examples'][-1]['covered_false']]))
```

```
Anchor: exercise AND vapid
Precision: 0.99

Examples where anchor applies and model predicts negative:
that visually flashy but tragically opaque and emotionally vapid exercise under genre and glorification .
another provably flashy but hysterically bulky and emotionally vapid exercise arounds style and authorization .
that- visually flashy but narratively opaque and politically vapid exercise in style and mystification .
a unintentionally decal but narratively thick and emotionally vapid exercise in unflattering and mystification
the purposely flashy but narratively rosy and emotionally vapid exercise in style and mystification .
thievery intentionally flashy but hysterically gray and anally vapid exercise in style and mystification .
a irrationally flashy but narratively smoothness and purposefully vapid exercise near style and diction .
a medio flashy but narratively blue and economically vapid exercise since style and intuition .
a visually flashy but narratively opaque and anally vapid exercise onwards style and mystification .
each purposefully flashy but narratively gorgeous and emotionally vapid exercise in style and mystification .

Examples where anchor applies and model predicts positive:
a visually punchy but tragically opaque and hysterically vapid exercise in minimalist and mystification .
a visually discernible but realistically posh and physically vapid exercise around style and determination .
```

7장

IG
(Integrated Gradients)

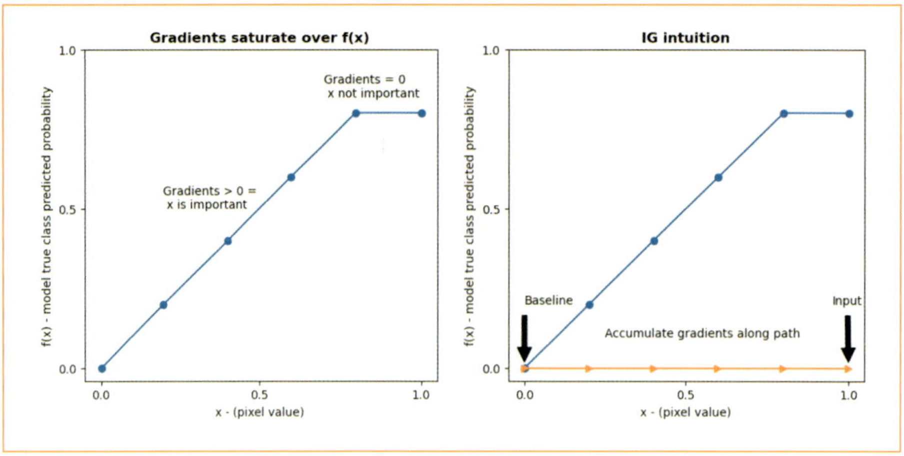

그림 7-1 입력변수값에 따른 ReLU 함수의 미분
출처: https://www.tensorflow.org/tutorials/interpretability/integrated_gradients?hl=ko

선형모형에서 i번째 표본에 대한 j번째 특성 변수 x_j가

$$f(\boldsymbol{x}_i) = \beta_0 + \beta_1 x_1 + \cdots + \beta_j x_j + \cdots + \beta_p x_\pi \tag{7.1}$$

예측치에 미치는 영향은 $\dfrac{\partial f(\boldsymbol{x}_i)}{\partial x_j} = \beta_j$이므로 $\beta_j x_{ji}$가 된다. 여기에서 x_j는 표본 i에 의존하는 x_{ji}이지만 논의의 편의를 위해 첨자 i를 생략한 것이다. x_{0j}를 baseline이라고 표기하면 x_{0j} 대비 x_j의 예측치에 대한 기여도(contribution)는 $\beta_j(x_j - x_{0j})$가 된다. baseline x_{0j}는 예측 중립적 값으로 정의되며 중립적 값이라는 의미는 예측치에 영향을 미치지 않는 값을 말한다. 모형 (7.1)의 경우 $x_{0j} = 0$이면 예측 중립적인 값이 된다. 그러나 이처럼 x_j에서의 미분값에 $(x_j - x_{0j})$를 곱하여 특성 변수 x_j의 예측치에 대한 기여도를 계산하면 ReLU 함수와 같이 비선형 함수일 경우 기여도의 왜곡이 발생하게 된다.

위 그림에서 $x_j \geq 0.8$이면 $\dfrac{\partial f(\boldsymbol{x}_i)}{\partial x_j} = 0$이므로 예측치에 대한 기여도는 0이 된다. 그러나 그림에서 볼 수 있듯이 $x_j = 0.6$이면 기여도는 0.5×0.6으로 계산된

다. $x_j \geq 0.8$이면 $x_j = 0.6$보다 기여도 큰데도 불구하고 이러한 불합리한 현상이 발생한다. IG는 이러한 문제를 해결하기 위해 제안되었다. <그림 7-1> 오른쪽 그림에서 특성 변수 x_j의 $IG(x_j)$를 직관적으로 설명하면 다음과 같다. $x_j = 0.8$이면 $0 \sim 0.8$을 등간격으로 나눈 후, 등간격 point에서 계산된 미분들의 평균치에 $x_j - x_{0j}$를 곱한 값이 특성 변수 x_j의 $IG(x_j)$가 된다.

7.1 IG의 생성원리

IG는 다음과 같이 정의된다.

$$IG(x_j) = (x_j - x_{0j}) \int_0^1 \frac{\partial f(x_{0j} + \alpha(x_j - x_{0j}))}{\partial x_j} d\alpha. \tag{7.2}$$

여기서 x_{0j}는 j번째 baseline 값, f는 예측모형, $\frac{\partial f(x_j')}{\partial x_j}$는 $\frac{\partial f(x_j)}{\partial x_j} \mid_{x_j = x_j'}$을 의미한다. 식 (7.2)의 적분을 path integration이라고 한다.

식 (7.1)의 선형모형을 식 (7.2)에 적용하면 $IG(x_j) = \beta_j(x_j - x_{0j})$가 됨을 다음과 같이 쉽게 확인할 수 있다. $w_j = x_{0j} + \alpha(x_j - x_{0j})$로 놓으면

$$\begin{aligned}
IG(x_j) &= (x_j - x_{0j}) \int \frac{\partial f(x_{0j} + \alpha(x_j - x_{0j}))}{\partial x_j} d\alpha \\
&= (x_j - x_{0j}) \int_{x_{0j}}^{x_j} \frac{\partial f(w_j)}{\partial w_j} \left| \frac{d\alpha}{dw_j} \right| dw_j \\
&= (x_j - x_{0j}) \int_{x_{0j}}^{x_j} \frac{\partial f(w_j)}{\partial w_j} (x_j - x_{0j})^{-1} dw_j \\
&= \int_{x_{0j}}^{x_j} \frac{\partial f(w_j)}{\partial w_j} dw_j = \int_{x_{0j}}^{x_j} \beta_j dw_j = (x_j - x_{0j})\beta_j
\end{aligned}$$

이 된다. 여기에서 $\left| \frac{\partial \alpha}{\partial w_j} \right|$는 Jacobian이다.

Path integration의 기본성질에 의해

$$\sum_{j=1}^{k} IG(x_j) = f(\boldsymbol{x}) - f(\boldsymbol{x}_0) \tag{7.3}$$

이 성립된다. 여기에서 $\boldsymbol{x} = (x_1, x_2, \cdots, x_k)^T$으로 k는 특성 변수의 차원이다. 식 (7.3)을 만족하는 성질을 completeness라고 말하며 explainer가 만족해야 할 조건 중의 하나이다. $\boldsymbol{x}_0$은 baseline이라고 하며 $IG(x_j)$의 성능을 결정하는 중요한 요소이다. 그러므로 baseline $\boldsymbol{x}_0$는 예측 label에 대해 중립적(neutral)이어야 한다. 예를 들어, 4개의 label이 있는 분류 문제에서 각 label에 속할 확률이 25%씩으로 예측하게 되는 특성 변수값을 의미한다. 일반적인 baseline의 선택은 tabular 데이터에서는 각 특성 변수의 평균 또는 중위수, text 데이터에서는 <unknown>, 그리고 image 데이터에서는 배경색이다. $IG(x_j)$를 계산하기 위해 머신러닝 모형의 미분값을 계산하기 때문에 머신러닝 모형의 내부구조를 알아야 한다. 그러므로 IG explainer는 유리박스 모형에 적용되는 local explainer이다. 단, 여기에서 유리박스 모형은 특성 변수에 대해 미분 가능한 모형을 의미한다. 그러므로 tensorflow를 이용한 딥러닝 모형은 유리박스 모형에 해당하지만 앙상블러닝 모형은 미분이 불가능하므로 IG explainer를 적용할 수 없는 블랙박스 모형에 해당된다. 식 (7.2)는

$$\widehat{IG}(x_j) \approx (x_j - x_{0j}) \sum_{k=1}^{m} \frac{\partial f\left(x_{0j} + \frac{k}{m}(x_j - x_{0j})\right)}{\partial x_j} \frac{1}{m}$$

으로 추정된다. 위 $IG(x_j)$의 추정식은 자연스런 Riemann 적분 근사치이지만 $0 \leq \alpha \leq 1$이므로 예측함수 $f(x)$의 미분의 평균값으로 해석할 수 있다. IG는 각 특성 변수의 기여도를 계산하기 위해 학습데이터나 perturbation을 위한 별도의 모형이나 데이터 셋이 필요하지 않다는 장점을 가지고 있다. 그러나 baseline의 선택에 따라 특성 변수의 기여도가 다르게 계산된다는 약점이 있다.

7.2 Integrated Gradients의 적용

ALIBI에서 IG는 alibi.explainer로 실행되며 입력 옵션은 다음과 같다.

```
IntegratedGradients(model,layer=None,target_fn=None,method='gausslegendre, n_steps=50)
```

여기서 model은 학습된 유리박스 모형이고, layer에 딥러닝 layer 이름을 지정하면 이 layer의 IG를 계산한다. 예를 들어, text 데이터에서 실제적인 입력층인 embedding 층의 이름을 layer에 지정하면 embedding 층에 대한 IG를 구할 수 있다. default인 None을 부여하면 입력층 특성 변수의 IG를 산출한다. target_fn은 회귀와 같이 하나의 출력이면 default인 None으로 지정하면 되지만 분류와 같이 2개 이상의 출력이 있을 때는 target_fn을 별도로 지정해야 한다. method는 IG에 있는 Riemann 적분의 근사방법을 지정하며 riemann_left, riemann_ right, riemann_middle, riemann_trapzoid, gausslegendre 등을 선택할 수 있다. n_steps는 baseline으로부터 path integration의 α를 근사할 때 사용하는 $\frac{k}{m}$에서 총 path의 숫자인 m을 의미한다.

IG 값은 explain 함수로 계산되며, .attributions으로 출력할 수 있다.

```
ig=IntegratedGradients(model=model)
explanation=ig.explain(X, baseline=None, target=None)
attributions=explanation.attributions
```

여기서 X는 IG를 구할 표본(들)이며 baseline=None을 지정하면 baseline 값을 0으로 놓게 된다. target=None은 출력이 하나일 때 default로 지정되지만 2개 이상이면 다음과 같이 원하는 출력을 target에 지정하여야 한다.

```
prediction=model.predict(X).argmax(axis=1)
ig=IntegratedGradients(model=model)
```

```
explanation=ig.explain(X, target=prediction)
```

아래에 논의되는 프로그램은 alibi documents(2023년 6월)에서 제공된 것을 수정 보완한 것이다. 먼저 숫자이미지 데이터인 mnist에 IG를 적용한 경우를 살펴보기 위해 아래와 같이 필요한 라이브러리와 함수 및 클래스를 호출한다.

```
import numpy as np
import os
import tensorflow as tf
from tensorflow.keras.layers import Activation, Conv2D, Dense, Dropout
from tensorflow.keras.layers import Flatten, Input, Reshape, MaxPooling2D
from tensorflow.keras.models import Model
from tensorflow.keras.utils import to_categorical

from alibi.explainers import IntegratedGradients
import matplotlib.pyplot as plt
```

다음과 같이 학습데이터와 시험데이터를 분리하고 자료를 표준화한다.

```
(X_train,y_train),(X_test,y_test) = tf.keras.datasets.mnist.load_data()
test_labels = y_test.copy()
train_labels = y_train.copy()
X_train = X_train.reshape(-1, 28, 28, 1).astype('float64') / 255
X_test = X_test.reshape(-1, 28, 28, 1).astype('float64') / 255
y_train = to_categorical(y_train, 10)
y_test = to_categorical(y_test, 10)
print(X_train.shape, y_train.shape, X_test.shape, y_test.shape)
```

```
(60000, 28, 28, 1) (60000, 10) (10000, 28, 28, 1) (10000, 10)
```

이제 숫자를 인식하기 위한 딥러닝 모형을 설계하고 학습시킨다. 학습된 모형은 과대적합되지 않았지만 epoch을 늘리면 좀 더 우수한 성능을 가질 것으로 판단된다. 현재의 모형성능은 98.7%이다.

```
inputs = Input(shape=(X_train.shape[1:]), dtype=tf.float64)
x = Conv2D(64, 2, padding='same', activation='relu')(inputs)
x = MaxPooling2D(pool_size=2)(x)
x = Dropout(.3)(x)
x = Conv2D(32, 2, padding='same', activation='relu')(x)
x = MaxPooling2D(pool_size=2)(x)
x = Dropout(.3)(x)
x = Flatten()(x)
x = Dense(256, activation='relu')(x)
x = Dropout(.5)(x)
logits = Dense(10, activation='softmax')(x)
model = Model(inputs=inputs, outputs=logits)
model.compile(loss='categorical_crossentropy',optimizer='adam',metrics=['accuracy'])
model.fit(X_train, y_train,epochs=6,batch_size=256,verbose=1,
              validation_data=(X_test, y_test))
```

```
Epoch 1/6
235/235 [==============================] - 25s 105ms/step - loss: 0.4928 - accuracy: 0.8450 - val_loss: 0.1140 - val_accuracy: 0.9664
Epoch 2/6
235/235 [==============================] - 27s 114ms/step - loss: 0.1617 - accuracy: 0.9497 - val_loss: 0.0700 - val_accuracy: 0.9789
Epoch 3/6
235/235 [==============================] - 27s 115ms/step - loss: 0.1174 - accuracy: 0.9647 - val_loss: 0.0528 - val_accuracy: 0.9835
Epoch 4/6
235/235 [==============================] - 27s 117ms/step - loss: 0.0977 - accuracy: 0.9696 - val_loss: 0.0455 - val_accuracy: 0.9848
Epoch 5/6
235/235 [==============================] - 30s 127ms/step - loss: 0.0858 - accuracy: 0.9729 - val_loss: 0.0416 - val_accuracy: 0.9869
Epoch 6/6
235/235 [==============================] - 37s 157ms/step - loss: 0.0770 - accuracy: 0.9754 - val_loss: 0.0378 - val_accuracy: 0.9869
```

최초 10개의 시험데이터에 대해 IG를 산출하여 특성 변수(픽셀)의 기여도를 예측범주의 관점에서 살펴보기 위해 target을 predictions로 지정하고 있다.

```
ig = IntegratedGradients(model,)
X_test_sample = X_test[:10]
predictions = model.predict(X_test_sample).argmax(axis=1)
explanation = ig.explain(X_test_sample,baselines=None,target=predictions)
```

explanation의 속성 .meta를 출력하면 IG가 local explainer임을 확인할 수 있으며 Integrated Gradients의 옵션을 아래와 같이 확인할 수 있다.

```
explanation.meta
```

```
{'name': 'IntegratedGradients', 'type': ['whitebox'], 'explanations': ['local'],
 'params': {'target_fn': None, 'method': 'gausslegendre',  'n_steps': 50,
  'internal_batch_size': 100,  'layer': 0},
 'version': '0.9.0'}
```

다음과 같이 explanation.data.keys()를 이용하여 explanation이 제공하는 데이터의 key를 파악할 수 있다.

```
explanation.data.keys()
```

```
dict_keys(['attributions', 'X', 'forward_kwargs', 'baselines', 'predictions', 'deltas', 'target'])
```

위 프로그램의 key 중 attributions와 baselines를 살펴보면 다음과 같다. attributions는 표본 하나당 28×28픽셀 각각의 기여도를 제공하며 기여도의 최댓값은 0.122, 최솟값은 −0.1098로 나타났다. 양의 값은 baseline 대비 양의 기여도를, 음의 값이면 해당 픽셀이 음의 기여도를 갖는다고 말한다. baseline은 각 표본의 크기인 (28,28,1) 3D 텐서와 일치해야 하며 모두 0(검은색)으로 배경색으로 정의되어 있다는 것을 확인할 수 있다.

```
attrs = explanation.attributions[0]
print(attrs.shape)
print(attrs.min(), attrs.max())

base=explanation.baselines[0]
print(base.shape)
print(np.unique(base))
```

```
(10, 28, 28, 1)
-0.10980081270870781 0.12210678440522395
```

```
(28, 28, 1)
[0.]
```

다음 프로그램은 10개의 표본 중 3개 표본에 있는 각 픽셀의 양의 기여도와 음의 기여도를 그림을 통해 보여주고 있다. 첫 번째 열은 입력이미지이고, 두 번째 열은 각 픽셀의 기여도를, 세 번째 열은 두 번째 열의 기여도를 clip(0,1)로 하여 음 값을 갖는 기여도를 모두 0으로 변환한 양의 기여도를, 네 번째 열은 clip(−1,0)으로 양 값을 갖는 기여도를 모두 0으로 변환한 음의 기여도를 그림으로 보여주고 있다. 앞에서 살펴보았듯이 기여도는 −0.1098~0.122이므로 clip의 하한과 상한을 각각 −0.2, 0.2로 제한하고 있다.

```
fig, ax = plt.subplots(nrows=3, ncols=4, figsize=(10, 7))
image_ids = [0, 1, 9]
cmap_bound = np.abs(attrs[[0, 1, 9]]).max()
for row, image_id in enumerate(image_ids):
    # original images
    ax[row, 0].imshow(X_test[image_id].squeeze(), cmap='gray')
    ax[row, 0].set_title(f'Prediction: {predictions[image_id]}')
    # attributions
    attr = attrs[image_id]
    im = ax[row, 1].imshow(attr.squeeze(), vmin=-cmap_bound, vmax=cmap_bound,
                           cmap='PiYG')
    # positive attributions
    attr_pos = attr.clip(0, 0.2)
    im_pos = ax[row, 2].imshow(attr_pos.squeeze(), vmin=-cmap_bound,
                               vmax=cmap_bound,cmap='PiYG')
    # negative attributions
    attr_neg = attr.clip(-0.2, 0)
    im_neg = ax[row, 3].imshow(attr_neg.squeeze(), vmin=-cmap_bound,
                               vmax=cmap_bound,cmap='PiYG')
ax[0, 1].set_title('Attributions');
ax[0, 2].set_title('Positive attributions');
ax[0, 3].set_title('Negative attributions');
for ax in fig.axes:
    ax.axis('off')
fig.colorbar(im, cax=fig.add_axes([0.95, 0.25, 0.03, 0.5]));
```

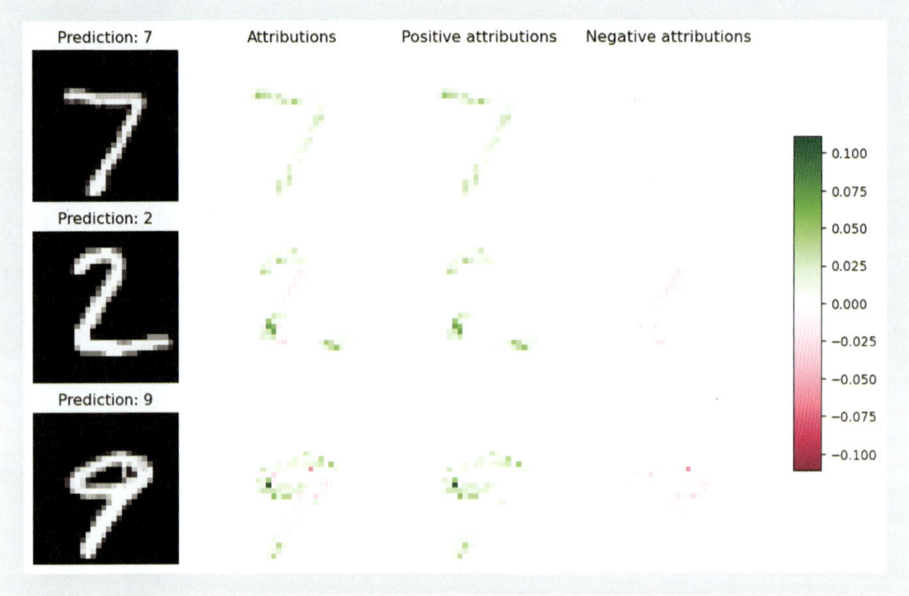

다음은 사전학습 모형인 ResNet50에 4개의 고양이 이미지를 입력하여 이미지를 식별하고 IG를 산출하는 예제이다. 아래 프로그램에서 visualize_image_attr는 이미지의 기여도를 손쉽게 시각화할 수 있도록 한 utility이다.

```
import numpy as np
import tensorflow as tf
import matplotlib.pyplot as plt
from alibi.explainers import IntegratedGradients
from tensorflow.keras.applications.resnet_v2 import ResNet50V2
from alibi.datasets import load_cats
from alibi.utils import visualize_image_attr
```

IG를 산출할 4개의 고양이 이미지를 호출하고 픽셀의 크기를 (224,224,3)으로 조절하고 있다. ResNet50의 입력이 (224,224,3)이기 때문이다.

```
image_shape = (224, 224, 3)
data, labels = load_cats(target_size=image_shape[:2], return_X_y=True)
print(f'Images shape: {data.shape}')
```

```
data = (data / 255).astype('float32')
```

```
Images shape: (4, 224, 224, 3)
```

마지막 고양이 이미지는 다음과 같다.

```
i = 3
plt.imshow(data[i]);
```

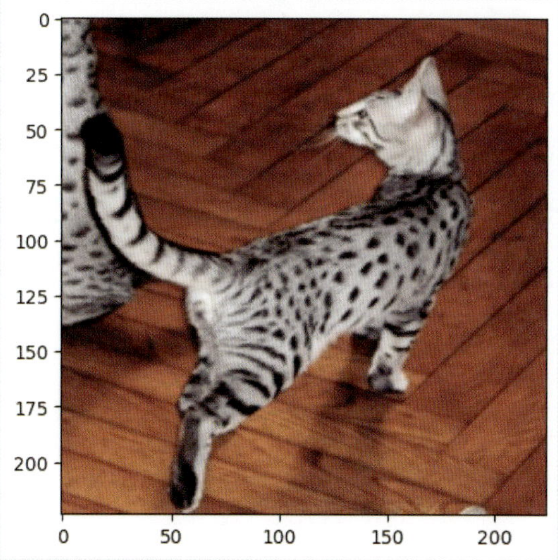

사전학습 모형 ResNet50을 model로 동기화하고 위 고양이 이미지를 입력한 후, label 예측치를 predictions로 정의하고 픽셀의 기여도를 산출하고 있다. baseline=None으로 부여했기 때문에 baseline의 픽셀값은 0이다.

```
model = ResNet50V2(weights='imagenet')

ig = IntegratedGradients(model)
instance = data[i].reshape((1,)+image_shape)
predictions = model.predict(instance).argmax(axis=1)
explanation = ig.explain(instance,baselines=None,target=predictions)
```

기여도의 크기는 (1,224,224,3) 3D 텐서이고 최솟값은 −0.0132, 최댓값은 0.0124이다.

```
print(explanation.data.keys())
attrs = explanation.attributions[0]
print(attrs.shape)
print(attrs.min(),attrs.max())
```

```
dict_keys(['attributions', 'X', 'forward_kwargs', 'baselines', 'predictions', 'deltas', 'target'])

(1, 224, 224, 3)
-0.013185363700681248 0.012385826538488522
```

다음은 IG에 의해 산출된 각 픽셀의 기여도를 시각화한 것으로 visualize_image_attr을 이용하여 보여주고 있다. 빨간색은 음의 기여도를 녹색은 양의 기여도를 나타낸다.

```
fig, ax = plt.subplots(nrows=1, ncols=2, figsize=(10, 5))
visualize_image_attr(attr=None, original_image=data[i], method='original_image',
                     title='Original Image', plt_fig_axis=(fig, ax[0]), use_pyplot=False);
visualize_image_attr(attr=attrs.squeeze(), original_image=data[i], method='heat_map',
                    sign='all', show_colorbar=True, title='Attributions',
                    plt_fig_axis=(fig, ax[1]), use_pyplot=True);
```

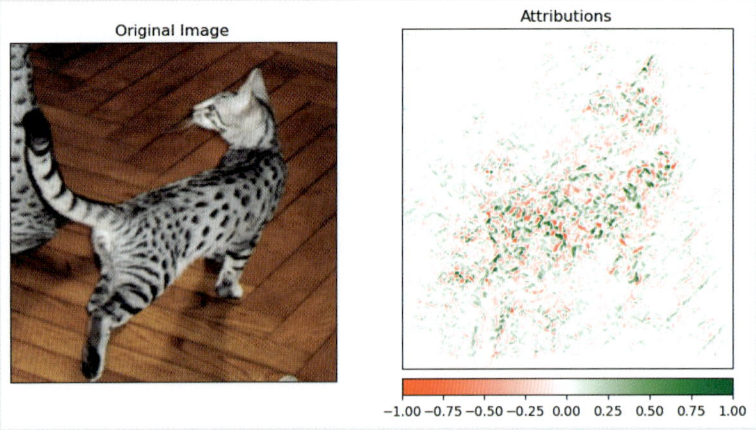

만약 attribution을 원래의 image 위에 겹쳐서(overlay) 그리려고 한다면 visualize_image_attr에서 method='blended_heat_map'으로 지정하여 맨 끝에 있는 그림을 출력할 수 있다. 배경은 회색으로 표현된 것을 볼 수 있다. 각 픽셀의 예측범주에 대한 기여도는 RGB color로 표현되는 3개 채널의 합으로 구해진다.

baseline의 픽셀값을 0으로 주지 않고 random으로 값을 부여할 경우를 고려해 보자. 즉, 다음과 같이 instance shape과 동일한 4D 텐서값을 Uniform 변수값을 준다.

```
baselines = np.random.random_sample(instance.shape)
```

이 새로운 baseline을 이용하여 IG를 이용한 각 픽셀의 기여도를 아래와 같이 구한다.

```
explanation = ig.explain(instance,baselines=baselines,target=predictions)
attrs = explanation.attributions[0]
```

다음과 같이 baseline을 0의 값으로 주었을 때와 비교하여 baseline을 임의의 값으로 부여하면 각 픽셀의 기여도가 명확하지 않다는 것을 볼 수 있다. 이는 IG에서 baseline 값에 따라 해석이 어렵거나 다르게 된다는 것을 단적으로 보여주고 있다.

```
fig, ax = plt.subplots(nrows=1, ncols=2, figsize=(10, 5))
visualize_image_attr(attr=None, original_image=data[i], method='original_image',
title='Original Image', plt_fig_axis=(fig, ax[0]), use_pyplot=False);
visualize_image_attr(attr=attrs.squeeze(), original_image=data[i], method='heat_map',
sign='all', show_colorbar=True, title='Attributions',
plt_fig_axis=(fig, ax[1]), use_pyplot=True);
```

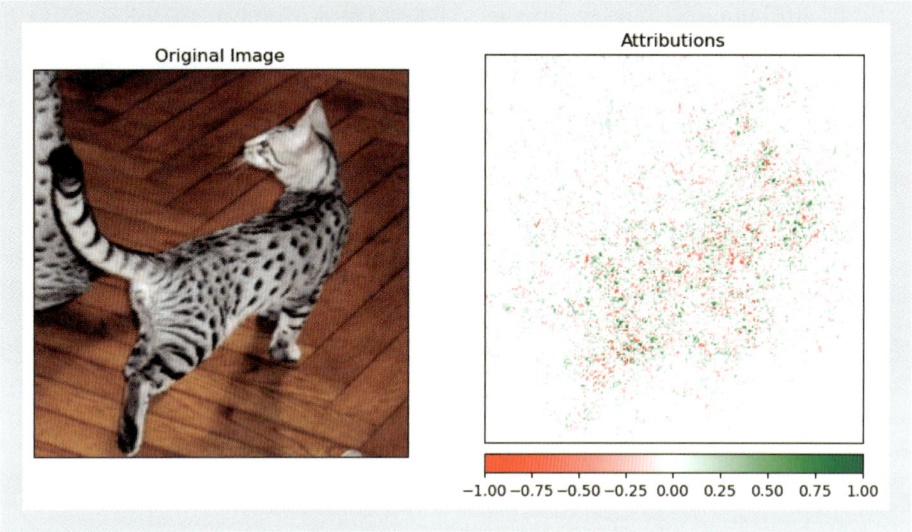
Original Image
Attributions
−1.00 −0.75 −0.50 −0.25 0.00 0.25 0.50 0.75 1.00

8장

SE
(Similarity Explanations)

어떤 데이터를 머신러닝 모형에 입력하여 나온 예측 결과가 있을 때, 이러한 예측 결과를 설명하는 가장 간단한 방법은 예측모형을 학습시킨 학습데이터에서 비슷한 표본(들)을 찾아 이유를 설명하는 것이다. 즉, "x는 y이다. 왜냐하면 비슷한 x'이 y이기 때문이다."가 SE(similarity explanation)의 핵심 개념이다.

8.1 GS(gradient similarity)

여러 가지 SE중 Charpiat et al.(2019)이 제안한 gradient similarity에 대해 논의하고자 한다. $z=(x,y), z'=(x',y')$으로 표현된 2개의 표본이 있고 미리 학습된 머신러닝 모형 $f(x)$가 있다고 하자. $L_\theta(z)=L_\theta(f(x),y)$를 표본 z를 입력하여 구한 예측치 $f(x)$와 y 간의 손실함수라고 정의하자. 이 손실함수는 일반적으로 모형 f을 학습시키기 위한 손실함수이지만, 모형 f의 모수인 θ에 대해 미분 가능한 별도의 손실함수도 될 수 있다.

$L_\theta(z)$를 θ에 대해 Taylor 전개를 1차식까지 전개하면

$$L_{\theta+\Delta\theta}(z) \approx L_\theta(z) + \Delta\theta\frac{\partial L_\theta(z)}{\partial\theta}$$

가 된다. 위 식으로부터 손실함수값을 ϵ만큼 변동시키려면 $\Delta\theta\frac{\partial L_\theta(z)}{\partial\theta}=\epsilon$에 의해 $\Delta\theta=\epsilon\frac{\partial L_\theta/\partial\theta}{\| \partial L_\theta/\partial\theta \|^2}$이면 된다. 즉, 손실함수값을 ϵ만큼 변동시키려면 모수를 $\epsilon\frac{\partial L_\theta/\partial\theta}{\| \partial L_\theta/\partial\theta \|^2}$만큼 변화시켜야 한다는 의미가 된다. 같은 방법으로 또 다른 표본 $z'=(x',y')$에 대해 Tayler 전개하면

$$L_{\theta+\Delta\theta}(z') \approx L_\theta(z') + \Delta\theta\frac{\partial L_\theta(z')}{\partial\theta}$$

이 되며 $\Delta\theta=\epsilon\frac{\partial L_\theta/\partial\theta}{\| \partial L_\theta/\partial\theta \|^2}$이므로

$$L_{\theta+\triangle\theta}(z') \approx L_\theta(z') + \epsilon \frac{\partial L_\theta(z)/\partial\theta \cdot \partial L_\theta(z')/\partial\theta}{\| \partial L_\theta(z)/\partial\theta \|^2}$$

가 된다. 여기서

$$K_\theta(z,z') = \frac{\partial L_\theta(z)/\partial\theta \cdot \partial L_\theta(z')/\partial\theta}{\| \partial L_\theta(z)/\partial\theta \|^2}$$

을 kernel이라고 한다. 이 커널은 표본 z에서 손실을 ϵ만큼 변동시키기 위해 모수를 $\triangle\theta$만큼 이동시켰을 때, 표본 z'에서 손실의 상대적 이동 비율로 해석할 수 있다. 만약 $K_\theta(z,z')=1$이면 z와 z'이 매우 유사하다고 말할 수 있다. 그러나 $K_\theta(z,z')$은 z와 z'에 대해 비대칭적이므로

$$K_\theta^{(1)}(z,z') = \frac{\partial L_\theta(z)/\partial\theta \cdot \partial L_\theta(z')/\partial\theta}{\| \partial L_\theta(z)/\partial\theta \| \ \| \partial L_\theta(z')/\partial\theta \|}$$

또는

$$K_\theta^{(2)}(z,z') = \partial L_\theta(z)/\partial\theta \cdot \partial L_\theta(z')/\partial\theta$$

으로 대체할 수 있다. 특히, $K_\theta^{(1)}(z,z')$은 -1~1 값을 갖게 되므로 z와 z'의 유사성과 비유사성 정도를 동시에 설명할 수 있다. $K_\theta^{(1)}(z,z')$과 $K_\theta^{(2)}(z,z')$는 값이 크면 클수록 두 개의 표본 z와 z'의 유사성이 크다고 할 수 있다.

8.2 GS의 적용과 응용

GS는 다음과 같이 동기화한다.

```
explainer=GradientSimilarity(predictor=model, loss_fn=loss_fn,
                             sim_fn='grad_dot', task='classification')
```

여기서 predictor는 예측함수이고 loss_fn은 유사한 표본을 구하기 위한 손실함수를 지정한다. sim_fn은 커널함수를 지정하는 옵션으로 'grad_dot'를 default로 지정하고 이는 $K_\theta^{(2)}(z,z')$를 의미한다. 'grad_cos'를 지정하면 $K_\theta^{(1)}(z,z')$를 의미하고 'grad_asym_dot'은 $K_\theta(z,z')$를 의미한다. GS는 학습데이터에서 유사한 표본을 찾아야 하므로 다음 형식의 .fit 과정이 필요하다.

```
explainer.fit(X_train, y_train)
```

다음을 실행하면 X와 유사한 특성 변수를 학습데이터에서 탐색하여 출력한다.

```
expls=explainer.explain(X, y)
```

여기서 y는 X에 대응하는 목표범주(들)이다. 목표범주는 X 표본 각각에 대해 지정할 수 있으며 모두 동일한 목표범주를 지정할 수도 있다. expls.data는 dictionary 형태로 출력값을 가지고 있으며 중요한 4개의 key를 정리하면 다음과 같다. expls.data['score']는 X 표본 각각에 대한 X_train의 kernel 값을 출력하고 expls.data['ordered_indices']는 내림차순의 kernel 값 순서로 X_train의 index를 numpy 데이터로 출력한다. explas.data['most_similar']는 X에 가장 유사한 X_train 표본 5개를, expls.data['least_similar']는 X와 가장 다른 X_train 표본 5개를 numpy 데이터로 출력한다.

아래는 GS를 적용하기 위해 필요한 라이브러리와 사전학습 모형 ResNet50을 호출하고 있다. 1,000개의 이미지 label로 구성된 ImageNet 데이터에서 10개의 label로만 구성된 fetch_imagenet_10를 호출한다. fetch_imagenet_10은 950개로 구성된 학습데이터와 50개로 구성된 시험데이터로 미리 구분해 놓은 데이터이다. 이 fetch_imagenet_10를 ResNet50 모형에 적용하여 GS를 구하고자 한다.

```
import numpy as np
import pandas as pd
import matplotlib.pyplot as plt
```

```
import tensorflow as tf
from sklearn.metrics import accuracy_score
from tensorflow.keras.applications import ResNet50
from tensorflow.keras.utils import to_categorical
from tensorflow.keras.losses import categorical_crossentropy
from alibi.datasets import fetch_imagenet_10
from alibi.explainers import GradientSimilarity
```

다음에 정의된 plot_similar는 5행 6열로 구성된 그림을 출력하기 위한 함수이다. 시험데이터에서 임의로 5개의 이미지를 선택한 후(그러므로 5행), GS로 이 5개 이미지 각각에 대해 학습데이터에서 가장 유사한 5개의 이미지(.data['most_similar'])를 찾아 출력하도록 하고 있다. 제0열은 선택된 5개의 이미지이고 이 이미지 위에 label명, ResNet50에 의해 예측된 label명을 출력한다. 제1열은 GS에 의해 구한 가장 유사한 이미지, label명, 그리고 예측 label명, 제2열은 두 번째로 유사한 이미지, label명, 그리고 예측 label명, 제3열은 세 번째로 유사한, 제4열은 네 번째로 유사한, 그리고 제5열은 다섯 번째로 유사한 이미지, label명, 그리고 예측 label명을 출력하도록 프로그램되어 있다. 구체적인 출력 결과는 곧 확인하게 될 것이다.

```
def plot_similar(ds, expls, int_to_str, mean_channels, figsize=(20, 20)):
    """Plots original instances and similar instances.
    Parameters
    ----------
    ds: List of dictionaries containing instances to plot, labels and predictions.
    expls: Similarity explainer explanation object.
    int_to_str: Dictionary mapping label's number to label's names.
    mean_channels: Mean channels to add to the images for visualization.
    figsize: Figure size.
    Returns
    -------
    None
    """
    fig, axes = plt.subplots(5, 6, figsize=figsize, sharex=False)
    for j in range(len(ds)):
```

```
        d = ds[j]
        axes[j, 0].imshow(BGR_to_RGB(d['x']))
        label_orig = int_to_str[d['y']].split(',')[0]
        if len(label_orig) > 16:
            label_orig = label_orig[:13] + '...'
        pred_orig = int_to_str[d['pred']].split(',')[0]
        if len(pred_orig) > 16:
            pred_orig = pred_orig[:13] + '...'
        if j == 0:
            title_orig = "Original instance"
            axes[j, 0].set_title(f"{title_orig} ₩n" +
                                 f"{len(title_orig) * '='} ₩n" +
                                 f"Label: {label_orig} ₩n" +
                                 f"Prediction: {pred_orig} ")
        else:
            axes[j, 0].set_title(f"Label: {label_orig} ₩n" +
                                 f"Prediction: {pred_orig} ")
        axes[j, 0].axis('off')
        for i in range(expls.data['most_similar'].shape[0]):
            label_sim = int_to_str[d['y_sim'][i]].split(',')[0]
            if len(label_sim) > 16:
                label_sim = label_sim[:13] + '...'
            pred_sim = int_to_str[d['preds_sim'][i]].split(',')[0]
            if len(pred_sim) > 16:
                pred_sim = pred_sim[:13] + '...'
            most_similar = BGR_to_RGB((expls.data['most_similar'][j] +
                          mean_channels).astype(int)[i])
            axes[j, i + 1].imshow(most_similar, cmap='gray')
            if j == 0:
                title_most_sim = f"{i+1}{append_int(i+1)} most similar instance"
                axes[j, i + 1].set_title(f"{title_most_sim} ₩n" +
                                         f"{len(title_most_sim) * '='} ₩n"+
                                         f"Label: {label_sim} ₩n" +
                                         f"Prediction: {pred_sim}")
            else:
                axes[j, i + 1].set_title(f"Label: {label_sim} ₩n" +
                                         f"Prediction: {pred_sim}")
            axes[j, i + 1].axis('off')
plt.show()
```

다음은 임의로 뽑은 5개의 시험데이터 각각에 대한 학습데이터의 $K_\theta^{(1)}(z,z')$를 label별로 평균을 구해 plot하는 함수를 정의하고 있다. 즉, 가장 큰 평균값을 가진 label이 시험데이터 각각에 가장 유사한 label이 된다. 시험데이터 각각의 label과 $K_\theta^{(1)}(z,z')$의 평균이 가장 큰 label과 일치해야 SE가 잘 작동되는 것으로 판단할 수 있다. plot은 5개의 행과 2개의 열로 구성되어 있으며 5개의 행은 5개의 시험데이터이다. 0번째 열은 시험데이터의 이미지, label, ResNet50에 의해 예측된 label을 제공한다. 1번째 열은 label별 $K_\theta^{(1)}(z,z')$의 평균값을 막대그래프 형태로 출력한다. 0번째 열의 label에 대응하는 $K_\theta^{(1)}(z,z')$ 평균값이 가장 큰지를 확인할 수 있도록 하기 위함이다.

```
def plot_distributions(ds, expls, int_to_str, figsize=(20, 20)):
    """Plots original instances and scores distributions per class.
    Parameters
    ----------
    ds: List of dictionaries containing instances to plot, labels and predictions.
    expls: Similarity explainer explanation object.
    int_to_str: Dictionary mapping label's number to label's names.
    figsize: Figure size.
    Returns
    -------
    None
    """
    fig, axes = plt.subplots(5, 2, figsize=figsize, sharex=False)
    for i in range(len(ds)):
        d = ds[i]
        y_sim = d['y_sim']
        preds_sim = d['preds_sim']
        y = d['y']
        pred = d['pred']
        df_ditribution = pd.DataFrame({'y_sim': y_sim,'scores': expls.data['scores'][i]})
```

```
        axes[i, 0].imshow(BGR_to_RGB(d['x']))
        if i == 0:
            title_orig = "Original instance"
            axes[i, 0].set_title(f"{title_orig} ₩n " +
                        f"{len(title_orig) * '='} ₩n" +
                        f"Label: {d['y']} - {int_to_str[d['y']]} ₩n" +
                        f"Prediction: {d['pred']} - {int_to_str[d['pred']].split(',')[0]} ")
        else:
            axes[i, 0].set_title(f"Label: {d['y']} - {int_to_str[d['y']].split(',')[0]} ₩n" +
                            f"Prediction: {d['pred']} - {int_to_str[d['pred']].split(',')[0]} ")

        axes[i, 0].axis('off')
        df_y = df_ditribution.groupby('y_sim')['scores'].mean()
        df_y.index = [int_to_str[i] for i in df_y.index]
        df_y.sort_values(ascending=True).plot(kind='barh', ax=axes[i, 1])

        if i == 0:
            title_true_class = "Averaged scores for each true class in reference set"
            axes[i, 1].set_title(f"{title_true_class} ₩n" +
                                f"{len(title_true_class) * '='} ₩n ")

    fig.tight_layout()
    plt.show()
```

append_int() 함수는 1을 1st, 2를 2nd, 3을 3rd 등으로 출력하도록 하는 함수이다.

```
def append_int(num):
    if num 〉 9:
        secondToLastDigit = str(num)[-2]
        if secondToLastDigit == '1':
            return 'th'
    lastDigit = num % 10
    if (lastDigit == 1):
        return 'st'
    elif (lastDigit == 2):
        return 'nd'
    elif (lastDigit == 3):
        return 'rd'
    else:
        return 'th'
```

Substract_mean_channel 함수는 ResNet50 모형의 성능을 향상시키기 위해 입력데이터에서 학습데이터의 픽셀 평균값을 빼주는 함수이다. 이 경우 accuracy는 0.86이지만 평균을 빼주지 않으면 accuracy가 0.7로 성능이 나빠진 것을 확인할 수 있을 것이다. 또한 BGR_to_RGB 함수는 이미지의 마지막 축을 BGR에서 RGB로 컬러 배열을 바꾸어 주는 함수이다. ResNet50을 포함하여 거의 모든 CNN 모형은 RGB 컬러 배열을 가정하고 있기 때문이다.

```
def substract_mean_channel(X):
    """Substracts the mean channels from a batch of images.
    모형의 성능을 높히기 위해 mean을 빼주어 흑백이미지를 만듦
    (0.7accuracy를 0.86으로 향상시킴)
    Parameters
    ----------
    X: Batches of images to substract the mean channel from.
    Returns
    -------
    Batch of images.
    """
    assert len(X.shape) == 4
    mean_channels = np.array([103.939, 116.779, 123.68]).reshape(1, 1, 1, -1)
    X_mean = X - mean_channels
    return X_mean, mean_channels

def BGR_to_RGB(X):
    if len(X.shape) == 4:
        return X[:, :,:,::-1]
    elif len(X.shape) == 3:
        return X[:,:,::-1]
    else:
        raise ValueError('Incorrect shape')
```

alibi에 내장되어 있는 fetch_imagenet_10을 load하고 학습데이터와 시험데이터를 정의하고 있다. fetch_imagenet_10이 오직 10개의 label만 가지고 있는 데이터이지만 ResNet50은 1,000개의 label로 사전학습된 모형이므로, imagenet10 ['int_to_str_labels']는 dictionary 데이터로 key는 1,000개 이미지의 label index, values는 대응하는 label 명으로 구성되어 있다. 시험데이터를 ResNet50에 입력하여 시험데이터 각각에 대해 1,000개의 label 중 하나를 예측하게 된다.

```
imagenet10 = fetch_imagenet_10()

X_train, y_train = imagenet10['trainset']
X_train, mean_channels = substract_mean_channel(X_train)
X_test, y_test = imagenet10['testset']
X_test, _ = substract_mean_channel(X_test)
int_to_str = imagenet10['int_to_str_labels']
y_train = to_categorical(y_train, num_classes=1000)
y_test = to_categorical(y_test, num_classes=1000)
```

다음은 label 6의 가오리(stingray)의 이미지를 보여주고 있다. 이미지의 평균을 빼주었으므로 평균을 더해 주어 원래 이미지로 변환하고 있다. 평균을 빼준 이미지는 원래 이미지와 비교할 때 거의 흑백에 가까운 것을 볼 수 있다.

```
i = 0
label = y_train.argmax(axis=1)[i]
print(f"Label: {label} - {int_to_str[label]}")
x_org= BGR_to_RGB(X_train.astype(int)[i])
plt.imshow(x_org);
x = BGR_to_RGB((X_train + mean_channels).astype(int)[i])
plt.imshow(x);
plt.axis('off');
```

```
Label: 6 - stingray
```

```
x_org= BGR_to_RGB(X_train.astype(int)[i])
plt.imshow(x_org);
plt.axis('off');
```

다음과 같이 사전학습된 ResNet50을 load하고 시험데이터를 모형에 적용하여 accuracy가 0.86인 것을 보여주고 있다.

```
model = ResNet50(weights='imagenet')
preds = model(X_test).numpy().argmax(axis=1)
acc = accuracy_score(y_test.argmax(axis=1), preds)
print('Test accuracy: ', acc)
```

```
Test accuracy:  0.86
```

다음은 유사성 척도로 $K_\theta^{(1)}(z,z')$를 지정하고(sim_fn='grad_cos') 미분을 해야 할 손실함수로 categorical_crossentropy를 지정하고 있다. 학습데이터의 손실함수 미분값을 계산해야 하기 때문에 .fit step이 필요하다.

```
gsm = GradientSimilarity(model, categorical_crossentropy, precompute_grads=False,
                         sim_fn='grad_cos')
```

```
gsm.fit(X_train, y_train)
```

```
GradientSimilarity(meta={
  'name': 'GradientSimilarity',
  'type': ['whitebox'],
  'explanations': ['local'],
  'params': {
              'sim_fn_name': 'grad_cos',
              'store_grads': False,
              'backend_name': 'tensorflow',
              'task_name': 'classification'}
            ,
  'version': '0.9.0'}
)
```

0~49번의 시험데이터가 고르게 뽑힐 수 있도록 5개의 시험데이터를 임의 추출한 후, 이를 X_sample, y_sample로 정의하고 X_sample을 모형에 입력하여 label을 예측한다. 이를 preds로 저장한다.

```
idxs_samples = np.array([np.random.choice(range(5 * i, 5 * i + 5)) for i in range(10)])
idxs_samples = np.random.choice(idxs_samples, 5, replace=False)
X_sample, y_sample = X_test[idxs_samples], y_test[idxs_samples]
preds = model(X_sample).numpy().argmax(axis=1)
```

GS를 구한 후, expls의 출력을 보기 위해 meta와 data의 keys를 출력한다.

```
expls = gsm.explain(X_sample, y_sample)
print(expls.meta.keys())
print(expls.data.keys())
```

```
dict_keys(['name', 'type', 'explanations', 'params', 'version'])
dict_keys(['scores', 'ordered_indices', 'most_similar', 'least_similar'])
```

앞에서 정의한 plot_similar와 plot_distributions 함수의 입력 요소인 ds를 정의하고 있다. ds는 list로 구성된 dictionary 데이터이다.

```
ds = []
for j in range(len(X_sample)):
    y_sim = y_train[expls.data['ordered_indices'][j]].argmax(axis=1)
    X_sim = X_train[expls.data['ordered_indices'][j][:5]]
    preds_sim = model(X_sim).numpy().argmax(axis=1)

    d = {'x': (X_sample + mean_channels).astype(int)[j],
         'y': y_sample[j].argmax(),
         'pred':preds[j],
         'y_sim': y_sim,
         'preds_sim': preds_sim}
    ds.append(d)
```

다음은 plot_similar의 출력을 보여주고 있다. 0열은 임의로 추출한 5개의 시험데이터 이미지를 보여주고 있고 제1열~제5열은 학습데이터에서 가장 유사한 5개의 이미지를 보여주고 있다. 실제 label과 예측 label이 모두 일치한 것을 볼 수 있다.

```
plot_similar(ds, expls, int_to_str, mean_channels)
```

다음은 plot_distribution 함수 출력 결과를 보여주고 있다. 시험데이터 label에 대응하는 학습데이터의 $K_\theta^{(1)}(z,z')$의 평균값이 다른 label에 비해 월등하게 높은 것을 볼 수 있다.

```
plot_distributions(ds, expls, int_to_str)
```

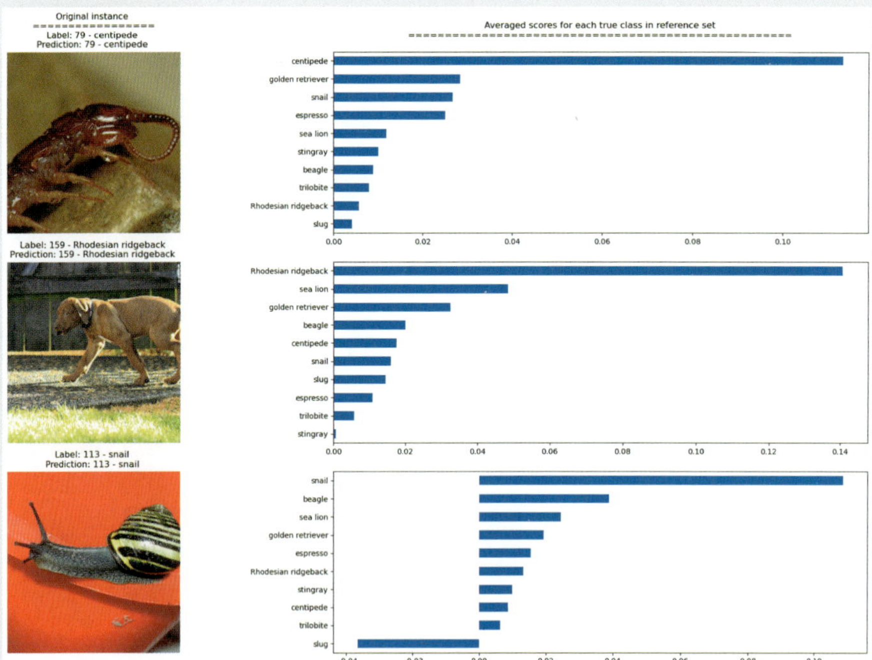

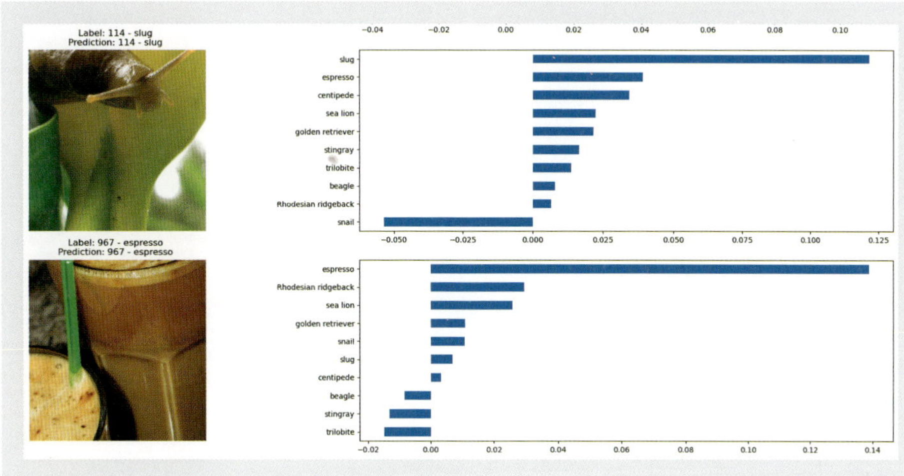
Label: 114 - slug
Prediction: 114 - slug
slug
espresso
centipede
sea lion
golden retriever
stingray
trilobite
beagle
Rhodesian ridgeback
snail
Label: 967 - espresso
Prediction: 967 - espresso
espresso
Rhodesian ridgeback
sea lion
golden retriever
snail
slug
centipede
beagle
stingray
trilobite

3부

Shapley Additive Explainers

XAI

EXPLAINABLE AI

9장 Shapley values

10장 SHAP의 적용과 해석

11장 Decision plot

SHAP(Shapley additive explainers)은 가장 유명한 local explainer이자 global explainer이다. SHAP을 근본적으로 이해하기 위해서는 경제학의 게임이론에 근거한 Shapley value의 기본적인 개념을 이해한 후, 이 개념이 머신러닝의 예측모형에 어떻게 적용되는지를 이해해야 한다. SHAP은 모형 무관(model agnostic) explainer인 ShapExplainer와 KernelExplainer, 의사결정나무를 기초로 한 Random forest, XGBoost, LightGBM, CatBoost 등에 특화된 TreeShap, 그리고 딥러닝에 특화된 DeepShap으로 구성되어 있다. Shap value의 local 및 global explainer를 다양한 plot으로 구현하여 AI에 대한 전문지식이 없는 end-user도 쉽게 모형을 이해하고 특성 변수의 기여도를 파악할 수 있도록 하였다.

9장

Shapley values

머신러닝 모형은 예측의 정확도를 높이기 위해 점차적으로 복잡해지고 있다. XGBoost나 Random Forest는 수많은 의사결정나무의 조합 및 결합으로, 딥러닝 모형은 복잡한 구조를 가진 은닉층의 도입으로 예측의 정밀도를 높이고 있으나 이러한 모형의 복잡도는 모형의 설명 가능성(explainability)을 점차적으로 불가능하게 하고 있다. 여기에서 설명 가능성 또는 해석가능성(interpretability)은 black-box와 대비되는 개념으로 모형의 투명성(transparency)을 나타낸다. 즉, "모형의 예측과정을 사람이 쉽게 이해하는 정도"로 설명 가능성을 정의할 수 있다. 예를 들어, 3개의 특성 변수 x_1, x_2, x_3가 있을 때 선형모형의 예측치는

$$f(\boldsymbol{x}) = \beta_0 + \beta_1 x_1 + \beta_2 x_2 + \beta_3 x_3$$

이다. 그러면 예측치 $f(\boldsymbol{x})$에 대한 특성 변수 x_i의 기여도(contribution)는 $\beta_i x_i$가 됨을 쉽게 알 수 있다. 이처럼 선형모형에서는 특성 변수와 예측치의 관계를 $\beta_i x_i$로 수량화하여 쉽게 도출할 수 있지만, 딥러닝을 포함하여 대부분의 머신러닝에서는 특성 변수가 내부적으로 어떻게 연결되어 예측치를 만들어 내는지를 모르는 black-box이다.

앞의 선형모형에서 특성 변수 x_2를 제거하면 $\beta_2 x_2$만큼 예측치가 줄어드는 것처럼, 머신러닝 모형의 설명 가능성에 대한 핵심적인 질문은 "특정 특성 변수를 머신러닝 모형에서 제거하면 예측치는 얼마나 변화하는가?"이다. 이에 대한 대답 중의 하나가 SHAP(Shapley Additive Explaination) value이며 SHAP value는 각 특성 변수가 예측치에 미치는 영향을 수량화한 것이라고 할 수 있다.

SHAP은 개별 예측치에 대한 모형 무관 설명도구(individualized model-agnostic explainer)로서, 경제학자인 Lloyd Shapley(1951)가 제안한 게임이론(game theory)을 응용한 explainer이다. 모형 무관(model-agnostic)의 의미는 딥러닝 모형과 같이 내부적으로 어떻게 작동하는지 알지 못하더라도 입력(input)과 출력(output)만 관측되면 적용이 가능하다는 의미이다.

이를 위해 우선 SHAP에서 핵심적인 역할을 하는 Shapley value에 대해 이해하도록 하자.

9.1 Shapley value의 기본개념

어떤 협력게임에서 M명의 선수가 있다고 하자. $F=\{1,2,\cdots,M\}$으로 선수들의 집합을 정의할 때, S가 F의 부분집합이면 이를 연대(coalition)라고 한다. 예를 들어, 3명의 선수가 있을 때

$$F=\{1,2,3\} \text{이고 } S\in\{\phi,\{1\},\{2\},\{3\},\{1,2\},\{1,3\},\{2,3\},\{1,2,3\}\}$$

이 된다. 특히 F도 하나의 연대이고 이를 전체연대(grand coalition)라고 한다.

$v(S)$를 연대 S의 가치라고 할 때, 이 $v(S)$를 이용하여 Shapley value를 구하는 과정을 살펴보도록 하자. 앞서 이야기한 바와 같이, 간편함을 위해 선수가 3명인 경우, 즉 $F=\{1,2,3\}$을 가정하자. Shapley value에서 선수가 없는 게임의 가치를

$$v(\phi)=0$$

으로 가정한다. 세 명의 선수 중 선수2와 선수3은 기술적으로 거의 같다고 할 때,

$$v(\{1,2\})-v(\{1\})=10{,}000\text{원}$$

이면 선수2의 기여도는 10,000원이지만

$$v(\{1,2,3\})-v(\{1,2\})=1{,}000$$

이면 선수3의 기여도는 1,000원으로 평가된다. 선수2와 선수3의 기량이 비슷하기 때문에 충분히 일어날 수 있는 일이다. 만약 선수3이 먼저 게임에 참여했더라면

$$v(\{1,3\})-v(\{1\})\approx 10{,}000\text{원}$$

이 되어서 선수3의 기여도도 10,000원이 될 수 있었을 것이다. 즉, 선수의 기여도가 게임에 참석하는 순서에 영향을 받을 수밖에 없게 된다.

순서에 영향을 받지 않는 선수 i의 기여도를 구하기 위해 F의 모든 순열

표 9-1 $F=\{1,2,3\}$일 때 선수1, 선수 2, 선수3에 대한 Shapley values

permutation	선수1	선수2	선수3
$\{1,2,3\}$	$v(\{1\})-v(\phi)$	$v(\{1,2\})-v(\{1\})$	$v(\{1,2,3\})-v(\{1,2\})$
$\{1,3,2\}$	$v(\{1\})-v(\phi)$	$v(\{1,2,3\})-v(\{1,3\})$	$v(\{1,3\})-v(\{1\})$
$\{2,1,3\}$	$v(\{1,2\})-v(\{2\})$	$v(\{2\})-v(\phi)$	$v(\{1,2,3\})-v(\{1,2\})$
$\{2,3,1\}$	$v(\{1,2,3\})-v(\{2,3\})$	$v(\{2\})-v(\phi)$	$v(\{2,3\})-v(\{2\})$
$\{3,1,2\}$	$v(\{1,3\})-v(\{3\})$	$v(\{1,2,3\})-v(\{1,3\})$	$v(\{3\})-v(\phi)$
$\{3,2,1\}$	$v(\{1,2,3\})-v(\{2,3\})$	$v(\{2,3\})-v(\{3\})$	$v(\{3\})-v(\phi)$
평균	ϕ_1	ϕ_2	ϕ_3

(permutation)에서 선수 i의 기여도를 모두 구한 후, 이를 평균한다. 이 평균기여도를 선수 i의 Shapley value라고 한다. <표 9-1>은 선수1, 선수2, 선수3의 Shapley value ϕ_1, ϕ_2, ϕ_3를 구체적으로 구하는 절차를 보여주고 있다. <표 9-1>에서 permutation은 게임에 참가하는 순서를 나타내고 이 순서에 따라 3명의 선수들의 기여도를 구한 후, 이를 평균하여 Shapley value ϕ_1, ϕ_2, ϕ_3으로 표기하고 있다. 예를 들어,

$$\phi_1 = \frac{1}{6}(2(v\{1\}-v(\phi))+v(\{1,2\})-v(\{2\})+v(\{1,3\})-v(\{3\}) \\ +2(v(\{1,2,3\})-v(\{2,3\})))$$

이 된다.

<표 9-1>에서 볼 수 있듯이 선수의 기여도는 게임에 참여하는 순서에 의존하지만, 연대의 가치 $v(S)$는 순서에 의존하지 않는다. 예를 들어,

$$v(\{1,2\})=v(\{2,1\})\text{이고 } v(\{1,2,3\})=v(\{2,1,3\})$$

를 가정하고 있다. <표 9-1>에서 $v(\phi)=0$이며, 특히

$$\phi_1+\phi_2+\phi_3=v(\{1,2,3\})=v(F)$$

를 만족한다는 것을 쉽게 확인할 수 있을 것이다. 즉, <표 9-1>에서 가치함수 $v(S)$에 어떤 값을 부여해도 $\phi_1+\phi_2+\phi_3=v(F)$를 만족한다는 것을 확인할 수 있을 것이다. 이를 Shapley value의 덧셈법칙(additivity)이라고 한다. 예를 들어, 임의로 $v(\{1\})=1$, $v(\{2\})=2$, $v(\{3\})=3$, $v(\{1,2\})=-2$, $v(\{1,3\})=5$, $v(\{2,3\})=3$, $v(\{1,2,3\})=7$로 부여하더라도 $\phi_1+\phi_2+\phi_3=7$이 된다.

<표 9-1>을 기초로 해서 $F=\{1,2,\cdots,M\}$일 때 선수 i에 대한 Shapley value는

$$\phi_i=\frac{1}{|F|!}\sum_p(v(S\bigcup i)-v(S)) \tag{9.1}$$

이 된다. 여기에서 p는 permutation을 의미하고 $|F|$는 F의 크기 M을 의미한다. coalition S는 고정된 permutation p에서 선수i 이전에 게임에 참가한 선수들의 연대를 의미한다. 예를 들어, <표 9-1>에서 permutation $p=\{1,3,2\}$일 때 $i=1$이면 $S=\{\phi\}$, $i=3$이면 $S=\{1\}$이 된다. 그러므로 permutation p가 변하면 $v(S\bigcup i)$의 S도 변하게 된다. <표 9-1>에서 ϕ_1을 계산하는 열을 살펴보면 식 (9.1)을 쉽게 이해할 수 있을 것이다. 식 (9.1)에서 S는 자체의 permutation과 $S\bigcup i$ 다음에 나타나는 $(|F|-|S|-1)$개의 나머지 선수들의 permutation에 대해서도 동일한 $v(S\bigcup i)-v(S)$ 값을 가지므로 식 (9.1)을 아래와 같이 재표현할 수 있다.

$$\phi_i=\sum_{S\subseteq F-\{i\}}\frac{|S|!(|F|-|S|-1)!}{|F|!}(v(S\bigcup i)-v(S)). \tag{9.2}$$

이제 Shapley value의 덧셈법칙을 점검해 보자. 즉, $\sum_{i=1}^{M}\phi_i=v(F)$임을 증명해 보자. 이는 각 선수의 Shapley value의 합은 모든 선수가 참여한 게임에서의 가치와 같다는 것을 말한다. 특별한 하나의 permutation을 $\{p_1,p_2,\cdots,p_M\}$으로 표기하자. 예를 들어, <표 9-1>에서 $\{2,1,3\}$이 하나의 permutation이다. 이러한 고정된 permutation을 식 (9.1)에 적용하면 $S=\{p_1,p_2,\cdots,p_{i-1}\}$이므로

$$\sum_{i=1}^{M}(v(S\bigcup p_i)-v(S))=v(\{p_1\})-v(\phi)+v(\{p_1,p_2\})-v(\{p_1\})$$
$$+v(\{p_1,p_2,p_3\})-v(\{p_1,p_2\})+\cdots+v(\{p_1p_2,\cdots .p_M\})$$
$$-v(\{p_1,p_2,\cdots,p_{M-1}\})$$
$$=v(\{p_1p_2,\cdots .p_M\})=v(F)$$

가 된다. <표 9-1>의 $\{2,1,3\}$ permutation 행을 모두 더해보면 앞의 식을 쉽게 이해할 것이다. 식 (9.1)에 이를 대입하면

$$\sum_{i=1}^{M}\phi_i=\sum_{i=1}^{M}\frac{1}{|F|!}\sum_{p}(v(S\bigcup i)-v(S))=\frac{1}{|F|!}\sum_{p}\sum_{i=1}^{M}(v(S\bigcup i)-v(S))$$
$$=\frac{1}{|F|!}\sum_{p}v(F)=v(F)$$

가 된다.

Shapley value의 추가적인 성질은 모든 연대(coalition) S에 대해 $v(S\bigcup i)=v(S)$이면 $\phi_i=0$이고 $v(S\bigcup i)=v(S\bigcup j)$이면 $\phi_i=\phi_j$임을 식 (9.1)에 의해 쉽게 알 수 있다. 전자를 dummy라고 말하며 후자를 symmetry라고 한다. dummy는 선수 i가 모든 연대에 대해 추가적인 기여도가 없다면 선수 i의 기여도는 0이라는 의미이고 symmetry는 두 명의 선수가 모든 연대에 대해 추가적인 기여도가 동일하다면 두 선수의 기여도는 동일하다는 의미를 가진다.

9.2 머신러닝에서의 Shapley value

앞에서 논의한 Shapley value의 개념을 머신러닝 모형 $f(\boldsymbol{x})$에 적용하기 위해 앞의 예시에서 사용한 '선수'를 정해야 한다. 특성 변수 $\boldsymbol{x}=(x_1,x_2,\cdots,x_M)$으로 정의할 때, 머신러닝 모형의 예측치 $f(\boldsymbol{x})$ 값에 기여하는 것은 특성 변수이므로 머신러닝에서 '선수'는 특성 변수 $x_1,x_2,\cdots,x_M$이 된다. Shapley value의 가치함수를 정의하기 위해

$$f(\phi) = E(f(\boldsymbol{x})) \tag{9.3}$$

로 정의하고

$$v(S) = f(S) - E(f(\boldsymbol{x})) \tag{9.4}$$

으로 정의하자. 여기에서 $F = \{x_1, x_2, \cdots, x_M\}$이고 S는 F의 부분집합이다. 또한 $f(\boldsymbol{x})$는 $\boldsymbol{x} = (x_1, x_2, \cdots, x_M)$가 관측되었을 때의 머신러닝 모형 f의 예측치이며, $E(f(\boldsymbol{x}))$는 예측치의 기댓값이므로 학습데이터로부터 임의로 뽑은 k개의 표본을 이용하여

$$\frac{1}{k}\sum_{i=1}^{k} f(\boldsymbol{x}_i) \tag{9.5}$$

으로 추정된다. 식 (9.3)과 식 (9.4)에 의해

$$v(\phi) = f(\phi) - E(f(\boldsymbol{x})) = 0$$

이 되어 Shapley value에서 정의한 가치함수 v의 기본요건을 충족하게 된다.

식 (9.4)의 $v(S)$를 계산하기 위해서는 $f(S)$를 계산하여야 한다. 예를 들어, $F = \{x_1, x_2, \cdots, x_5\}$일 때 연대(coalition) $S = \{x_1, x_3\}$이면 $f(x_1, x_3)$을 계산하여야 한다. $f(x_1, x_3)$의 계산은 두 가지 방법이 있다. 원래 모형 $f(x_1, x_2, x_3, x_4, x_5)$와 동일한 모형 $f(x_1, x_3)$을 재추정하는 것이 한 방법이고 이미 추정된 원래 모형 $f(x_1, x_2, x_3, x_4, x_5)$으로부터 $f(x_1, x_3)$를 계산하는 방법이 있다. 전자의 경우, 특성 변수가 2~3개로 구성된 선형모형과 같이 간단한 모형이 외에는 계산 부담으로 거의 불가능한 방법이므로 후자의 방법으로 식 (9.4)의 $f(S)$를 계산할 수밖에 없다.

Lundberg and Lee (2017)은

$$f(S) \approx E(f(\boldsymbol{x}) \mid S)$$

으로 근사시키는 방법을 제시하였다. 특성 변수의 부분집합 S가 주어진 상태에서의 기대치는 $f(S)$와 일반적으로 일치하지는 않지만, 오직 부분집합 S만의 함수이고 $E(f(\boldsymbol{x}) \mid F) = E(f(\boldsymbol{x}) \mid \boldsymbol{x}) = f(\boldsymbol{x})$이 된다. 그러므로 $E(f(\boldsymbol{x}) \mid S)$를 이용하여 다음과 같이 정의한 Shapley value는 앞에서 논의한 덧셈법칙(additivity)을 만족하게 된다. Shapley value는

$$\begin{aligned}\phi_i &= \sum_{S \subseteq F - \{i\}} \frac{|S|!(|F| - |S| - 1)!}{|F|!} [v(S \cup x_i) - v(S)] \\ &= \sum_{S \subseteq F - \{i\}} \frac{|S|!(|F| - |S| - 1)!}{|F|!} [E(f(\boldsymbol{x}) \mid S \cup x_i) - E(f(\boldsymbol{x})) - (E(f(\boldsymbol{x}) \mid S) - E(f(\boldsymbol{x})))] \\ &= \sum_{S \subseteq F - \{i\}} \frac{|S|!(|F| - |S| - 1)!}{|F|!} [E(f(\boldsymbol{x}) \mid S \cup x_i) - E(f(\boldsymbol{x}) \mid S)]\end{aligned} \tag{9.6}$$

이 된다.

$v(F) = f(\boldsymbol{x}) - E(f(\boldsymbol{x}))$이므로 Shapley의 덧셈법칙에 의해 $\sum_{i=1}^{M} \phi_i = f(\boldsymbol{x}) - E(f(\boldsymbol{x}))$이 된다. 즉, $f(\boldsymbol{x}) = \sum_{i=1}^{M} \phi_i + E(f(\boldsymbol{x}))$가 된다. 이러한 ϕ_i를 Lundberg와 Lee는 SHAP(Shapley Additive Explaination) value라고 정의하였다. $\overline{S} = F - S$이라고 정의하면

$$E(f(F) \mid S) = \int f(S, \overline{S}) p(S, \overline{S} \mid S) d\overline{S}$$

가 된다. $\overline{S}$ 에 속하는 특성 변수를 적분하므로 $E(f(F) \mid S)$는 오직 S에 속하는 특성 변수의 함수가 되게 된다. 그러나 조건부 분포함수 $p(S, \overline{S} \mid S)$는 대부분의 경우 계산이 불가능하거나 어렵기 때문에 SHAP에서는 $p(S, \overline{S} \mid S) = p(S, \overline{S})$이라는 가정, 즉 특성 변수가 서로 간에 독립이라는 가정에서

$$E(f(F) \mid S) = \int f(S, \overline{S}) p(S, \overline{S}) d\overline{S} \tag{9.7}$$

으로 정의하게 된다. 식 (9.7)은

$$\frac{1}{k}\sum_{i=1}^{k} f(S, \overline{S}^{(i)})$$

으로 추정된다. 여기에서 k는 학습데이터로부터 임의로 추출된 표본 수이다. 예를 들어, $F=\{x_1, x_2, \cdots, x_5\}$, $\overline{S}=\{x_2, x_4, x_5\}$이면

$$\frac{1}{k}\sum_{i=1}^{k} f(x_1, x_2^{(i)}, x_3, x_4^{(i)}, x_5^{(i)}) \tag{9.8}$$

으로 추정하게 된다. 여기에서 x_1, x_3는 주어진 값이고 $x_2^{(i)}, x_4^{(i)}, x_5^{(i)}$는 k개의 임의표본 중 i번째로 추출된 x_2, x_4, x_5 값이다.

식 (9.5)와 (9.8)의 추정치를 이용하여 구한 $E(f(x))$와 SHAP value의 추정치를 구체적으로 구해 보도록 하자. SHAP value를 구하기 위해 다음과 같이 shap을 설치해야 한다.

```
pip install shap
```

shap 라이브러리는 다음과 같이 매우 간단한 구조를 가지고 있다.

```
import shap
explainer=shap.Explainer(predict_function, data1)
shap_values=explainer(data2)
```

위에서 볼 수 있듯이 shap을 호출한 후, shap.Explainer 내에 옵션으로 미리 학습된 모형의 예측함수 predict_function을 지정하고 shap value를 추정할 데이터 data1를 지정하여 shap.Explainer를 동기화한다. shap value를 구할 표본(들)인 data2를 explainer에 적용하여 shap_values로 저장한다. 라이브러리 shap은 Explainer 이외에도 KernelExplainer, TreeExplainer, DeepExplainer 등의 클래스도 있지만, 앞에서 설명한 Explainer의 문법과 거의 동일하다. 상세한 내용은 10장에서 논의될 것이다.

다음과 같이 Boston housing 데이터를 이용하여 주택가격을 예측하기 위해 선형회귀모형을 적합하고 있다.

```
from sklearn.datasets import load_boston
from sklearn.linear_model import LinearRegression
import pandas as pd
import numpy as np

# Listing 4
d = load_boston()
df = pd.DataFrame(d['data'], columns=d['feature_names'])
y = pd.Series(d['target'])
X = df[['LSTAT', 'AGE', 'RAD', 'NOX']]

X100 = X[100:200]

linear_model = LinearRegression()
linear_model.fit(X, y)
```

X100=X[100:200]으로 정의하여 이 자료를 이용하여 다음 프로그램과 같이 식 (9.5)와 (9.8)을 계산하고 있다. 그러므로 두 식에서 $k=100$이 된다. 아래 프로그램에서는 shap.Explainer에 적용할 머신러닝 모형과 데이터(X100)를 입력한 후, 첫 번째 표본 X.iloc[0:1]의 SHAP value를 구하고 있다.

```
print(linear_model.predict(X.iloc[0:1]))
import shap
explainer = shap.Explainer(linear_model, X100)
shap_values = explainer(X.iloc[0:1])
shap_values
```

```
[30.44394072]
.values = array([[ 7.80921425, -0.73084402,  0.12905011,  0.23758952]])
.base_values = array([22.99893087])
.data = array([[  4.98 , 65.2  ,  1.   ,  0.538]])
```

위 출력에서 .value는 식 (9.8)로부터 계산한 4개 특성 변수의 SHAP value를,

.base는 식 (9.5)로부터 구한 예측기대치이며, .data는 첫 번째 표본의 특성 변수 값이다. 첫 번째 표본의 예측치는 다음과 같음을 확인할 수 있다.

$$f(x) = 30.44 = \text{예측기대치} + \text{sum of SHAP value}$$
$$= 22.999 + 7.81 - 0.73 + 0.129 + 0.238$$

shap.Explainer를 이용하여 SHAP value를 계산하기 위해 $O(k \cdot M \cdot 2^{M-1})$번의 계산이 필요하다. 여기에서 M은 특성 변수 수이고 k는 식 (9.8)을 계산하기 위해 표본 수를 의미한다. 특성 변수 하나에 대해 자신을 제외하고 2^{M-1}개의 연대(coalition)가 필요하고 각 연대에 대해 k개의 표본이 필요하기 때문이다. 그러므로 특성 변수 M이 조금만 커지더라도 shap.Explainer의 계산 부담이 기하급수적으로 증가하게 된다. 이러한 문제를 극복하기 위해 제안된 방법이 kernel SHAP이다. 다음 논의는 Bagheri (2022)를 참고로 한 내용이다.

9.3 Kernel SHAP

KernelSHAP을 설명하기 위해 연대변수(coalition variable) Z^s를 정의해야 한다. $E(f(F) \mid S)$의 추정치를 $f_S(s)$라고 정의하자(즉, $f_S(s) = \frac{1}{k}\sum_{i=1}^{k} f(S, \overline{S}^{(i)})$). Z^s는 S를 표기하는 더미변수(dummy variable)이다. 예를 들어, $F = \{x_1, x_2, \cdots, x_5\}$이고 $S = \{x_1, x_3, x_5\}$이면 $Z^s = (1,0,1,0,1)$이 된다. 이제 $Z^s = (z_1^s, z_2^s, \cdots, z_M^s)$으로 표기하자.

KenelSHAP은 $f_S(s)$를 목적 변수로 하고 특성 변수가 Z^s인 선형회귀모형으로, 손실함수 MSE를 최소로 하는 선형회귀모형의 모수로 정의된 SHAP value를 추정한다. 좀 더 구체적으로 살펴보면

$$g(Z^s) = \phi_0 + \sum_{i=1}^{M} \phi_i z_i^s, \quad \pi(Z^s) = \frac{M-1}{\binom{M}{|Z^s|} |Z^s| (M - |Z^s|)} \tag{9.9}$$

으로 정의할 때, 가중손실함수(weighted loss function)

$$\sum_{S \subseteq F} \pi(Z^s)(f_S(s) - g(Z^s))^2 \tag{9.10}$$

를 최소로 하는 $\phi_0, \phi_1, \cdots, \phi_M$을 구하면, $M \rightarrow \infty$ 일 때 (특성 변수 수가 무한대로 커질 때) 식 (9.9)의 선형회귀 모수 $\phi_1, \phi_2, \cdots, \phi_M$은

$$\phi_i = \sum_{S \subseteq F - \{i\}} \frac{|S|!(|F| - |S| - 1)!}{|F|!} [E(f(\boldsymbol{x}) \mid S \bigcup x_i) - E(f(\boldsymbol{x}) \mid S)]$$

으로 정의된 SHAP value로 수렴한다는 것을 보여주었다(증명은 Lindberg and Lee(2017) 또는 Bagheri(2022)를 참고하길 바란다. 참고로 Bagheri의 증명이 좀 더 상세하고 맞는 증명임).

손실 (9.10)을 최소화하는 $g(Z^s)$의 모수 $\phi_0, \phi_1, \cdots, \phi_M$은 다음과 같이 가중선형회귀모형 추정법으로 구할 수 있다.

$$X = \begin{pmatrix} z_1 \\ z_2 \\ \vdots \\ z_{2^M} \end{pmatrix}$$

즉, X는 모든 가능한 Z^s로 크기가 $2^M \times M$인 행렬이다. $y_i = f_S(s_i) - \phi_0$으로 놓으면

$$Y = \begin{pmatrix} y_1 \\ y_2 \\ \vdots \\ y_{2^M} \end{pmatrix}_{2^M \times 1}, \quad W = \begin{pmatrix} \pi(z_1) & 0 & \cdots & 0 \\ 0 & \pi(z_2) & \cdots & 0 \\ \vdots & \vdots & \ddots & \vdots \\ 0 & 0 & \cdots & \pi(z_{2^M}) \end{pmatrix}_{2^M \times 2^M}$$

으로 정의한다. 그러면 $g(Z^s)$의 모수 $\phi_1, \phi_2, \cdots, \phi_M$의 추정치는

$$\Phi = (\phi_1, \phi_2, \cdots, \phi_M)^T = (X^T W X)^{-1} X^T W Y$$

이 된다. 예를 들어, $F=\{x_1,x_2,x_3\}$일 때

$$X=\begin{pmatrix} 0\,0\,0 \\ 1\,0\,0 \\ 0\,1\,0 \\ 0\,0\,1 \\ 1\,1\,0 \\ 1\,0\,1 \\ 0\,1\,1 \\ 1\,1\,1 \end{pmatrix}, \quad Y=\begin{pmatrix} f_{\phi}(\phi)-\phi_0 \\ f_{X_1}(x_1)-\phi_0 \\ f_{X_2}(x_2)-\phi_0 \\ f_{X_3}(x_3)-\phi_0 \\ f_{X_1X_2}(x_1,x_2)-\phi_0 \\ f_{X_1X_3}(x_1,x_3)-\phi_0 \\ f_{X_2X_3}(x_2,x_3)-\phi_0 \\ f_{X_1X_2X_3}(x_1,x_2,x_3)-\phi_0 \end{pmatrix}$$

이고

$$W=\begin{pmatrix} \pi(0,0,0) & 0 & 0 & 0 & 0 & 0 & 0 & 0 \\ 0 & \pi(1,0,0) & 0 & 0 & 0 & 0 & 0 & 0 \\ 0 & 0 & \pi(0,1,0) & 0 & 0 & 0 & 0 & 0 \\ 0 & 0 & 0 & \pi(0,0,1) & 0 & 0 & 0 & 0 \\ 0 & 0 & 0 & 0 & \pi(1,1,0) & 0 & 0 & 0 \\ 0 & 0 & 0 & 0 & 0 & \pi(1,0,1) & 0 & 0 \\ 0 & 0 & 0 & 0 & 0 & 0 & \pi(0,1,1) & 0 \\ 0 & 0 & 0 & 0 & 0 & 0 & 0 & \pi(1,1,1) \end{pmatrix}$$

이다. 그러나 $\pi(Z^s)$의 정의에 따라 $Z^s=(0,0,0)$이면 $|Z^s|=0$이고 $Z^s=(1,1,1)$이면 $M-|Z^s|=3-3=0$이다. 이에 따라 식 (9.9)에 의해 $\pi(0,0,0)=\pi(1,1,1)=\infty$이므로 해를 구할 수 없다. 그러므로 $\pi(0,0,0)$와 $\pi(1,1,1)$인 경우에는 10^{10}과 같은 매우 큰 값으로 대체하게 된다. 좀 더 중요한 것은 $\pi(0,0,0)=\pi(1,1,1)=\infty$ 의미가 무엇인지를 살펴볼 필요가 있다. 손실함수 (9.10)에서

$$\pi(0,0,0)(f(\phi)-\phi_0)^2$$

이며 $\pi(0,0,0)=\infty$이므로 손실함수 (9.10)을 최소화하는 유일한 방법은 $f(\phi)=\phi_0$가 되어야 한다. SHAP value에서 $f_{\phi}(\phi)=E(f(\boldsymbol{x}))$이므로 $\phi_0=\frac{1}{k}\sum_{i=1}^{k}f(\boldsymbol{x}_i)$로 대체하게 된다. 또한

$$\pi(1,1,1)(f_{X_1X_2X_3}(x_1,x_2,x_3)-\phi_0-\phi_1-\phi_2-\phi_3)$$

이고 $\pi(1,1,1)=\infty$ 이므로 손실함수 (9.10)을 최소화하는 유일한 방법은

$$f_{X_1X_2X_3}(x_1,x_2,x_3)=\phi_0+\phi_1+\phi_2+\phi_3$$

이어야 한다. 그러므로 특정 표본의 예측치는 $E(f(\boldsymbol{x}))$와 각 특성 변수의 SHAP value들의 합과 같다는 덧셈공식(additivity)을 만족하게 된다. 물론 Y에 정의된 $f_S(s)$는 $\frac{1}{k}\sum_{\bar{S}} f(S,\bar{S})$를 의미한다.

KenelSHAP의 $\Phi=(X^TWX)^{-1}X^TWY$에서 $(X^TWX)^{-1}X^TW$는 특정표본값에 의존하지 않는 상수이다. 다수의 표본 예측치의 SHAP value를 구할 때 $(X^TWX)^{-1}X^TW$는 오직 한 번만 구하고 Y만 변경하면 되므로 계산 부담을 줄이는 데 매우 유리하다. 또한, KernelSHAP에서 가중치 W는 대부분 아주 작은 값을 가지고 있으며 $\pi(Z^s)\rightarrow\pi(0,0,\cdots,0)$ 또는 $\pi(1,1,\cdots,1)$로 접근함에 따라 $\pi(Z^s)$가 증가하므로(Bagheri(2022) 참조), W의 값에 비례하여 2^M개의 coalition 중 d개를 임의 추출하여 $g(Z^s)$의 모수 $\phi_1,\phi_2,\cdots,\phi_M$을 추정해도 된다. 이를 Kernel Shap with sampling이라고 한다. KernelSHAP을 구하기 위해 오직 $O(2^M)$번의 반복 계산이 필요하므로 shap.Explainer의 계산 부담을 근본적으로 줄이고 있다.

다음 프로그램은 Boston housing 데이터로 13개의 특성 변수중 9개의 특성 변수로 분석데이터를 정의한 후, Random forest 모형을 적합하고 있다. $f_S(s)$를 계산하기 위해 최초의 100개 데이터를 할당하고 470번째 표본의 SHAP value를 구하기 위해 이 표본을 data_to_explain으로 지정한다.

```
d = load_boston()
df = pd.DataFrame(d['data'], columns=d['feature_names'])
X = df[['AGE', 'RAD', 'TAX', 'DIS', 'RM', 'LSTAT', 'B', 'INDUS', 'CHAS']]
y = pd.Series(d['target'])
rf_model = RandomForestRegressor(max_depth=6, random_state=0,
           n_estimators=10).fit(X, y)

X_train = X.iloc[:100].copy()
data_to_explain = X.iloc[470:471].copy()
```

다음과 같이 shap.KernelExplainer를 호출하여 rf_model.predict와 X_train을 입력 옵션으로 입력한 후, ϕ_0(phi0)과 $\phi_1 \sim \phi_9$ (k_shap_values)를 출력한다.

```
import shap
explainer = shap.KernelExplainer(rf_model.predict, X_train)
k_shap_values = explainer.shap_values(data_to_explain)
phi0 = explainer.expected_value
print(phi0)
print(k_shap_values)
```

```
22.742007259290904
[[ 0.0413686  -0.04788727 -0.39765889  0.09282999 -0.8888258  -2.86457421
   0.21919233 -0.11143531  0.        ]]
```

X_train 대신 shap.sample(X, 300)으로 전체 데이터 X에서 임의로 300개의 표본을 뽑아 $f_S(s)$를 추정하는 데 사용할 수 있다.

```
explainer = shap.KernelExplainer(rf_model.predict, shap.sample(X, 300))
k_shap_values = explainer.shap_values(data_to_explain)
phi0 = explainer.expected_value
print(phi0)
print(k_shap_values)
```

```
23.098187750077585
[[ 9.19365453e-02 -2.07472918e-01 -4.60284116e-01  8.01339147e-01
  -1.92510711e+00 -2.75760062e+00  2.45751853e-01 -1.01562577e-01
  -1.71269841e-04]]
```

$f_S(s)$를 계산하기 위해 이용한 100개의 표본으로 구성된 X_train과 300개의 임의표본을 사용했을 때와 비교하면 SHAP value가 다른 것을 볼 수 있을 것이다. 당연한 결과이지만 통계적인 관점에서 좀 더 많은 표본을 사용한 SHAP value가 통계적으로 유의하므로 임의표본 300개로 계산된 SHAP value가 좀 더 유의미하다.

이러한 이유로 $f_S(s)$를 계산하는 데 있어서 임의성을 최소화하기 위해 전체 데이터 X를 C개의 군집(cluster)으로 나눈 후, C개 군집의 특성 변수 평균을 대입하여 $f_S(s)$를 계산한다. 그러나 평균을 대입할 때, 군집 내의 표본 수에 비례하여 가중치를 부여, 즉

$$\frac{1}{\sum_{i=1}^{C} w_i} \sum_{i=1}^{C} w_i f(S, \overline{S}^{(i)})$$

으로 $E(f(S, \overline{S}) \mid S)$를 추정하게 된다. 여기에서 w_i는 i번째 군집 내에 있는 표본 수이며 $\overline{S}^{(i)}$는 i번째 군집 내에 있는 특성 변수의 평균이다. 이를 위해 shap.kmeans를 이용하면 되고 아래는 군집 수를 $C = 100$으로 정의하고 있다.

```
explainer = shap.KernelExplainer(rf_model.predict, shap.kmeans(X, 100))
k_shap_values = explainer.shap_values(data_to_explain)
phi0 = explainer.expected_value
print(phi0)
print(k_shap_values)
```

```
21.52658874817462
[[ 0.09887628 -0.07201704 -0.44793334  0.91173309 -0.91494076 -2.59163092
   0.38000121 -0.10566059  0.        ]]
```

9.4 Tree Shap

TreeShap은 의사결정나무를 기반으로 하는 Random forest, XGBoost, LightGBM, CatBoost 등의 머신러닝 모형에 특화되어 특성 변수의 SHAP value를 제공한다. TreeShap에서는 Intervention과 tree_path_dependent 등 두 가지 방법으로 $E(f(\boldsymbol{x}) \mid S)$를 추정할 수 있다. intervention 방법은 9.2절에서 논의한 특성 변수가 독립이라는 가정에서 $\frac{1}{k}\sum_{\overline{S}} f(S, \overline{S})$로 $E(f(\boldsymbol{x}) \mid S)$를 추정하는 방법을 말한다. 두 번째 방법인 tree_path_dependent는 특성 변수의 독립성 가정을 하지 않고, 주어진 coalition S의 tree-path만으로 $E(f(\boldsymbol{x}) \mid S)$를 추정하게 된다. 간단한 예제를 통해 tree_path_dependent를 이해해 보자.

다음 프로그램은 Boston housing data에서 4개의 특성 변수 $x_1 = AGE$, $x_2 = RAD$, $x_3 = TAX$, $x_4 = DIS$로 Decision Tree를 그리고 있다.

```
from sklearn.tree import DecisionTreeRegressor, plot_tree
import matplotlib.pyplot as plt

d = load_boston()
df = pd.DataFrame(d['data'], columns=d['feature_names'])
y = pd.Series(d['target'])
X = df[['AGE', 'RAD', 'TAX', 'DIS']]

tree_model = DecisionTreeRegressor(max_depth=3)
tree_model.fit(X, y)
fig = plt.figure(figsize=(25, 10))
plot_tree(tree_model, feature_names=X.columns, fontsize =16)
plt.show()
```

이 예제에서 $F = \{x_1, x_2, x_3, x_4\}$이고 연대(coalition)가 $S_1 = \{x_1, x_3, x_4\}$와 $S_2 = \{x_2\}$일 때, $E(f(x_1, x_2, x_3, x_4 \mid S_1)$과 $E(f(x_1, x_2, x_3, x_4 \mid S_2)$를 추정하는 절차를 논의할 것이다. 여기에서 f는 Decision tree이다. 아래는 첫 번째 표본의 특성 변수값과 예측치를 보여주고 있다.

```
print(X.iloc[0])
print(tree_model.predict(X.iloc[0:1]))
```

```
AGE      65.20
RAD       1.00
TAX     296.00
DIS       4.09
Name: 0, dtype: float64
[23.02767857]
```

$E(f(x_1, x_2, x_3, x_4 \mid AGE = 65.2, TAX = 296.0, DIS = 4.09)$의 추정치 $f_S(x_1, x_3, x_4)$를 <그림 9-1> 의사결정나무를 통해 tree_path_dependent 방법으로 구해보자. TAX=296.0으로 주어졌으므로 루트에 있는 $TAX \leq 416.5$를 만족하므로 왼쪽 자식루트로 이동한다. 왼쪽 자식루트인 $TAX \leq 267.5$를 만족하지 못하므로 depth=2의 오른쪽 자식루트 $RAD \leq 7.5$로 이동한다. 그러나 RAD가 $S_1 = \{AGE = 65.2, TAX = 296.0, DIS = 4.09\}$에 있지 않으므로

$$f_S(x_1, x_3, x_4) = \frac{224}{248} \times 23.028 + \frac{24}{248} \times 30.358 = 23.737$$

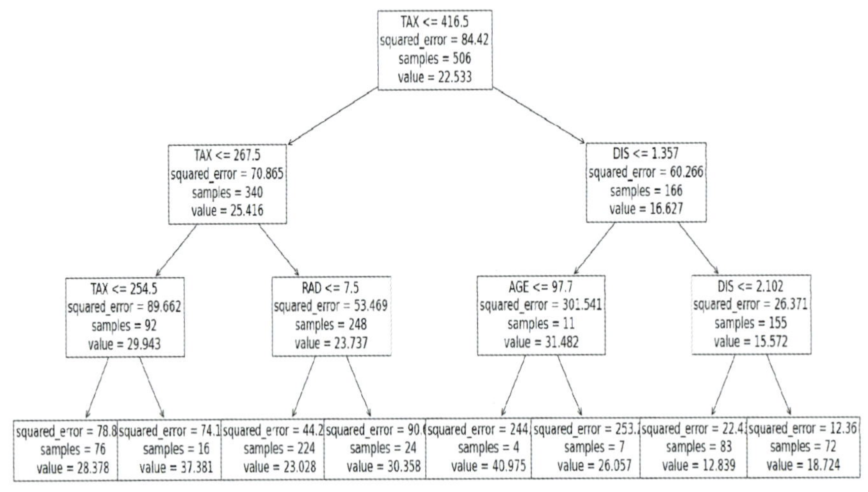

그림 9-1 Boston housing 데이터의 의사결정나무

이 된다.

이제 $E(f(x_1, x_2, x_3, x_4 \mid RAD = 1.0)$의 추정치 $f_S(x_2)$를 구해 보자. TAX가 주어지지 않았으므로 루트에서 $\frac{166}{506}$의 확률로 오른쪽으로 이동하고, $\frac{340}{506}$의 확률로 왼쪽으로 이동하게 된다. 먼저 오른쪽으로 이동한 경우를 고려해 보자. depth=1에서도 DIS 값이 주어지지 않았으므로 depth=2 오른쪽으로 $\frac{155}{166}$ 확률로 이동하고, 왼쪽으로 $\frac{11}{166}$ 확률로 이동하게 된다. $\frac{155}{166}$ 확률로 오른쪽으로 이동하면 DIS 값이 주어지지 않았으므로 왼쪽과 오른쪽으로 각각 $\frac{83}{155}$, $\frac{72}{155}$의 확률로 이동한다. 그러므로

$$\frac{166}{506} \times \frac{155}{166} \left(\frac{83}{155} \times 12.839 + \frac{72}{155} \times 18.724\right)$$

가 된다. 한편 depth=2의 왼쪽으로 이동하면 AGE가 주어지지 않았으므로 depth=3의 최종 leaf로 각각 $\frac{7}{11}, \frac{4}{11}$의 확률로 오른쪽과 왼쪽 최종 leaf로 이동하게 된다. 그러므로

$$\frac{166}{506} \times \frac{11}{166} \left(\frac{4}{11} \times 40.975 + \frac{7}{11} \times 26.057\right)$$

이 되어 루트에서 오른쪽으로 이동했을 때의 $f_S(x_2)$는

$$\begin{aligned}
&\frac{166}{506} \times \frac{155}{166} \left(\frac{83}{155} \times 12.839 + \frac{72}{155} \times 18.724\right) + \\
&\frac{166}{506} \times \frac{11}{166} \left(\frac{4}{11} \times 40.975 + \frac{7}{11} \times 26.057\right) \\
&= 5.455
\end{aligned}$$

가 된다.

이제 루트 $TAX \leq 416.5$에서 $\frac{340}{506}$의 확률로 왼쪽으로 이동했을 때를 고려해 보자. depth=1에서 TAX가 주어지지 않았으므로 $\frac{92}{340}$의 확률로 depth=2의 왼

쪽으로 이동하고 $\frac{248}{340}$ 확률로 오른쪽으로 이동하게 된다. 왼쪽으로 이동하면 depth =2의 TAX도 주어지지 않았으므로 depth=3의 최종 leaf에 $\frac{76}{92}, \frac{16}{92}$의 확률로 각각 왼쪽 leaf와 오른쪽 leaf로 이동하게 되므로

$$\frac{340}{506} \times \frac{92}{340} \times \left(\frac{76}{92} \times 28.378 + \frac{16}{92} \times 37.381\right)$$

이 된다. 한편 depth=1에서 오른쪽으로 이동하면 $RAD = 1.0$으로 주어졌으므로 확률 1로 왼쪽 최종 leaf로 이동하므로

$$\frac{340}{506} \times \frac{248}{340} \times (1 \times 23.028)$$

이 된다. 그러므로 루트에서 왼쪽으로 이동했을 때의 $f_S(x_2)$는

$$\frac{340}{506} \times \frac{92}{340} \times \left(\frac{76}{92} \times 28.378 + \frac{16}{92} \times 37.381\right) + \frac{340}{506} \times \frac{248}{340} \times (1 \times 23.028)$$
$$=16.730$$

이다. 최종적으로 오른쪽 $f_S(x_2)$와 왼쪽 $f_S(x_2)$를 더하여

$$f_S(x_2) = 5.455 + 16.730 = 22.185$$

으로 $E(f(x_1, x_2, x_3, x_4 \mid RAD = 1.0)$을 추정하게 된다.

Tree-SHAP에서는 tree_path_dependent로 모든 가능한 연대 S에 대해 $E(f(x_1, x_2, x_3, x_4 \mid S)$를 구하여 SHAP value

$$\phi_i = \sum_{S \subseteq F - \{i\}} \frac{|S|!(|F| - |S| - 1)!}{|F|!} [E(f(\boldsymbol{x}) \mid S \bigcup x_i) - E(f(\boldsymbol{x}) \mid S)]$$

를 구하게 된다. Random forest, XGBoost, LightGBM. CatBoost 등은 의사결정나무를 L개를 사용하므로 이들 모형의 SHAP value는 각 의사결정나무에서 구한 SHAP value들을 평균하여 특성 변수의 SHAP value로 정의한다.

지금까지 논의한 tree_path_dependent 방법이 조건부 기대치 $E(f(x) \mid S)$와 정확하게 일치하지 않지만(Baj and Cina, 2022), 특성 변수가 독립이라는 가정하에서 구한 intervention보다 tree_path_dependent가 $E(f(x) \mid S)$에 통계적으로 좀 더 근사하므로 가급적 tree_path_dependent를 사용하는 것이 좋다. 그리고 $E(f(x) \mid S)$를 계산하기 위해 별도의 임의표본을 추출할 필요가 없으므로 intervention보다 속도가 빠르다는 이점이 있다.

다음 프로그램은 shap.TreeExplainer를 이용하여 첫 번째 표본에 대한 AGE, RAD, TAX, DIS의 SHAP value를 보여주고 있다. 프로그램에서 TreeExplainer (tree_model, X)와 같이 SHAP value를 계산할 데이터 X를 제공하면, 특성 변수가 독립이라는 가정에서 $E(f(x) \mid S)$를 추정하는 intervention 방법을 적용하게 된다.

```
explainer_int = shap.TreeExplainer(tree_model, X)
shap_values_int = explainer_int.shap_values(X.iloc[0])
print(shap_values_int)
print(explainer_int.expected_value)
```

```
[ 0.          -0.98963831   0.71484754   0.33656659]
  22.965903204295884
```

다음 프로그램과 같이 TreeExplainer(tree_model)에 오직 적용할 모형만 지정하면 SHAP value는 tree_path_dependent로 추정된다. intervention으로 구한 SHAP value와 약간의 차이가 있는 것을 볼 수 있다.

```
import shap
explainer = shap.TreeExplainer(tree_model)
```

```
shap_values = explainer.shap_values(X.iloc[0])
print(shap_values)
print(explainer.expected_value)
```

```
[ 0.06879117 -0.52855862  0.64504374  0.30959596]
[22.53280632]
```

9.5 Deep SHAP

의사결정나무를 기반으로 하는 머신러닝 모형의 SHAP value를 좀 더 정밀하게 추정하는 TreeShap과 같이, DeepShap은 딥러닝 모형에 특화된 알고리즘을 이용하여 SHAP value를 추정한다. 물론 모형 무관 방법(model agnostic method)인 shap.Explainer나 shap.KernelExplainer를 딥러닝 모형에 적용할 수 있으나 DeepSHAP이 계산 부담 관점에서 훨씬 효율적이다.

Lindberg and Lee (2017)은 Shrikumar외 (2016)가 제안한 DeepLIFT를 적용하기 위해 딥러닝 모형의 모든 은닉층이 입력 텐서를 선형결합만 한다는 가정을 하게 된다. 물론 딥러닝에서는 모든 은닉층의 입력 텐서를 선형결합한 후 활성함수로 비선형결합하기 때문에 선형결합만 한다는 가정을 충족하지 못하므로 추가적인 연구가 진행되어야 할 부분이다.

<그림 9-2>의 은닉층이 하나인 간단한 딥러닝 모형으로 DeepShap을 계산하는 방법을 설명하고자 한다. 이 딥러닝 모형의 역전파(backpropagation)를 구해 보면

$$\frac{\partial f_3}{\partial x_1}=\frac{\partial f_1}{\partial x_1}\frac{\partial f_3}{\partial f_1}+\frac{\partial f_2}{\partial x_1}\frac{\partial f_3}{\partial f_2},\qquad \frac{\partial f_3}{\partial x_2}=\frac{\partial f_1}{\partial x_2}\frac{\partial f_3}{\partial f_1}+\frac{\partial f_2}{\partial x_2}\frac{\partial f_3}{\partial f_2}$$

이 된다.

$\phi_x(f,x)$를 예측모형 f에 대한 x의 SHAP value라고 정의할 때, DeepShap에서는 위의 역전파를 다음과 같이 선형화(linearization)하여 재표현한다.

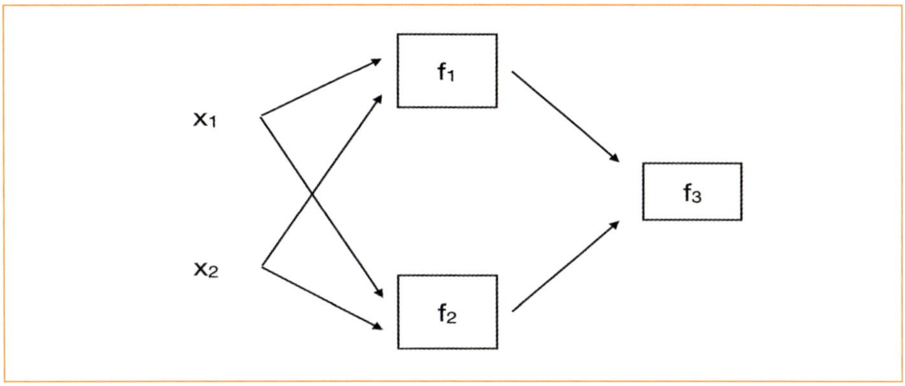

그림 9-2 특성 변수가 2개이고 은닉층이 하나인 딥러닝 모형

$$\frac{\phi_{x_1}(f_3,x_1)}{x_1-E(x_1)}=\frac{\phi_{x_1}(f_1,x_1)}{x_1-E(x_1)}\frac{\phi_{f_1}(f_3,f_1)}{f_1-E(f_1)}+\frac{\phi_{x_1}(f_2,x_1)}{x_1-E(x_1)}\frac{\phi_{x_1}(f_3,f_1)}{f_2-E(f_2)}, \tag{9.11}$$

$$\frac{\phi_{x_2}(f_3,x_2)}{x_2-E(x_2)}=\frac{\phi_{x_2}(f_1,x_2)}{x_2-E(x_2)}\frac{\phi_{f_1}(f_3,f_1)}{f_1-E(f_1)}+\frac{\phi_{x_2}(f_2,x_2)}{x_2-E(x_2)}\frac{\phi_{x_1}(f_3,f_1)}{f_2-E(f_2)}$$

이러한 선형화가 성립되기 위해서는 아래 식 (9.12)과 같은 Shrikumar외(2016)의 소위, summation-to-delta 조건을 만족해야 한다. 즉,

$$\sum_{i=1}^{2}\phi_{x_i}(f_j,x_i)=f_j(x_1,x_2)-f_j(E(x_1),E(x_2)),\quad j=1,2 \tag{9.12}$$

$$\sum_{i=1}^{2}\phi_{f_i}(f_3,f_i)=f_3(f_1,f_2)-f_3(E(f_1),E(f_2))$$

를 만족해야 한다. $\phi_{x_i}(f_j,x_i)$은 예측모형 f_j에 대한 특성 변수 x_1과 x_2의 SHAP value이고 $\phi_{f_i}(f_3,f_i)$는 예측모형 f_3에 대한 특성 변수 f_1과 f_2의 SHAP value이기 때문에

$$\sum_{i=1}^{2}\phi_{x_i}(f_j,x_i)=f_j(x_1,x_2)-E(f_j(x_1,x_2)),\quad j=1,2$$

$$\sum_{i=1}^{2}\phi_{f_i}(f_3,f_i)=f_3(f_1,f_2)-E(f_3(f_1,f_2))$$

이다. 그러나 f_1, f_2, 그리고 f_3가 모두 선형이라고 가정했기 때문에

$$E(f_j(x_1, x_2)) = f_j(E(x_1), E(x_2)),\ j = 1, 2,\ E(f_3(f_1, f_2)) = f_3(E(f_1), E(f_2))$$

이 성립되어 식 (9.12)가 성립된다. 결과적으로 식 (9.11)의 오른쪽에 의해 구해진 값에 $x_1 - E(x_1)$과 $x_2 - E(x_2)$를 곱하면 출력모형 f_3에 대한 입력 특성 변수 x_1과 x_2의 SHAP value를 구하게 된다. SHAP value $\phi_{x_i}(f_j, x_i)$와 $\phi_{f_i}(f_3, f_i)$는 특성 변수가 서로간에 독립이라는 가정에서 shap.Explainer나 shap.KernelExplainer와 동일한 방법으로 추정한다. 그러므로 Deep SHAP에서는 모든 은닉층의 입력 텐서는 서로 간에 독립이며 은닉층은 입력 텐서를 선형 결합한다는 가정에서 근사적으로 SHAP value를 추정하는 방법으로 요약할 수 있다.

<그림 9-2>에서 x_1과 x_2는 딥러닝 모형의 입력층에 입력되는 값으로 입력이 tabular 데이터이면 1D 텐서인 특성 변수이고, text 데이터이면 2D 텐서 데이터로 말뭉치를 나타내는 index이고, image 데이터이면 3D 텐서 데이터로 픽셀이 된다.

다음 프로그램은 Deep SHAP을 구현하기 위해 0~9 숫자 이미지로 구성된 MNIST 데이터에 CNN 모형을 적합한 것을 보여주고 있다. 과대적합은 발생하지 않았으며 모형의 성능은 0.992로 매우 높은 수준을 보여주고 있다.

```
from tensorflow.keras.utils import to_categorical
from tensorflow.keras.datasets import mnist
from tensorflow.keras.models import Sequential
from tensorflow.keras.layers import Dense, Dropout, Flatten
from tensorflow.keras.layers import Conv2D, MaxPooling2D
from tensorflow.keras import backend as K

(x_train, y_train), (x_test, y_test) = mnist.load_data()

x_train = x_train.reshape(x_train.shape[0], 28, 28, 1)
```

```
x_test = x_test.reshape(x_test.shape[0], 28, 28, 1)

x_train = x_train.astype('float32')/255
x_test = x_test.astype('float32')/255

print('x_train shape:', x_train.shape)

y_train = to_categorical(y_train, 10)
y_test = to_categorical(y_test, 10)

model = Sequential()
model.add(Conv2D(32, kernel_size=(3, 3),activation='relu',input_shape=(28,28,1)))
model.add(Conv2D(64, 3, strides=2, activation='relu'))
model.add(MaxPooling2D(pool_size=(2, 2)))
model.add(Dropout(0.25))
model.add(Flatten())
model.add(Dense(128, activation='relu'))
model.add(Dropout(0.5))
model.add(Dense(10, activation='softmax'))

model.compile(loss='categorical_crossentropy',
              optimizer='adam', metrics=['accuracy'])
model.fit(x_train, y_train, batch_size=128,epochs=20, validation_data=(x_test, y_test))
score = model.evaluate(x_test, y_test, verbose=0)
print('Test loss:', score[0])
print('Test accuracy:', score[1])
```

```
x_train shape: (60000, 28, 28, 1)

Epoch 19/20
469/469 [==============================] - 30s 65ms/step - loss: 0.0252
- accuracy: 0.9916 - val_loss: 0.0252 - val_accuracy: 0.9926
Epoch 20/20
469/469 [==============================] - 22s 47ms/step - loss: 0.0258
- accuracy: 0.9914 - val_loss: 0.0260 - val_accuracy: 0.9920
Test loss: 0.026029041036963463
Test accuracy: 0.9919999837875366
```

다음 프로그램은 SHAP value를 계산할 x_test[1:5]에 대한 딥러닝 모형의 예측 결과가 [2,1,0,4] label임을 보여주고 있고, SHAP value를 구하기 위한 표본을 임의로 1,000개 뽑아 이를 DeepExplainer에 적용하고 있다. X_test[1:5]에 대한 SHAP value는 (10,4,28,28,1) 5D 텐서로 출력된다. 10은 label 수(0부터 9까지의 숫자), 4는 표본 수, (28,28,1)은 각 픽셀별 SHAP value를 의미한다. 입력 텐서가 (4,28,28,1)인 4D 텐서이므로 SHAP values 10개 label 각각에 대해 입력 텐서만큼 출력하기 때문이다.

```
import shap
import numpy as np

results=np.argmax(model.predict(x_test[1:5]),axis=-1)
print(results)

background = x_train[np.random.choice(x_train.shape[0], 1000, replace=False)]
e = shap.DeepExplainer(model, background)
shap_values = e.shap_values(x_test[1:5])
print(np.array(shap_values).shape)
```

```
1/1 [==============================] - 0s 19ms/step
[2 1 0 4]
(10, 4, 28, 28, 1)
```

앞에서 구한 x_test[1:5]에 대한 SHAP value를 다음과 같이 image_plot을 통해 그림으로 구현하고 있다. 아래 출력에서 맨 왼쪽 이미지는 입력 이미지이며 각 입력 이미지별로 출력은 10개 label에 속할 확률이므로 두 번째 열부터 차례대로 0부터 9까지의 SHAP value를 그림으로 표현한 것이다. 입력 이미지를 모두 정확하게 예측하였기 때문에 2는 네 번째 column 이미지가, 1은 3번째 column 이미지가, 0은 두 번째 column 이미지가, 그리고 4는 6번째 column 이미지가 빨간색으로 표현된 것을 볼 수 있다. 빨간색일수록 SHAP value가 큰 값이고 파란색에 가까울수록 SHAP value가 작은 값을 가지기 때문이다. 0은 0 이미지 테두리와 내부가 빨간색으로 나타난 것으로 보아 0 이미지가 원형이고 내부가 비어 있는 것이 중요한 역할을 하는 것으로 보인다. 4는 4 이미지의 위쪽 부분이 연결되냐 그렇지 않으냐에 따라 4 또는 9로 이미지를 분류하는 것으로 판단된다.

```
shap.image_plot(shap_values,-x_test[1:5])
```

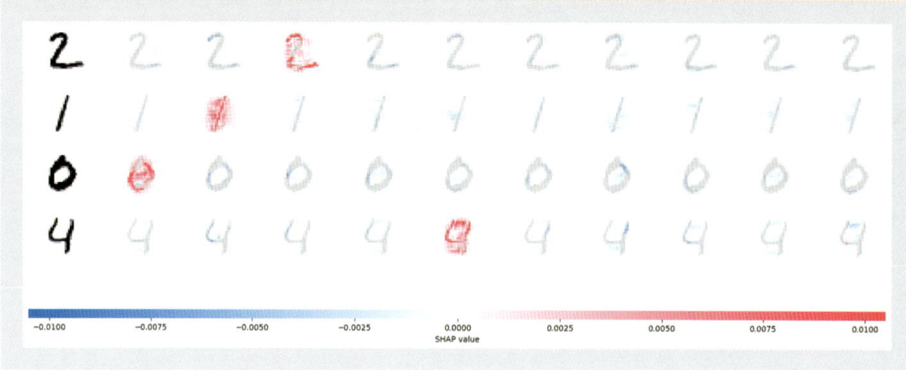

9.6 SHAP interaction values

특성 변수 x_i에 대한 SHAP value는

$$\phi_i = \sum_{S \subseteq F - \{i\}} \frac{|S|!(|F| - |S| - 1)!}{|F|!} [E(f(\boldsymbol{x}) \mid S \bigcup x_i) - E(f(\boldsymbol{x}) \mid S)]$$

으로 정의된 바 있다. 유사하게 특성 변수 (x_i, x_j)쌍에 대한 SHAP value는

$$\phi_{ij} = \sum_{S \subseteq F - \{i,j\}} \frac{|S|!(|F| - |S| - 2)!}{2(|F| - 1)!} \nabla_{ij}(S)$$

여기서

$$\begin{aligned} \nabla_{ij}(S) &= E(f(\boldsymbol{x}) \mid S \bigcup \{x_i, x_j\}) - E(f(\boldsymbol{x}) \mid S \bigcup \{x_i\}) \\ &\quad - E(f(\boldsymbol{x}) \mid S \bigcup \{x_j\}) + E(f(\boldsymbol{x}) \mid S) \\ &= E(f(\boldsymbol{x}) \mid S \bigcup \{x_i, x_j\}) - E(f(\boldsymbol{x}) \mid S \bigcup \{x_j\}) \\ &\quad - [E(f(\boldsymbol{x}) \mid S \bigcup \{x_i\}) - E(f(\boldsymbol{x}) \mid S)] \end{aligned}$$

이다. $\nabla_{ij}(S)$는 두 번째 등식에서 볼 수 있듯이 특성 변수 x_i와 x_j에 대한 각각의 SHAP value ϕ_i와 ϕ_j를 구하는 과정에서 산출된 조건부 기대치로 구할 수 있

으므로 별도의 계산 절차가 불필요하다. $\nabla_{ij}(S)$의 정의에 의해 $\nabla_{ij}(S)=\nabla_{ji}(S)$이므로 $\phi_{ij}=\phi_{ji}$가 성립된다. 그러므로 특성 변수 x_i와 x_j의 SHAP 교호작용의 예측치에 대한 기여도는 $\phi_{ij}+\phi_{ji}$으로 정의된다. ϕ_i가 $\sum_{i=1}^{M}\phi_i=f(\boldsymbol{x})-E(f(\boldsymbol{x}))$를 만족하듯이 interaction SHAP value도 다음을 만족한다.

$$\sum_{i=1}^{M}\sum_{j=1}^{M}\phi_{ij}=f(\boldsymbol{x})-E(f(\boldsymbol{x}))$$

또한,

$$\phi_{ii}=\phi_i-\sum_{j\neq i}\phi_{ij}$$

의 관계를 가지고 있다. ϕ_{ii}를 특성 변수 x_i의 주 효과라고 말하며 marginal ϕ_i와는 구별된다. interaction SHAP value는 현재까지 오직 shap.TreeExplainer에서만 구할 수 있다는 것을 유념하도록 하자.

Interaction SHAP value들의 관계와 의미를 살펴보기 위해 다음과 같이 Boston-housing 데이터를 호출한다. 특성 변수 RM은 집에 있는 방(room)수, AGE는 소유주의 연령, CRIM은 지역범죄율, 그리고 NOX는 지역별 질소산화물 농도를 의미한다. 목적 변수는 주택가격이며 논의의 편의를 위해 AGE는 중위수 이상이면 1, 그렇지 않으면 0으로 범주화하였다.

```
import pandas as pd
import numpy as np
import matplotlib.pyplot as plt
import seaborn as sns
from xgboost import XGBRegressor
df=pd.read_csv('Boston.csv')
```

```
X = df[['RM', 'AGE', 'CRIM', 'NOX']]
y= df['PRICE']
X['AGE']=np.where(X['AGE']>77.5,1,0)
X100 = X.iloc[100:200]
```

Boosting 모형 중 XGBoost를 적용하여 학습시킨 후, 실제 주택가격과 예측주택가격의 상관관계를 구한 결과 거의 1의 값에 가까운 것으로 보아 모형이 잘 적합된 것으로 판단된다. 물론 과대적합 가능성은 배제할 수 없다.

```
model = XGBRegressor(n_estimators=500,max_depth=3)
model.fit(X, y)
y_pred=model.predict(X)
np.corrcoef(y,y_pred)
```

```
array([[1.        , 0.9995944],
       [0.9995944, 1.        ]])
```

TreeExplainer를 이용하여 100개의 자료를 이용하여 XGBoost 모형의 SHAP value와 interaction SHAP value를 구하고 있다.

```
import shap
explainer = shap.TreeExplainer(model)
shap_values=explainer.shap_values(X100)
interaction_values = explainer.shap_interaction_values(X100)
```

다음 프로그램 결과로 $E(f(x))$의 추정치가 22.53이고 첫 번째 표본의 SHAP value $\phi_1 \sim \phi_4$를 보여주고 있으며,

$$\phi_1 - \sum_{j=2}^{4} \phi_{1j} = 3.648 - (0.167 + 0.121 - 0.135) = 3.495 = \phi_{11}$$

이 성립된 것을 확인할 수 있다. 앞에서 논의한 interaction SHAP value의 성질을 확인한다.

```
#Get shape of interaction values
expected=explainer.expected_value
print(expected)
print(shap_values[0])
print(np.shape(interaction_values))
print(shap_values[0,0]-sum(interaction_values[0,0,1:]))
# SHAP interaction values for first employee
pd.DataFrame(interaction_values[0],index=X.columns,columns=X.columns)
```

```
22.532928
[ 3.6485026  -0.90288544  2.2141197  -0.06899463]
(100, 4, 4)
3.4952874779701233
```

	RM	AGE	CRIM	NOX
RM	3.495287	0.167001	0.121472	−0.135258
AGE	0.167000	−1.252763	0.309353	−0.126476
CRIM	0.121470	0.309355	1.473741	0.309554
NOX	−0.135258	−0.126476	0.309554	−0.116814

다음에 의해 첫 번째 표본의 interaction SHAP value들을 모두 합한 후, $E(f(x))$의 추정치(expected)를 합해 주면 예측 주택가격(27.42)과 일치한다는 것을 확인할 수 있다.

```
y_pred = model.predict(X100)

#Sum of interaction values for first employee
sum_shap = np.sum(interaction_values[0])

#Values below should be the same
print("Model prediction: {}".format(y_pred[0]))
print("Mean prediction + interaction values: {}".format(expected+sum_shap))
```

```
Model prediction: 27.423660278320312
Mean prediction + interaction values: 27.42367172241211
```

다음은 하나의 특정 표본이 아니라 100개 표본 전체에 대해 평균적 교호작용 효과와 주 효과를 측정하기 위한 프로그램이다. 표본별 interaction SHAP value들의 부호에 의한 상쇄효과를 방지하기 위해 절댓값의 평균을 구해 heatmap으로 구현하고 있다.

```
# Get absolute mean of matrices
mean_shap = np.abs(interaction_values).mean(0)
df = pd.DataFrame(mean_shap,index=X.columns,columns=X.columns)

# times off diagonal by 2
df.where(df.values == np.diagonal(df),df.values*2,inplace=True)

# display
plt.figure(figsize=(10, 10), facecolor='w', edgecolor='k')
sns.set(font_scale=1.5)
sns.heatmap(df,cmap='coolwarm',annot=True,fmt='.3g',cbar=False)
plt.yticks(rotation=0)
```

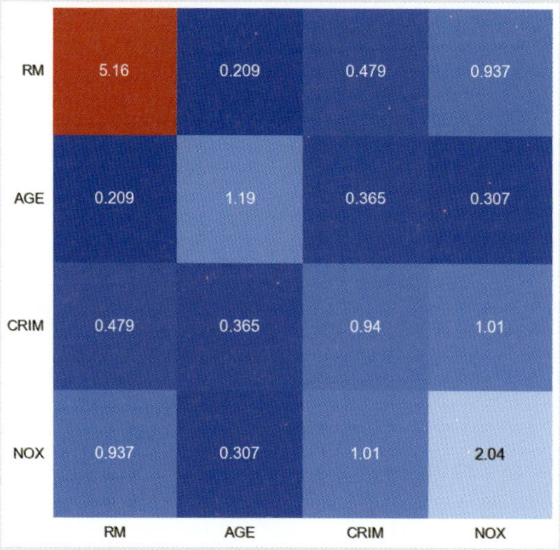

위의 heatmap을 살펴보면 주 효과는 대각행렬의 값의 크기에 따라 RM, NOX, AGE, CRIM 순으로 예측치에 기여를 하고 있고 RM은 NOX와 교호작용이 가장 크고, AGE는 CRIM과 NOX는 CRIM과 교호효과가 가장 크게 나타났다.

다음 그림은 summary_plot으로 교호작용 SHAP value를 보여주고 있다. x축의 Shap value가 증가하면서 파란색에서 빨간색으로 변하기 때문에 RM의 주 효과는 예측치에 대해 양의 기여도를 가지고 있지만, NOX와 AGE는 빨간색에서 파란색으로 변하므로 예측치에 대해 음의 기여도를 가지고 있다는 것을 알 수 있다.

```
shap.summary_plot(interaction_values, X100)
```

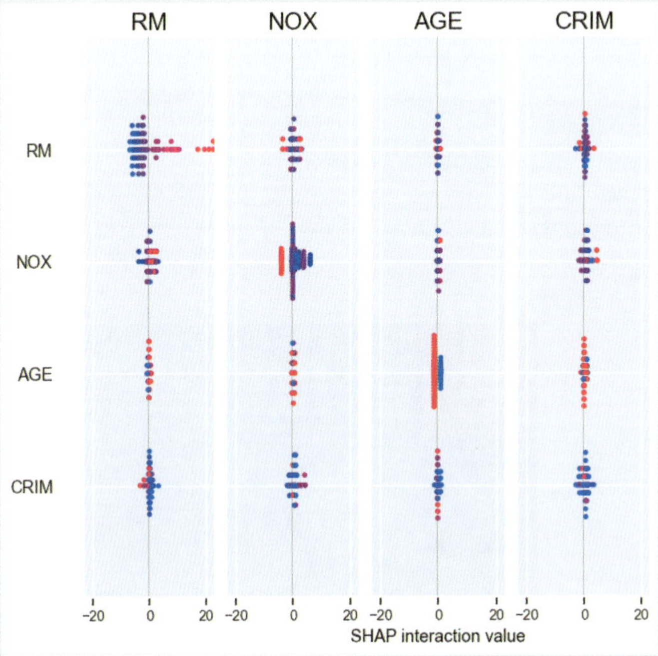

교호작용효과를 좀 더 세밀하게 진단하기 위해 NOX와 CRIM의 interaction SHAP value들의 dependent_plot을 아래와 같이 보여주고 있다. 범죄율이 낮으면(plot 내 파란색) 질소산화물농도(NOX)가 증가하면서 SHAP value가 감소(예측치에 대한 기여도가 감소)하지만, 범죄율(CRIM)이 높으면(plot 내 빨간색) SHAP value가 증가한 것을 볼 수 있다.

```
shap.dependence_plot(("NOX", "CRIM"),interaction_values, X100, display_features=X)
```

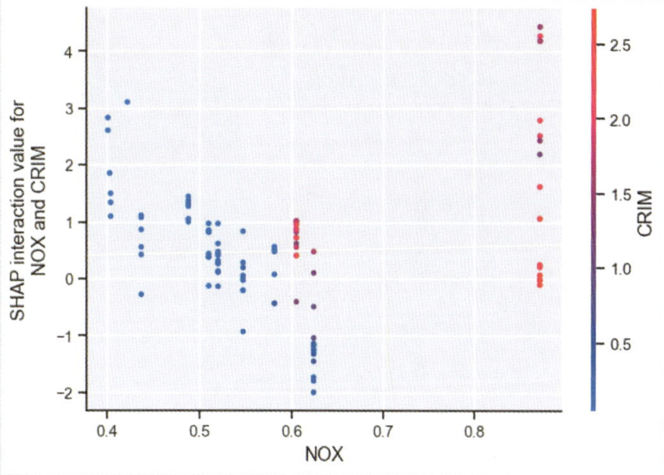

다음은 RM과 AGE의 교호작용효과를 보여주고 있다. 나이(AGE)가 중위수보다 높으면 RM이 증가하면서 SHAP value도 증가하지만, 나이가 중위수 미만(plot 내 파란색)이면 RM이 증가하면서 SHAP value가 감소한다.

```
shap.dependence_plot(("RM", "AGE"),interaction_values, X100,display_features=X)
```

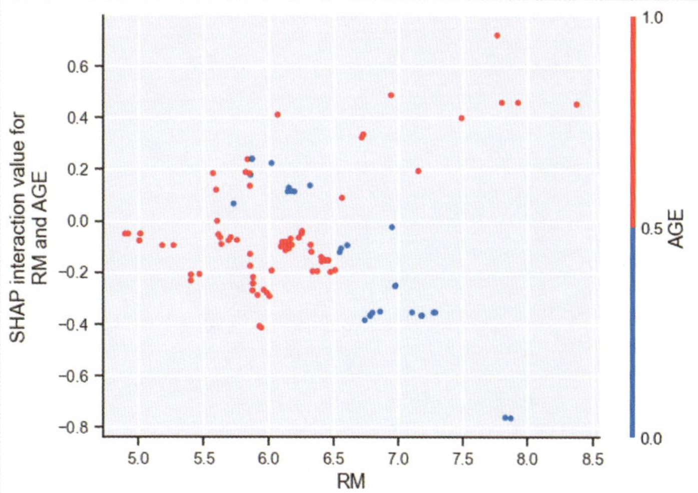

10장

SHAP의 적용과 해석

제9장에서 Explainer, KernelExplainer, TreeExplainer, DeepExplainer를 논의한 바 있지만, 이외에도 GradientExplainer, PartitionExplainer, SamplingExplainer 등이 있다. 그러나 이러한 여러 가지 SHAP 알고리즘은 머신러닝의 모형과 입력자료 형태에 따라 9장에서 논의한 4가지 알고리즘의 성능을 특화 및 개선한 알고리즘들이다. 그러므로 모형 무관 방법론(model agnostic method)인 Explainer와 KernelExplainer, 의사결정나무를 기초로 한 머신러닝에 효율적인 TreeExplainer, 그리고 딥러닝에 효율적인 DeepExplainer를 중점적으로 논의하고자 한다. Shap value를 산출하는 알고리즘에 따라 SHAP value 자료 type, 출력 형태(특히, 분류과제일 때), 머신러닝 모형의 적용 형태, 그리고 plot 함수의 종류 및 적용 방법 등이 다르므로 이에 대한 논의도 예제를 통해 상세하게 다루고자 한다.

Shap value를 계산하기 위해서는 우선 shap을 호출해야 한다. shap을 호출한 후, shap.Explainer와 shap.KernelExplainer의 첫 옵션인 예측함수를 지정해야 한다. 미리 학습된 모형명이 f로 정의되었다는 가정할 때, 회귀일 때는 예측함수를 f.predict로, 분류일 때는 f.predict_proba로 지정해야 한다. 그러나 shap.Tree Explaine와 shap.DeepExplainer에서는 회귀와 분류에 관계없이 예측함수를 f로 지정해야 한다. 다음은 shap.Explainer를 이용하여 $E(f(x))$와 shap value를 구하는 전형적인 코드이다.

```
import shap
explainer=shap.Explainer(predict_function, data1)
shap_values=explainer(data2)
expected=shap_values.base_values
shap_val=shap_values.values
```

위에서 볼 수 있듯이 shap을 호출한 후, shap.Explainer 내에 옵션으로 미리 학습된 모형의 예측함수 predict_function 부분을 연구과제에 따라 f.predict, f.predict_proba 또는 f로 지정하고 shap value를 추정하기 위해 임의 추출할 데이터 data1를 지정한다. shap value를 구할 표본(들)인 data2를 explainer에 적용하여 shap_values로 저장한다. $E(fx)$는 속성 .base_values로 구하고 속성 .values로 data2의 특성 변수 shap value를 구하게 된다. predict_function의 출력 dimension을 pfs라고 표기할 때 .base_values는 shape이 (pfs,)인 1D 텐서인 numpy 데이터이고 .values는 shape이 (data2.shape[0], data2.shape[1:], pfs)인 numpy데이터로 출력하게 된다.

한편, KernelExplainer, TreeExplainer, 그리고 DeepExplainer는 다음과 같은 전형적인 코드로 $E(fx)$와 shap value를 구하게 된다.

```
import shap
explainer=shap.KernelExplainer(predict_function, data1)
expected=explainer.expected_value
shap_val=explainer.shap_values(data2)
```

위에서 볼 수 있듯이 $E(fx)$는 explainer의 속성 .expected_value를 이용하여 구하고, shap value는 shap value를 구할 data2를 .shap_values 속성에 적용하여 구하게 된다. Explainer에서는 explainer에 data2를 적용한 후, $E(fx)$와 shap value를 구했으나, KernelExplainer는 $E(fx)$는 explainer에서 직접 구하고 shap value는 .shap_values 속성을 통해 구하는 차이점이 있다. $E(fx)$는 data1에서 구하기 때문이다. 물론 shap.Explainer에서도 $E(fx)$는 data1에서 구한다. 위와 같이 KenelExplainer, TreeExplainer, 그리고 DeepExplainer에서 구한 expected는 shape이 (pfs,)인 numpy 데이터로 출력하고 shap_val의 shape은 (pfs, data2.shape[0], data2.shape[1:])인 list 데이터로 출력한다. 단, 회귀에서처럼 pfs=1이면 shap_val의 shape은 (data2.shape[0], data2.shape[1:])이 되고 numpy 데이터로 출력한다는 것을 유념하도록 하자.

다음 프로그램은 sklearn에서 제공하는 유방암 데이터로 목적 변수는 0(유방암) 또는 1(정상) 값을 가지고 있으며 특성 변수 features는 30개로 구성되어 있다는 것을 볼 수 있다. make_pipeline을 이용하여 특성 변수를 표준화한 후 Logistic regression을 적용하고 있다.

```
import random
import warnings
import numpy as np
from sklearn.datasets import load_breast_cancer
from sklearn.model_selection import train_test_split
from sklearn.preprocessing import StandardScaler
from sklearn.linear_model import LogisticRegression
from sklearn.pipeline import make_pipeline

warnings.filterwarnings("ignore")
```

```
features, target = load_breast_cancer(return_X_y=True, as_frame=True)

X_train, X_test, y_train, y_test = train_test_split(
    features, target, test_size=0.30, random_state=1)
print(X_train.shape)
pipeline = make_pipeline(StandardScaler(), LogisticRegression())

pipeline.fit(X_train, y_train)
```

```
(398, 30)
Pipeline(steps=[('standardscaler', StandardScaler()),
                ('logisticregression', LogisticRegression())])
```

분석목적이 분류이기 때문에 Explainer의 첫 옵션은 pipeline.predict_proba가 되고 X_train을 이용하여 shap value를 구하도록 하고 있다. X_test에 대한 shap value를 구해 shap_values_ex에 저장하고 있다. 앞에서 논의한대로 shap_values_ex는 numpy 데이터이며 shape이 (171,30,2)인 것을 확인할 수 있다. pipeline이 2개의 값을 출력하기 때문에 shap_values_ex.shape[2]=2인 것을 확인할 수 있다. 로지스틱 모형을 적용했기 때문에 첫 번째 표본의 15번째 특성 변수의 shap values는 목적 변수가 0일 때 -0.0788이고 1일 때 0.0788인 것을 볼 수 있다. $E(f(x))$은 목적 변수가 0일 때 0.357이고 1일 때는 0.643인 것으로 나타났으며 첫 번째 표본의 15번째 특성 변수값은 0.05244인 것은 .data 속성을 이용하여 출력할 수 있다.

```
import shap
j=15
explainer_ex = shap.Explainer(pipeline.predict_proba, X_train)
shap_values_ex = explainer_ex(X_test)
print(type(shap_values_ex))
print(shap_values_ex.shape)
print(shap_values_ex[0,j,1])#(class,obs,특성 변수)
print('—————————————————————————————')
print(shap_values_ex[0,j,:].values)
print(shap_values_ex[0,j,:].base_values)
print(shap_values_ex[0,j,:].data)
```

```
<class 'shap._explanation.Explanation'>
(171, 30, 2)
.values =
0.07876485439245981

.base_values =
0.6431530689686977

.data =
0.05244
———————————————————————————
[-0.07876485  0.07876485]
[0.35684693 0.64315307]
0.05244
```

다음은 동일한 유방암 데이터에 KernelExplainer를 적용한 예를 보여주고 있다. .expected_values로 $E(f(x))$를 출력하고 있고 자료 type이 numpy인 것을 보여주고 있다. 앞에서 논의했듯이 shap value의 shape이 (2,171,30)인 list 자료인 것을 확인할 수 있다.

```
explainer = shap.KernelExplainer(pipeline.predict_proba, X_train)
shap_values = explainer.shap_values(X_test)
expected=explainer.expected_value
```

```
print(type(expected))
print(expected.shape)
print(expected)
print('----------------------------------------------')
print(type(shap_values))
print(np.array(shap_values).shape)
print(shap_values[1][0,j])#(class,obs,특성 변수)
```

```
<class 'numpy.ndarray'>
(2,)
[0.3743709 0.6256291]
----------------------------------------------
<class 'list'>
(2, 171, 30)
0.08424557980752842
```

이제부터 본격적으로 간단한 plot만을 이용할 수 있는 KernelExplainer를 먼저 논의하고 plot에 대해 익숙해진 다음, 훨씬 다양하고 유연한 plot을 사용할 수 있는 shap.Explainer를 다음으로 논의하고자 한다.

10.1 KernelExplainer

KernelExplainer를 포함하여 TreeExplainer와 DeepExplainer를 이용한 plot은 기본옵션으로 base_value, shap_values, features, 그리고 feature_names를 지정하게 되어 있다. base_value는 속성 .expected_value으로 구한 $E(f(x))$, shap_values는 속성 .shap_values으로 구한 shap value, features는 shap_values 옵션에 지정된 shap value를 구하기 위해 사용된 특성 변수셋을 지정한다. 그러므로 shap_values 옵션에 지정된 shap value의 shape과 features 옵션에 지정된 데이터셋의 shape은 일치해야 한다. feature_names는 features에 지정된 특성 변수명으로 list 데이터로 지정해야 한다. 만약 default인 feature_names=None이고 features에 지정된 데이터셋이 pandas 데이터이면 features에 지정된 특성 변수명

을 사용한다. shap.plot에 따라 이 4가지 옵션이 모두 필요하기도 하고 일부만 입력하기도 한다. 특히, shap.Explainer의 plot에서는 대부분의 경우 shap_values 옵션만 사용하기도 한다.

다음의 summary_plot은 KernelExplainer를 이용하여 시험 데이터 X_test에서 계산된 shap_values의 plot이다. 옵션 중 features는 shap_values를 구한 X_test를 입력해야 한다. summary_plot은 X_test로부터 계산된 SHAP value들의 절댓값의 평균을 가장 큰 특성 변수부터 내림차순으로 보여준다. 그러므로 이 값들은 global explainer이다.

```
shap.summary_plot(shap_values,features=X_test,plot_type='bar')
```

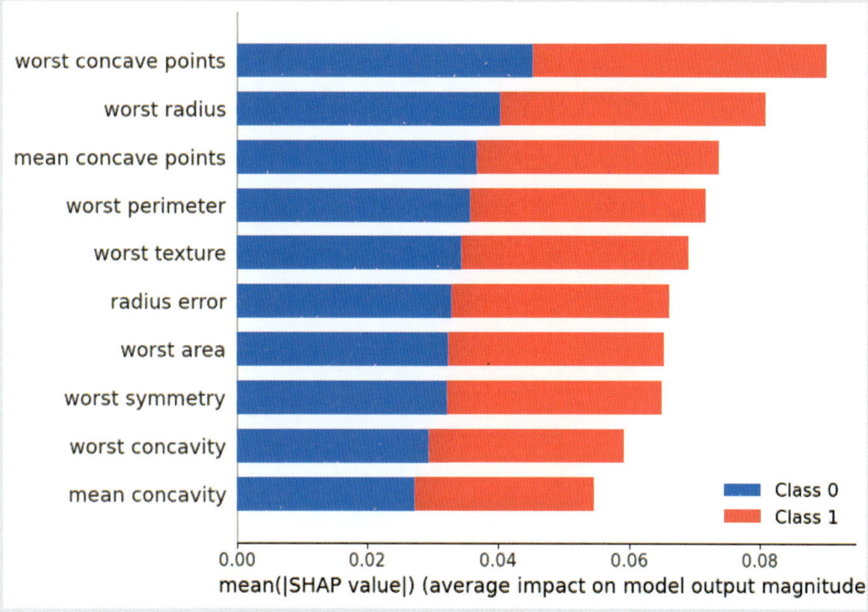

다음은 KernelExplainer로 구한 특정 표본의 특정 클래스에 대한 SHAP value 즉, 각 표본별 label별 SHAP value를 위한 shap.force_plot을 설명하기 위해, 첫 번째 표본의 특성 변수 이름과 특성 변수값, 그리고 이에 대응한 label 0(유방암 발병)의 SHAP value를 출력하고 있다.

```
print(X_test.iloc[0])
print(shap_values[0][0,:])
```

```
compactness error          0.052440
concavity error            0.052780
concave points error       0.015800
symmetry error             0.026530
fractal dimension error    0.005444
worst radius              16.460000
worst texture             18.340000
worst perimeter          114.100000
worst area               809.200000
worst smoothness           0.131200
worst compactness          0.363500
worst concavity            0.321900
worst concave points       0.110800
worst symmetry             0.282700
worst fractal dimension    0.092080
Name: 421, dtype: float64
[ 0.00145248 -0.0346393   0.00198245 -0.00269617 -0.00226162 -0.02144841
  0.02165295  0.01493306  0.01175822 -0.07189759  0.03084745 -0.00133586
  0.03794197  0.01437058  0.0184411  -0.08482829  0.00212018  0.02301054
 -0.02839884 -0.03023152 -0.00722391 -0.0914201   0.00216867 -0.00926639
 -0.0038745   0.00606272  0.00146689 -0.01980378 -0.00874043  0.01544429]
```

다음 프로그램은 위 출력에 대응하는 force_plot을 보여주고 있다. force_plot의 첫 번째 옵션은 label 0의 $E(f(\boldsymbol{x}))$의 추정치, 두 번째 옵션은 label 0의 0번째 표본의 SHAP value, 그리고 세 번째 옵션은 특성 변수 이름(SHAP value와 동일한 shape)을 부여한다.

```
shap.force_plot(explainer.expected_value[0], shap_values[0][0,:],features=X_test.iloc[0,:])
```

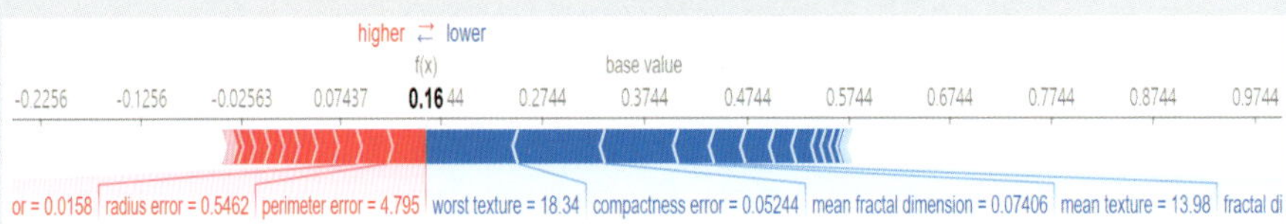

위의 plot을 살펴보면 빨간색은 양의 SHAP value를 갖는 특성 변수를, 파란색은 음의 SHAP value를 갖는 특성 변수를 나타내며 첫 번째 표본이 label 0에 속할 확률이 0.16(그림의 f(x)밑)이며 이 예측치를 중심으로 좌측은 빨간색을 가진 특성 변수를, 우측은 파란색을 가진 특성 변수를 배치하고 있다. 좌측의 빨간색을

가진 특성 변수의 SHAP value들의 합이 클수록 우측으로 미는 역할을 하고, 우측의 파란색을 가진 SHAP value들의 합이 클수록 좌측으로 미는 역할을 하게 된다. 좌측의 빨간색의 SHAP value는 우측으로 갈수록 큰 값을, 우측의 파란색 SHAP value는 절댓값 측면에서 값이 클수록 좌측에 위치한 것을 볼 수 있다. base_value = 0.3744는 $E(f(x))$의 추정치로 base_value + all SHAP values = f(x) = 0.16이 됨을 확인할 수 있다. force_plot 하단부에 있는 값은 관측된 특성 변수의 값(SHAP value가 아님)이다.

force_plot은 2개 이상의 표본에 대해 그림을 그릴 수 있다. 2개 이상 표본들의 SHAP value들을 한 그림에 표현하기 위해 각 표본의 force_plot을 -90° 회전시켜 세로로 각 force_plot을 보여준다. 아래 프로그램은 label 1에 대한 첫 5개 표본의 Shap value들을 보여주고 있다. 이어지는 프로그램은 예측 확률 f(x)의 크기순으로 X_test의 Shap value 전체를 보여주고 있다(출력 상단에 있는 박스를 click하여 "sample order by output value"를 선택함).

```
shap.force_plot(explainer.expected_value[1],shap_values[1][0:5,:],features=X_test.iloc[0:5,:
])
```

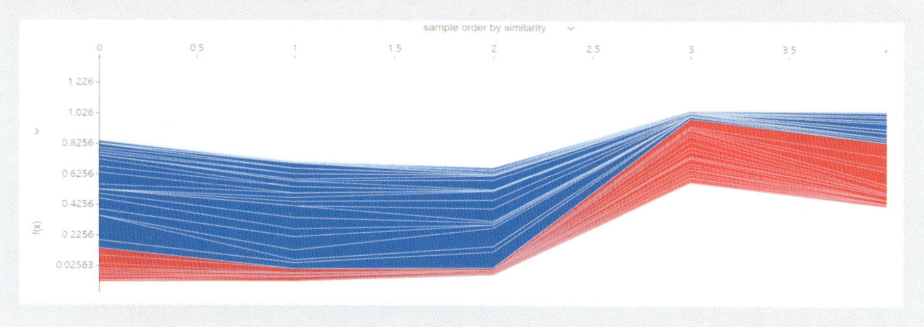

```
shap.force_plot(explainer.expected_value[1], shap_values[1], features=X_test)
```

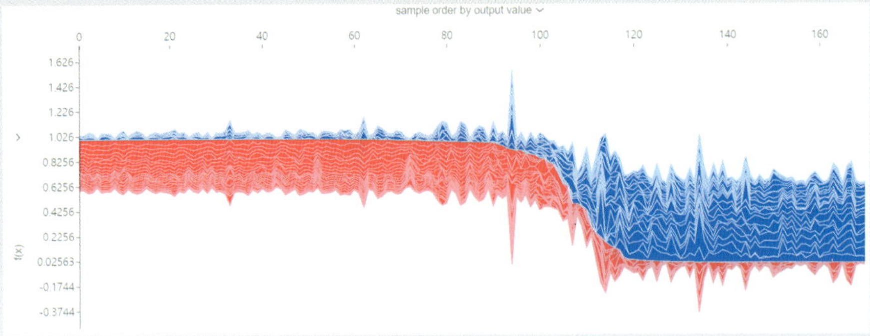

특성 변수값의 변화에 따라 대응하는 SHAP value의 변화는 dependence_plot으로 구현된다. 그러므로 이 plot은 특성 변수가 예측치에 미치는 영향을 파악할 수 있도록한 global explainer이다. 아래는 label 0에 대한 "worst concave points"의 예측치 영향을 보여주고 있다. 즉, "worst concave points" 값이 증가하면 클래스 0(유방암)에 속할 확률이 증가한다는 것을 보여주고 있다.

```
shap.dependence_plot('worst concave points', shap_values[0],
                     features=X_test, interaction_index=None)
```

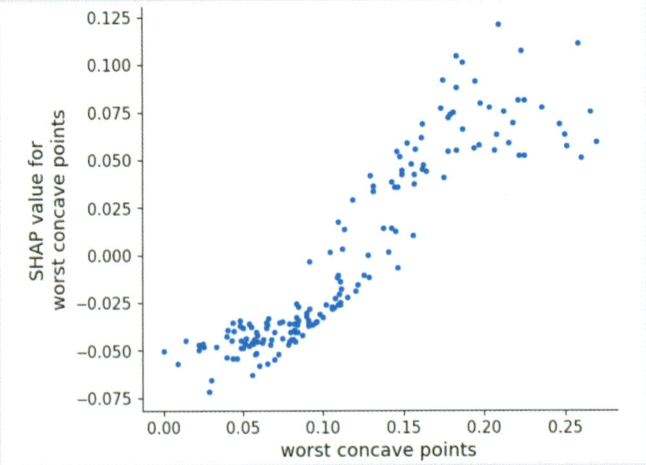

지금까지 논의한 summary_plot, force_plot, 그리고 dependence_plot은 SHAP value의 자료 type과 shape이 동일한 KernelExplainer, TreeExplainer, 그리고 DeepExplainer에서 동일한 문법으로 사용할 수 있다. 그러나 shap.Explainer으로 출력한 SHAP value는 일부 제한적인 경우에 한해 summary_plot을 사용할 수 있으나 force_plot이나 dependence_plot은 사용할 수 없다.

10.2 shap.Explainer

shap.Explainer에는 훨씬 다양하고 유연한 plot이 존재하므로 shap.Explainer에 특화된 plot을 사용해야 한다. 그러므로 이 절에서 논의되는 plot은 shap.Explainer에만 사용할 수 있다. 다음은 제10장 앞부분에서 구한, 즉 유방암 자료에 shap.Explainer를 이용하여 계산한 SHAP value인 shap_values_ex를 label=0에 대해 그린 bar_plot이다.

```
shap.plots.bar(shap_values_ex[:,:,0])
```

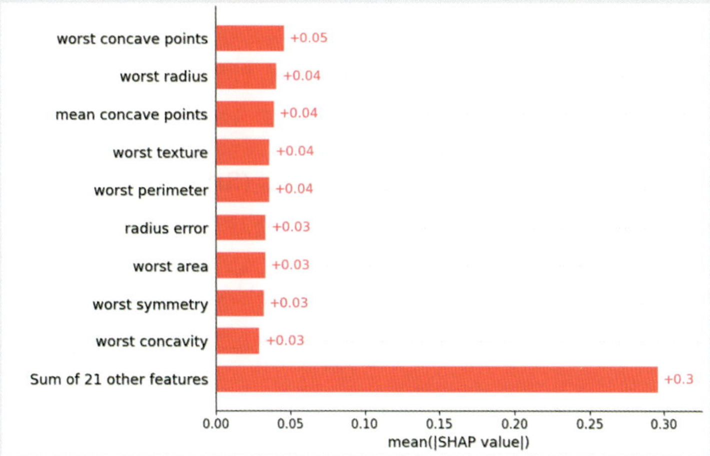

위 출력 결과는 시험데이터 X_test에 적용하여 계산된 SHAP value들의 절댓값

의 평균을 그려준 반면, 다음의 프로그램과 같이 .mean(axis=1)을 추가하면 SHAP value들의 단순평균을 구할 수 있다. 예측치에 대한 각 특성 변수의 기여도가 상쇄되는 약점이 있지만, 예측치의 기여도를 양과 음의 값으로 측정할 수 있다는 이점이 있다.

```
shap.plots.bar(shap_values_ex[:,:,0].mean(axis=0))
```

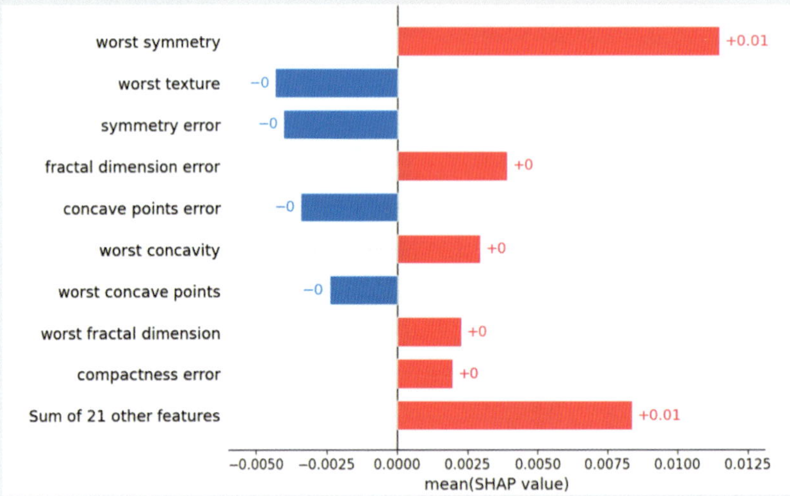

beeswarm_plot은 특성 변수별 SHAP value의 분포를 보여주고 특성 변수값과 SHAP value 값과의 관계를 파악할 수 있도록 한다. 다음은 label=0에 대한 beeswarm_plot으로 특성 변수 기여도를 내림차순(SHAP value들의 절댓값의 평균을 기준)으로 정리하여 보여주고 있다. 예를 들어, "worst concave points" 값이 증가할수록(파란색에서 빨간색으로 갈수록) SHAP value가 증가하므로 유방암 발병에 양의 방향으로 영향을 주고 있다는 것을 보여주고 있다. 특성 변수의 표준화로 인해 y축(SHAP value=0)은 각 특성 변수의 평균이므로 "worst concave points"의 경우, "worst concave points"의 평균값보다 작으면 SHAP value가 음의 값을 보여준다. beeswarm은 global explainer이다.

```
shap.plots.beeswarm(shap_values_ex[:,:,0])
```

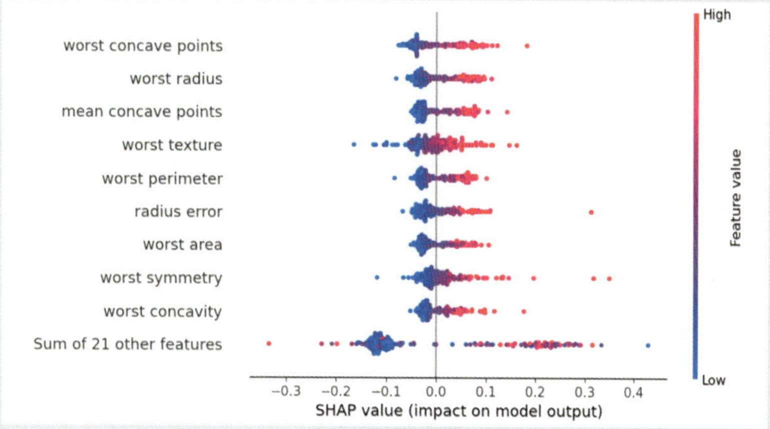

다음은 label=0일 때, "worst concave points"와 Shap value의 scatter plot으로 beeswarm_plot에서 관측한 특성 변수와 SHAP value의 압축된 결과를 구체적으로 보여주고 있다. "worst concave points"가 증가할수록 유방암일 가능성이 높아지고 있으며 worst concave points<=0.1이면 SHAP value가 거의 일정한 값을 보이므로 유방암 발병에 큰 변화가 없는 것으로 해석할 수 있다.

```
shap.plots.scatter(shap_values_ex[:,"worst concave points",0])
```

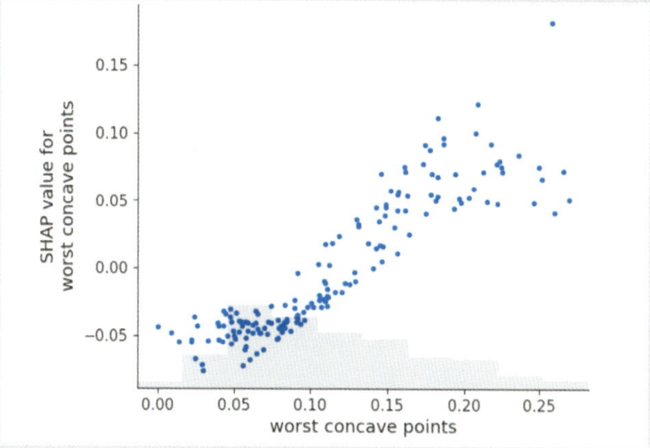

다음에서 보여주는 waterfall plot과 force plot은 local explainer로 개별표본(individual sample)에 대한 SHAP value, $E(f(x))$의 추정치(waterfall에서는 $E(f(x))$, force plot에서는 base value로 표기됨), 그리고 label=0에 속할 확률 f(x)와의 관계를 보여주고 있다. 아래의 water plot에서 $E(f(x))$=0.357에 아래에서 위쪽으로 SHAP value를 더해주면 f(x)=0.16, 즉 유방암일 확률이 0.16이 됨을 볼 수 있다. 이어지는 force plot은 waterfall plot을 재표현한 것이다.

```
shap.plots.waterfall(shap_values_ex[0,:,0])
```

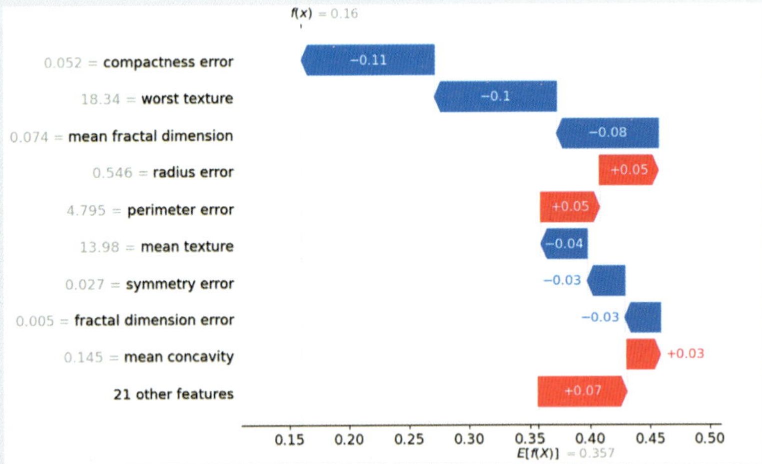


```
shap.plots.force(shap_values_ex[0,:,0])
```

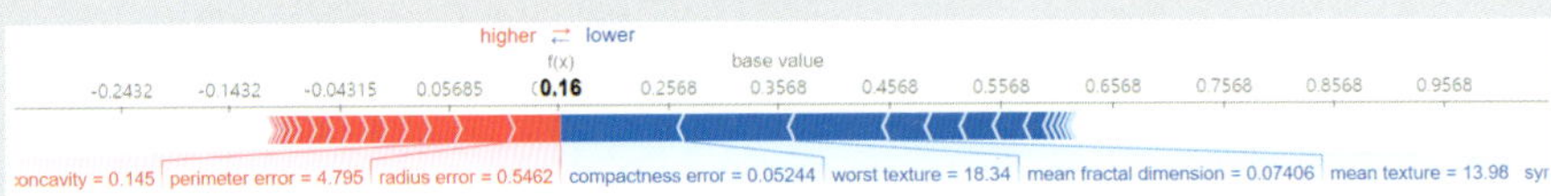

Shap value의 해석을 좀 더 명확하게 하기 위해 회귀 문제를 고려해 보자. california_housing 데이터를 이용하여 8개의 특성 변수로 주택가격을 예측하는 회귀모형으로 선형회귀모형과 random forest 모형을 아래와 같이 적용하고 학습시킨다.

```
import shap
import pandas as pd
from sklearn.datasets import fetch_california_housing
from sklearn.model_selection import train_test_split
from sklearn.ensemble import RandomForestRegressor
from sklearn.linear_model import LinearRegression
# California Housing Prices
dataset = fetch_california_housing(as_frame = True)
X = dataset['data']
y = dataset['target']

X_train, X_test, y_train, y_test = train_test_split(X, y, test_size = 0.2)

model_reg=LinearRegression()
model = RandomForestRegressor()
# Fits the model on the data
model.fit(X_train, y_train)
model_reg.fit(X_train,y_train)
```

다음과 같이 model_reg를 이용하여 추정된 예측치에 X_train 데이터를 적용하여 Shap value를 산출하고 이 결과들을 선형회귀 계수와 비교하고자 한다.

```
print(X_train.columns)
print(model_reg.coef_)
explainer_reg=shap.Explainer(model_reg.predict,X_train)
shap_reg=explainer_reg(X_train)
```

```
Index(['MedInc', 'HouseAge', 'AveRooms', 'AveBedrms', 'Population', 'AveOccup',
       'Latitude', 'Longitude'],
       dtype='object')
[ 4.37611002e-01  9.28696974e-03 -1.09580299e-01  6.04080229e-01
 -5.17083366e-06 -3.90395398e-03 -4.15388260e-01 -4.29211042e-01]
```

출력 결과에 따라 특성 변수 Medlnc의 회귀계수는 0.438이고 Latitude의 회귀계수는 −0.415임을 보여주고 있다.

SHAP value에 의한 회귀계수와 같은 방향성과 선형관계는 다음과 같이 scatter plot이나 partial_dependence_plot으로 구현할 수 있다. shap.plots.scatter은 회귀모

형과 분류모형에 모두 이용될 수 있다. 그러나 partial_dependence_plot은 목적 변수가 오직 하나인 회귀에서만 사용가능한 plot이다. partial_dependence_plot은 제2장에서 논의한 PD와 개념적으로 동일하지만, SHAP value로 PD를 계산했다는 차이점이 있다. partial_dependence_plot에 지정된 X_train은 Shap value를 계산한 데이터 셋을 의미한다. 두 개의 plot으로부터 회귀계수와 일치되는 방향성과 선형성을 확인할 수 있다.

```
shap.plots.scatter(shap_reg[:,'Latitude'])
```

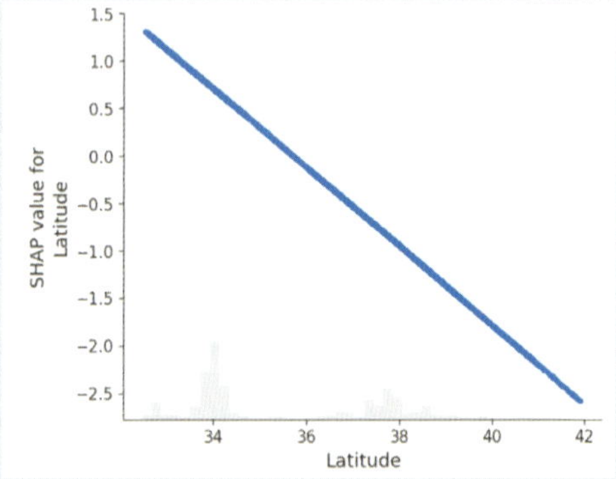


```
shap.partial_dependence_plot("MedInc", model_reg.predict, X_train, ice=False,
    model_expected_value=True, feature_expected_value=True)
```

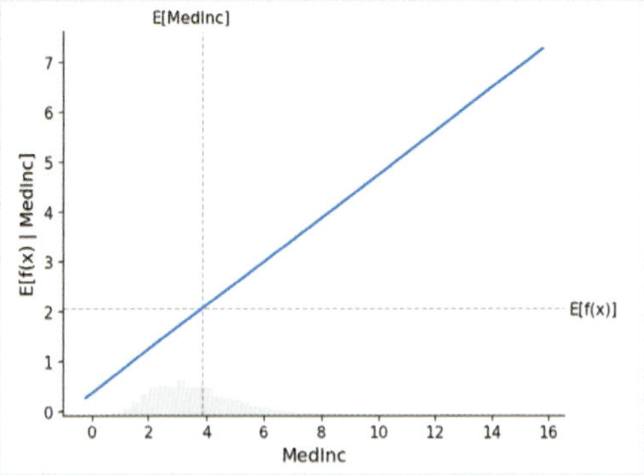

다음의 bar plot은 특성 변수별 SHAP value들의 평균치를 보여주고 있다. 주

택가격 예측치에 Medlnc는 평균적으로 +0.02 만큼 양의 방향으로 기여했으며 Latitude도 양의 방향으로 0.03만큼 기여하는 것으로 나타났다. 이는 회귀계수의 부호와 불일치한다는 것을 보여주고 있다. Medlnc와 Latitude의 SHAP value가 양의 값을 갖는 것은 각각 양의 값을 가진 Medlnc을 가진 표본이, 그리고 음의 값을 가진 Latitude를 가진 표본이 좀 더 많게 분포되어 있기 때문이다. 즉, Medlnc와 Latitude가 표준화되었으므로 Medlnc는 예측치에 양의 방향으로 기여하므로 양의 값을 갖는 Medlnc가 음의 값을 갖는 Medlnc보다 많아서 평균적으로 +0.02의 SHAP value를 가지고 있지만, Latitude는 음의 방향으로 예측치에 기여하므로 음의 값을 갖는 Latitude보다 양의 값을 갖는 Latitude가 더 많아서 평균적으로 +0.03의 SHAP value를 갖게 된다. 이러한 해석은 이어지는 beeswarm plot으로도 확인할 수 있다.

```
shap.plots.bar(shap_reg.mean(axis=0))
```

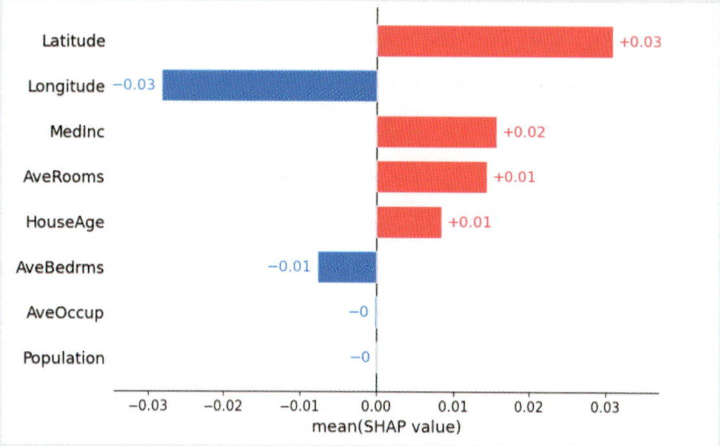

beeswarm plot에서 볼 수 있듯이 Latitude 값이 클수록(빨간색일수록) Shap value는 작아지고(그러므로 회귀계수 부호와 일치함), Latitude 값이 작은 쪽에(파란색) 집중적으로 분포되어 있는 것을 볼 수 있다. Medlnc은 값이 클수록 Shap value도 증가하므로 Medlnc의 회귀계수부호와 일치하며 Medlnc 값이 큰

쪽에 넓게 분포하고 있는 것이 관측된다.

```
shap.plots.beeswarm(shap_reg)
```

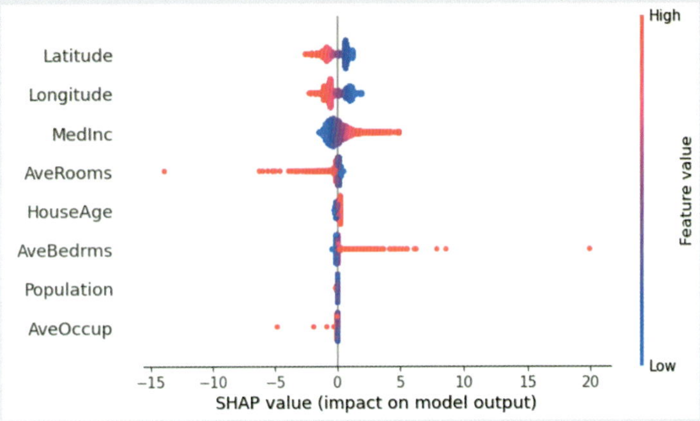

10.3 TreeExplainer

앞에서 학습시킨 random forest(model로 학습됨) 모형은 기초모형으로 decision tree를 이용하므로 decision tree에 특화된 shap.TreeExplainer를 통해 SHAP value를 구하는 방법을 논의하고자 한다. TreeExplainer와 DeepExplainer는 shap.Explainer나 KernelExplainer처럼 model.predict나 model.predict_proba를 사용할 수 없으므로, SHAP value가 반드시 가져야 하는 덧셈룰(additivity)(각 예측치가 특성 변수의 SHAP values와 $E(f(x))$의 합과 일치해야 하는 성질)을 드물게 위배하는 경우가 있다. 이를 무시하기 위해서는 check_additivity=False를 부여하면 error를 방지할 수 있다.

```
explainer_tree = shap.TreeExplainer(model, X_test)
shap_values_tree = explainer_tree.shap_values(X_test,check_additivity=False)
```

```
print(shap_values_tree[0])
print(np.array(shap_values_tree).shape)
```

```
[-0.52290043  0.11257104  0.01769138  0.01386544 -0.01234252  0.66293493
  0.61101009 -0.4509211 ]
(4128, 8)
```

다음은 X_test에서 구한 TreeExplainer의 SHAP value의 분포를 보여주는 summary_plot이다. 출력이 1개인 경우, summary_plot은 beeswarm plot으로 변하고 출력이 2개 이상이면 bar plot으로 변형된다.

```
shap.summary_plot(shap_values_tree,features=X_test)
```

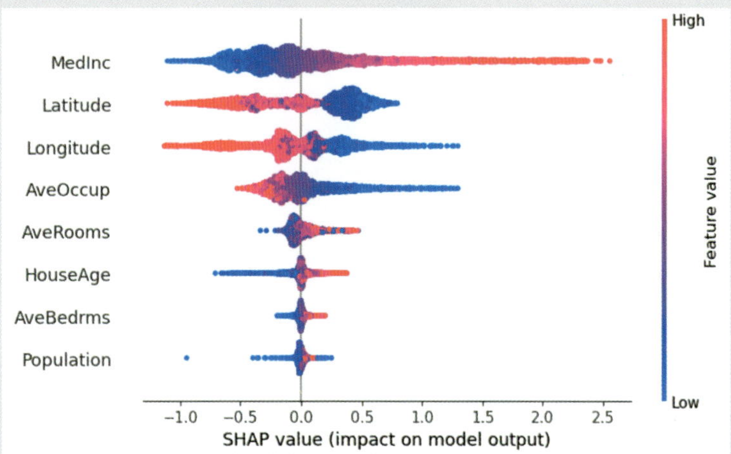

위 플롯에서 볼 수 있듯이 내림차순으로 주택가격에 기여하고 있는 것을 보여주고 있으며 Medlnc, AveRooms, HouseAge, AveBedrms는 SHAP value와 양의 관계를, Population을 제외한 나머지는 음의 관계를 보여주고 있다.

다음 plot은 random forest 모형에 의한 특성 변수와 SHAP value의 관계를 보여주고 있다. dependent_plot의 입력 옵션은 첫 번째 옵션은 특성 변수명, 두 번째 옵션은 Shap value를, 세 번째 옵션은 Shap value를 구한 데이터 셋을 지정하고, 네 번째 옵션은 교호작용을 구하고 싶지 않을 때 None을 부여하여 제어한다. 선형모형과 다르게 MedInc의 경우 선형증가 후 증가를 멈추고 상수효과를 보이고 Latitude는 음의 상관관계를 가지고 있지만 선형회귀모형의 단조 감소 형태가 아닌 step 함수 형태로 줄어들고 있다는 것을 볼 수 있다.

```
shap.dependence_plot("MedInc", shap_values_tree,
                     features=X_test,interaction_index=None)
```

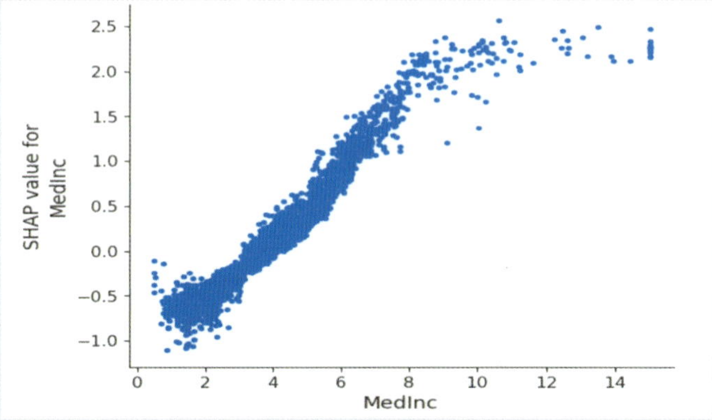


```
shap.dependence_plot("Latitude", shap_values_tree,
                     features=X_test,interaction_index=None)
```

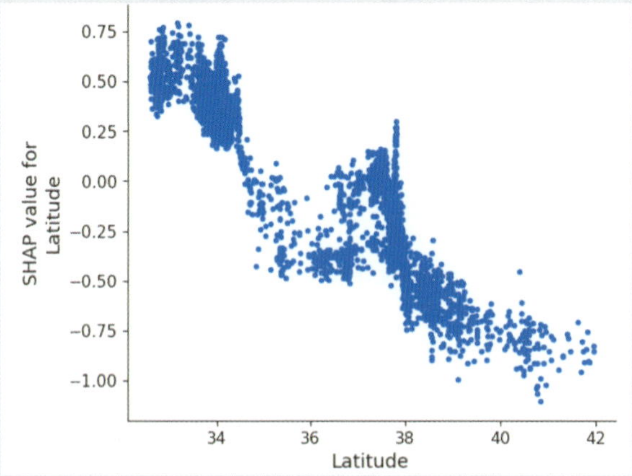

다음 자료는 미국의 census 데이터로 인구통계학적 요소가 소득에 미치는 영향을 분석하기 위한 adult 데이터이다. 목적 변수는 연 5만 불 이상의 소득인지(1), 아닌지(0)를 분류하는 이항 데이터이고 설명변수는 12개로 구성되어 있으며 이 중 7개는 범주형 자료이다. 아래에 정의된 데이터 X와 y는 범주형 자료를 one-hot encoding으로 수량화한 것이다.

```
from sklearn.model_selection import train_test_split
X,y = shap.datasets.adult()
X_display,y_display = shap.datasets.adult(display=True)
print(X_display.info())
print(X_display[0:10])
print(y_display[0:5])
# create a train/test split
X_train, X_test, y_train, y_test = train_test_split(X, y, test_size=0.2, random_state=7)
```

다음은 앙상블러닝 중 LightGBM을 적용하기 위해 LGBMClassifier를 호출하고 있다.

```
from lightgbm import LGBMClassifier
import shap
```

eval_set을 이용하여 초모수인 n_estimators를 결정하고 Gridsearch를 통해 최적 초모수를 설정한 후(초모수 결정과정은 생략함) LightGBM을 학습시킨 결과, 성능은 87.44%로 나타났다.

```
from sklearn.metrics import accuracy_score
eval_set = [(X_test, y_test)]
lgb=LGBMClassifier(n_estimators=997, learning_rate=0.05, max_depth=3,
                   colsample_bytree=0.842, min_child_weight=2,subsample=0.448, verbose=0)
model=lgb.fit(X_train,y_train)

y_pred = model.predict(X_test)
accuracy = accuracy_score(y_test, y_pred)
```

```
print("Accuracy: %.2f%%" % (accuracy * 100.0))
```

```
Accuracy: 87.44%
```

다음 프로그램은 TreeExplainer를 이용하여 X_test의 SHAP value를 구하고 있다. shap_values의 shape은 예상했던 (label 수, 표본 수, 특성 변수 수)=(2,6513,12)가 아닌 (6513,12)를 출력하고 있다. label 수가 오직 2개일 경우, 오직 label=1의 결과만 제공하면 충분하기 때문이다. label=0의 shap_values는 부호만 반대로 하면 된다. 참고로 프로그램에서 shap.TreeExplainer(model, X_test) 대신 shap.TreeExplainer(model)로 수정하면 shap_values의 shape이 (2,6513,12)로 변경된다. 추정 방법이 Intervention에서 tree_path_dependent로 바뀌기 때문이다.

```
import numpy as np
explainer = shap.TreeExplainer(model,X_train)
shap_values = explainer.shap_values(X_test)
print(explainer.expected_value)
print(np.array(shap_values).shape)
```

```
-2.7983930729521678
(6513, 12)
```

다음은 12개 특성 변수에 대한 dependence_plot을 그리는 프로그램이다. interaction_index 값을 None으로 지정하지 않으면 특성 변수의 교호작용에 대한 SHAP value를 출력하게 된다. display_features는 시각화를 위해 one-hot encoding이나 LabelEncoder와 같이 수량화 이전의 범주형 특성 변수를 가지고 있는 원래 데이터(우리의 경우, X_display)를 지정하면 아래와 같이 특성 변수 Workclass가 원래의 범주값으로 표시된다. 지면의 제약으로 12개 특성 변수 중 오직 Age와 Education-Num에 대한 dependence_plot만 보여주고 있다.

```
for name in X_train.columns:
    shap.dependence_plot(name, shap_values, X_test, display_features=X_display)
```

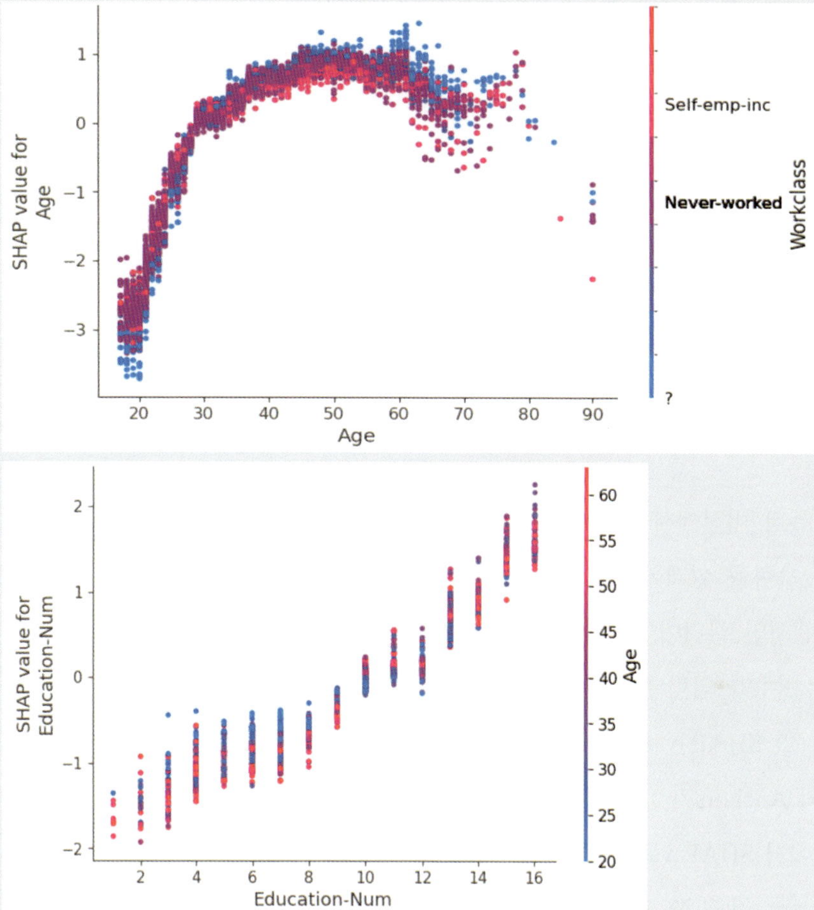

위 dependence_plot을 좀 더 자세하게 살펴보자. 특성 변수 Age와 대응하는 SHAP value로 1년 수입이 5만 불 이상일 확률이 20대에서 30대까지 급격하게 증가하다가 40~50대는 느리게 증가하고 50대 중반부터는 서서히 감소하고 있음을 보여주고 있다. 특성 변수 Workclass가 Age와 교호작용이 높기 때문에 그림의 오른쪽에 Workclass가 나타나 있다. 빨간색일수록 Workclass의 값이 크다는 의미이다. 30대 중반~50대 중반을 보면 dependence_plot의 수직 방향으로 윗부분은 파란색이 아랫부분은 빨간색이 나타난 것을 볼 수 있다. 이처럼 dependence_plot이 수직으로 색깔의 구분이 뚜렷하면 두 개의 특성 변수는 교호작용이 있다고 판단한다. 즉, 30대 중반~50대 중반에서는 ?(unknown 또는 무응답) 방향으로 수입이 5만 불 이상일 확률이 더 높다고 할 수 있다. 이어서 특성 변수 교육기간(Education-Num)의 dependence_plot을 살펴보면 특성 변수 Age와 교호작용이 있는 것으로 나타났다. 교육기간이 길수록 수입이 5만 불 이상일 가능성이 높아지고 있으며 교육기간이 1년 미만 또는 4~9년이고 연령이 높으면 낮은 연령에 비해 수입이 5만 불 이상일 가능성이 낮다는 것을 보여주고 있다.

10.4 DeepExplainer

컴퓨터 비전에서 image 데이터가 입력되면 CNN 아키텍처 등을 이용하여 딥러닝 모형을 설계한다. 이때 입력 특성 변수는 픽셀이며, 예를 들어 (32,32,3)의 3D 텐서인 컬러이미지인 경우, 이미지 하나당(표본 하나당) 32*32*3=3,072개의 특성 변수가 입력된다. 이렇게 많은 입력변수를 가진 image 데이터에 대해 특성 변수 별 SHAP value를 분석하는 것은 큰 의미가 없으며 오히려 5장의 LIME, 6장의 Anchors가 더 유용한 explainer이다. 그러나 image 데이터에 대한 딥러닝 모형에서 SHAP value를 구하는 DeepExplainer가 어떻게 적용되고 응용되는지를 살펴보는 것 또한 의미가 있다. 아래 프로그램은 DeepExplainer를 적용하기 위해 cifar10 image 데이터를 호출하고 학습데이터와 시험데이터를 정의하고 있다.

```
import shap
import numpy as np
import matplotlib.pyplot as plt
from tensorflow.keras import Input
from tensorflow.keras.models import Model
from tensorflow.keras.layers import Dense, Conv2D, MaxPooling2D, Flatten,Dropout
from tensorflow.keras.datasets import cifar10
```

```
(x_train, y_train), (x_test, y_test) = cifar10.load_data()
x_train = x_train.reshape(50000, 32, 32, 3).astype("float32") / 255
x_test = x_test.reshape(10000, 32, 32, 3).astype("float32") / 255
y_train = y_train.reshape(50000,)
y_test = y_test.reshape(10000,)
```

다음 프로그램은 CNN 아키텍처를 이용하여 cifar10 데이터를 10개 label로 분류하는 딥러닝 모형을 학습시키고 있으며 accuracy=0.66으로 성능은 우수하지 않은 것으로 나타났다. 성능을 좀 더 향상시켜 의미 있는 해석이 될 수 있는 SHAP value의 산출이 필요하지만 이러한 시도는 독자가 스스로 해보길 바란다.

```
inputs = Input(shape=(32, 32, 3))
x = Conv2D(32, (3, 3), activation='relu')(inputs)
x = MaxPooling2D((2, 2))(x)
x = Conv2D(128, (3, 3), activation='relu')(inputs)
x = MaxPooling2D((2, 2))(x)
x = Conv2D(64, (3, 3), activation='relu')(inputs)
x = MaxPooling2D((2, 2))(x)
x = Conv2D(32, (3, 3), activation='relu')(inputs)
x = MaxPooling2D((2, 2))(x)
x = Flatten()(x)
x = Dense(256, activation='relu')(x)
x=Dropout(0.25)(x)
x = Dense(64, activation='relu')(x)
x=Dropout(0.25)(x)
outputs = Dense(10, activation='softmax')(x)

model = Model(inputs=inputs, outputs=outputs, name="test_for_shap")
model.compile(loss='sparse_categorical_crossentropy',
        optimizer='nadam', metrics='sparse_categorical_accuracy')
model.fit(x_train, y_train, validation_data=(x_test, y_test),batch_size=64, epochs = 10)
```

```
Epoch 9/10
782/782 [====] - 26s 33ms/step - loss: 0.7685 - sparse_categorical_accuracy:
0.7280 - val_loss: 1.0336 - val_sparse_categorical_accuracy: 0.6470
Epoch 10/10
782/782 [====] - 29s 37ms/step - loss: 0.7241 - sparse_categorical_accuracy:
0.7434 - val_loss: 1.0036 - val_sparse_categorical_accuracy: 0.6606
```

다음은 10개 label을 class_names로 정의하고 x_test에서 10개의 서로 다른 label을 가진 이미지 자료를 dictionary 자료인 x_test_dict로 정의한 후, label 순으로 정리한 x_test_each_class 데이터를 정의하고 있다. 이 10개 이미지를 모형에 입력하여 예측한 label을 predicted_class로 저장하고 있다.

```
# class label list
class_names = ['airplane', 'automobile', 'bird', 'cat', 'deer',
               'dog', 'frog', 'horse', 'ship', 'truck']

x_test_dict = dict()
for i, l in enumerate(y_test):
  if len(x_test_dict)==10:
    break
  if l not in x_test_dict.keys():
    x_test_dict[l] = x_test[i]
# order by class
x_test_each_class = [x_test_dict[i] for i in sorted(x_test_dict)]
x_test_each_class = np.asarray(x_test_each_class)
# Compute predictions
predictions = model.predict(x_test_each_class)
predicted_class = np.argmax(predictions, axis=1)
```

아래 정의된 plot_actual_predicted() 함수는 x_test_dict와 predicted_class를 입력하여 참 이미지를 plot하고 그 위에 참 label과 예측된 label을 쓰도록 한 프로그램이다.

```
def plot_actual_predicted(images, pred_classes):
  fig, axes = plt.subplots(1, 10, figsize=(16, 15))
  axes = axes.flatten()

  for k,v in images.items():
    ax = axes[k]
    ax.imshow(v)
    ax.set_title(f"True: %s ₩nPredict: %s" % (class_names[k],
                 class_names[pred_classes[k]]))
    ax.set_axis_off()
```

```
plt.tight_layout()
plt.show()
```

다음은 Shap value를 계산하기 위한 데이터를 x_train으로부터 임의로 1,000개를 뽑아 Shap value를 계산하고 있다. Shap value는 list 데이터이고 shape은 (10,10,32,32,3)으로 첫 10은 label 수, 두 번째 10은 표본 수, 그리고 (32,32,3)은 각 pixel에 대응하는 Shap value이다. Shap value는 입력층에 입력된 특성이미지의 shape과 일치하기 때문이다.

```
background = x_train[np.random.choice(x_train.shape[0], 1000, replace=False)]
explainer = shap.DeepExplainer(model, background)
shap_values = explainer.shap_values(x_test_each_class)
print(type(shap_values))
print(np.array(shap_values).shape)#(label별, obs별, shap values)
```

```
<class 'list'>
(10, 10, 32, 32, 3)
```

앞에서 정의한 plot_actual_predicted() 함수를 이용하여 x_test_dict에 있는 이미지를 첫 번째 행에 보여주고 있다. 10개의 label 중 6개의 예측 label은 맞게 예측되었지만 4개 label은 예측이 틀린 것으로 나타나, 학습된 모형의 성능에 따라 약 60%의 accuracy를 보여주고 있다. shap.image_plot은 shap_values와 이 shap_values를 구할 데이터인 x_test_each_class를 입력하면 2번째 행 그룹을 출력하게 된다. 첫 열은 입력 이미지를 보여주고 있고 2번째 열부터 11번째 열은 차례대로 airplaine, automobile, bird, ..., ship, truck label을 의미한다. 행별로 특정 label에 속할 확률이 클수록 픽셀별로 빨간색(양의 SHAP value)으로 표현되고, 반대로 확률이 작을수록 픽셀별로 파란색(음의 SHAP value)으로 표현된다. 그러나 출력 결과에서 볼 수 있듯이, 각 이미지의 크기가 (32,32) 컬러이미지이므로 육안으로 SHAP value의 색을 구별하기는 불가능해 보인다.

```
# plot SHAP values
plot_actual_predicted(x_test_dict, predicted_class)
print()
shap.image_plot(shap_values, x_test_each_class)
```

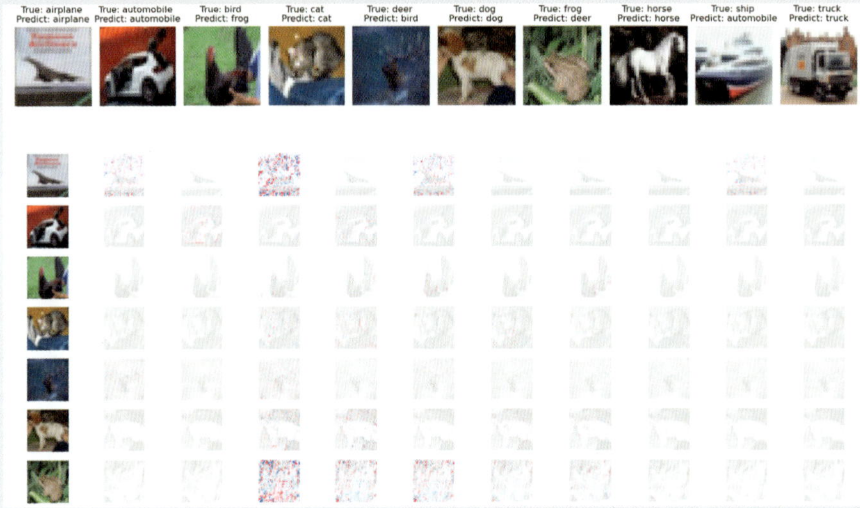

각 픽셀의 SHAP value를 색으로 구별하기 위해 이미지가 단순한 손글씨 데이터인 MNIST를 이용한 딥러닝 모형을 아래와 같이 구축하고 학습시키고 있다. 모형의 성능은 99.3%이고 과대적합도 발생하지 않은 것을 볼 수 있다.

```
from tensorflow.keras.utils import to_categorical
from tensorflow.keras.datasets import mnist
from tensorflow.keras.models import Sequential
from tensorflow.keras.layers import Dense, Dropout, Flatten
from tensorflow.keras.layers import Conv2D, MaxPooling2D
from tensorflow.keras import backend as K

(x_train, y_train), (x_test, y_test) = mnist.load_data()

x_train = x_train.reshape(x_train.shape[0], 28, 28, 1)
x_test = x_test.reshape(x_test.shape[0], 28, 28, 1)

x_train = x_train.astype('float32')/255
```

```
x_test = x_test.astype('float32')/255

print('x_train shape:', x_train.shape)

y_train = to_categorical(y_train, 10)
y_test = to_categorical(y_test, 10)

model = Sequential()
model.add(Conv2D(32, kernel_size=(3, 3),activation='relu',input_shape=(28,28,1)))
model.add(Conv2D(64, 3, strides=2, activation='relu'))
model.add(MaxPooling2D(pool_size=(2, 2)))
model.add(Dropout(0.25))
model.add(Flatten())
model.add(Dense(128, activation='relu'))
model.add(Dropout(0.5))
model.add(Dense(10, activation='softmax'))

model.compile(loss='categorical_crossentropy',
              optimizer='adam', metrics=['accuracy'])

model.fit(x_train, y_train, batch_size=128,epochs=20, validation_data=(x_test, y_test))
score = model.evaluate(x_test, y_test, verbose=0)
print('Test loss:', score[0])
print('Test accuracy:', score[1])
```

```
Epoch 19/20
469/469 [==] - 31s 65ms/step - loss: 0.0221 - accuracy: 0.9928 - val_loss: 0.0263 - val_accuracy: 0.9928
Epoch 20/20
469/469 [==] - 23s 48ms/step - loss: 0.0240 - accuracy: 0.9922 - val_loss: 0.0249 - val_accuracy: 0.9931
Test loss: 0.024865197017788887
Test accuracy: 0.9930999875068665
```

다음과 같이 4개의 x_test[1:5] 이미지를 입력하여 예측된 범주는 각각 label [2 1 0 4]이며, 이 4개 이미지에 대한 SHAP value는 (10,4,28,28,1) 5D 텐서로 출력하고 있다.

```
import shap
import numpy as np
results=np.argmax(model.predict(x_test[1:5]),axis=-1)
print(results)

background = x_train[np.random.choice(x_train.shape[0], 1000, replace=False)]
e = shap.DeepExplainer(model, background)
shap_values = e.shap_values(x_test[1:5])
print(e.expected_value)
print(np.array(shap_values).shape)
```

```
[2 1 0 4]
tf.Tensor(
[0.08801326 0.11080177 0.09745354 0.09867933 0.09679049 0.09706668
 0.11697716 0.10978016 0.09290546 0.0915321 ], shape=(10,), dtype=float32)
(10, 4, 28, 28, 1)
```

아래 결과와 같이 입력 이미지는 [2 1 0 4]이므로 학습한 딥러닝 모형은 정확한 예측을 하는 것으로 나타났고 −x_test[1:5]에 음의 부호를 준 것은 출력 이미지를 반대로 만들어 SHAP value의 선명도를 높이기 위함이다. 아래의 출력 결과를 봤을 때 “2”가 입력되면 label 2의 숫자 2를 따라 빨간색의 SHAP value를 보여주고 있으며 “0” 이미지가 입력되면 label 0의 동그라미가 빨간색으로 나타났고 동그라미 안의 빈 공간도 SHAP value가 큰 것으로 나타나 빈공간이 숫자 0을 구별하는 데 중요한 역할을 하는 것으로 나타났다. 끝으로 숫자 4인 경우, 4 이미지의 상단 빈 공간이 중요한 역할을 하는 것으로 보인다. label 9 상단부의 SHAP value의 절댓값도 큰 것으로 나타나, 상단부의 연결여부가 4와 9를 구분하는 데 중요한 역할을 한다고 해석할 수 있다.

```
shap.image_plot(shap_values,-x_test[1:5])
```

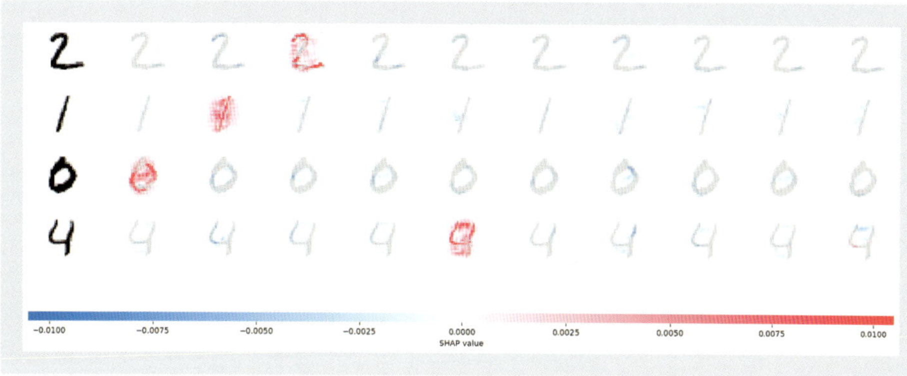

10.5 Text 자료에 대한 SHAP value

텍스트 자료분석은 딥러닝 모형의 중요한 영역 중의 하나이며 sentimental 분석, 머신번역, GPT-4와 같은 텍스트 생성 등은 모두 분류를 목적으로 한다. 텍스트 자료의 분류에서 입력된 말뭉치(corpus)가 예측에 어떤 영향을 미치는지 SHAP value를 통해 살펴보고자 한다.

다음은 fetch_20newsgroups 데이터의 사전자료정리 과정을 보여주고 있다. 신문 기사를 20개 그룹으로 분류한 데이터로부터 오직 5개의 기사 영역만 가진 신문 기사로 학습데이터와 시험데이터를 정의하고 있다. 학습데이터는 2,722개, 시험데이터는 1,811개로 구성되어 있다. print(X_train[0])를 실행해 보면 표본 하나가 긴 문장으로 구성되어 있음을 알 수 있을 것이다.

```
import numpy as np
import tensorflow
from sklearn import datasets
from tensorflow.keras.utils import to_categorical

all_categories = ['alt.atheism','comp.graphics','comp.os.ms-windows.misc',
            'comp.sys.ibm.pc.hardware', 'comp.sys.mac.hardware','comp.windows.x',
            'misc.forsale','rec.autos','rec.motorcycles','rec.sport.baseball','rec.sport.hockey',
```

```
          'sci.crypt','sci.electronics','sci.med','sci.space','soc.religion.christian',
          'talk.politics.guns','talk.politics.mideast','talk.politics.misc','talk.religion.misc']

selected_categories =
 ['alt.atheism','comp.graphics','rec.sport.hockey','sci.space','talk.politics.misc']

X_train, Y_train =datasets.fetch_20newsgroups(subset="train",
                            categories=selected_categories, return_X_y=True)
X_test , Y_test  = datasets.fetch_20newsgroups(subset="test",
                                  categories=selected_categories, return_X_y=True)

X_train = np.array(X_train)
X_test = np.array(X_test)
y_train = to_categorical(Y_train)
y_test = to_categorical(Y_test)

classes = np.unique(Y_train)
mapping = dict(zip(classes, selected_categories))
#print(X_train[0])
print(X_train.shape)
print(y_train[0])
print(len(X_train), len(X_test))
print(classes)
print(mapping)
```

```
(2722,)
[0. 1. 0. 0. 0.]
2722 1811
[0 1 2 3 4]
{0: 'alt.atheism', 1: 'comp.graphics', 2: 'rec.sport.hockey', 3: 'sci.space', 4:
'talk.politics.misc'}
```

텍스트 자료분석의 특징은 학습데이터와 시험데이터에서 유일한 말뭉치만 모아놓은 BOW(bag of words)에 있는 말뭉치만큼의 특성 변수가 있으며 각 표본에서는 이 특성 변수 중 일부만 나타난다는 것이다. 그러므로 텍스트 자료분석을 위해 각 표본에 있는 텍스트를 수량화하는 사전정리 과정이 필수적이다. 텍스트 자료를 text_to_matrix를 통해 binary, count, 또는 tfidt로 수량화하거나 텍스트를 index로 만든 후 Embedding 층에 입력하여 텍스트 자료를 수량화한다. 이렇게 수량화된 자료가 텍스트 자료분석의 입력자료가 된다. 그러나 SHAP value의 대상이 수량화 이전의 말뭉치가 아니면 사람은 인식할 수 없다. 그러므로 SHAP value가 설명 가능하기 위해서는 입력데이터가 텍스트 자료 자체, 즉 말뭉치여야 한다.

tf.keras.layers.TextVectorization()은 딥러닝의 은닉층으로 사용할 수 있으며 텍스트 자료 표본 하나를 입력받아 말뭉치를 수량화하는 은닉층이다. 앞에서 설명한 text_to_matix() 함수나 표본의 길이를 일정하게 조절하기 위한 pad_sequence() 함수 등의 역할을 하는 딥러닝의 은닉층이다.

다음 프로그램은 TextVectorization을 정의하고 있다. output_mode='int'로 주면 말뭉치를 1부터 전체 말뭉치의 수로 index화하고 output_sequence_length =300으로 주면, 표본 하나의 최대길이를 300개 말뭉치로 padding하는 padding_sequence를 실행하게 된다. output_mode를 'multi_hot'으로 주면 말뭉치를 말뭉치의 존재여부를 표현하는 binary로, 'count'이면 말뭉치의 빈도로, 'tf_idf'로 주면 tfidf로 말뭉치를 수량화하게 된다. TextVectorization은 아래와 같이 .adapt() 함수로 적용된다. 말뭉치의 개수를 최대로 하기 위해 X_train과 X_test에 모두 TextVectorization을 적용한 것을 볼 수 있다. 이렇게 정의된 text_vectorizer는 딥러닝의 Sequential API와 functional API의 은닉층으로 직접적으로 사용할 수 있다.

```
text_vectorizer = tensorflow.keras.layers.TextVectorization(max_tokens=10000,
                        standardize="lower_and_strip_punctuation",split="whitespace",
                        output_mode="int",output_sequence_length=300)

text_vectorizer.adapt(np.concatenate((X_train, X_test)))

vocab = text_vectorizer.get_vocabulary()
print("Vocab : {}".format(vocab[:10]))
out = text_vectorizer(X_train[:5])
print("Output Shape : {}".format(out.shape))
```

```
Vocab : ['', '[UNK]', 'the', 'to', 'of', 'a', 'and', 'in', 'is', 'that']
Output Shape : (5, 300)
```

아래 프로그램은 앞에서 정의한 text_vectorizer를 Sequential API의 은닉층으로 사용하고 있는 것을 볼 수 있으며 text_vectorizer의 입력은 반드시

Input(shape(1,), dtype='string')

으로 정의해야 한다. batch 단위로 입력되는 텍스트 자료의 표본을 하나씩 처리해야 하고 dtype은 'string'이어야 TextVectorization를 적용할 수 있기 때문이다.

```
from tensorflow.keras.models import Sequential, Model
from tensorflow.keras import layers
from tensorflow.keras.regularizers import l1

model=Sequential()
model.add(layers.Input(shape=(1,), dtype="string"))
model.add(text_vectorizer)
model.add(layers.Embedding(10000,100))
model.add(layers.Dropout(0.4))
model.add(layers.Dense(64, activation="relu"))
model.add(layers.Dropout(0.5))
model.add(layers.Dense(32, activation="relu"))
model.add(layers.Dense(8, activation="relu"))
model.add(layers.Flatten())
model.add(layers.Dropout(0.5))
model.add(layers.Dense(len(classes), activation="softmax"))

model.summary()
```

```
Model: "sequential_2"
_________________________________________________________________
 Layer (type)                Output Shape              Param #
=================================================================
 text_vectorization_1 (TextV  (None, 300)              0
 ectorization)
```

```
embedding_2 (Embedding)    (None, 300, 100)    1000000

dropout_6 (Dropout)        (None, 300, 100)    0

dense_8 (Dense)            (None, 300, 64)     6464

dropout_7 (Dropout)        (None, 300, 64)     0

dense_9 (Dense)            (None, 300, 32)     2080

dense_10 (Dense)           (None, 300, 8)      264

flatten_2 (Flatten)        (None, 2400)        0

dropout_8 (Dropout)        (None, 2400)        0

dense_11 (Dense)           (None, 5)           12005

=================================================================
Total params: 1,020,813
Trainable params: 1,020,813
Non-trainable params: 0
_________________________________________________________________
```

학습시킨 결과, 모형의 성능은 87.7%의 accuracy를 보이지만 과대적합되어 있다.

```
model.compile(loss="categorical_crossentropy",optimizer="adam", metrics=["accuracy"])
history = model.fit(X_train, y_train, batch_size=256, epochs=40,
                    validation_data=(X_test, y_test))
```

```
Epoch 39/40
11/11 388ms/step - loss: 0.0213 - accuracy: 0.9927 - val_loss: 0.4511 -
val_accuracy: 0.8702
Epoch 40/40
11/11 411ms/step - loss: 0.0145 - accuracy: 0.9982 - val_loss: 0.4547 -
val_accuracy: 0.8769
```

TextVectorization의 standadize='lower_and_punctuation'으로 옵션을 부여했기

때문에, 아래 프로그램과 같이 텍스트 자료의 SHAP value를 구하기 위해서는 shap.maskers.Text() 함수를 이용하여 텍스트 자료에서 punctuation을 제거하고 단어별로 분리(\W+)하여 토큰화해야 한다. 이러한 토큰화는 shap.Explainer의 masker에 지정되어야 한다. 비록 적합한 모형이 딥러닝 모형이지만, shap.Deep Explainer에는 masker 옵션이 없기 때문에 masker 옵션이 있는 shap.Explainer를 사용해야 한다.

```
import shap
masker = shap.maskers.Text(tokenizer=r"₩W+")        #단어별로 분리(특수문자 제외)
explainer = shap.Explainer(model, masker=masker, output_names=selected_categories)
```

다음은 두 개의 표본(X_test[3:5])에 대해 실제 기사그룹과 예측된 기사그룹을 보여주고 있으며 두 개 표본 모두 정확하게 예측된 것을 볼 수 있다. TextVectorization으로 입력된 텍스트를 소문자로 변경하였으므로 text.lower로 표본자료를 소문자로 변환한 후, Explainer에 입력하여 대응되는 SHAP value를 구하고 있다.

```
import re
X_batch = X_test[3:5]

for text in X_batch:
    #print(re.split(r"₩W+", text))
    print()

preds_proba = model.predict(X_batch)
preds = preds_proba.argmax(axis=1)

print("Actual Target Values : {}".format([selected_categories[target] for target
                                         in Y_test[3:5]]))
print("Predicted Target Values : {}".format([selected_categories[target] for target in preds]))
print("Predicted Probabilities : {}".format(preds_proba.max(axis=1)))

shap_values = explainer([text.lower() for text in X_batch]) ## Generate SHAP VAlues
```

```
Actual    Target Values : ['sci.space', 'talk.politics.misc']
Predicted Target Values : ['sci.space', 'talk.politics.misc']
Predicted Probabilities : [0.88973486 0.9988432 ]
```

다음은 Shap value의 shape과 각 클래스별 base_values($E(f(x))$)의 추정치, 그리고 입력된 텍스트 표본을 보여주고 있다. shap.Explainer를 사용했으므로 Shap value의 shape이 (표본 수, 특성 변수 수, label 수)이어야 하지만 표본당 특성 변수의 수가 300으로 padding 되어 있어 의미없는 값 0이 반복되어 있다. 실제 토큰수(특성 변수 수)는 표본마다 다르므로 (표본 수, None, label 수)로 shape을 출력하고 있다. base_values는 표본 수만큼 출력하지만 모두 같은 값임을 유의하도록 하자. SHAP Data는 입력 text 자료를 보여주고 있다.

```
#print(shap_values[0])
print("SHAP Values Shape : {}".format(shap_values.shape))
print("SHAP Base Values  : {}".format(shap_values.base_values))
print("SHAP Data : ")
print(shap_values.data[0])
#print(shap_values.data[1])
```

```
SHAP Values Shape : (2, None, 5)
SHAP Base Values  : [[0.012777    0.95019722 0.03116345 0.00124084 0.0046215 ]
                     [0.012777    0.95019722 0.03116345 0.00124084 0.0046215 ]]
SHAP Data :
['from: ' 'stk1203@' 'vax003.' 'stockton.' 'edu₩n' 'subject: ' 'internet '
 'resources₩n' 'x-' 'added: ' 'forwarded ' 'by ' 'space ' 'digest₩n'
 'organization: [' 'via ' 'international ' 'space ' 'university]₩n'
 'original-' 'sender: ' 'isu@' 'vacation.' 'venari.' 'cs.' 'cmu.' 'edu₩n'
 'distribution: ' 'sci₩n' 'lines: ' '4₩n₩n' 'exit']
```

아래에서 사용한 text_plot은 표본별로 force_plot을 보여주고 있다. 첫 번째 force_plot은 0.8897의 확률로 sci.space 그룹으로 예측되었으므로 빨간색으로 그룹명이 표시되어 있고 그룹명에 커서를 대면 첫 번째 표본의 각 label에 대한 확률값 f(x), base_value, 그리고 단어의 SHAP value 또는 연속된 단어들의

SHAP value들의 합을 해당 단어나 연속단어에 커서를 대면 확인할 수 있다.

```
shap.text_plot(shap_values)
```

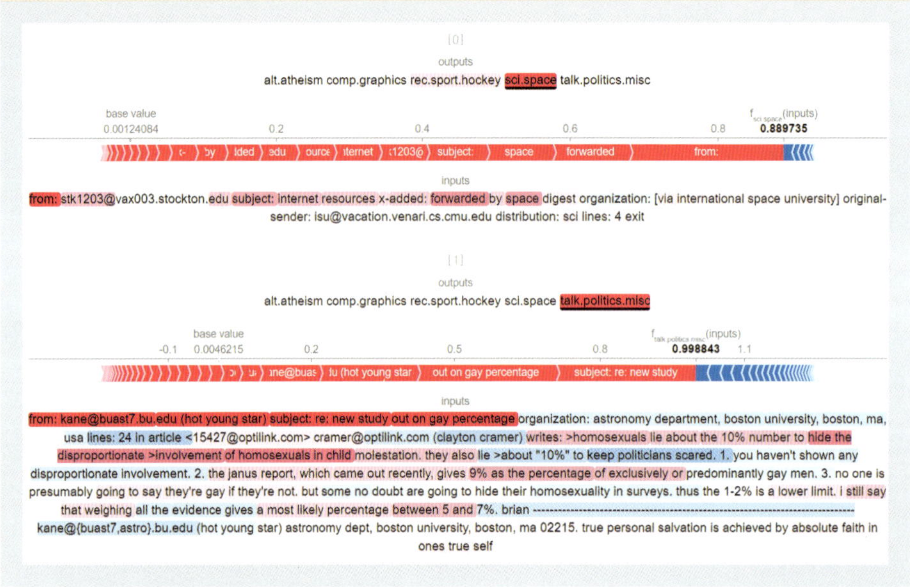

다음은 다양한 플롯을 위한 프로그램이다. 이미 shap.Explainer에서 자세하게 설명하였으므로 지면상 생략하기로 한다. 각자 제공된 프로그램을 실행하여 해석하길 바란다.

```
shap.plots.bar(shap_values[0,:, selected_categories[preds[0]]], max_display=15,
                order=shap.Explanation.argsort.flip)
shap.plots.bar(shap_values[:,:, selected_categories[preds[0]]].mean(axis=0),
                max_display=15, order=shap.Explanation.argsort.flip)
shap.plots.bar(shap_values[1,:, selected_categories[preds[1]]], max_display=15,
                order=shap.Explanation.argsort.flip)
shap.plots.bar(shap_values[:,:, selected_categories[preds[1]]].mean(axis=0),
                max_display=15, order=shap.Explanation.argsort.flip)
```

```
import re
```

```
tokens = re.split("₩W+", X_batch[0].lower())

shap.force_plot(shap_values.base_values[0][preds[0]],
                shap_values[0][:, preds[0]].values,
                feature_names = tokens[:-1], out_names=selected_categories[preds[0]])
```

11장

Decision plot

Decision plot은 머신러닝 모형의 내부적 작동원리와 예측구조를 좀 더 세밀하고 상세하게 설명하는 데 중점을 두고 있다. Decision plot의 중요 내용을 정리하면 다음과 같다.

- 좀 더 명확하고 세밀한 특성 변수의 Shap value 시각화
- 다중출력(multi-outputs)을 시각화
- interaction Shap value 효과와 누적효과를 시각화
- 일정 범위에 있는 특성 변수의 Shap value 탐색 기능
- 2개 이상의 머신러닝 모형의 예측 결과 비교 시각화
- 특정 예측 패턴을 가진 표본을 추출하고 탐색하는 기능

이 여섯 가지 내용에 대해 사례를 통해 논의하고 기타 중요한 사항을 살펴보고자 한다. 아래와 같이 이미 논의한바 있는 census 데이터인 adult 데이터를 호출한다. X, y와 다르게 X_display와 y_display는 12개 특성 변수 중 범주형인 7개 특성 변수를 string으로 정의하고 있다. X, y는 범주형 특성 변수를 one-hot encoding하여 자료분석에 이용되는 데이터이다.

```
import shap
from sklearn.model_selection import train_test_split
import numpy as np
import pandas as pd
X,y = shap.datasets.adult()
X_display,y_display = shap.datasets.adult(display=True)
X_train, X_test, y_train, y_test = train_test_split(X, y, test_size=0.2, random_state=7)
```

다음은 앙상블러닝 중 LightGBM을 적용하고 학습시킨 결과, accuracy=87.44%로 나타났다. 초모수를 조절하면 성능개선이 있겠지만, 여기서는 논의의 초점이 Shap value이므로 더 이상의 모형개선은 하지 않기로 한다.

```
from lightgbm import LGBMClassifier
```

```
from sklearn.metrics import accuracy_score
eval_set = [(X_test, y_test)]
lgb=LGBMClassifier(n_estimators=997, learning_rate=0.05, max_depth=3,
            colsample_bytree=0.842,min_child_weight=2,subsample=0.8, )
model=lgb.fit(X_train,y_train,verbose=False)

y_pred = model.predict(X_test)
accuracy = accuracy_score(y_test, y_pred)
print("Accuracy: %.2f%%" % (accuracy * 100.0))
```

```
Accuracy: 87.44%
```

다음은 X_test의 첫 20개 표본을 추출하여 이 20개 표본에 대한 Shap value를 구하기 위해 features로 정의하고, 범주형 특성 변수값을 텍스트로 표현하기 위해 features_display를 X_display로부터 정의하고 있다.

```
#select = np.random.choice(len(X_test),20,replace=False)
select = range(20)
features = X_test.iloc[select]
features_display = X_display.iloc[features.index]
```

이미 논의했지만 TreeExplainer는 intervention 방법 또는 tree_path_dependent 방법을 적용하여 SHAP value를 구할 수 있다. tree_path_dependent 방법이 SHAP을 구하기 위해 사용하는 조건부 분포에 가깝고 별도의 Shap value를 구하기 위한 background 데이터를 지정할 필요가 없는 장점이 있다. 덧붙여서, CatBoost 모형의 경우, intervention을 이용한 SHAP value는 error를 발생시키고, 특히 교호작용 Shap value를 모두 0으로 추정되는 오류가 발생하므로 가급적 tree_path_dependent를 사용할 것을 권장한다.

단순히 shap.TreeExplainer(model)이라고만 지정하면 tree_path_dependent를 사용하게 된다. 이미 언급하였듯이 교호작용 Shap value는 오직 TreeExplainer에서만 가능하다. 아래 결과에서 볼 수 있듯이 label이 2개이므로 expected_ value는 label 1의 $E(f(x))$의 추정치를 나타낸다. shap_values는 (label 수, 표본 수, 특성 변수) 3D list 데이터이고, shap_interaction_values는 (표본 수, 특성 변수 수, 특성 변수 수) 3D list 데이터이다.

만약, 목적 변수의 label이 3개 이상이면 expected_value는 (label 수) 1D list, shap_values는 (label 수, 표본 수, 특성 변수 수) 3D list로 출력된다. 그리고 shap_interaction_values는 (label 수, 표본 수, 특성 변수 수, 특성 변수 수) 4D list 데이터를 출력하게 된다.

```
import numpy as np

explainer = shap.TreeExplainer(model)
shap_values = explainer.shap_values(features)
shap_interaction_values = explainer.shap_interaction_values(features)
print(explainer.expected_value)
print(np.array(shap_values).shape)
print(np.array(shap_interaction_values).shape)
```

```
-2.4868130324455313
(2, 20, 12)
(20, 12, 12)
```

다음 프로그램은 label 1에 대한 expected_value, shap_values[1]을 decision_plot의 첫 번째, 두 번째 입력 옵션으로 지정하고 세 번째 입력 옵션에 특성 변수 이름을 가지고 있는 features_display를 지정하면 20개 표본 각각에 대해 다음과 같은 plot을 그려준다. 물론 features_display 대신 features로 지정해도 동일한 결과가 나온다.

```
shap.decision_plot(explainer. expected_value, shap_values[1], features_display)
```

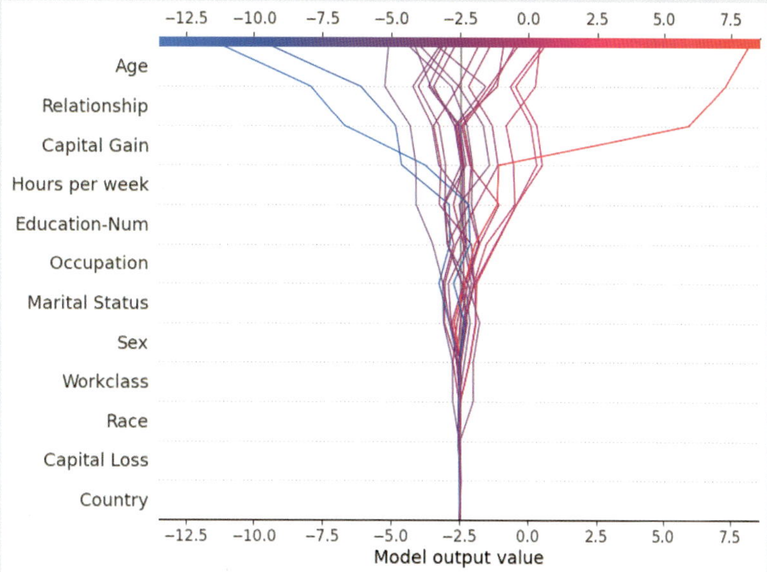

위 그림에서 y축은 특성 변수 중요도의 내림차순으로 특성 변수를 배열하고 있다. 특성 변수의 중요도는 Shap value 절댓값의 평균으로 계산한다. 하단부의 x축에 있는 출발점은 expected_value이고 상단부의 x축으로 올라가면서 각 특성 변수의 Shap value의 누적합을 진행한다. 상단부의 x축에 도달하면 그 값은 각 표본에 대한 예측치가 된다. 여기에서 예측치는 log odds 값으로 이 값을 sigmoid 함수에 대입하면 표본이 label 1에 속할 확률이 된다.

다음 프로그램은 log odds 대신 x축의 하단부와 상단부를 확률로 교체한 그림이다. link='logit'으로 옵션을 지정하면 된다.

```
shap.decision_plot(explainer.expected_value, shap_values[1], features_display, link='logit')
```

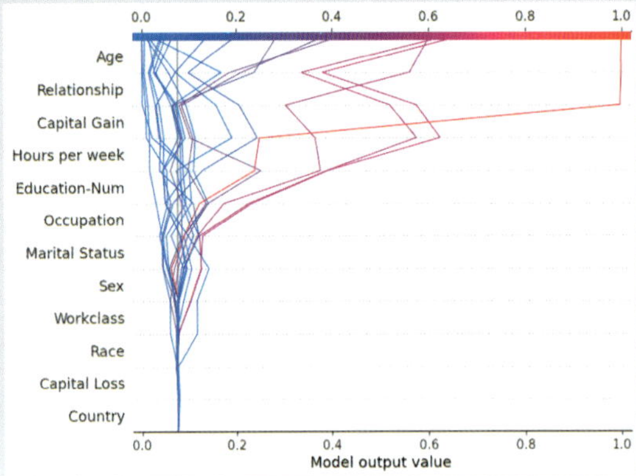

다음은 예측치가 틀린 유일한 12번째 표본을 점 연결선으로 표시할 수 있도록 highlight=12로 지정하고 있다.

```
expected_value=explainer.expected_value
y_pred = model.predict(features)
#y_pred = (shap_values.sum(1) + expected_value) > 0
misclassified = y_pred != y_test[select]
print(misclassified)
shap.decision_plot(expected_value, shap_values[1], features_display, link='logit',
                   highlight=12)
```

```
[False False False False False False False False False False False False
  True False False False False False False False]
```

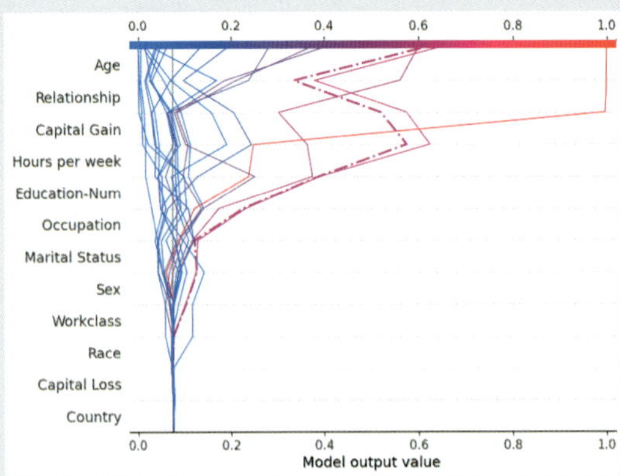

다음은 Boolean 데이터인 misclassified를 이용하여 12번째 표본만 decision_plot으로 그린 그림으로, Shap value가 오직 1개이면 features_display의 특성 변수값을 아래와 같이 출력한다. features_display 대신 features를 지정하면 one-hot encoding 값을 출력하므로 범주형 특성 변수값을 알 수 없다.

```
shap.decision_plot(expected_value, shap_values[1][misclassified],
                   features_display[misclassified], link='logit', highlight=0)
```

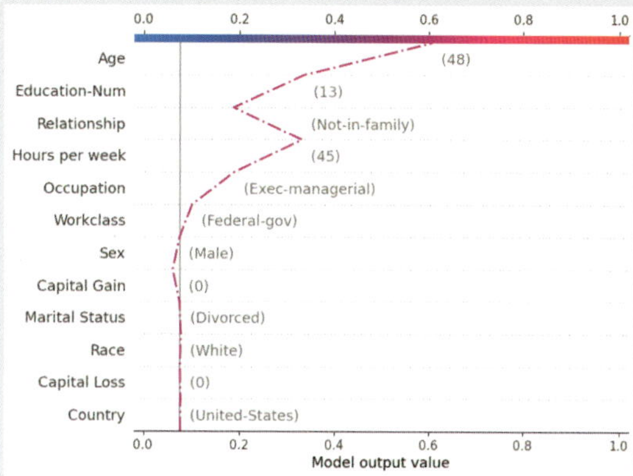

다음은 직전 decision_plot과 동일한 정보를 주는 force_plot이다. 출력은 log odds 값이므로 약간의 차이가 있다. force_plot은 link='logit'와 같은 옵션이 없기 때문에 출력을 확률로 바꿀 수 없다. decision_plot과 동일한 정보를 제공하지만 특성 변수가 많아지면 force_plot의 해독력은 현저하게 떨어진다는 약점이 있다.

```
shap.force_plot(expected_value, shap_values[1][12], features_display[misclassified],
                matplotlib=True)
```

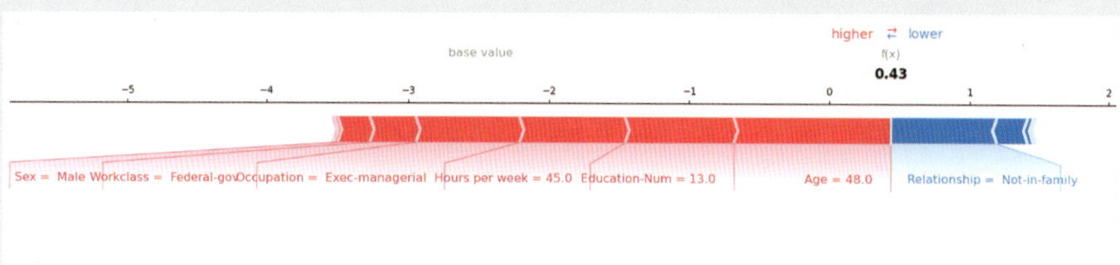

다음 프로그램은 $\frac{k(k+1)}{2} = 12(13)/2 = 78$개 교호작용(주 효과 포함)을 Shap value 절댓값 평균으로 평가한 중요도의 내림차순으로 가장 기여도가 큰 20개의 교호작용을 default로 보여주고 있다. feature_display_range 옵션으로 20개 이상의 교호작용 SHAP value의 출력을 지정할 수 있다. 모든 Shap value를 plot하지 않았기 때문에 expected_value가 x축 하단부에 나타나지 않아 수렴하지 않은 것처럼 나타났다.

```
shap.decision_plot(expected_value, shap_interaction_values, features_display,
highlight=misclassified, link='logit')
```

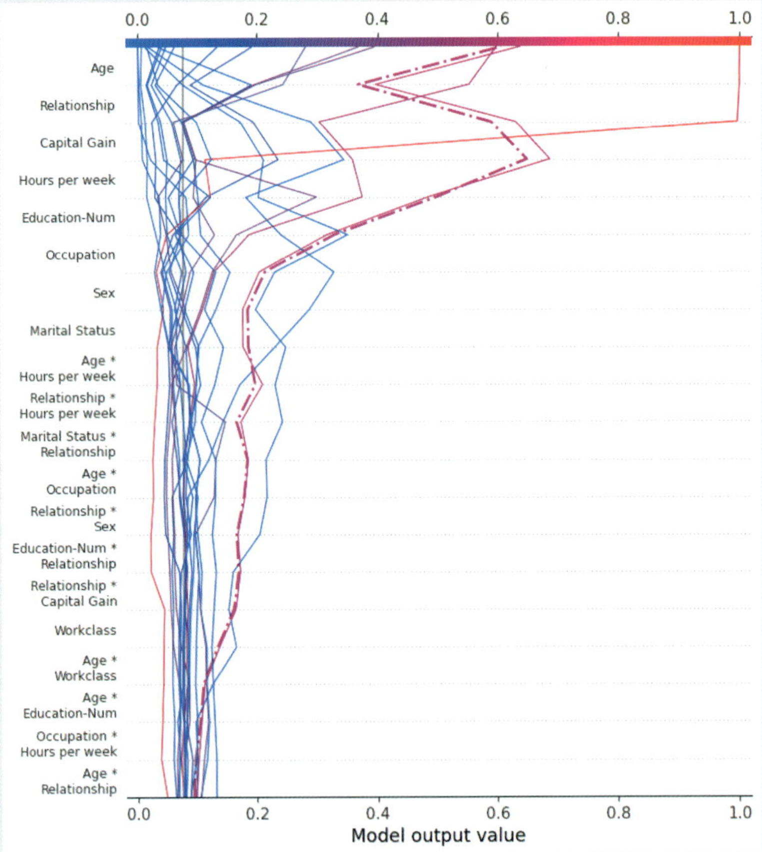

다음은 예측이 틀린 12번째 표본에 대한 interaction Shap value를 보여주고 있다.

```
shap.decision_plot(expected_value, shap_interaction_values[misclassified],
                   features_display[misclassified], link='logit')
```

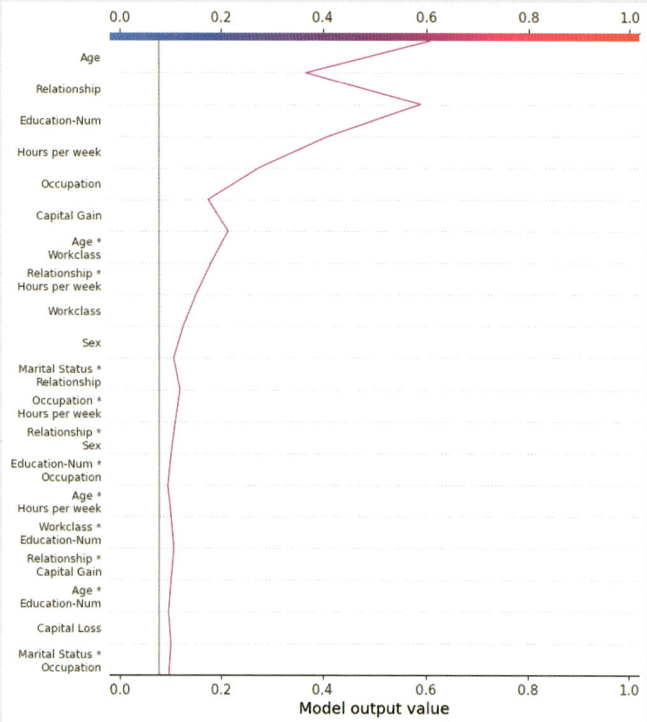

다음은 특정 표본의 특성 변수값을 변화시켰을 때 예측치의 영향을 살펴보고자 하는 프로그램이다. np.repeat를 이용하여 25번째 표본을 100번 반복하여 복사한 후, 특성 변수 Capital Gain 값을 0부터 100씩 증가시킨 값으로 대체한 (100,12) 2D 텐서 데이터 R을 정의하고 있다. 이 시나리오 데이터 R에 대한 Shap value를 산출한 후, 목적 변수 label 1의 Shap value를 hypothetical_shap_values으로 정의하고 있다.

```
idx = 25
rg = range(0, 10000, 100)
R = X.iloc[np.repeat(idx, len(rg))].reset_index(drop=True)
```

```
print(R.shape)
R['Capital Gain'] = rg

hypothetical_shap_values = explainer.shap_values(R)[1]
hypothetical_predictions = expected_value + hypothetical_shap_values.sum(axis=1)
hypothetical_predictions = 1 / (1 + np.exp(-hypothetical_predictions))
```

```
(100, 12)
```

다음은 100개의 시나리오 표본에 대한 예측경로(prediction path)를 보여주고 있다. feature_order='hclust'으로 지정하면 예측경로가 비슷한 표본들을 군집으로 모아 plot하도록 한다. 원래의 25번째 관측치는 0번째에 있도록 하였으므로 highlight=0으로 지정하여 점선으로 그리도록 하고 있다.

```
shap.decision_plot(expected_value, hypothetical_shap_values, R, link='logit',
                   feature_order='hclust', highlight=0)
```

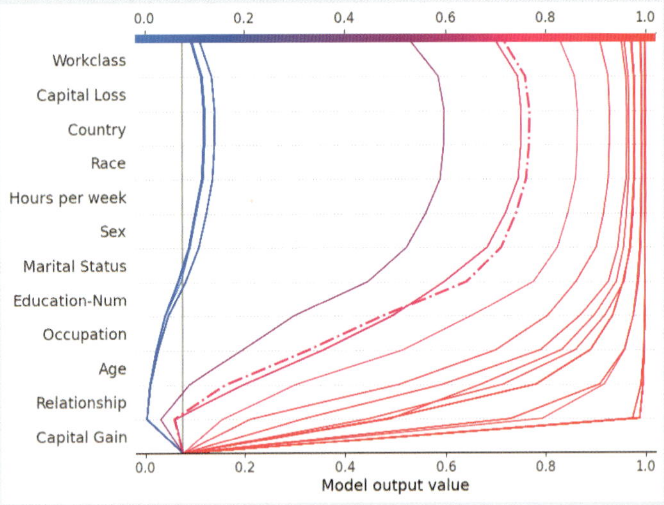

다음은 25번째 표본에 대한 Shap value(hypothetical_shap_values[0])의 예측경로를 그리고 있다. feature_idx를 지정한 이유는 직전 plot의 특성 변수 중요도 순서를 유지하여 비교가능하도록 하기 위함이다.

```
feature_idx = [8, 5, 0, 2, 4, 3, 7, 10, 6, 11, 9, 1]
shap.decision_plot(expected_value, hypothetical_shap_values[0], X_display.iloc[idx],
                feature_order=feature_idx, link='logit')
```

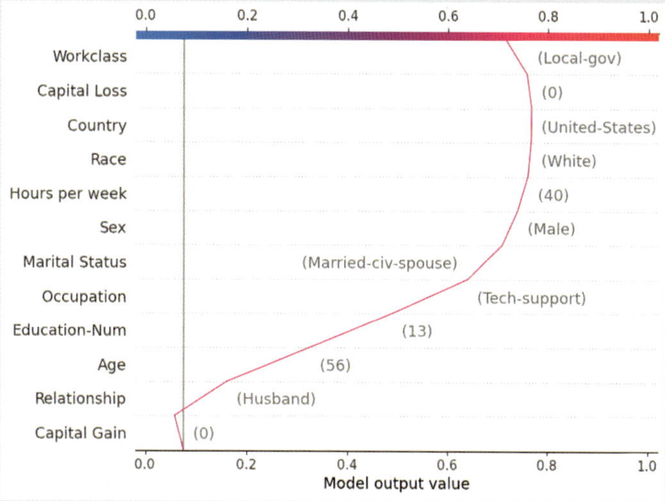

특성 변수 Capital Gain의 효과를 좀 더 뚜렷하게 살펴보기 위해 데이터 R에서 [0,30,40,50]을 선택하여 plot하면 다음과 같다.

```
def legend_labels(idx):
    return [f'₩${i * 100:,} ({hypothetical_predictions[i]:.2f})' for i in idx]

show_idx = [0, 30, 40, 50]
shap.decision_plot(expected_value, hypothetical_shap_values[show_idx], X,
            feature_order=feature_idx,link='logit',
            legend_labels=legend_labels(show_idx), legend_location='upper center')
```

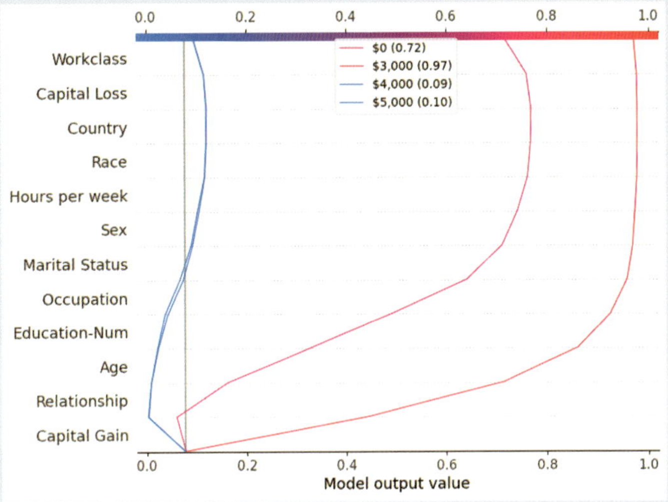

위 그림에서 볼 수 있듯이 연 5만 불 이상 수입이 있을 확률은 Capital Gain이 0에서 $3,000로 증가하면서 증가하지만, $4,000 이상이 되면 연수입이 5만 불 이상일 확률이 급격하게 감소한 것을 보여주고 있다.

다음은 시험데이터 X_test에서 목적 변수 label 1에 속할 확률이 아주 작은 $(0.03 \leq y_{pred} \leq 0.1)$ 표본을 모아 이를 T로 정의하고 이 데이터에 대한 Shap value를 구하고 있다. return_objects=True 옵션을 부여하면 shap.decision_plot을 객체화하여 플롯의 구조를 공유할 수 있다. 동일한 Shap value의 순서와 scale을 유지하여 다음 분석과의 비교를 용이하도록 하기 위함이다. 아래 그림에서 볼 수 있듯이 특성 변수 AGE의 효과가 음의 방향으로 매우 큰 표본이 있는 것으로 보인다.

```
y_pred = model.predict_proba(X_test) # Get predictions on the probability scale.
T = X_test[(y_pred[:,1] >= 0.03) & (y_pred[:,1] <= 0.1)]
sh = explainer.shap_values(T)[1]
r = shap.decision_plot(expected_value, sh, T, feature_order='hclust', return_objects=True)
```

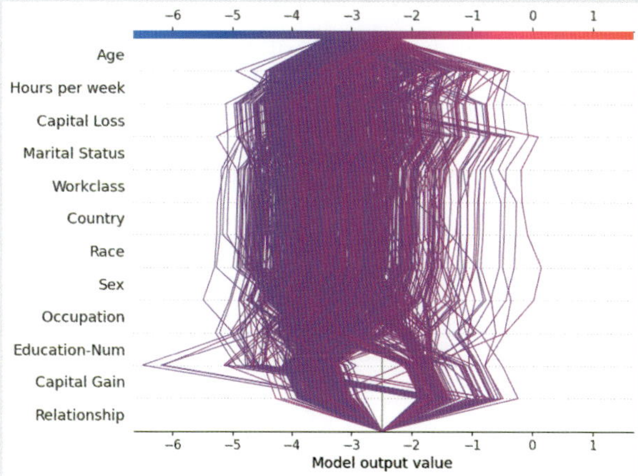

아래 프로그램과 같이 np.argpartition(x[:,i],k)를 통해 데이터 x의 i번째 특성 변수값을 기준으로 k번째 작은 값보다 작은 표본은 왼쪽으로, 크면 오른쪽으로 분리할 수 있다. 그러므로 아래 프로그램은 특성 변수 AGE의 Shap value 기준으로 가장 작은 두 개 표본의 index를 idx로 정의하고 이 두 표본에 대한 예측경로를 차례로 보여주고 있다. 아래 그림에서 볼 수 있듯이 AGE, Hours per week, Education-Num만 약간 차이가 있을 뿐 다른 특성 변수값이 모두 동일한 것을 관찰할 수 있다.

```
idx = np.argpartition(sh[:, T.columns.get_loc('Age')], 2)[0:2]

for i in idx:
    shap.decision_plot(expected_value, sh[i], X_display.loc[T.index[i]],
                       feature_order=r.feature_idx, xlim=r.xlim)
```

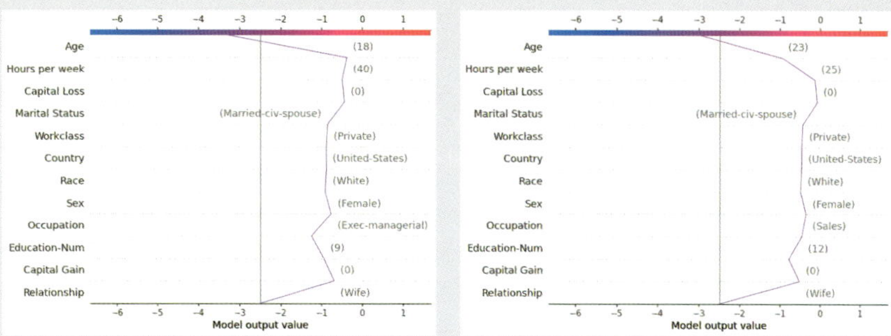

shap.multioutput_decision_plot은 2개 이상의 모형들에 데이터를 적합시켜 모형들 간의 예측경로를 비교하거나, 3개 이상의 label를 가진 분류과제에서 label별 예측경로를 비교하는 데 유용하게 사용되는 plot이다. 이 plot의 유용성을 살펴보기 위해 앞에서 정의한 adult 데이터 X, y를 다시 이용하여 Logistic regression, XGBoost, LightGBM, 그리고 CatBoost 모형을 SHAP value로 비교하고자 한다.

```
from lightgbm import LGBMClassifier
from xgboost import XGBClassifier
from catboost import CatBoostClassifier
from sklearn.linear_model import LogisticRegression
from sklearn.model_selection import train_test_split
from sklearn.metrics import accuracy_score

X_train, X_test, y_train, y_test = train_test_split(X, y, test_size=0.2, random_state=7)
eval_set = [(X_test, y_test)]
```

아래 프로그램에서 볼 수 있듯이 4개의 모형들을 적용하고 학습시킨 후, models에 CatBoostClassifier, LogisticRegression, LGBMClassifier, 그리고 XGBClassifier 순으로 4개의 모형을 list로 저장하고 있다. 최종적으로 모형의 성능은 Logistic Regression이 가장 나쁜 것으로 나타났다.

```
models=[]

cat=CatBoostClassifier(n_estimators=500,verbose=0)
cat.fit(X_train,y_train, eval_set=eval_set, early_stopping_rounds=50 )
models.append(cat)

y_pred_cat = cat.predict(X_test)
for i,val in enumerate(y_pred_cat):
    if val=='True':
        y_pred_cat[i]=True
    else:
        y_pred_cat[i]=False

accuracy = sum(y_test==y_pred_cat)/6513
```

```
print("Accuracy: %.2f%%" % (accuracy * 100.0))
```

```
Accuracy: 87.21%
```

```
lin=LogisticRegression(max_iter=10000)
lin.fit(X_train,y_train)
models.append(lin)

y_pred_lin=lin.predict(X_test)
for i,val in enumerate(y_pred_lin):
    if val=='True':
        y_pred_lin[i]=True
    else:
        y_pred_lin[i]=False
accuracy = sum(y_test==y_pred_lin)/6513
print("Accuracy: %.2f%%" % (accuracy * 100.0))
```

```
Accuracy: 76.02%
```

다음은 LightGBM과 XGBoost를 적용하기 위해 model_selection() 함수를 정의하고 있다.

```
def model_selection(model,X_train,y_train):
    m=model(n_estimators=500)
    m.fit(X_train,y_train, eval_set=eval_set,early_stopping_rounds=50, verbose=False)
    y_pred=m.predict(X_test)
    accuracy = sum(y_test==y_pred)/6513
    print("Accuracy: %.2f%%" % (accuracy * 100.0))
    models.append(m)
```

```
model_selection(LGBMClassifier,X_train,y_train)
model_selection(XGBClassifier,X_train,y_train)
```

```
Accuracy: 87.46%
Accuracy: 87.30%
```

아래에 정의된 get_emsemble_shap_values() 함수는 앞에서 학습시킨 모형들을 이용하여 데이터셋 X에 대한 Shap value와 예측치를 저장하는 프로그램이다. [None]*4로 4개 모형의 base_value, SHAP value, 그리고 label 1에 속할 확률을 저장하기 위한 [None,None,None,None]의 리스트를 만들고 있다. 여기에서 주목할 만한 것은 LightGBM의 Shap value를 구하기 위해 TreeExplainer를 이용할 필요 없이 pred_contrib=True를 지정하면 TreeExplainer를 사용하여 자동으로 Shap value를 구해준다. XGBoost에도 이러한 기능이 추가되었으나 현재(2023년 6월)까지 sklearn에서는 작동되지 않았다.

```
def get_ensemble_shap_values(models,X_test, X):
    base_values = [None] * 4
    shap_values = [None] * 4
    predictions = [None] * 4
    for i, m in enumerate(models):
        if i==0:
            explainer = shap.TreeExplainer(m)
            shap_values_1 = explainer.shap_values(X)
            base_values[i]=explainer.expected_value
            shap_values[i]=shap_values_1
            predictions[i]=m.predict_proba(X)[0,1]
        elif i==1:
            explainer_lin=shap.KernelExplainer(m.predict, X_test)
            shap_values_lin=explainer_lin.shap_values(X)
            base_values[i]=explainer_lin.expected_value
            shap_values[i]=shap_values_lin
            predictions[i]=m.predict_proba(X)[0,1]
        elif i==2:
            a = m.predict(X, pred_contrib=True)
                # `pred_contrib=True` returns SHAP values for LightGBM
            base_values[i] = a[0, -1]#The last column in the matrix is the base value.
            shap_values[i] = a[:, 0:-1]
            predictions[i]=1/(1 + np.exp(-a.sum(axis=1)[0]))#Predictions as probabilities
        else:
            explainer_xgb = shap.TreeExplainer(m)
            shap_values_xgb = explainer_xgb.shap_values(X)
            base_values[i]=explainer_xgb.expected_value
            shap_values[i]=shap_values_xgb
            predictions[i]=1 / (1 + np.exp(-(explainer_xgb.expected_value
```

```
                                   +shap_values_xgb.sum(axis=1)[0]))

    return base_values, shap_values, predictions
```

get_ensembel_shap_values() 함수를 호출하여 27번째 표본에 대한 base_values, shap_values, 그리고 prediction을 출력하도록 하고 있다. 목적 변수가 범주형이고 3개 이상의 범주가 있다면, base_values는 (모형 수, 범주 수), shap_values는 (모형 수, 범주 수, 표본 수, 특성 변수 수) 4D list 데이터를 출력하게 된다. 아래 출력 결과에서 볼 수 있듯이 LogisticRegression만 범주 1일 확률이 0.5보다 작아서 27번째 표본을 label 0으로 분류하고 나머지 모형은 모두 label 1로 분류한다.

```
ensemble_base_values, ensemble_shap_values, ensemble_predictions ₩
= get_ensemble_shap_values(models, X_train, X.iloc[[27]])

print(np.array(ensemble_base_values).shape)
print(np.array(ensemble_shap_values).shape)
print(np.array(ensemble_predictions))
```

```
(4,)
(4, 1, 12)
[0.60169753 0.45420901 0.63962547 0.51268103]
```

아래는 위에서 구한 4개 모형별 27번째 표본에 대한 Shap value의 예측경로를 보여주고 있다. decision_plot의 필수 입력요소는

(base_values, shap_values, feature_names)

이지만 multioutput_decision_plot의 필수 입력요소는

(base_values, shap_values, feature_names, row_index)

이다. 따라서, 비록 표본 수가 1개이지만 아래와 같이 row_index=0으로 지정하였다.

```
labels=[f'Model {i + 1} ({ensemble_predictions[i].round(2):.2f})' for i in range(4)]

shap.multioutput_decision_plot(ensemble_base_values, ensemble_shap_values,
                    row_index=0, feature_names=X.columns.to_list(), link='logit',
                          legend_labels=labels, legend_location='lower right')
```

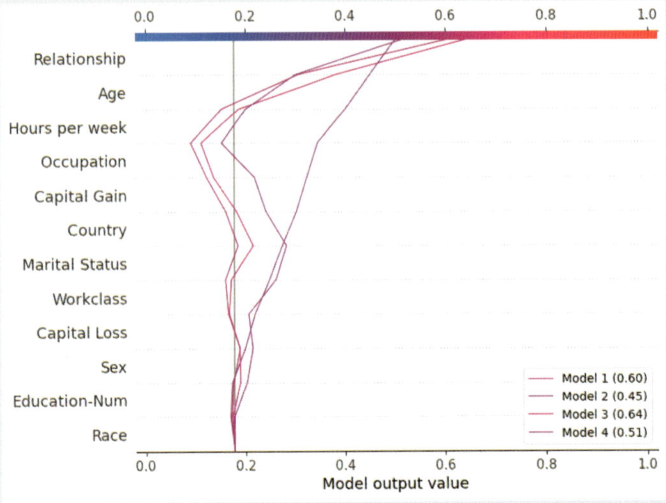

위 그림에서 볼 수 있듯이 특성 변수 AGE와 Relationship의 Shap value의 기여도가 매우 크게 나타났지만 model 2의 LogisticRegression에서는 눈에 띌 정도는 아닌 것으로 나타났다. 또한 3개의 Boosting 모형(model 1, 3, 4)에서는 특성 변수 country, Capital Gain, Occupation이 음의 Shap value를 가지고 있지만, 로지스틱 모형에서는 이들 특성 변수가 양의 SHAP value를 보이고 있다. 어떤 모형의 예측경로가 좀 더 타당한지는 27번째 표본의 특성 변수값과 각 특성 변수의 dependence_plot, 각 특성 변수의 평균값 등을 통해 파악할 수 있을 것이다. 그러나 로지스틱 모형을 제외하고 다른 3개의 모형이 참 label인 label 1을 예측한 것으로 보아 앙상블러닝에 의한 특성 변수 기여도가 좀 더 타당하다고 할 수 있다.

multioutput_decision_plot을 3개 이상의 label로 분류하는 과제에 적용하기 위해 아래와 같이 11개의 특성 변수와 4개의 label을 가진 목적 변수로 구성된 log2 데이터를 호출한다.

```
import pandas as pd
import numpy as np
df = pd.read_csv('log2.csv')
y = df.Action.copy()
X = df.drop('Action',axis=1)
print(np.unique(y))
print(X.info())
```

데이터를 학습데이터와 시험데이터로 분리한 후, random forest 모형을 적용한다.

```
from sklearn.model_selection import train_test_split
from sklearn.ensemble import RandomForestClassifier
X_train, X_test, y_train, y_test = train_test_split(X, y, random_state=0)
cls = RandomForestClassifier(max_depth=2, random_state=0)
cls.fit(X_train, y_train)
```

다음과 같이 TreeExplainer를 적용하여 300개의 학습데이터에 대한 expected_value, shap_values, 그리고 interaction_shap_values를 구하고 있다. multioutput_decision_plot은 list 데이터만 입력받을 수 있기 때문에 expected_value가 numpy이므로 list 자료로 변경하고 있다.

```
import shap
explainer_tree = shap.TreeExplainer(cls)
log_shap_values = explainer_tree.shap_values(X_test.iloc[0:300])
log_interaction_values = explainer_tree.shap_interaction_values(X_test.iloc[0:300])
log_expected=list(explainer_tree.expected_value)
print(np.array(log_shap_values).shape)
print(np.array(log_interaction_values).shape)
print(log_expected)
```

```
(4, 300, 11)
(4, 300, 11, 11)
[0.5748786343567519, 0.22804919733870463, 0.19615536430039265, 0.0009168040041506438]
```

multioutput_decision_plot에 이용할 변수와 class_labels를 정의한다.

```
class_count = len(log_expected)
log_feature_names=list(X.columns)
log_predictions=cls.predict_proba(X_test.iloc[0:300])
```

아래의 연속된 3개 프로그램은 각 label별 2번째, 3번째 표본의 shap_values의 예측경로를 보여주고 있다. 가장 큰 확률을 가진 범주가 점선으로 표시되도록 highlight 옵션을 주었다. 이를 통해 첫 번째 표본(row_index=2)은 label 1로, 두 번째 표본(row_index=3)은 label 3으로 예측하게 된다.

```
def class_labels(row_index):
    return [f'Class {i + 1} ({log_predictions[row_index, i].round(2):.2f})'
                            for i in range(class_count)]
```

```
row_index = 2
shap.multioutput_decision_plot(log_expected, log_shap_values,
                            row_index=row_index,
                            feature_names=log_feature_names,
                            highlight=[np.argmax(log_predictions[row_index])],
                            legend_labels=class_labels(row_index),
                            legend_location='lower right')
```

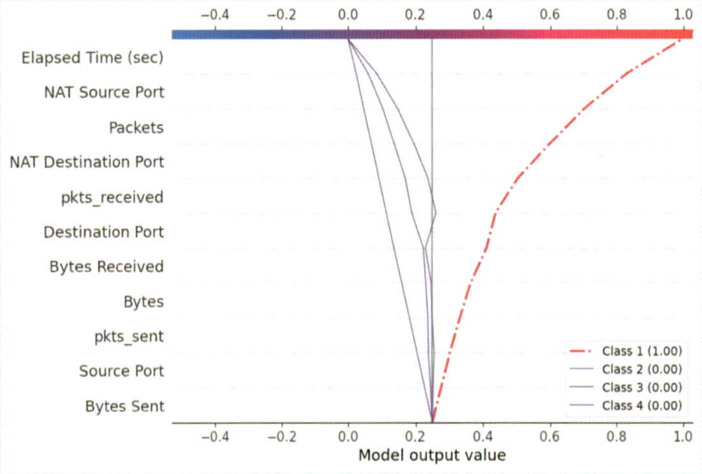

```
row_index = 3
shap.multioutput_decision_plot(log_expected, log_shap_values,
                               row_index=row_index,
                               feature_names=log_feature_names,
                               highlight=[np.argmax(log_predictions[row_index])],
                               legend_labels=class_labels(row_index),
                               legend_location='lower right')
```

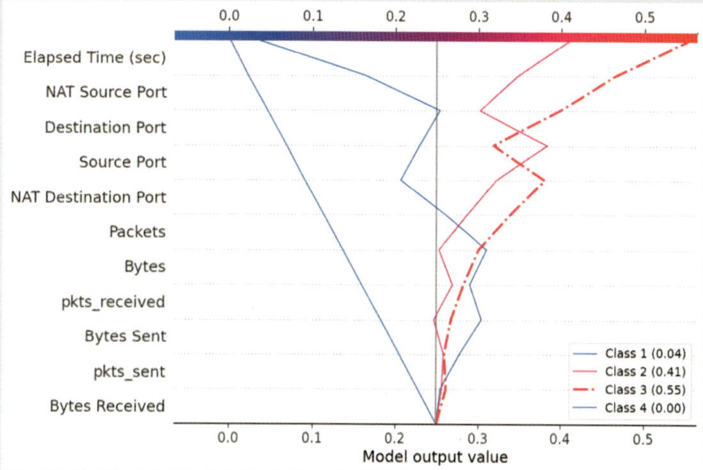

4부

CounterFactual Explainers

12장 CEM(Contrastive explanation method)

13장 CFI(Counterfactual Instances)

14장 CFP(Counterfactual Guided by Prototypes)

15장 CFRL(Counterfactual with Reinforcement Learning)

분류가 목적인 머신러닝 모형 $f(x)$를 학습시킨 후, '특성 변수 x를 얼마나 변경시키면 예측범주를 변경할 수 있는가?'에 대한 하나의 해결책이 counterfactual explainer이다. 오직 특정 표본에만 적용되므로 counterfactual explainer는 local explainer이다. 은행에 대출신청이 거부되었을 때 대출신청자의 어떤 신용정보를 얼마나 변경해야 대출신청이 승인되는가를 알고 싶다거나, 건강검진 결과 중 어느 검진 항목을 얼마나 개선해야 암에 걸릴 확률을 1% 이하로 줄일 수 있는지를 설명해 주는 것이 counterfactual explainer의 목적이다.

머신러닝 관점에서 counterfactual(이하 cf)는 예측된 범주를 원하는 다른 범주로 바꿀 수 있는 최소로 수정한 특성 변수값으로 정의할 수 있다. 즉, 새로운 특성 변수값은 원래의 특성 변수값에 최대로 가까워야 하며 설명 가능해야 한다. 여기에서 최대로 가깝다는 의미는 실현가능성이 높아야 한다는 의미로 주어진 특성 변수 수와 변경의 크기 관점에서 최소화되어야 한다는 의미이다. 은행 대출에서 대출 심사항목의 변경항목 수가 적을수록 그리고 대출심사 항목의 변경 정도가 작아야 실현가능성이 높아지기 때문이다. 설명 가능해야 한다는 의미는 주어진 특성 변수의 분포가 유사해야 한다는 의미로 예를 들어, 대출이 승인되기 위해서는 성별을 바꾼다던가, 연령을 낮춘다든가 하는 것은 실현 불가능할 뿐만 아니라 주어진 특성 변수의 분포와는 다르므로 cf의 후보가 될 수 없다.

cf를 구하는 explainer 중에 Jacovi et al. (2021)의 contrastive explanation method(CEM), Wachter et al. (2017)의 counterfactual instance(CFI), Looveren and Klaise (2020)의 counterfactuals guided by prototypes(CFP), 그리고 Samoilescu et al. (2021)의 CFRL(counterfactual with reinforcement learning)을 소개하고자 한다. CFI와 CEM은 실수형 tabular 데이터와 image 데이터에 적용 가능하고 CFP와 CFRL은 실수형뿐만 아니라 범주형 tabular 데이터와 image 데이터에 적용할 수 있다.

12장

CEM
(Contrastive explanation method)

숫자 이미지로 구성된 MNIST 데이터에서 어떤 이미지가 숫자 3으로 예측되었을 때, 이 이미지에서 숫자 3으로 예측하게 하는 결정적인 픽셀을 찾거나, 이와 반대로 해당 이미지에 어떤 특정 픽셀을 추가해야 3이 아닌 다른 숫자로 예측되는지를 설명하는 explainer가 CEM이다. 전자를 PP(pertinent positive)라고 하고, 후자를 PN (pertinent negative)이라고 한다. 아래 그림으로 개념을 좀 더 명확하게 이해해 보자.

<그림 12-1>의 첫 번째 열은 입력된 이미지를 각각 3과 7로 블랙박스 모형이 예측한 결과를 보여주고 있다. 두 번째 열은 CEM PP의 예제로 입력된 이미지에서 불필요한 픽셀을 제거(즉, 배경색인 검은색으로 전환한다는 의미이고 실수값 측면에서는 0으로 전환한다는 의미이다)하고 나머지 핵심 픽셀을 highlight 해서 보여주고 있다. 그러므로 PP는 주어진 이미지의 배경색이 아닌 픽셀(이러한 픽셀을 present라고 한다)을 결측(absent)으로 변환시켜도 블랙박스 모형이 예측을 바꾸지 않는 핵심 픽셀을 찾는 local explainer이다. 다시 말해 present 픽셀 중 현재의 예측이 그대로 유지되게 만드는 핵심 픽셀이 CEM PP이다. 이러한 관점에서 CEM PP는 6장의 Anchors와 매우 유사한 접근방법이라고 할 수 있다.

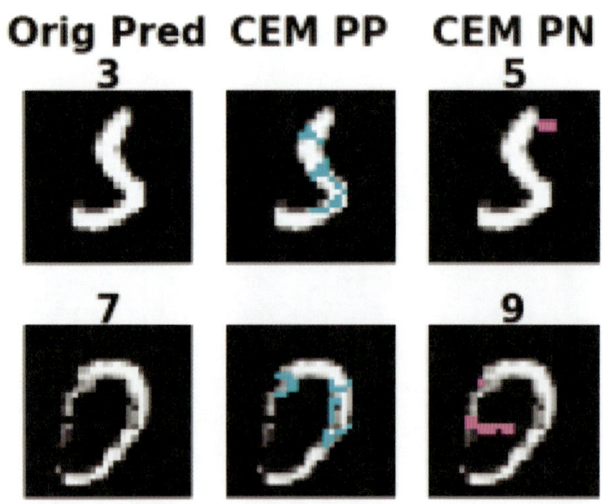

그림 12-1 실제 이미지, CEM PP, 그리고 CEM PN
출처: Dhurandhar et.al (2018)

Anchors에서는 블랙박스 모형이 예측 범주를 변경하지 않는 핵심 픽셀(superpixel)의 조합을 multi-armed bandit 알고리즘으로 찾고 이 조합은 coverage가 일정 수준이어야 한다는 조건이 필요하다. 한편, CEM PP는 coverage를 정의하지 않고 핵심 픽셀을 손실함수를 통해 찾으며(detection), 손실함수의 최소화는 계산 부담을 줄이기 위해 일반적인 gradient descent 대신 FISTA(fast iterative shrinkage thresholding algorithm)를 통해 구현한다.

세 번째 열은 입력된 이미지에 픽셀을 추가하여 머신러닝 모형이 3과 7을 각각 5와 9로 예측하도록 한 픽셀을 highlight한 CEM PN을 보여주고 있다. 즉, 배경이 되는 0(검은색)을 1(흰색)로 변경하여 다른 범주가 되게 만드는 최초의 픽셀들을 찾는 local explainer가 CEM PN이다. 즉, PN은 머신러닝 모형의 예측 범주를 3과 7로 유지하기 위해 가장 피해야 할 픽셀들로 해석할 수 있다. PN의 픽셀은 원래 범주에서 가장 민감하게 반응하여 다른 범주로 변하게 하는 픽셀이기 때문이다. CEM PN은 다음 장에서 논의할 cf(counterfactual) 기법과 유사한 방법이라고 할 수 있다. cf 기법은 픽셀을 최소한으로 변경시켜 범주 예측치를 변경시킨다는 관점에서 CEM PN과 유사하다고 볼 수 있다. cf 기법은 모든 픽셀(또는 특성 변수 전체)을 조금씩 변경하는 gradient descent 접근법으로 구하지만, CEM PN은 원래 이미지에서 배경화면 픽셀들(또는 원래 이미지 분류에서 정보가 없는 특성 변수)만을 조금씩 변경시키는 접근법으로 구한다.

12.1 CEM PP와 PN

x_0로 관측된 특성 변수를 머신러닝 모형에 입력하여 예측된 label의 확률을 $f(x_0)$라고 정의하자. 이때 가장 큰 확률을 가진 label을 t_0로 표기하면, 즉 $f(x_0)_k$를 특성 변수 x_0로 예측한 label k의 예측확률이라고 표기할 때, t_0는

$$t_0 = \mathrm{arg}max_k f(x_0)_k$$

이다. δ를 x_0의 일부 픽셀(또는 특성 변수)을 off 상태(즉, absent)로 변환한 이미지라고 정의하고 L_1, L_2를 각각 ℓ_1, ℓ_2 norm이라고 정의할 때, CEM PP의 손실함수는 다음과 같이 정의된다.

$$L(\delta) = c\,\ell_\kappa^{POS}(x_0,\delta) + \beta L_1(x_0 - \delta) + L_2(x_0 - \delta) + \gamma L_2(\delta - AE(\delta)) \qquad (12.1)$$

여기서

$$\begin{aligned}\ell_\kappa^{POS}(x_0,\delta) &= \max(\max_{k \neq t_0} f(\delta)_k - f(\delta)_{t_0},\ -\kappa) \\ &= \min(f(\delta)_{t_0} - \max_{k \neq t_0} f(\delta)_k,\ \kappa)\end{aligned}$$

으로 정의된다. $\kappa \geq 0$은 초모수이다. 손실함수 (12.1)의 δ를 정의하기 위해 CEM에서는 무엇이 absent를 의미하는지 데이터의 속성을 미리 파악해야 한다. 예를 들어, image 데이터에서 배경이미지가 검은색일 때는 0이 absent를 의미하고 tabular 데이터에서는 일반적으로 특성 변수의 평균 또는 중위수가 absent를 의미한다. 즉, absent는 label 예측중립적(neutral)인 값으로 정의할 수 있다.

$\beta L_1(x_0 - \delta) + L_2(x_0 - \delta)$에 의해 $|x_0 - \delta|$와 $|x_0 - \delta|^2$를 최소화하므로 δ를 x_0에 최대한 가깝게 변환하도록 한다. $AE(\delta)$는 δ를 autoencoder에 입력하여 재생(regenerate)한 이미지로 δ가 학습데이터의 분포를 벗어나지 않도록 하는 안전장치이다. 즉, δ가 블랙박스 모형이 학습한 데이터의 범주를 벗어나지 않도록 하기 위함이다. 끝으로 $\ell_\kappa^{POS}(x_0,\delta)$를 살펴보면

$$0 \leq f(\delta)_{t_0} - \max_{k \neq t_0} f(\delta)_k < \kappa$$

를 만족해야 한다. κ를 0보다 약간 크게 설정하면 $f(\delta)_{t_0}$가 $\max_{k \neq t_0} f(\delta)_k$보다 약간 크게되어 원래의 label t_0를 유지하게 한다. 그러므로 $\ell_\kappa^{POS}(x_0,\delta)$는 δ가 범주 t_0를 유지하기 위해 최소한으로 남아 있어야 할 특성 변수를 탐지하는 손실함수이다. 식 (10.1)에 정의된 손실함수를 최소화하는 δ는 Beck and Teboulle(2009)

의 fast iterative shrinkage thresholding algorithm(FISTA)에 의해 구하게 된다. 좀 더 자세하게 논의하면 다음과 같다. $\delta^{(0)} = y^{(0)} = 0$으로 놓고 아래를 I번 반복하여 δ와 y를 update한다.

$$\delta^{(k+1)} = S_\beta(y^{(n)} - \alpha\frac{\partial L(y^{(n)})}{\partial y^{(n)}})$$

$$y^{(n+1)} = \delta^{(n+1)} + \frac{n}{n+3}(\delta^{(n+1)} - \delta^{(n)})$$

여기에서

$$S_\beta(z) = \begin{cases} z-\beta \text{ if } z > \beta \\ \ \ 0 \quad \text{ if } |z| \le \beta \\ z+\beta \ \text{ if } z < \beta \end{cases}$$

이다. I번의 반복에서 구한 $\delta^{(1)}, \delta^{(2)}, \cdots, \delta^{(I)}$에서 $L(\delta)$를 최소로 하는 즉, $\delta^* = \min_{\delta^{(i)}}(L(\delta^{(1)}), L(\delta^{(2)}), \cdots, L(\delta^{(I)}))$가 CEM PP가 된다.

CEM PN의 손실함수는 CEM PP 손실함수와 매우 유사하다. PN에서는 원래 이미지 x_0에 있는 absent 픽셀을 present 픽셀로 추가하므로 이렇게 추가되어 만들어진 이미지가 $x_0 + \delta$로 정의된다.

$$L(\delta) = c\,\ell_\kappa^{NG}(x_0, \delta) + \beta L_1(\delta) + L_2(\delta) + \gamma L_2(x_0 + \delta - AE(x_0 + \delta))$$

여기서

$$\ell_\kappa^{NG}(x_0, \delta) = \min(\max_{k \ne t_0} f(x_0 + \delta)_k - f(x_0 + \delta)_{t_0}, \kappa)$$

으로 정의된다. 즉, $0 \le \max_{i \ne t_0} f(x_0 + \delta)_i - f(x_0 + \delta)_{t_0} < \kappa$를 만족하는 손실함수로 δ는 원래의 범주 t_0에서 다른 범주로 변화시키는 최소한의 특성 변수 변동(pertubation)이라고 할 수 있다. CEM PN 알고리즘은 CEM PP 알고리즘과 동일하게 적용하여 $x_0 + \delta$를 구하게 된다.

CEM을 적용하기 위해 $\ell_\kappa^{POS}(x_0, \delta)$와 $\ell_\kappa^{NG}(x_0, \delta)$에 있는 미분값을 구해야 하므

로 내부 구조를 알 수 있는 미분 가능한 유리박스 모형에도 적용되지만 입력과 출력만 관측되는 블랙박스 모형에도 적용할 수 있다. 이에 대한 예제는 실제 예제를 통해 살펴보게 될 것이다. CEM은 image 자료와 Tabular 자료에 적용할 수 있는 local explainer이다. CEM의 약점은 데이터의 속성을 파악해야 하고 손실함수에 있는 초모수를 조절해야 한다는 것에 있다. 특히 $\ell_{\kappa}^{POS}(x_0,\delta)$와 $\ell_{\kappa}^{NG}(x_0,\delta)$에 곱해진 가중치 c의 조절은 성공적인 PP와 PN을 추출하는 데 중요한 역할을 한다.

12.2 CEM의 적용

다음은 ALIBI 사용설명서(2023년 6월 released)에 있는 프로그램을 약간 수정하고 해설을 추가하였지만 원본 프로그램을 거의 그대로 옮겨온 것이다. 먼저 Tabular 데이터인 내장된 IRIS 데이터를 호출하고 분석에 필요한 라이브러리와 함수를 다음과 같이 호출한다. CEM은 TF1(tensorflow-v1)의 구조를 따르고 있으므로 CEM을 실행하기 위해서는 반드시

```
tf.compat.v1.disable_v2_behavior()
```

를 먼저 실행해야 한다.

12.2.1 CEM: Tabular 데이터

```
import tensorflow as tf

tf.get_logger().setLevel(40) # suppress deprecation messages
tf.compat.v1.disable_v2_behavior()

from tensorflow.keras.layers import Dense, Input
```

```
from tensorflow.keras.models import Model, load_model
from tensorflow.keras.utils import to_categorical
import matplotlib
%matplotlib inline
import matplotlib.pyplot as plt
import numpy as np
import os
import pandas as pd
import seaborn as sns
from sklearn.datasets import load_iris
from alibi.explainers import CEM
print('TF version: ', tf.__version__)
```

```
TF version:  2.11.0
```

다음 프로그램과 같이 iris 데이터를 load하고 표준화한 뒤, 학습데이터(shape=(145,4))와 시험데이터(shape=(5,4))로 분리하고 있다.

```
dataset = load_iris()
feature_names = dataset.feature_names
class_names = list(dataset.target_names)

dataset.data = (dataset.data - dataset.data.mean(axis=0)) / dataset.data.std(axis=0)

x_train, y_train = dataset.data[:145,:], dataset.target[:145]
x_test, y_test = dataset.data[145:,:], dataset.target[145:]
y_train = to_categorical(y_train)
y_test = to_categorical(y_test)
```

functional API를 이용하여 로지스틱 모형을 lr_model() 함수로 아래와 같이 정의한다.

```
def lr_model():#logistic regression
    x_in = Input(shape=(4,))
    x_out = Dense(3, activation='softmax')(x_in)
    lr = Model(inputs=x_in, outputs=x_out)
    lr.compile(loss='categorical_crossentropy', optimizer='sgd', metrics=['accuracy'])
    return lr
```

로지스틱 모형을 학습시키고 학습시킨 모형을 iris_lr.h5로 저장한다. 이 모형을 반복적으로 호출하여 사용하기 위함이다.

```
lr = lr_model()
lr.summary()
lr.fit(x_train, y_train, batch_size=16, epochs=500, verbose=0)
lr.save('iris_lr.h5', save_format='h5')
```

```
Model: "model_1"
_________________________________________________________________
Layer (type)                 Output Shape              Param #
=================================================================
input_2 (InputLayer)         [(None, 4)]               0

dense_1 (Dense)              (None, 3)                 15

=================================================================
Total params: 15
Trainable params: 15
Non-trainable params: 0
_________________________________________________________________
```

첫 번째 시험데이터에 CEM을 적용하기 위해 1D 텐서를 (1,4) 2D 텐서로 수정하여 학습된 모형으로부터 예측 label과 예측 label 확률을 계산한다. 첫 번째 시험데이터의 label은 virginica로 예측되고 예측확률은 0.681로 나타났다.

```
idx = 0
X = x_test[idx].reshape(1,-1)
print(f'Prediction on instance to be explained: {class_names[np.argmax(lr.predict(X))]}')
print(f'Prediction probabilities for each class on the instance: {lr.predict(X)}')
```

```
Prediction on instance to be explained: virginica
Prediction probabilities for each class on the instance: [[3.371751e-04 3.191121e-01 6.805508e-01]]
```

CEM의 옵션은 다음과 같다.

```
CEM(model, mode, shape, kappa, beta, feature_range, max_iterations,
    c_init, c_steps, learning_rate_init, clip, no_info_val)
```

model은 glass-box 또는 블랙박스 모형으로 미분 가능한 모형을 정의한다. mode는 CEM PP인 경우 mode='PP'로, CEM PN인 경우 mode='PN'으로 지정하면 된다. shape은 0축이 batch size이며 이를 설명하고자 표본 수만큼 shape으로 지정한다. kappa는 첫 번째 손실함수인 $\ell_{\kappa}^{POS}(x_0,\delta)$와 $\ell_{\kappa}^{NG}(x_0,\delta)$에서 손실 상한값인 κ값을 지정하는 옵션으로 default는 0.0이다. beta는 두 번째 손실함수인 elastic-net loss의 초모수값으로 default=0.1이다. feature_range는 CEM을 구할 자료의 변동범위를 지정해 주는 옵션으로 default는 (x_train.min(), x_train.max())이다. 여기에서는 학습데이터가 x_train으로 정의된 것을 가정한 것이다. max_iterations는 FISTA 알고리즘의 반복수로 default는 1000이다. c_init은 $\ell_{\kappa}^{POS}(x_0,\delta)$와 $\ell_{\kappa}^{NG}(x_0,\delta)$의 초기 가중치인 값 c로 c_steps와 함께 정의한다. c_steps는 c값을 update하는 반복수로 default=10이다. 주어진 c_init 값에서 CEM PP의 경우 원래의 예측범주를 유지하면 c값을 줄이고, CEM PN 경우 원래의 범주가 변경되면 c값을 줄인다. 반대의 경우가 발생하면 c값을 지정된 만큼 증가시켜 반복하게 된다. 매 c값에 대해 max_iterations에 지정된 만큼 FISTA를 반복한다. c_init=1.0, c_steps=10이 default이다. learning_rate_init은 학습률의 초기치로 default=0.01이며 반복이 진행되면서 지수적으로 감소된다. clip은 미분값의 상한과 하한을 지정하는 옵션으로 default는 (−1000., 1000.)이다. no_info_val은 non-informative value의 약자로 예측범주에 영향을 주지 않은 특성 변수값을 지정해 준다. 즉, no_info_val은 CEM의 absent 값을 지정해 준다. no_info_val=−1이 default 값으로 이미지의 픽셀의 최솟값이 -1인 것을 가정하고 있다. 추가적으로 CEM의 옵션은 gamma와 ae_model이 있다. gamma는 autoencoder 손실함수에 대한 가중치로 gamma=100이 default이다. gamma는 ae_model에 autoencoder 모형이 지정되었을 때 적용되며, autoencoder 모형이 지정되지 않으면 gamma=0가 된다.

다음과 같이 CEM의 옵션을 지정한다.

```
mode = 'PN'
shape = (1,) + x_train.shape[1:]
kappa = .2
beta = .1
c_init = 10.
c_steps = 10
max_iterations = 1000
feature_range = (x_train.min()-.1, x_train.max()+.1)
clip = (-1000.,1000.)
lr_init = 1e-2
```

아래 프로그램과 같이 저장된 로지스틱 모형을 load한 후, CEM을 cem으로 동기화(initialization)한다. Iris 데이터가 Tabular 데이터이므로 cem.fit에 no_info_type= 'median'으로 옵션을 지정해 주고 있다. x_train을 이용하여 각 특성 변수의 중위수를 non-informative value 즉, 예측 범주 중립적(neutral)으로 지정해 주고 있다. 물론 'mean'으로 대체해도 거의 동일한 결과를 보인다. cem.explain을 통해 앞에서 정의한 첫 번째 시험데이터에 대해 PN을 구하게 된다.

```
lr = load_model('iris_lr.h5')
cem = CEM(lr, mode, shape, kappa=kappa, beta=beta, feature_range=feature_range,
          max_iterations=max_iterations, c_init=c_init, c_steps=c_steps,
          learning_rate_init=lr_init, clip=clip)
cem.fit(x_train, no_info_type='median')
explanation = cem.explain(X, verbose=False)
```

다음은 explanation의 .meta와 .data의 key를 보여주고 있다. .meta는 explainer로서의 CEM의 특징을 보여주는 것이므로 .data의 key를 중점으로 살펴보기로 하자.

```
print(explanation.meta.keys())
print(explanation.data.keys())
```

```
dict_keys(['name', 'type', 'explanations', 'params', 'version'])
dict_keys(['PN', 'PP', 'PN_pred', 'PP_pred', 'grads_graph', 'grads_num', 'X', 'X_pred'])
```

이를 위해 explanation.X와 explanation.X_pred를 출력하면 아래와 같이 각각 특성 변수 X값과 예측된 범주인 것을 보여주고 있다.

```
print(f'Original instance: {explanation.X}')
print(f'Predicted class: {class_names[explanation.X_pred]}')
```

```
Original instance: [[ 1.03800476 -0.13197948  0.8195957   1.44883158]]
Predicted class: virginica
```

explanation.PN은 원래의 범주 virginica에서 versicolor로 변경하는 특성 변수값을 나타낸다. 세 번째 특성 변수값만 음으로 변화시키면 예측범주가 바뀌게 된 것을 알 수 있다. mode='PN'이므로 explanation.PP와 explanation.PP_pred는 None을 출력한다.

```
print(f'Pertinent negative: {explanation.PN}')
print(f'Predicted class: {class_names[explanation.PN_pred]}')
```

```
Pertinent negative: [[ 1.0380048  -0.13197948 -1.5229322   1.4488316 ]]
Predicted class: versicolor
```

다음은 CEM PP를 적용한 예를 보여주고 있다.

```
mode = 'PP'

lr = load_model('iris_lr.h5')
cem = CEM(lr, mode, shape, kappa=kappa, beta=beta, feature_range=feature_range,
max_iterations=max_iterations, c_init=c_init, c_steps=c_steps,
learning_rate_init=lr_init, clip=clip)
cem.fit(x_train, no_info_type='median')
explanation = cem.explain(X, verbose=False)
```

아래 출력에서 볼 수 있듯이 원래의 범주 virginica에 남아 있기 위해 세 번째와 네 번째 특성변값의 변화는 작고 첫 번째, 두 번째 특성 변수값은 거의 0에 가까운 값을 갖도록 하고 있다. 그러므로 세 번째, 네 번째 특성 변수가 현재의 범주를 유지하는데 핵심적인 역할을 하는 것으로 해석할 수 있다.

```
print(f'Pertinent positive: {explanation.PP}')
print(f'Predicted class: {class_names[explanation.PP_pred]}')
```

```
Pertinent positive: [[-7.44469730e-09 -3.47054341e-08 5.33685622e-01
7.43611779e-01]]
Predicted class: virginica
```

지금까지 CEM의 손실함수의 미분값을 계산하기 위해 머신러닝 모형의 내부 구조를 정확하게 안다는 가정(즉, 유리박스 모형)하에서 CEM PN과 PP를 산출하였다. 그러나 블랙박스 모형을 가정한다면 입력 특성 변수와 예측함수의 결과(출력)만 있으므로 손실함수의 미분값은

$$\frac{\partial L(x)}{\partial x} = \frac{\partial L(p)}{\partial p}\frac{\partial p}{\partial x}$$

으로 계산된다. 여기에서 p는 예측함수를 나타내며 출력을 의미한다. 이를 위해 다음과 같이 predict_fn을 정의하면 된다. $\frac{\partial L}{\partial p}$와 $\frac{\partial p}{\partial x}$의 변화량(이를 특성 변수의
pertubation이라고 해석할 수 있음)을 제어하기 위해 CEM의 입력요소 eps를 다음과 같이 정의한 후,

```
eps0 = np.array([[1e-2, 1e-2, 1e-2]])
eps1 = np.array([[1e-2, 1e-2, 1e-2, 1e-2]])
eps = (eps0, eps1)
```

CEM(eps=eps)로 부여하면 된다. eps0은 $\frac{\partial L}{\partial p}$의 변화량 상한값으로 Iris 데이터가 3개의 범주를 가지고 있기 때문이고 eps1은 $\frac{\partial p}{\partial x}$의 변화량 상한값이며 특성 변수의 개수가 4개이기 때문이다. default는 1e-2이다. 이러한 변화량을 기준으로

$\frac{\partial L}{\partial p}$와 $\frac{\partial p}{\partial x}$를 수치해석적으로 계산하여 $\frac{\partial L(x)}{\partial x}$를 구하게 된다.

```
lr = load_model('iris_lr.h5')
predict_fn = lambda x: lr.predict(x)
```

다음과 같이 CEM을 cem으로 객체화하고 예측중립 특성 변수를 학습데이터(x_train)의 median(중위수)로 부여하고 있다.

```
cem = CEM(predict_fn, mode, shape, kappa=kappa, beta=beta,
          feature_range=feature_range, max_iterations=max_iterations,
          c_init=c_init, c_steps=c_steps, learning_rate_init=lr_init)
cem.fit(x_train, no_info_type='median')
explanation = cem.explain(X, verbose=False)
```

다음은 첫 번째 시험데이터의 특성 변수값과 예측범주를 보여주고 있다.

```
print(f'Original instance: {explanation.X}')
print(f'Predicted class: {class_names[explanation.X_pred]}')
```

```
Original instance: [[ 1.03800476 -0.13197948  0.8195957   1.44883158]]
Predicted class: virginica
```

블랙박스 모형을 이용한 CEM PN의 결과는 다음과 같다. 유리박스 모형과 거의 같은 결과를 보여주고 있다. 세 번째 특성 변수값이 양에서 음으로 변했으며 유리박스 모형과 비교하여 특성 변수 변동량(pertubation)이 작게 나타났다는 차이점이 있다.

```
print(f'Pertinent negative: {explanation.PN}')
print(f'Predicted class: {class_names[explanation.PN_pred]}')
```

```
Pertinent negative: [[ 1.0380048  -0.13197948 -0.989557    1.4488316 ]]
Predicted class: versicolor
```

12.2.2 CEM: image 데이터

CEM explainer를 image 자료에 적용하기 위해 다음과 같이 필요한 라이브러리와 함수를 호출한다.

```
import tensorflow as tf
tf.get_logger().setLevel(40) # suppress deprecation messages
tf.compat.v1.disable_v2_behavior()
import tensorflow.keras as keras
from tensorflow.keras import backend as K
from tensorflow.keras.layers import Conv2D, Dense, Dropout, Flatten, MaxPooling2D,
                                    Input,UpSampling2D
from tensorflow.keras.models import Model, load_model
from tensorflow.keras.utils import to_categorical
import matplotlib
%matplotlib inline
import matplotlib.pyplot as plt
import numpy as np
import os
from alibi.explainers import CEM
```

CEM을 image 데이터에 적용하기 위해 MNIST 데이터를 load 한 후, 시험데이터에서 이미지 4를 보여주고 있다.

```
(x_train, y_train), (x_test, y_test) = keras.datasets.mnist.load_data()
print('x_train shape:', x_train.shape, 'y_train shape:', y_train.shape)
plt.gray()
plt.imshow(x_test[4])
```

```
x_train shape: (60000, 28, 28) y_train shape: (60000,)
```

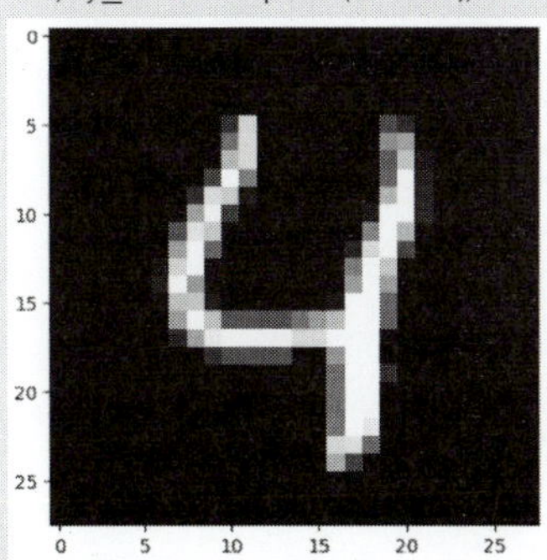

CNN 아키텍처에 데이터를 적용하기 위해 3D 텐서 image 자료를 4D 텐서로 수정하고 목적 변수를 one-hot encoding 변환한다.

```
x_train = x_train.astype('float32') / 255
x_test = x_test.astype('float32') / 255
x_train = np.reshape(x_train, x_train.shape + (1,))
x_test = np.reshape(x_test, x_test.shape + (1,))
print('x_train shape:', x_train.shape, 'x_test shape:', x_test.shape)
y_train = to_categorical(y_train)
y_test = to_categorical(y_test)
print('y_train shape:', y_train.shape, 'y_test shape:', y_test.shape)
```

```
x_train shape: (60000, 28, 28, 1) x_test shape: (10000, 28, 28, 1)
y_train shape: (60000, 10) y_test shape: (10000, 10)
```

각 픽셀의 값이 −0.5~0.5가 되도록 표준화한다.

```
xmin, xmax = -.5, .5
x_train = ((x_train - x_train.min()) /(x_train.max() - x_train.min())) * (xmax - xmin)+ xmin
x_test = ((x_test - x_test.min()) /(x_test.max() - x_test.min())) * (xmax - xmin) + xmin
```

CNN 아키텍처를 이용한 딥러닝 모형을 예측모형으로 사용하기 위해 cnn_model 함수를 다음과 같이 정의한다.

```
def cnn_model():
    x_in = Input(shape=(28, 28, 1))
    x = Conv2D(filters=64, kernel_size=2, padding='same', activation='relu')(x_in)
    x = MaxPooling2D(pool_size=2)(x)
    x = Dropout(0.3)(x)
    x = Conv2D(filters=32, kernel_size=2, padding='same', activation='relu')(x)
    x = MaxPooling2D(pool_size=2)(x)
    x = Dropout(0.3)(x)
    x = Conv2D(filters=32, kernel_size=2, padding='same', activation='relu')(x)
    x = MaxPooling2D(pool_size=2)(x)
    x = Dropout(0.3)(x)
    x = Flatten()(x)
    x = Dense(256, activation='relu')(x)
    x = Dropout(0.5)(x)
    x_out = Dense(10, activation='softmax')(x)
    cnn = Model(inputs=x_in, outputs=x_out)
    cnn.compile(loss='categorical_crossentropy', optimizer='adam', metrics=['accuracy'])
    return cnn
```

딥러닝 모형의 구조는 다음과 같고 epoch을 5번 반복하여 모형을 학습시킨다.

```
cnn = cnn_model()
cnn.summary()
cnn.fit(x_train, y_train, batch_size=64, epochs=5, verbose=1)
cnn.save('mnist_cnn.h5', save_format='h5')
```

```
Layer (type)                 Output Shape              Param #
=================================================================
input_1 (InputLayer)         [(None, 28, 28, 1)]       0

conv2d_9 (Conv2D)            (None, 28, 28, 64)        320

max_pooling2d_4 (MaxPooling  (None, 14, 14, 64)        0
2D)

dropout_4 (Dropout)          (None, 14, 14, 64)        0

conv2d_10 (Conv2D)           (None, 14, 14, 32)        8224

max_pooling2d_5 (MaxPooling  (None, 7, 7, 32)          0
2D)
```

```
dropout_5 (Dropout)          (None, 7, 7, 32)        0

conv2d_11 (Conv2D)           (None, 7, 7, 32)        4128

max_pooling2d_6 (MaxPooling  (None, 3, 3, 32)        0
2D)

dropout_6 (Dropout)          (None, 3, 3, 32)        0

flatten_1 (Flatten)          (None, 288)             0

dense_2 (Dense)              (None, 256)             73984

dropout_7 (Dropout)          (None, 256)             0

dense_3 (Dense)              (None, 10)              2570

=================================================================
Total params: 89,226
Trainable params: 89,226
Non-trainable params: 0
_________________________________________________________________
Train on 60000 samples
Epoch 1/5
60000/60000 [==============================] - 29s 490us/sample - loss: 0.5868 - acc: 0.8006
Epoch 2/5
60000/60000 [==============================] - 32s 536us/sample - loss: 0.1903 - acc: 0.9406
Epoch 3/5
60000/60000 [==============================] - 33s 544us/sample - loss: 0.1507 - acc: 0.9528
Epoch 4/5
60000/60000 [==============================] - 41s 675us/sample - loss: 0.1295 - acc: 0.9599
Epoch 5/5
60000/60000 [==============================] - 52s 868us/sample - loss: 0.1168 - acc: 0.9635
```

모형의 성능은 정밀도가 98.7%로 비교적 높고 과대적합도 발생하지 않은 것으로 판단된다.

```
cnn = load_model('mnist_cnn.h5')
score = cnn.evaluate(x_test, y_test, verbose=0)
print('Test accuracy: ', score[1])
```

```
Test accuracy:  0.9867
```

CEM 손실함수에 autoencoder 손실을 추가하기 위해 다음과 같이 autoencoder 모형을 구성하고 이를 ae_model 함수로 정의한다.

```
def ae_model():
    x_in = Input(shape=(28, 28, 1))
```

```
    x = Conv2D(16, (3, 3), activation='relu', padding='same')(x_in)
    x = Conv2D(16, (3, 3), activation='relu', padding='same')(x)
    x = MaxPooling2D((2, 2), padding='same')(x)
    encoded = Conv2D(1, (3, 3), activation=None, padding='same')(x)
    x = Conv2D(16, (3, 3), activation='relu', padding='same')(encoded)
    x = UpSampling2D((2, 2))(x)
    x = Conv2D(16, (3, 3), activation='relu', padding='same')(x)
    decoded = Conv2D(1, (3, 3), activation=None, padding='same')(x)
    autoencoder = Model(x_in, decoded)
    autoencoder.compile(optimizer='adam', loss='mse')
    return autoencoder
```

autoencoder 모형은 다음과 같은 구조를 가지고 있으며, 학습시킨 후 minist_ae.h5로 저장하고 있다.

```
ae = ae_model()
ae.summary()
ae.fit(x_train, x_train, batch_size=128, epochs=4,validation_data=(x_test, x_test),verbose=0)
ae.save('mnist_ae.h5', save_format='h5')
```

```
_________________________________________________________________
Layer (type)                Output Shape              Param #
=================================================================
input_2 (InputLayer)        [(None, 28, 28, 1)]       0

conv2d_12 (Conv2D)          (None, 28, 28, 16)        160

conv2d_13 (Conv2D)          (None, 28, 28, 16)        2320

max_pooling2d_7 (MaxPooling  (None, 14, 14, 16)       0
2D)

conv2d_14 (Conv2D)          (None, 14, 14, 1)         145

conv2d_15 (Conv2D)          (None, 14, 14, 16)        160

up_sampling2d_1 (UpSampling  (None, 28, 28, 16)       0
2D)

conv2d_16 (Conv2D)          (None, 28, 28, 16)        2320

conv2d_17 (Conv2D)          (None, 28, 28, 1)         145

=================================================================
Total params: 5,250
Trainable params: 5,250
Non-trainable params: 0
_________________________________________________________________
```

학습된 autoencoder 모형의 성능을 살펴보기 위해 시험데이터 5개를 입력하여 재생한 이미지를 그리면 다음과 같다. 첫 번째 행은 입력한 이미지이고 두 번째 행은 autoencoder 모형에 의해 재생된 이미지이다. 비교적 잘 재생된 것으로 보아 학습된 autoencoder 모형의 성능이 괜찮은 것으로 판단할 수 있다.

```
ae = load_model('mnist_ae.h5')
decoded_imgs = ae.predict(x_test)
n = 5
plt.figure(figsize=(20, 4))
for i in range(1, n+1):
# display original
    ax = plt.subplot(2, n, i)
    plt.imshow(x_test[i].reshape(28, 28))
    ax.get_xaxis().set_visible(False)
    ax.get_yaxis().set_visible(False)
# display reconstruction
    ax = plt.subplot(2, n, i + n)
    plt.imshow(decoded_imgs[i].reshape(28, 28))
    ax.get_xaxis().set_visible(False)
    ax.get_yaxis().set_visible(False)
plt.show()
```

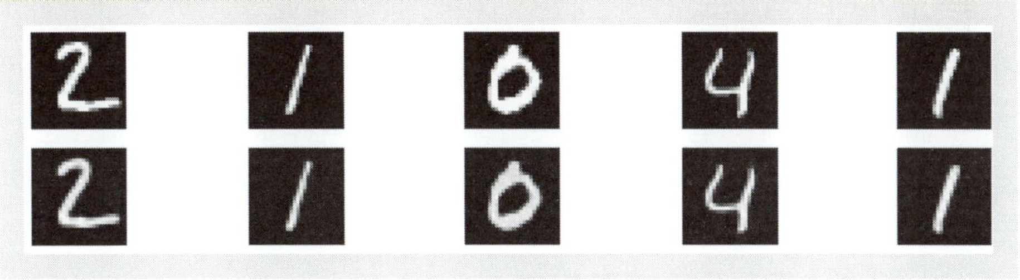

16번째 시험데이터를 X로 객체화한 후, 그림을 그리면 다음과 같다.

```
idx = 15
X = x_test[idx].reshape((1,) + x_test[idx].shape)
plt.imshow(X.reshape(28, 28));
```

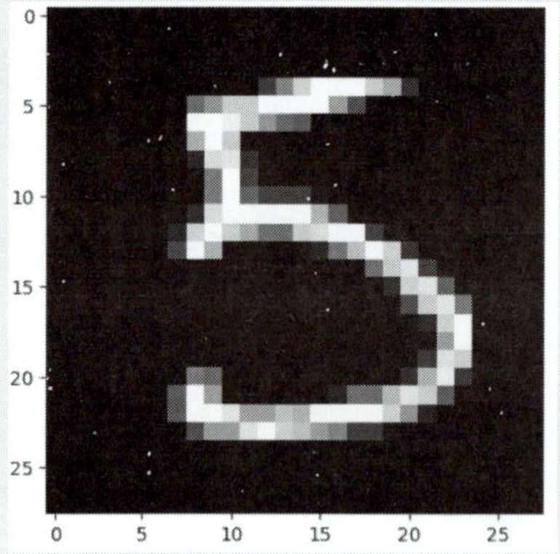

학습된 CNN 모형에 X의 label을 예측하고 그 확률을 출력하면 다음과 같다. label이 5로 예측되었고 확률도 매우 높게 나온 것을 볼 수 있다.

```
cnn.predict(X).argmax(), cnn.predict(X).max()
```

```
(5, 0.9998988)
```

다음과 같이 CEM의 초모수를 지정한다. 입력 픽셀의 값을 -0.5~0.5로 표준하였기 때문에 no_info_val=−1.으로 지정하고 있다. FISTA 알고리즘에 의해 absent를 이 값으로 향하게 하면 -0.5인 검은색으로 이동하여 범주예측에 중립적인 값이 된다.

```
mode = 'PN'
shape = (1,) + x_train.shape[1:]
kappa = 0.
beta = .1
gamma = 100
c_init = 3.
c_steps = 10
max_iterations = 1000
feature_range = (x_train.min(),x_train.max())
clip = (-1000.,1000.)
```

```
lr = 1e-2
no_info_val = -1.
```

CEM을 동기화하고 cem.explain(X)로 CEM PN을 계산한다. Tabular 데이터와 다르게 no_info_val=−1에 의해 범주예측 중립값이 지정되었으므로 cem.fit이 불필요하다.

```
cem = CEM(cnn, mode, shape, kappa=kappa, beta=beta, feature_range=feature_range,
          gamma=gamma, ae_model=ae, max_iterations=max_iterations,
          c_init=c_init, c_steps=c_steps, learning_rate_init=lr,
          clip=clip, no_info_val=no_info_val)
explanation = cem.explain(X)
```

CEM PN은 숫자 5를 숫자 8로 변경시켰으며 변경된 이미지는 다음과 같다.

```
print(f'Pertinent negative prediction: {explanation.PN_pred}')
plt.imshow(explanation.PN.reshape(28, 28));
```

```
Pertinent negative prediction: 8
```

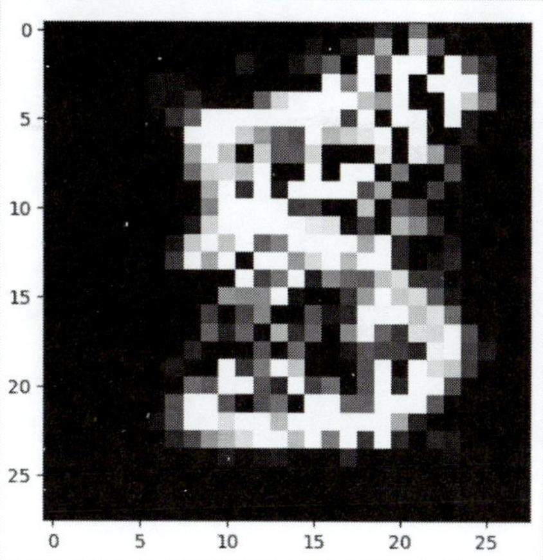

아래 프로그램은 CEM PP를 적용하기 위해 CEM을 cem으로 객체화하고 CEM PP를 산출하고 있다.

```
mode = 'PP'

cem = CEM(cnn, mode, shape, kappa=kappa, beta=beta, feature_range=feature_range,
gamma=gamma, ae_model=ae, max_iterations=max_iterations,
c_init=c_init, c_steps=c_steps, learning_rate_init=lr, clip=clip, no_info_val=no_info_val)
explanation = cem.explain(X)
```

다음은 CEM PP의 결과를 보여주고 있다. 희미한 숫자 5의 이미지가 그대로 남아 있는 것을 볼 수 있으며, 이러한 CEM PP의 결과는 c_init의 선택에 민감하게 반응하므로 여러 개의 c_init을 선택해서 최적의 CEM PP를 선택할 필요가 있다.

```
print(f'Pertinent positive prediction: {explanation.PP_pred}')
plt.imshow(explanation.PP.reshape(28, 28));
```

```
Pertinent positive prediction: 5
```

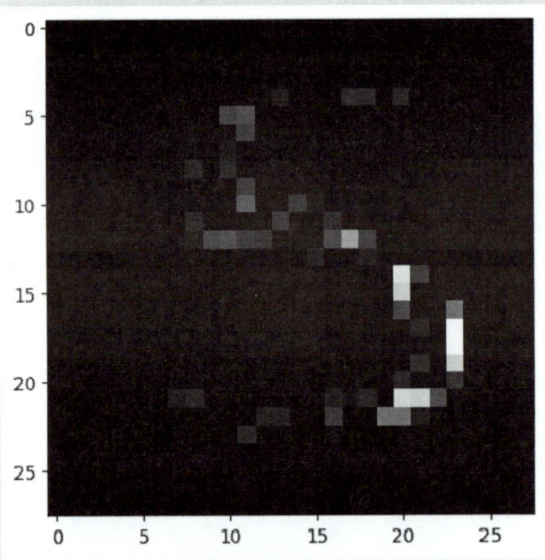

13장

CFI
(Counterfactual Instances)

Counterfactual Instance(CFI)는 "어떤 사건 X가 일어나지 않았더라면 Y가 일어나지 않았을 텐데"에서 조건 "X가 일어나지 않았더라면"에 해당한다. 머신러닝 관점에서 X를 특성 변수 x로 Y를 예측 label y로 대체하면, 앞의 문장은

"x를 x'으로 변경하면 예측 label이 y와 다른 y'으로 변경되었을 텐데"

로 변경할 수 있다. 여기서 x'이 CFI가 되며, 이 x'은 x를 최소한으로 변경하여(sparse) 구하려고 한다. 좀 더 구체적으로 CFI를 정리하면 다음과 같다.

(1) CFI x'의 예측 label은 x의 예측 label과 다르지만
(2) x와 x'의 차이는 사람이 해석가능한(human-interpretable) 차이여야 한다.

여기서 human-interpretable의 의미는 특성 변수가 이미지일 경우, 사람의 눈으로 x와 x'을 식별 불가능할 정도로 미세한 차이여야 한다는 뜻이다. 통계적인 의미로는 x와 x'이 같은 분포여야 한다는 의미이다. x와 x'이 동일한 분포여야만 x'이 실현가능하기 때문이다. 예를 들어, 어떤 여성이 대출 신청이 거부되었는데, 제시된 CFI로 gender를 남성으로 바꾸라는 것이라면 이는 실현 불가능한 경우에 해당된다.

x와 x'을 각각 주어진 특성 변수와 이 특성 변수로부터 생성한 CFI라고 할 때 Wachter et al.(2017)은 x'에 대한 손실함수를

$$L(x') = (f(x') - y')^2 + \lambda d(x, x') \tag{5.1}$$

로 정의하여 이 손실함수를 최소화하는 x'을 미분하강법(gradient descent)으로 구하는 방법을 제안하였다. 여기에서 λ는 초모수, $f(x')$은 counterfacual을 입력하여 구한 예측 label 확률, y'은 CFI로 변경되길 원하는 label(또는 label 확률)이다. 주어진 특성 변수 x로부터 새로운 특성 변수 x'을 찾게 되므로 개념적으로 딥러닝 모형의 채널시각화(ConvNet visualization)와 동일하다고 할 수 있다. 특성 변수 숫자가 p개라고 가정할 때,

$$d(x,x') = \sum_{j=1}^{p} \frac{|x_j - x_j'|}{MAD_j}$$

이며 MAD는 median absolute deviation의 약자로써, x_{ij}를 i번째 표본의 j번째 특성 변수라고 할 때

$$MAD_j = median_i(|x_{ij} - median_i(x_{ij})|)$$

으로 정의된다. 이러한 $d(x,x')$은 특성 변수의 scale에 의존하지 않으며 x와 x'의 차이를 최소화하는 sparse를 만족시키기 위해 L_1-norm을 사용한다. sparse를 만족시키기 위해 손실함수 (5.1)의 λ를 가능한 한 큰 값으로 설정한다. 즉, 손실함수 (5.1)에서

$$\min_{x'} \max_{\lambda} L(x' \mid x)$$

으로 CFI x'을 구하게 된다. 최대 λ를 구하기 위해 주어진 허용오차 ϵ에 대해

$$|f(x') - y'| < \epsilon$$

를 만족하는 조건에서 최대의 λ를 구한 후, x'을 구하게 된다.

CFI는 블랙박스 모형뿐만 아니라 내부구조(모수와 은닉층의 연결구조를 포함하여)를 알고 있는 유리박스 모형에도 적용가능하다. Tensorflow-keras를 이용한 모든 딥러닝 모형은 tensorflow의 자동미분기능 때문에 CFI 관점에서는 유리박스 모형에 해당된다. 입력과 출력만 관측되는 블랙박스 모형에서는 수치해석적 미분(numerical differentiation)으로 미분하강법을 적용하여 손실함수를 최소화한다.

ALIBI에서 CFI는 다음과 같이 Counterfactual로 동기화한다.

```
cf=Counterfactual(model, shape, target_proba=1.0, eps=0.01,
                  tol=0.05, max_iter=1000, early_stop=50)
```

여기서 Counterfactual의 입력 옵션을 설명하면 다음과 같다. model은 tensorflow-keras로 작성된 딥러닝 모형 또는 유리박스 모형이고 CFI는 local explainer이므로 shape의 배치크기는 반드시 1로 지정되어야 한다. target_proba는 counterfactual의 예측 label 확률로 0~1값을 부여할 수 있으며 default는 1.0이다. eps는 손실함수를 최소화할 때 조건 $|f(x')-y'|<\epsilon$의 ϵ값이며 default는 0.01이다. tol=0.05는 counterfactual의 변경된 label에 속할 확률이 0.95 이상이어야 한다는 옵션이며 default는 0.05이다. max_iter은 손실함수의 초모수 λ가 고정된 상태에서 gradient descent의 반복수이며 early_stop은 고정된 λ에서 counterfactual를 찾지 못했거나 반대로 early_stop에 지정된 숫자만큼 counterfactual을 찾으면 λ를 변경하도록 지정한 값이다.

CFI는 자료를 적합할 필요가 없기 때문에 fit이 필요하지 않고 바로

```
explanation=cf.explain(x)
```

로 counterfactual을 구할 수 있다. 만약 머신러닝 모형이 블랙박스 모형이면

$$\frac{\partial L}{\partial x'}=\frac{\partial L}{\partial p}\frac{\partial p}{\partial x'}$$

으로 손실함수 미분값을 수치해석적인 방법으로 구한다. 여기에서 p는 블랙박스 모형의 예측함수이다. 예를 들어, 블랙박스 모형 이름이 cnn일 때, 예측함수 p는

```
predect_fn=lambda x: cnn.predict(x)
```

로 정의하고

```
cf=Counterfactual(predict_fn, shape, target_proba=1.0)
```

으로 predictor로 지정하면 된다. 자세한 내용은 예제를 통해 살펴보도록 하자.

13.1 CFI의 적용과 응용

CFI를 MNIST 데이터에 적용하기 위해 다음과 같이 필요한 모듈을 호출하고 Counterfactual을 호출한다. CEM과 동일하게, alibi에서 실행되는 CFI는 Tensorflow-v1에서 실행되므로

tf.compat.v1.disable_v2_behavior()

를 실행한다.

```
import tensorflow as tf
tf.get_logger().setLevel(40) # suppress deprecation messages
# disable TF2 behaviour as alibi code still relies on TF1 constructs
tf.compat.v1.disable_v2_behavior()
from tensorflow.keras.layers import Conv2D, Dense, Dropout,
                                    Flatten, MaxPooling2D, Input
from tensorflow.keras.models import Model, load_model

from tensorflow.keras.utils import to_categorical
import matplotlib
%matplotlib inline
import matplotlib.pyplot as plt
import numpy as np
import os
from time import time
from alibi.explainers import Counterfactual
```

MNIST 데이터를 학습데이터와 시험데이터로 분리하고 이미지를 흑백으로 출력하기 위해 plt.gray()를 실행하고 있다.

```
(x_train, y_train), (x_test, y_test) = tf.keras.datasets.mnist.load_data()
print('x_train shape:', x_train.shape, 'y_train shape:', y_train.shape)
plt.gray()
plt.imshow(x_test[1])
```

```
x_train shape: (60000, 28, 28) y_train shape: (60000,)
```

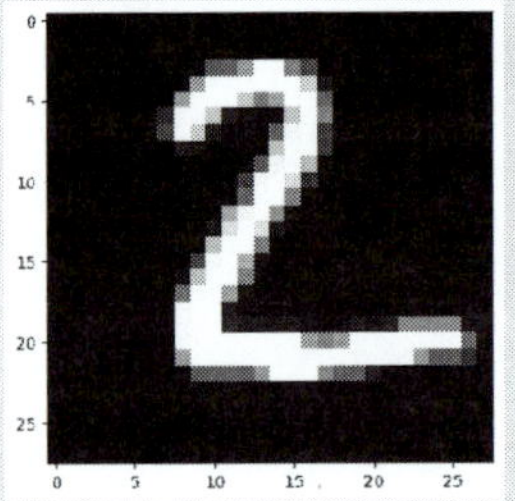

자료를 표준화하고 MNIST 데이터를 딥러닝 모형에 입력하기 위해 (batch,28,28) 3D 텐서를 (batch,28,28,1) 4D 텐서로 전환해 주고 있다. 목적 변수를 to_categorical() 함수를 이용하여 one-hot-encoding한다.

```
x_train = x_train.astype('float32') / 255
x_test = x_test.astype('float32') / 255
x_train = np.reshape(x_train, x_train.shape + (1,))
x_test = np.reshape(x_test, x_test.shape + (1,))
print('x_train shape:', x_train.shape, 'x_test shape:', x_test.shape)
y_train = to_categorical(y_train)
y_test = to_categorical(y_test)
print('y_train shape:', y_train.shape, 'y_test shape:', y_test.shape)
```

```
x_train shape: (60000, 28, 28, 1) x_test shape: (10000, 28, 28, 1)
y_train shape: (60000, 10) y_test shape: (10000, 10)
```

모형의 성능을 향상시키기 위해 x_train과 x_test를 최솟값이 −0.5, 최댓값이 0.5가 되도록 변환하고 있다.

```
xmin, xmax = -.5, .5
x_train = ((x_train - x_train.min()) / (x_train.max() - x_train.min())) * (xmax - xmin)+ xmin
x_test = ((x_test - x_test.min()) / (x_test.max() - x_test.min())) * (xmax - xmin) + xmin
```

다음과 같이 딥러닝 모형 CNN을 구축하고 학습시킨 후, 학습된 모형을 현재

folder에 저장하고 있다.

```
x_in = Input(shape=(28, 28, 1))
x = Conv2D(filters=64, kernel_size=2, padding='same', activation='relu')(x_in)
x = MaxPooling2D(pool_size=2)(x)
x = Dropout(0.3)(x)
x = Conv2D(filters=32, kernel_size=2, padding='same', activation='relu')(x)
x = MaxPooling2D(pool_size=2)(x)
x = Dropout(0.3)(x)
x = Flatten()(x)
x = Dense(256, activation='relu')(x)
x = Dropout(0.5)(x)
x_out = Dense(10, activation='softmax')(x)
cnn = Model(inputs=x_in, outputs=x_out)
cnn.compile(loss='categorical_crossentropy', optimizer='adam', metrics=['accuracy'])
```

```
cnn.summary()
cnn.fit(x_train, y_train, batch_size=64, epochs=3, verbose=0)
cnn.save('mnist_cnn.h5')
```

```
Model: "model"
_________________________________________________________________
Layer (type)                 Output Shape              Param #
=================================================================
input_1 (InputLayer)         [(None, 28, 28, 1)]       0

conv2d (Conv2D)              (None, 28, 28, 64)        320

max_pooling2d (MaxPooling2D  (None, 14, 14, 64)        0
)

dropout (Dropout)            (None, 14, 14, 64)        0

conv2d_1 (Conv2D)            (None, 14, 14, 32)        8224

max_pooling2d_1 (MaxPooling  (None, 7, 7, 32)          0
2D)

dropout_1 (Dropout)          (None, 7, 7, 32)          0

flatten (Flatten)            (None, 1568)              0

dense (Dense)                (None, 256)               401664

dropout_2 (Dropout)          (None, 256)               0

dense_1 (Dense)              (None, 10)                2570

=================================================================
Total params: 412,778
Trainable params: 412,778
Non-trainable params: 0
_________________________________________________________________
```

모형의 성능은 0.9869로 epoch을 더 늘리면 모형 성능의 향상이 기대된다.

```
cnn = load_model('mnist_cnn.h5')
score = cnn.evaluate(x_test, y_test, verbose=0)
print('Test accuracy: ', score[1])
```

```
Test accuracy:  0.9847
```

CFI를 구할 표본 x_test[0]의 shape을 (28,28,1)에서 (1,28,28,1)로 변경하고 x_test[0]의 이미지가 7인 것을 보여주고 있다.

```
X = x_test[0].reshape(1,28,28,1)
plt.imshow(X.reshape(28, 28))
```

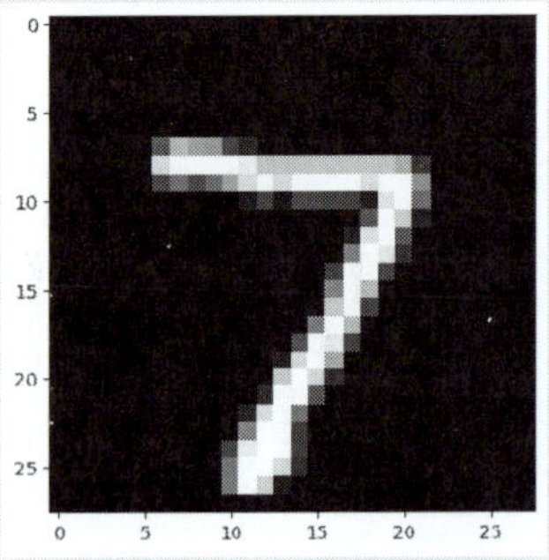

다음은 alibi의 CFI 입력 옵션을 정의하고 있다. CFI는 local explainer이므로 shape은 4D 텐서로 정의된 x_test[0]의 shape으로 정의되어야 하며 CFI의 손실 함수 $(f(x')-y')^2$에서 y'가 target_proba이며 1.0으로 지정하고 있다. target_class= 'other'를 부여하여 x_test[0]의 원래 범주 7 이외의 어떤 범주도 가능하다는 옵션을 주고 있다. feature_range는 CFI를 구할 때 자료값의 변화범위를 지정하는 것으로 default는 (x_train.min(), x_train.max())이다.

```
shape = (1,) + x_train.shape[1:]
```

```
shape = (1,) + x_train.shape[1:]
target_proba = 1.0
tol = 0.01 # want counterfactuals with p(class)>0.99
target_class = 'other' # any class other than 7 will do
max_iter = 1000
lam_init = 1e-1
max_lam_steps = 10
learning_rate_init = 0.1
feature_range = (x_train.min(),x_train.max())
```

다음은 CFI를 동기화하고 .explain을 통해 x_test[0]의 CFI를 구하고 있다.

```
# initialize explainer
cfi = Counterfactual(cnn, shape=shape, target_proba=target_proba, tol=tol,
                     target_class=target_class, max_iter=max_iter, lam_init=lam_init,
                     max_lam_steps=max_lam_steps, learning_rate_init=learning_rate_init,
                     feature_range=feature_range)
start_time = time()
expls = cfi.explain(X)
print('Explanation took {:.3f} sec'.format(time() - start_time))
```

```
Explanation took 14.985 sec
```

.explain에 의한 출력 중 CFI는 .data에 있으므로 .data의 key를 출력하면 다음과 같다. 'cf'는 CFI이고 'all'은 CFI를 구하는 과정에 대한 정보를 가지고 있다. 'success'는 Counterfactual의 옵션을 충족하는 CFI를 구했는지를 알려준다.

```
print(expls.data.keys())
```

```
dict_keys(['cf', 'all', 'orig_class', 'orig_proba', 'success'])
```

다음과 같이 'success' 결과는 True이고 'cf'의 key를 출력하면 CFI('X'), CFI의 label인 'class', 그리고 CFI의 label에 속할 확률 'proba' 등이 있는 것을 보여주고 있다.

```
print(expls.data['success'])
print(expls.data['cf'].keys())
```

```
True
dict_keys(['X', 'distance', 'lambda', 'index', 'class', 'proba', 'loss'])
```

CFI의 label은 확률 0.99로 '3'으로 예측되었으며 원래 label인 '7'에서 '7'자 중간과 아랫부분에 x축과 평행인 선이 추가된 것을 볼 수 있다.

```
pred_class = expls.cf['class']
proba = expls.cf['proba'][0][pred_class]
print(f'Counterfactual prediction: {pred_class} with probability {proba}')
plt.imshow(expls.cf['X'].reshape(28, 28))
```

```
Counterfactual prediction: 3 with probability 0.9904250502586365
```

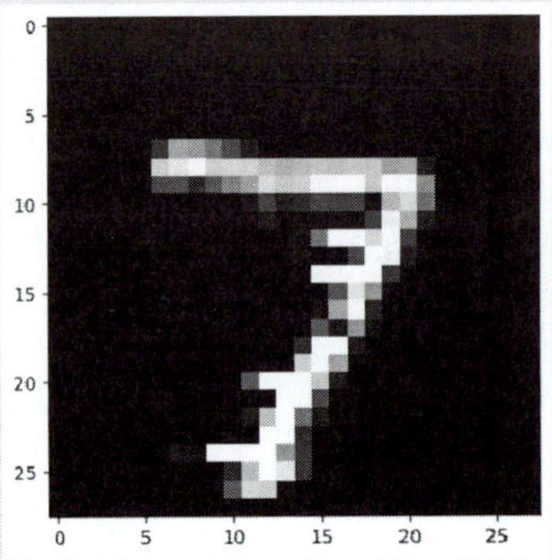

다음은 CFI의 손실함수에 있는 가중치 λ값의 변화와 함께 CFI를 구하는 과정을 보여주고 있다. max_lam_steps=10으로 주었으므로 iteration은 0~9까지이며 이러한 CFI의 변화 과정은 .data['all']을 이용하여 구하게 된다. 그림에서 볼 수 있듯이 iteration 0과 1은 흐릿한 이미지의 CFI를 보여주고 있다. 이러한 CFI는 x_train의 데이터 분포를 벗어났다고 말한다. iteration 3부터 점차적으로 CFI는 원래의 label 7에서 최소변화(sparse)와 설명 가능하게 변해가는 것을 볼 수 있다.

```
n_cfs = np.array([len(expls.all[iter_cf]) for iter_cf in range(max_lam_steps)])
examples = {}
for ix, n in enumerate(n_cfs):
    if n>0:
        examples[ix] = {'ix': ix, 'lambda': expls.all[ix][0]['lambda'],
        'X': expls.all[ix][0]['X']}
columns = len(examples) + 1
rows = 1
fig = plt.figure(figsize=(16,6))
for i, key in enumerate(examples.keys()):
    ax = plt.subplot(rows, columns, i+1)
    ax.get_xaxis().set_visible(False)
    ax.get_yaxis().set_visible(False)
    plt.imshow(examples[key]['X'].reshape(28,28))
    plt.title(f'Iteration: {key}')
```

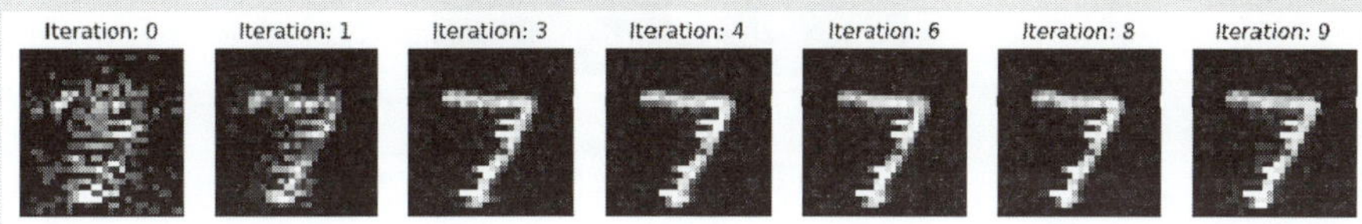

이제 target_class='other' 대신 구체적으로 target_class=9로 지정하여 CFI를 구해보도록 하자.

```
target_class = 9
cfi = Counterfactual(cnn, shape=shape, target_proba=target_proba, tol=tol,
target_class=target_class, max_iter=max_iter, lam_init=lam_init,
max_lam_steps=max_lam_steps, learning_rate_init=learning_rate_init,
feature_range=feature_range)
start_time = time()
explanation = cfi.explain(X)
print('Explanation took {:.3f} sec'.format(time() - start_time))
```

```
Explanation took 12.267 sec
```

CFI의 label은 확률 0.991로 지정된 '9'로 예측되었으며 CFI의 이미지는 다음과 같다. 원래 이미지 7의 상단부에서 사선 방향으로 흰색 선이 추가된 것을 볼 수 있다.

```
pred_class = explanation.cf['class']
proba = explanation.cf['proba'][0][pred_class]
print(f'Counterfactual prediction: {pred_class} with probability {proba}')
plt.imshow(explanation.cf['X'].reshape(28, 28))
```

```
Counterfactual prediction: 9 with probability 0.9909413456916809
```

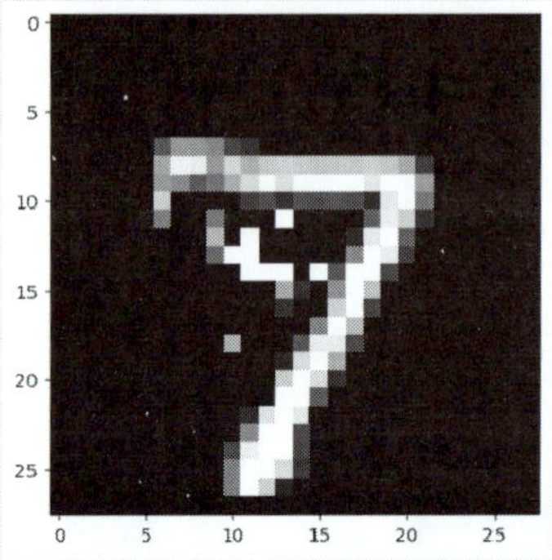

CFI와 원래 이미지 x_test[0]의 차이는 CFI - x_test[0]으로 쉽게 파악할 수 있다. 다음과 같이 사선 방향으로 흰색 선이 뚜렷하게 나타난 것을 볼 수 있다. 이 부분은 CFI를 생성하기 위해 새롭게 추가된 부분이고 상단과 하단 부분에 있는 검은색은 원래 이미지에서 제거된 부분이다.

```
plt.imshow((explanation.cf['X'] - X).reshape(28, 28))
```

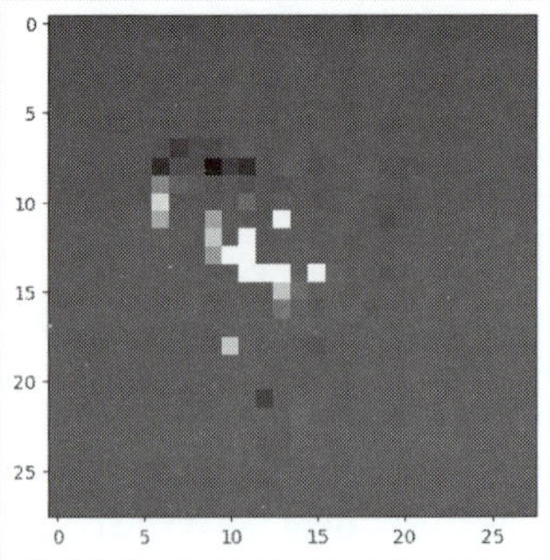

14장

CFP

(Counterfactual Guided by Prototypes)

Counterfactual은 학습한 모형을 이해하고 해석하는 데 매우 유용하다. 머신러닝 모형 관점에서 특성 변수 x의 label을 다른 label을 가진 counterfactual을 생성하고자 할 때, 바람직한 counterfactual x'의 조건을 정리하면 다음과 같다.

(1) x'에 대응하는 예측범주는 원하는 예측범주에 가까워야 한다. 여기에서 가깝다는 의미는 예측범주 확률이 높다는 의미이다.

(2) 원래 특성 변수 x에 대해 counterfactual $x' = x + \delta$로 정의되며 이 δ는 sparse 해야 한다. 여기에서 δ는 perturbation이라고 말하며 sparse의 의미는 $|\delta| \approx 0$을 의미한다.

(3) x'은 해석가능해야 한다. 해석가능하다는 의미는 x'이 전체 데이터의 분포뿐만 아니라 x'이 소속된 범주의 데이터 분포와도 근접해야 한다는 의미이다.

(4) x'를 생성하는 데 시간이 오래 걸리지 않아야 한다.

14.1 CFP의 이론적 배경

앞에서 논의한 바람직한 counterfactual x'의 조건을 충족시키기 위해 12장의 CEM은 autoencoder 손실함수를 도입하였다. 그러나 autoencoder 손실은 전체 데이터의 분포를 유지하는 데 기여하지만, counterfactual이 소속된 label의 데이터 분포를 유지하는 데 취약점을 가지고 있다. 그러므로 counterfactual x'의 조건 (3)을 만족시키기 위해 CFP의 손실함수는 다음과 같이 정의된다.

$$\begin{aligned} L(x' \mid x) = & \; c(f(x') - y')^2 + \beta L_1(x, x') + L_2(x, x') \\ & + \gamma L_2(x', AE(x')) + \theta L_2(x', x_{proto}) \end{aligned} \tag{14.1}$$

여기서 L_1과 L_2는 각각 ℓ_1과 ℓ_2 norm을 의미한다. 식 (14.1)에 정의된 CFP 손실함수는 제12장에 정의된 CEM 손실함수에 $\theta L_2(x', x_{proto})$를 추가한 형태이다. x_{proto}는 x'의 예측 label에서 x'과 가장 가까운 k개의 표본들의 평균으로 정의된 특성 변수이다. 그러므로 $L_2(x', x_{proto})$는 x'이 속한 label의 데이터 분포와 counterfactual x'의 분포가 최대한 가깝도록 조절하는 손실로 해석할 수 있다.

그러나 text 데이터나 image 데이터와 같이 특성 변수가 매우 크면 x_{proto}를 구하는 데 계산 부담이 지나치게 커지게 된다. 이를 해결하기 위해 autoencoder의 encoder로 데이터를 차원 축소한 후, 차원축소된 x'의 KNN(k nearest neighbors)의 평균으로 차원 축소된 x_{proto}를 구한다. 차원 축소된 x_{proto}는 autoencoder의 decoder를 이용하여 원래 차원으로 환원하여 $L_2(x', x_{proto})$의 x_{proto}를 구하게 된다.

비록 autoencoder에 의해 차원 축소를 했더라도 데이터의 크기가 크면 KNN을 구하는데 시간 부담이 있게 된다. 이러한 이유로 CFP는 조건 (4)를 만족시키기 위해 k-d tree를 이용하여 x'의 KNN을 구하기도 한다. k-d tree는 k-dimensional tree의 약자로 k차원 자료의 검색이나 NN(nearest neighbor)를 탐색하는데 매우 효율적인 도구이다. 빅데이터에서 활용 가능성이 매우 높은 tree로 Bentley(1975)가 제안하였다.

14.2 k-d tree와 신뢰점수

14.2.1 k-d tree

2차원 자료 (x,y)를 이용하여 k-d tree를 이해하도록 하자. 다음과 같이 13개의 자료 (1,3), (2,2), (4,1), (3.6), (1,8), (2,10), (5,4), (7,4), (8,2), (8,5), (7,7), (6,8), (9,9)를 이용하여 k-d tree를 구축해 보자. k-d tree는 자료 축을 차례대로 번갈아 가면서 자료를 반복적으로 반등분하여 구축한다. 우리의 예제에서는 (x,y) 2개의 축을 가정했으므로 x축의 중위수 또는 평균을 중심으로 자료를 먼저 이등분한다. 여기에서는 x값 5를 중심으로 이등분하면 표본 (5,4)가 첫 번째 노드가 된다. x축의 값이 5보다 작은 표본은 왼쪽 leaf로 5보다 크거나 같으면 오른쪽 leaf로 분류한다. (1,3), (2,2), (4,1), (3,6), (1,8), (2,10)은 왼쪽 leaf에 분류

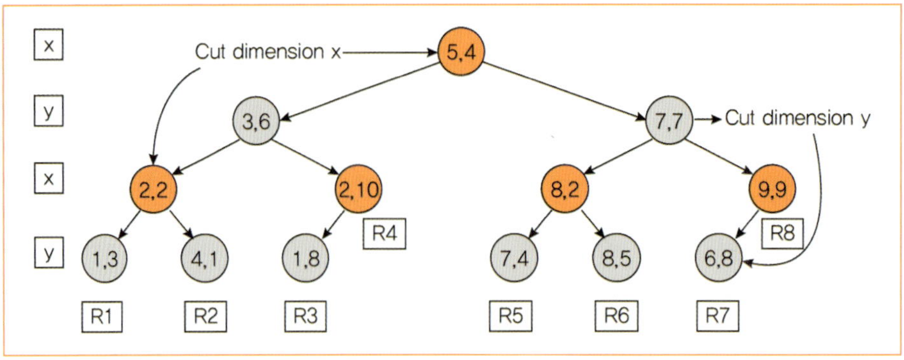

그림 14-1 표본 13개로 구축된 k-d tree

되고 오른쪽 leaf에는 (5,4), (7,4), (8,2), (8,5), (7,7), (6,8), (9,9)가 배치된다. 2개의 leaf에 분류된 각 leaf별로 y축값을 중심으로 이등분하기 위한 노드는 왼쪽 leaf에서는 (3,6), 오른쪽 leaf에서는 (7,7)이 된다. 노드 (3,6)을 중심으로 6보다 작은 y축값을 가진 표본은 (1,3), (2,2), (4,1)이고 이들은 노드 (3,6)의 왼쪽 leaf(<그림 14-1>의 R1과 R2)를 구성한다. 6보다 크거나 같은 y축값을 갖는 표본은 (3,6), (1,8), (2,10)이며 이들은 노드 (3,6)의 오른쪽 leaf(<그림 14-1>의 R3와 R4)를 구성한다. 오른쪽 노드인 (7,7)의 y축값 7보다 작은 y축값을 가진 표본 (5,4), (7,4), (8,2), (8,5)는 노드 (7,7)의 왼쪽 leaf(R5와 R6)로 편입시키고, 7보다 크거나 같은 y축값을 가진 표본 (7,7), (6,8), (9,9)는 노드 (7,7)의 오른쪽 leaf로 편입시킨다. 이는 <그림 14-1>의 2행까지의 결과이다.

동일한 방법으로 (3,6)의 왼쪽 leaf에 있는 (1,3), (2,2), (4,1)을 x축값을 중심으로 이등분하는 노드는 (2,2)이며 2보다 작은 x축의 값을 가진 표본은 (1,3)이므로 노드 (2,2)의 왼쪽 leaf에 편입시키고 2보다 큰 값 또는 같은 x축의 값을 가진 (2,2)와 (4,1)을 노드 (2,2)의 오른쪽 leaf에 편입시킨다. 다른 노드들도 동일한 방법으로 x축 값을 중심으로 이등분하여 각 표본을 할당하면 <그림 14-1>의 k-d tree가 완성된다. 이를 범주로 분류하여 재표현하면 <그림 14-2>와 같이 범주와 각 범주에 속한 표본을 표현할 수 있다.

참고로 <그림 14-2>에 있는 O 표시는 k-d tree를 이용하여 O 표본점인 (4,8)

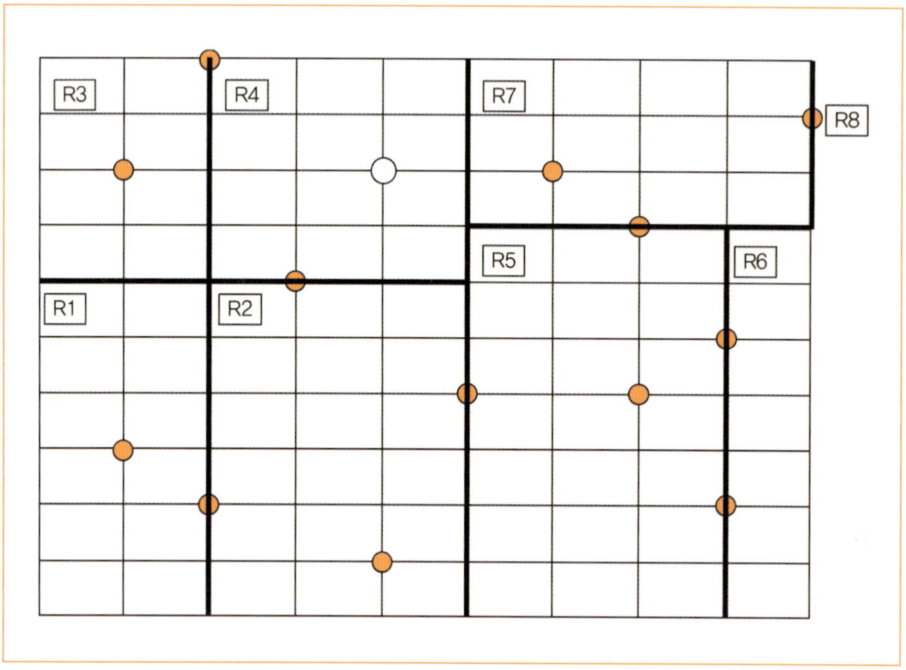

그림 14-2 k-d tree의 영역과 각 영역에 포함된 표본들

의 KNN을 구하기 위해 표시해 둔 것이다.

<그림 14-1>의 k-d tree는 오직 2개의 자료축 (x,y)로 구성된 자료이므로 분류 노드값을 x→y→x→y→x 순으로 결정되었지만, 3차원 자료 (x,y,z)이면 x→y→z→x→y→z→x 순으로 축을 차례로 변경하여 노드를 결정하면 된다. 4차원 이상도 동일하게 노드를 결정하여 k-d tree를 구축하면 된다.

이제 <그림 14-2>를 중심으로 O로 표시된 표본 (4,8)에 대해 Euclidean 거리의 관점에서 가장 가까운 표본(즉, 1-nearest neighbor)을 구하고자 한다. <그림 14-1>의 k-d tree를 이용하면 표본 (4,8)이 영역 R4에 있음을 쉽게 알 수 있다. R4 내에 있는 2개의 표본 (2,8)과 (3,6) 중 (4,8)에 가까운 표본은 (3,6)이고 거리는 $\sqrt{(3-4)^2+(6-8)^2}=2.24$이다. (4,8)과 다른 영역 간의 최소 Euclidean 거리는 R3와 R2는 2, R1과는 $\sqrt{(2-4)^2+(6-8)^2}=2.83$, R7과는 1, R8과는 5, R5와는 $\sqrt{(5-4)^2+(7-8)^2}=1.41$, 그리고 R6과는 $\sqrt{(8-4)^2+(7-8)^2}$

= 3.87이다.

탐색표본 (4,8)에서 각 영역 간의 최소거리가 2.24보다 작으면 영역 내에 탐색표본과의 거리가 2.24보다 작은 표본들이 존재할 수 있다. 그러나 최소거리가 2.24보다 큰 R1, R6, 그리고 R8 내에 있는 표본은 탐색표본과의 거리가 2.24보다 작을 수가 없게 된다. 그러므로 오직 R2, R3, R5, R7 내에 있는 표본들에 대해서만 Euclidean 거리를 구하면, 탐색표본 (4,8)에 가장 가까운 표본 즉, 1-nearest neighbor는 (6,8)이 된다. 두 번째로 가까운 표본은 이미 계산한 Euclidean 거리로 동일한 방법으로 구한다. 이를 k번 반복하면 탐색표본의 KNN을 구할 수 있게 된다.

14.2.2 신뢰점수(Trust score)

k-d tree의 KNN을 이용하여 예측치의 신뢰도를 측정할 수 있다. 머신러닝 모형에서 특정 시험데이터를 입력하여 예측된 label 확률이 얼마나 신뢰할 수 있는가에 대한 측정 도구가 신뢰점수(trust score)이다. 신뢰점수의 개념을 counterfactual과 연관하여 설명하기 위해 원래 데이터를 입력하여 예측된 label을 label1, counterfactual을 입력하여 예측된 label을 label2라고 가정하자. label1에 있는 데이터를 이용하여 k-d tree를 만들고, label2에 있는 데이터로 k-d tree를 구성한다. 각각의 k-d tree를 이용하여 counterfactual에 대한 KNN을 구해 평균을 구한 후, 이 평균을 각각 counterfactual과 label1, counterfactual과 label2의 거리로 정의한다. 그러면 counterfactual의 예측된 label 확률에 대한 trust score는

$$TS(cf) = \frac{label1\text{의 거리}}{label2\text{의 거리}}$$

로 정의된다. 이 신뢰 점수는 높을수록 counterfactual의 label과 원래 데이터의 label이 멀리 떨어져 있다는 의미이므로 신뢰도가 높다고 말한다. 신뢰점수가 1

이면 label1에서의 counterfactual의 거리와 label2에서의 counterfactual의 거리가 같으므로 counterfactual의 label 변경의 신뢰도가 낮다고 할 수 있다.

14.3 CFP의 적용과 응용

ALIBI에서 CFP의 적용은 CFI와 구조적으로 동일하다. 즉, CFP 클래스를 호출하고 학습이 필요하면 fit을 적용하고 explain 함수로 counterfactual을 구하게 된다. 만약 블랙박스 모형을 사용했다면 예측함수를 미리 정의하고 CFP의 autoencoder 손실함수를 이용하는 경우에는 autoencoder 모형을 학습시켜야 하므로 fit을 적용해야 한다. CFP는 다음과 같이 동기화하고 필요한 CFP 입력 옵션을 지정하면 된다.

```
cf=CounterfactualProto(model, shape, kappa=0., beta=.1, gamma=100.,
                       theta=100., ae_model=ae, max_iterations=500,
                       c_init=1., c_steps=5)
```

여기서 model은 alibi 관점에서 유리박스 예측모형을, shape은 batch 크기가 1인 test 데이터의 shape을 지정한다. alibi 관점에서 유리박스 예측모형의 의미는 딥러닝 모형도 Tensorflow의 자동미분 기능 때문에 유리박스 모형에 해당된다는 의미이다. kappa, beta, gamma, theta는 CFP 손실함수에 있는 초모수값으로 지정된 각각의 값은 default 값이다. c_init와 c_steps는 CEM의 c_init와 c_steps와 거의 같은 기능을 한다. c_init을 초기치로 counterfactual을 만든 후, c_steps 만큼 반복하여 예측범주가 변하지 않으면 c값을 증가시키고 예측범주가 변하면 c 값을 감소시킨다.

만약 alibi 관점에서 블랙박스 모형이면 입력과 출력만 있으므로, 예측함수를 지정하여 $\frac{\partial L}{\partial x'}=\frac{\partial L}{\partial p}\frac{\partial p}{\partial x'}$로 손실함수의 미분을 수치해석적으로 산출할 수 있다.

```
pred_fn=lambda x: model.predict(x)
cf=CounterfactualProto(pred_fn, shape)
```

x_{proto}를 구하기 위해 미리 학습된 autoencoder 모형의 encoder의 출력이 필요하므로 다음과 같은 .fit step이 필요하다.

```
cf.fit(X_train)
```

CounterfactualProto를 .explain 함수에 적용하여 X의 counterfactual을 구한다.

```
cf.explain(X, target_class=None, k=20, k_type='mean', verbose=True)
```

여기서 target_class에는 counterfactual의 목표 label을 지정할 수 있다. 만약 default인 None을 입력하면 counterfactual의 예측 label이 지정된다. k는 KNN의 K를 의미하고 이 KNN으로 x_{proto}를 구하게 된다. k=None이 default이며 이 경우, x_{proto}는 학습데이터로부터 각 범주별 특성 변수의 평균으로 정의된다. k_type은 x_{proto}를 KNN의 mean으로 구하고자 할 때 주는 옵션이며 k_type='point'로 지정하면 k번째 nearest neightbor로 x_{proto}를 구하게 된다. x_{proto}를 구하기 위한 autoencoder가 없을 경우, 다음과 같이 k-d tree를 이용하여 x_{proto}를 구할 수 있다.

```
cf=CounterfactualProto(model, shape, use_kdtree=True)
cf.fit(X_train)
explanation=cf.explain(X)
```

14.3.1 CFP의 적용: Tabular 데이터

CFP를 tabular 데이터에 적용하는 예를 살펴보기로 하자. 이를 위해 다음과 같이 필요한 모듈과 CounterfactualProto를 호출한다.

```
import matplotlib.pyplot as plt
tf.compat.v1.disable_v2_behavior()
import tensorflow as tf
from tensorflow.keras.layers import Dense, Input
from tensorflow.keras.models import Model, load_model
from tensorflow.keras.utils import to_categorical

import os
import numpy as np
import pandas as pd
from sklearn.datasets import fetch_california_housing
from sklearn.model_selection import train_test_split
from alibi.explainers import CounterfactualProto
```

다음은 counterfactual를 적용하기 편리하도록 미리 사전자료 정리과정을 마친 fetch_california_housing 데이터를 호출한 후, 특성 변수, 목적 변수를 정의하고 특성 변수명을 저장하고 있다.

```
california = fetch_california_housing(as_frame=True)
X = california.data.to_numpy()
target = california.target.to_numpy()
feature_names = california.feature_names
california.data.head()
```

	MedInc	HouseAge	AveRooms	AveBedrms	Population	AveOccup	Latitude	Longitude
0	8.3252	41.0	6.984127	1.023810	322.0	2.555556	37.88	-122.23
1	8.3014	21.0	6.238137	0.971880	2401.0	2.109842	37.86	-122.22
2	7.2574	52.0	8.288136	1.073446	496.0	2.802260	37.85	-122.24
3	5.6431	52.0	5.817352	1.073059	558.0	2.547945	37.85	-122.25
4	3.8462	52.0	6.281853	1.081081	565.0	2.181467	37.85	-122.25

목적 변수는 실수형인 주택가격이지만 counterfactual을 구하기 위해 연구목적을 분류로 변경한다. 즉, 주택가격이 주택가격의 중위수보다 크면 1, 중위수보다 작으면 0으로 목적 변수를 이항(binary)변수로 재정의하고 있다.

```
y = np.zeros((target.shape[0],))
y[np.where(target > np.median(target))[0]] = 1
```

다음은 특성 변수와 목적 변수에 대한 사전자료 정리과정을 보여주고 있다.

```
mu = X.mean(axis=0)
sigma = X.std(axis=0)
X = (X - mu) / sigma
X_train, X_test, y_train, y_test = train_test_split(X, y, test_size=0.2, random_state=42)
y_train = to_categorical(y_train)
y_test = to_categorical(y_test)
```

california_housing 데이터를 이용한 딥러닝 모형의 구축, 학습, 그리고 모형성능 점검과정을 차례로 보여주고 있다.

```
def nn_model():
    x_in = Input(shape=(8,))
    x = Dense(40, activation='relu')(x_in)
    x = Dense(40, activation='relu')(x)
    x_out = Dense(2, activation='softmax')(x)
    nn = Model(inputs=x_in, outputs=x_out)
    nn.compile(loss='categorical_crossentropy', optimizer='sgd', metrics=['accuracy'])
    return nn
```

```
nn = nn_model()
nn.summary()
nn.fit(X_train, y_train, batch_size=64, epochs=30, verbose=1)
nn.save('nn_california.h5', save_format='h5')
```

```
Model: "model_1"
_________________________________________________________________
Layer (type)                 Output Shape              Param #
=================================================================
input_1 (InputLayer)         [(None, 8)]               0

dense_3 (Dense)              (None, 40)                360

dense_4 (Dense)              (None, 40)                1640

dense_5 (Dense)              (None, 2)                 82

=================================================================
Total params: 2,082
Trainable params: 2,082
Non-trainable params: 0
```

```
Epoch 28/30
16512/16512 [==============================] - 0s 9us/sample - loss: 0.3399 - acc: 0.8480
Epoch 29/30
16512/16512 [==============================] - 0s 9us/sample - loss: 0.3383 - acc: 0.8480
Epoch 30/30
16512/16512 [==============================] - 0s 9us/sample - loss: 0.3375 - acc: 0.8494
```

```
nn = load_model('nn_california.h5')
score = nn.evaluate(X_test, y_test, verbose=0)
print('Test accuracy: ', score[1])
```

```
Test accuracy: 0.8498062
```

CFP를 구하기 위한 표본 X_test[1]을 shape을 조정한 후, X로 지정하고 있다.

```
X = X_test[1].reshape((1,) + X_test[1].shape)
shape = X.shape
```

다음과 같이 CFP를 동기화한 후, use_kdtree=True를 지정하여 x_proto를 k-d tree로 구하도록 하고 있으며 고정된 c값에 gradient descent를 1,000번 반복하도록 max_iterations=1000을 부여하고 있다. .fit step은 x_proto를 구하기 위해 필요한 step이다.

```
nn = load_model('nn_california.h5')
cf = CounterfactualProto(nn, shape, use_kdtree=True, theta=10., max_iterations=1000,
                         feature_range=(X_train.min(axis=0), X_train.max(axis=0)),
                         c_init=1., c_steps=10)
cf.fit(X_train)
```

```
CounterfactualProto(meta={
  'name': 'CounterfactualProto',
  'type': ['blackbox', 'tensorflow', 'keras'],
  'explanations': ['local'],
  'params': {
              'kappa': 0.0,
              'beta': 0.1,
              'gamma': 0.0,
              'theta': 10.0,
              'cat_vars': None,
```

```
                'ohe': False,
                'use_kdtree': True,
                'learning_rate_init': 0.01,
                'max_iterations': 1000,
                'c_init': 1.0,
                'c_steps': 10,
                'eps': (0.001, 0.001),
                'clip': (-1000.0, 1000.0),
                'update_num_grad': 1,
                'write_dir': None,
                'feature_range': (array([-1.77429947, -2.19618048, -1.83504572, -1.61076772, -1.25612255,
               -0.22899997, -1.44288613, -2.38599234]), array([ 5.85828581,   1.85618152,  55.16323628,
               51.78248741,  30.25033022, 119.41910319,   2.95806762,   2.62528006])),
                'shape': (1, 8),
                'is_model': True,
                'is_ae': False,
                'is_enc': False,
                'enc_or_kdtree': True,
                'is_cat': False,
                'trustscore_kwargs': None,
                'd_type': 'abdm',
                'w': None,
                'disc_perc': (25, 50, 75),
                'standardize_cat_vars': False,
                'smooth': 1.0,
                'center': True,
                'update_feature_range': True}
           ,
    'version': '0.9.0'}
)
```

X_test[1]의 CFP를 구한 후 살펴본 .data의 구조는 다음과 같이 CFI와 거의 동일하다는 것을 볼 수 있다.

```
explanation = cf.explain(X)
print(explanation.data.keys())
```

```
dict_keys(['cf', 'all', 'orig_class', 'orig_proba', 'id_proto'])
```

아래에서 볼 수 있듯이 X_test[1]의 label 0에서 CFP의 label 1로 변경된 것을 확인할 수 있다.

```
print(f'Original prediction: {explanation.orig_class}')
print(f'Counterfactual prediction: {explanation.cf["class"]}')
```

```
Original prediction: 0
Counterfactual prediction: 1
```

다음은 원래 표본 X_test[1]과 이로부터 생성된 CFP와의 차이를 살펴보기 위해 표준화된 특성 변수를 원래대로 환원한 후, 그 차이를 보여주고 있다. 마지막 특성 변수인 longitude를 제외하고 거의 차이가 없는 것을 볼 수 있다. CFP와 X_test[1]의 longitude 차이가 음의 값이므로 집의 위치가 남쪽으로 약간 이동되면 주택가격이 중위수 이하에서 중위수 이상으로 바뀌게 된다는 사실을 보여주고 있다.

```
orig = X * sigma + mu
counterfactual = explanation.cf['X'] * sigma + mu
delta = counterfactual - orig
print(delta)
for i, f in enumerate(feature_names):
    if np.abs(delta[0][i]) > 1e-2:
        print(f'{f}: {delta[0][i]}')#남쪽으로
```

```
[[-4.48098820e-08  3.79467160e-08 -1.79144086e-08  2.23376229e-09
   3.66006270e-06  7.68842279e-09 -1.91754168e-10 -1.19414201e-01]]
Longitude: -0.11941420102439793
```

다음은 X_test[1]과 CFP의 특성 변수값을 구체적으로 보여주고 있으며 앞에서 논의한대로 주택의 위치를 약간 남쪽으로 이동시키는 것으로 나타나, X_test[1]의 주택 위치가 가격 측면에서 경계선에 위치한 것으로 판단할 수 있다.

```
pd.DataFrame(orig, columns=feature_names)
```

	MedInc	HouseAge	AveRooms	AveBedrms	Population	AveOccup	Latitude	Longitude
0	2.5313	30.0	5.039384	1.193493	1565.0	2.679795	35.14	-119.46

```
pd.DataFrame(counterfactual, columns=feature_names)
```

	MedInc	HouseAge	AveRooms	AveBedrms	Population	AveOccup	Latitude	Longitude
0	2.5313	30.0	5.039384	1.193493	1565.000004	2.679795	35.14	-119.579414

CFP를 tabular 데이터에 적용할 때, tabular 데이터가 범주형 특성 변수를 포함하고 있다면, 범주형 자료를 one-hot encoding해야 할 뿐만 아니라 범주형 특성 변수를 index화하고 범주값을 포함하는 dictionary 자료를 만들어야 한다. 또한 x_proto를 만들기 위해 범주형 특성 변수 간의 거리를 측정하는 방법도 정의해야 한다. image 데이터나 text 데이터와 다르게 범주형 특성 변수를 가지고 있는 tabular 데이터는 설명 가능한 counterfactual을 구하기 위한 사전정리과정이 지루할 정도로 복잡하다. 이러한 이유로 실수형 및 범주형 특성 변수를 가지고 있는 tabular 데이터에서 설명 가능한 CFP를 구하기 위한 사전 자료정리과정을 구체적으로 살펴보도록 하자. 아래는 CFP를 범주형 특성 변수를 가지고 있는 tabular 데이터에 적용하기 위해 필요한 모듈과 fetch_adult 데이터셋을 호출하고 있다.

```
import tensorflow as tf
tf.get_logger().setLevel(40) # suppress deprecation messages
tf.compat.v1.disable_v2_behavior()
from tensorflow.keras.layers import Dense, Dropout, Input
from tensorflow.keras.models import Model
from tensorflow.keras.utils import to_categorical
%matplotlib inline
import matplotlib
import matplotlib.pyplot as plt
import numpy as np
import os
from sklearn.preprocessing import OneHotEncoder
from time import time
from alibi.datasets import fetch_adult
from alibi.explainers import CounterfactualProto
from alibi.utils import ohe_to_ord, ord_to_ohe
```

fetch_adult 데이터를 upload하여 살펴보면, category_map_tmp의 출력에서 볼 수 있듯이 1~7번째, 11번째 열이 범주형 특성 변수임을 보여주고 있고 이 열 번호가 key로 되어 있다. fetch_adult().data를 출력해 보면 text로 표현된 범주형 특성 변수의 범주값을 순서형 정수(ordinary integer)로 미리 변경해 놓은 것을 확인할 수 있을 것이다. 각자 출력하여 확인해 보길 바란다.

```
adult = fetch_adult()
data = adult.data
print(data[:2])
target = adult.target
feature_names = adult.feature_names
category_map_tmp = adult.category_map
print(category_map_tmp)
target_names = adult.target_names
```

```
[[  39    7    1    1    1    1    4    1 2174    0   40    9]
 [  50    6    1    0    8    0    4    1    0    0   13    9]]
{1: ['?', 'Federal-gov', 'Local-gov', 'Never-worked', 'Private', 'Self-emp-inc', 'Self-emp-not-inc', 'State-gov', 'Without-pay'], 2: ['Associates', 'Bachelors', 'Doctorate', 'Dropout', 'High School grad', 'Masters', 'Prof-School'], 3: ['Married', 'Never-Married', 'Separated', 'Widowed'], 4: ['?', 'Admin', 'Blue-Collar', 'Military', 'Other', 'Professional', 'Sales', 'Service', 'White-Collar'], 5: ['Husband', 'Not-in-family', 'Other-relative', 'Own-child', 'Unmarried', 'Wife'], 6: ['Amer-Indian-Eskimo', 'Asian-Pac-Islander', 'Black', 'Other', 'White'], 7: ['Female', 'Male'], 11: ['?', 'British-Commonwealth', 'China', 'Euro_1', 'Euro_2', 'Latin-America', 'Other', 'SE-Asia', 'South-America', 'United-States', 'Yugoslavia']}
```

특성 변수 data와 목적 변수 target을 np_c[data,target]으로 표본 id순으로 옆붙이기를 한 다음, 학습데이터와 시험데이터가 동일한 분포를 갖도록 하기 위해 permutation 함수를 이용하여 데이터를 shuffling하고 있다. 이는 sklearn의 train_test_split과 동일한 효과를 가지고 있다.

```
data_perm = np.random.permutation(np.c_[data, target])
X = data_perm[:,:-1]
y = data_perm[:,-1]
```

다음과 같이 첫 30,000개의 데이터를 y_train으로, 나머지는 y_test로 우선 목적 변수를 분리하고 있다.

```
idx = 30000
y_train, y_test = y[:idx], y[idx:]
```

1~7번째 열과 11번째 열에 있는 범주형 특성 변수를 앞에 위치하도록 하고 실수형 특성 변수가 뒤따르도록 특성 변수의 순서를 정렬하고 있다. 특성 변수의 사전자료정리과정을 손쉽게 하기 위함이다.

```
X = np.c_[X[:, 1:8], X[:, 11], X[:, 0], X[:, 8:11]]
```

특성 변수의 순서변화에 따라 특성 변수명과 category_map도 순서를 변경하고 있다.

```
feature_names = feature_names[1:8] + feature_names[11:12] + feature_names[0:1] +
feature_names[8:11]
print(feature_names)
```

```
['Workclass', 'Education', 'Marital Status', 'Occupation', 'Relationship', 'Race', 'Sex', 'Country',
'Age', 'Capital Gain', 'Capital Loss', 'Hours per week']
```

```
category_map = {}
for i, (_, v) in enumerate(category_map_tmp.items()):
    category_map[i] = v
print(category_map)
```

```
{0: ['?', 'Federal-gov', 'Local-gov', 'Never-worked', 'Private', 'Self-emp-inc', 'Self-emp-not-inc', 'State-gov',
'Without-pay'], 1: ['Associates', 'Bachelors', 'Doctorate', 'Dropout', 'High School grad', 'Masters', 'Prof-School'], 2:
['Married', 'Never-Married', 'Separated', 'Widowed'], 3: ['?', 'Admin', 'Blue-Collar', 'Military', 'Other', 'Professional',
'Sales', 'Service', 'White-Collar'], 4: ['Husband', 'Not-in-family', 'Other-relative', 'Own-child', 'Unmarried', 'Wife'], 5:
['Amer-Indian-Eskimo', 'Asian-Pac-Islander', 'Black', 'Other', 'White'], 6: ['Female', 'Male'], 7: ['?',
'British-Commonwealth', 'China', 'Euro_1', 'Euro_2', 'Latin-America', 'Other', 'SE-Asia', 'South-America',
'United-States', 'Yugoslavia']}
```

다음과 같이 categorical_map에서 {특성 변수 id: 특성 변수 범주값의 개수}로 구성된 dictionary 데이터 cat_vars_ord를 정의한다.

```
cat_vars_ord = {}
n_categories = len(list(category_map.keys()))
for i in range(n_categories):
    cat_vars_ord[i] = len(np.unique(X[:, i]))
print(cat_vars_ord)
```

```
{0: 9, 1: 7, 2: 4, 3: 9, 4: 6, 5: 5, 6: 2, 7: 11}
```

다음은 alibi의 utility 함수인 ord_to_ohe를 적용한 결과를 보여주고 있다. 앞에서 보았듯이 순서형 정수로 정의된 범주형 특성 변수를 ord_to_ohe로 one-hot encoding하고 있다. ord_to_ohe[0]은 one-hot encoding된 자료를 제공하고, ord_to_ohe[1]은 dictionary 데이터로 one-hot encoding된 각 특성 변수의 시작 column을 key로 하고 value는 범주값 수로 정의하고 있다. 예를 들어, 첫 번째 범주형 특성 변수는 0 column에서 시작하고 범주값이 9이므로 두 번째 범주형 특성 변수의 시작 column은 9이고 범주값 수는 7이다. 세 번째 범주형 특성 변수의 시작 column은 9+7=16이며 범주값은 4인 것을 볼 수 있다.

```
print(ord_to_ohe(X, cat_vars_ord)[0][:2])
cat_vars_ohe = ord_to_ohe(X, cat_vars_ord)[1]
print(cat_vars_ohe)
```

```
[[ 0.  0.  0.  0.  1.  0.  0.  0.  0.  0.  0.  0.  0.  1.  0.  0.  0.  0.
   1.  0.  0.  1.  0.  0.  0.  0.  0.  0.  0.  0.  0.  0.  0.  1.  0.  0.
   0.  0.  0.  1.  1.  0.  0.  0.  0.  0.  0.  0.  0.  0.  0.  1.  0. 27.
   0.  0. 44.]
 [ 0.  0.  0.  0.  1.  0.  0.  0.  0.  0.  1.  0.  0.  0.  0.  0.  0.  1.
   0.  0.  0.  0.  0.  0.  0.  1.  0.  0.  0.  0.  1.  0.  0.  0.  0.  0.
   0.  0.  0.  1.  1.  0.  0.  0.  0.  0.  0.  0.  0.  0.  0.  1.  0. 27.
   0.  0. 40.]]
{0: 9, 9: 7, 16: 4, 20: 9, 29: 6, 35: 5, 40: 2, 42: 11}
```

아래는 실수형 특성 변수를 -1~1이 되도록 표준화하고 있으며

```
X_num = X[:, -4:].astype(np.float32, copy=False)
xmin, xmax = X_num.min(axis=0), X_num.max(axis=0)
rng = (-1., 1.)
X_num_scaled = (X_num - xmin) / (xmax - xmin) * (rng[1] - rng[0]) + rng[0]
```

앞에서 논의한 ord_to_ohe[0]를 이용해서 범주형 특성 변수를 one-hot encoding 할 수 있으나, 다양한 함수를 이용하는 방법을 익히기 위해 여기에서는 sklearn의 OneHotEncoder를 이용하여 one-hot encoding하여 이를 x_cat_ohe로 정의하고 있다.

```
X_cat = X[:, :-4].copy()
ohe = OneHotEncoder(categories='auto', sparse=False).fit(X_cat)
X_cat_ohe = ohe.transform(X_cat)
print(X_cat_ohe[:2])
```

```
[[0. 0. 0. 0. 1. 0. 0. 0. 0. 0. 0. 0. 0. 1. 0. 0. 0. 0. 1. 0. 0. 1. 0. 0.
  0. 0. 0. 0. 0. 0. 0. 0. 0. 1. 0. 0. 0. 0. 0. 1. 1. 0. 0. 0. 0. 0. 0. 0.
  0. 0. 0. 1. 0.]
 [0. 0. 0. 0. 1. 0. 0. 0. 0. 0. 1. 0. 0. 0. 0. 0. 0. 0. 1. 0. 0. 0. 0. 0.
  0. 1. 0. 0. 0. 0. 1. 0. 0. 0. 0. 0. 0. 0. 0. 1. 1. 0. 0. 0. 0. 0. 0. 0.
  0. 0. 0. 1. 0.]]
```

표준화한 실수형 특성 변수와 one-hot encoding된 범주형 특성 변수를 np.c_[ ]로 옆붙이기를 한 다음 y_train과 y_test에 대응되는 X_train과 X_test를 정의하고 있다.

```
X = np.c_[X_cat_ohe, X_num_scaled].astype(np.float32, copy=False)
X_train, X_test = X[:idx, :], X[idx:, :]
print(X_train.shape, X_test.shape)
```

```
(30000, 57) (2561, 57)
```

앞에서 정의한 학습데이터를 딥러닝 모형에 적용하여 수입이 50K 이상인지(1), 미만인지(0)를 예측하기 위해 다음과 같이 fwd() 함수를 정의하고 학습시키고 있다.

```
def fwd():
    x_in = Input(shape=(57,))
    x = Dense(60, activation='relu')(x_in)
    x = Dropout(.2)(x)
    x = Dense(60, activation='relu')(x)
    x = Dropout(.2)(x)
    x = Dense(60, activation='relu')(x)
    x = Dropout(.2)(x)
    x_out = Dense(2, activation='softmax')(x)
    nn = Model(inputs=x_in, outputs=x_out)
    nn.compile(loss='categorical_crossentropy', optimizer='adam', metrics=['accuracy'])
    return nn
```

```
nn = fwd()
nn.summary()
nn.fit(X_train, to_categorical(y_train), batch_size=256, epochs=30, verbose=0)
```

```
Model: "model_1"
_________________________________________________________________
 Layer (type)                Output Shape              Param #
=================================================================
 input_2 (InputLayer)        [(None, 57)]              0

 dense_4 (Dense)             (None, 60)                3480

 dropout_3 (Dropout)         (None, 60)                0

 dense_5 (Dense)             (None, 60)                3660

 dropout_4 (Dropout)         (None, 60)                0

 dense_6 (Dense)             (None, 60)                3660

 dropout_5 (Dropout)         (None, 60)                0

 dense_7 (Dense)             (None, 2)                 122

=================================================================
Total params: 10,922
Trainable params: 10,922
Non-trainable params: 0
_________________________________________________________________
```

아래는 CFP를 구하기 위한 표본 X_test[0]를 reshape한 후, X로 저장하고 있다.

```
X = X_test[0].reshape((1,) + X_test[0].shape)
```

다음은 CFP를 동기화하기 위한 입력 옵션이다. 12개의 특성 변수 모두가 -1~1 사이에 있도록 feature_range를 지정하고 있다. 입력된 특성 변수가 모두 -1~1 사이에 있도록 표준화했고 one-hot encoding했기 때문이다.

```
shape = X.shape
beta = .01
c_init = 1.
c_steps = 5
max_iterations = 500
rng = (-1., 1.) # scale features between -1 and 1
rng_shape = (1,) + data.shape[1:]
feature_range = ((np.ones(rng_shape) * rng[0]).astype(np.float32),
                 (np.ones(rng_shape) * rng[1]).astype(np.float32))
```

다음과 같이 CFP를 동기화하고 앞에서 정의한 cat_vars_ohe를 cat_vars에 지정해 주고 범주형 특성 변수를 one-hot encoding했으므로 ohe=True로 지정해 주고 있다.

```
cf = CounterfactualProto(nn,shape,beta=beta,cat_vars=cat_vars_ohe,ohe=True,
                         max_iterations=max_iterations,feature_range=feature_range,
                         c_init=c_init,c_steps=c_steps)
```

손실함수에서 범주형 특성 변수의 거리를 측정하는 방법으로 d_type='adbm'으로 지정하고 있다. 'abdm'이 default이며 이에 대한 자세한 내용은 alibi documentation을 참고하길 바란다. 실수형 특성 변수의 거리도 'abdm'으로 측정하기 위해 disc_perc을 이용하여 실수형 특성 변수를 25%, 50%, 75% percentile로 구간화(binning)하고 있다. disc_perc=[25,50,75]가 default이다.

```
cf.fit(X_train, d_type='abdm', disc_perc=[25, 50, 75]);
```

다음과 같이 X_test[0]의 CFP를 구하고 .data.keys()와 .data['cf'].keys()를 출력하고 있다.

```
explanation = cf.explain(X)
print(explanation.data.keys())
print(explanation.data["cf"].keys())
```

```
dict_keys(['cf', 'all', 'orig_class', 'orig_proba', 'id_proto'])
dict_keys(['X', 'class', 'proba', 'grads_graph', 'grads_num'])
```

아래의 describe_instance() 함수는 .data.keys()의 'original_class'와 'orig_proba'로 X_test[0]의 예측 label과 label에 속할 확률을 출력하고, .data['cf'].keys()의 'class'와 'proba'로 CFP의 예측 label과 label에 속할 확률을 출력하는 함수이다. 또한 alibi utility인 ohe_to_ord를 이용하여 X_test[0]와 CFP를 원래 데이터 형식으로 되돌린 후, X_test[0]와 CFP의 차이를 범주형 특성 변수(Categorical)와 실수형 특성 변수(Numerical)로 나누어 출력하도록 하고 있다. 범주형 특성 변수의 경우 같은 범주가 아니면 이러한 범주값의 변화를 "A --> B"의 형태로 출력하도록 하고, 실수형인 경우 10^{-2}보다 차이가 클 경우만 출력하도록 하고 있다.

```
def describe_instance(X, explanation, eps=1e-2):
    print('Original instance: {} — proba: {}'.format(target_names[explanation.orig_class],
            explanation.orig_proba[0]))
    print('Counterfactual instance: {} —
            proba: {}'.format(target_names[explanation.cf['class']],
    explanation.cf['proba'][0]))
    print('₩nCounterfactual perturbations...')
    print('₩nCategorical:')
    X_orig_ord = ohe_to_ord(X, cat_vars_ohe)[0]
    X_cf_ord = ohe_to_ord(explanation.cf['X'], cat_vars_ohe)[0]
    delta_cat = {}
    for i, (_, v) in enumerate(category_map.items()):
        cat_orig = v[int(X_orig_ord[0, i])]
        cat_cf = v[int(X_cf_ord[0, i])]
        if cat_orig != cat_cf:
```

```
            delta_cat[feature_names[i]] = [cat_orig, cat_cf]
    if delta_cat:
        for k, v in delta_cat.items():
            print('{}: {} --> {}'.format(k, v[0], v[1]))
    print('\nNumerical:')
    delta_num = X_cf_ord[0, -4:] - X_orig_ord[0, -4:]
    n_keys = len(list(cat_vars_ord.keys()))
    for i in range(delta_num.shape[0]):
        if np.abs(delta_num[i]) > eps:
            print('{}: {:.2f} --> {:.2f}'.format(feature_names[i+n_keys],
                                            X_orig_ord[0,i+n_keys],
                                            X_cf_ord[0,i+n_keys]))
```

아래는 describe_instance() 함수를 적용한 결과를 보여주고 있다. X_test[0]는 확률 0.76으로 label이 <=50K로 예측되었고 이에 대응하는 CFP는 확률 0.576으로 label이 >50K로 변경된 것을 볼 수 있다. 이러한 label의 변화는 실수형 특성 변수의 변화는 거의 없는 상태에서 학력을 Associates에서 Bachelors로 변경하면 나타난다.

```
describe_instance(X, explanation)
```

```
Original instance: <=50K -- proba: [0.75982 0.24018]
Counterfactual instance: >50K -- proba: [0.42440462 0.5755954 ]

Counterfactual perturbations...

Categorical:
Education: Associates --> Bachelors

Numerical:
```

지금까지 x_proto를 적용하지 않았기 때문에 x_proto의 손실함수 가중치 $\theta = 0$을 default로 지정하였다. 아래는 k-d tree를 이용하여 x_proto를 구하고 이에 대한 손실함수를 정의하기 위해 use_kdtree=True로 하여 theta=10.0을 주고 있다.

```
use_kdtree = True
theta = 10. # weight of prototype loss term
```

X_test[7]에 대한 CFP를 구하고 describe_instance() 함수를 적용한 결과는 다음과 같다. X_test[7]은 <=50K label이지만 CFP는 >50K label로 변했으며 나이가 약간만 많아지면 >50K label로 변한다는 것으로 보여주고 있다.

```
X = X_test[7].reshape((1,) + X_test[0].shape)
cf = CounterfactualProto(nn,shape,beta=beta,theta=theta,cat_vars=cat_vars_ohe,ohe=True,
         use_kdtree=use_kdtree,max_iterations=max_iterations,feature_range=feature_range,
         c_init=c_init,c_steps=c_steps)
cf.fit(X_train, d_type='abdm')
explanation = cf.explain(X)
describe_instance(X, explanation)
```

```
Original instance: <=50K -- proba: [0.54038644 0.4596135 ]
Counterfactual instance: >50K -- proba: [0.49809897 0.50190103]

Counterfactual perturbations...

Categorical:

Numerical:
Age: -0.53 --> -0.50
```

이제 autoencoder를 추가하여 x_proto가 예측 label의 데이터분포를 벗어나지 않도록 하는 autoencoder 손실함수를 추가하고, autoencoder의 encoder를 이용하여 x_proto를 구하기 위해 autoencoder 모형을 설정하고 학습시키고 있다.

```
def ae_model():
    # encoder
    x_in = Input(shape=(57,))
    x = Dense(60, activation='relu')(x_in)
    x = Dense(30, activation='relu')(x)
    x = Dense(15, activation='relu')(x)
```

```
    encoded = Dense(10, activation=None)(x)
    encoder = Model(x_in, encoded)
    # decoder
    dec_in = Input(shape=(10,))
    x = Dense(15, activation='relu')(dec_in)
    x = Dense(30, activation='relu')(x)
    x = Dense(60, activation='relu')(x)
    decoded = Dense(57, activation=None)(x)
    decoder = Model(dec_in, decoded)
    # autoencoder = encoder + decoder
    x_out = decoder(encoder(x_in))
    autoencoder = Model(x_in, x_out)
    autoencoder.compile(optimizer='adam', loss='mse')
    return autoencoder, encoder, decoder
```

```
ae, enc, dec = ae_model()
ae.summary()
ae.fit(X_train, X_train, batch_size=128, epochs=100,
    validation_data=(X_test, X_test),verbose=0)
```

```
Model: "model_3"
_________________________________________________________________
 Layer (type)                Output Shape              Param #
=================================================================
 input_2 (InputLayer)        [(None, 57)]              0

 model_1 (Functional)        (None, 10)                5935

 model_2 (Functional)        (None, 57)                5982

=================================================================
Total params: 11,917
Trainable params: 11,917
Non-trainable params: 0
_________________________________________________________________
```

다음과 같이 autoencoder 손실함수의 가중치 gamma=10.을 추가한 후, 표본 X_test[19]의 CFP를 구하면 다음과 같다. autoencoder 모형이 손실함수에 포함되므로 enc_model과 ae_model를 지정하고 있다.

```
beta = .1 # L1
gamma = 10. # autoencoder
theta = .1 # prototype
```

X_test[19]는 0.534의 확률로 >50K로 예측된 반면, 대응하는 CFP는 학력을 고졸에서 중퇴로 변경하면 0.739의 확률로 <=50K로 label이 변경된다.

```
X = X_test[19].reshape((1,) + X_test[0].shape)
cf = CounterfactualProto(nn,shape,beta=beta,enc_model=enc,ae_model=ae,
            gamma=gamma,theta=theta,cat_vars=cat_vars_ohe,ohe=True,
            max_iterations=max_iterations,feature_range=feature_range,
            c_init=c_init,c_steps=c_steps)
cf.fit(X_train, d_type='abdm')
explanation = cf.explain(X)
describe_instance(X, explanation)
```

```
Original instance: >50K — proba: [0.46606535 0.53393465]
Counterfactual instance: <=50K — proba: [0.7388538  0.26114613]

Counterfactual perturbations...

Categorical:
Education: High School grad —> Dropout

Numerical:
```

앞에서 정의한 딥러닝 모형을 입력과 출력만 관측되는 블랙박스 모형으로 가정하여, 예측함수를 predict_fn=lambda x: nn.predict(x)로 정의하면 다음과 같이 X_test[24]의 CFP를 구할 수 있다. x_proto는 k-d tree를 이용하여 산출하므로 theta=10.으로 x_proto 손실함수의 가중치를 부여하고 있다. 일하는 시간이 줄어들면 label이 <=50K로 변한다는 것을 보여주고 있다.

```
use_kdtree = True
theta = 10. # weight of prototype loss term
```

```
X = X_test[24].reshape((1,) + X_test[0].shape)
# define predict function
predict_fn = lambda x: nn.predict(x)
cf = CounterfactualProto(predict_fn,shape,beta=beta,theta=theta,cat_vars=cat_vars_ohe,
```

```
                    ohe=True,use_kdtree=use_kdtree,max_iterations=max_iterations,
                    feature_range=feature_range,c_init=c_init,c_steps=c_steps)
cf.fit(X_train, d_type='abdm')
explanation = cf.explain(X)
describe_instance(X, explanation)
```

```
Original instance: >50K — proba: [0.21370363 0.7862964 ]
Counterfactual instance: <=50K — proba: [0.50010055 0.49989948]

Counterfactual perturbations...

Categorical:

Numerical:
Hours per week: -0.20 —> -0.54
```

14.3.2 CFP의 적용: Embedding layer를 이용한 tabular 데이터의 분석

지금까지 범주형 특성 변수를 포함한 tabular 데이터로부터 CFP를 구하기 위해 범주형 특성 변수를 one-hot encoding하고 CounterfactualProto의 입력 옵션인 cat_vars를 alibi의 ord_to_ohe() 함수로 구하였다. 또한 ohe_to_ord() 함수를 이용하여 원래의 데이터 형태로 환원하여 CFP를 설명 가능하도록 하였다.

Tabular 데이터의 범주형 특성 변수는 NLP(natural language process)에서 필수적으로 사용하는 Embedding layer를 이용하여 범주값의 특성을 반영하는 실수형 자료로 변환할 수 있다. Embedding layer의 작동원리를 간단하게 설명하기 위해 총 vacabulary 개수가 1,000개라고 가정하자. 그러면 이 1,000개의 vocabulary에 1~1,000번까지 번호를 부여(index화)한 후, 이 번호 중 1개를 입력하면 이 번호에 해당하는 위치만 1이고 나머지는 0으로 변환된 후, 선형결합하여 1개의 실수가 출력된다. 이러한 선형결합을 k번 반복하면 (k,) 1D 텐서를 출력하는 구조를 가지고 있다.

이제 앞에서 이용했던 fetch_adult 데이터에 Embedding layer를 적용하여 범주형 특성 변수를 실수로 변환한 후, CFP를 구하는 과정을 구체적으로 살펴보도록 하자. 다음과 같이 필요한 라이브러리와 클래스를 호출한다.

```
import tensorflow as tf
tf.get_logger().setLevel(40) # suppress deprecation messages
tf.compat.v1.disable_v2_behavior()
from tensorflow.keras.layers import Dense, Input, Embedding, Flatten, Concatenate,
                                    Reshape,Dropout, Lambda
from tensorflow.keras.models import Model
from tensorflow.keras.utils import to_categorical
%matplotlib inline
import matplotlib
import matplotlib.pyplot as plt
import numpy as np
import os
from time import time
from alibi.datasets import fetch_adult
from alibi.explainers import CounterfactualProto
```

자료의 사전정리 과정은 앞에서 논의한 것과 거의 같지만, ord_to_ohe와 범주형 특성 변수를 one-hot encoding으로 전환하는 과정이 없다는 차이점이 있다. 그러므로 아래에서 정의된 X_train의 범주형 특성 변수는 순서형 정수(ordinal integer)로 그대로 남아있기 때문에 크기가 (30000,12)로 12개의 특성 변수로 구성되어 있다. 좀 더 자세한 사항은 별도로 제공된 코드를 참고하길 바란다. 최종적으로 사전정리 과정을 마친 학습데이터와 시험데이터는 다음과 같다.

```
idx = 30000
y_train, y_test = y[:idx], y[idx:]
X_train, X_test = X[:idx, :], X[idx:, :]
print(X_train.shape, X_test.shape)
```

```
(30000, 12) (2561, 12)
```

다음은 순서형 정수로 정의된 범주형 특성 변수값을 Embedding layer에 입력하여 실수형 자료값으로 변환한 후, 딥러닝 모형을 구축하는 nn_ord() 함수를 정의하고 있다. 먼저 12개의 특성 변수로 구성된 2D 텐서를 입력한 후(x_in), dictionary 데이터인 cat_vars_ord를 차례로 읽어 범주형 특성 변수의 순서정수값+1을 출력한다(x[:, i:i+1]). 이는 순서 정수값은 0부터 시작하므로 출력값이 1부터 시작하도록 하기 위함이다. Embedding layer에 입력되는 0은 missing이나 <unknown> vocabulary를 위해 미리 할당되어 있기 때문이다. Embedding의 출력 차원이 범주형 특성 변수의 범주값 개수의 1/2 이상인 정수 중 가장 작은 정수(np.ceil(.5*v))로 정의(emb_dim)하여 Embedding의 차원이 (batch,1,emb_dim)이 되도록 하고 있다. Embedding의 출력을 Flatten()에 통과시켜 (batch, emb_dim) 2D 텐서로 변환시킨 후, layers_in에 append하고 있다. 예를 들어, car_vars_ord의 첫 key는 0이고 value는 9이므로 X_train의 첫 열은 0~8까지의 정수를 가지게 된다. 만약 X_train의 첫 열값이 2이면 emb_in=3이 되고, 첫 열의 value가 9(즉, 범주 수가 9)이므로 v=9이며 emb_dim=5가 된다. 그러므로

```
emb_layer=Embedding(input_dim=10, output_dim=5,input_length=1)(3)
```

이 된다. num_in은 실수값을 갖는 특성 변수를 추출하고 이를 Dense 층에 입력하여 layers_in에 append 한다. 이렇게 append된 범주형 특성 변수와 실수형 특성 변수를 제1축을 중심으로 concatenate하면 (batch, 46) 2D 텐서가 만들어지고 이를 Dense 층에 전달하고 있다.

```
def nn_ord():
    x_in = Input(shape=(12,))
    layers_in = []
    # embedding layers
    for i, (_, v) in enumerate(cat_vars_ord.items()):
        emb_in = Lambda(lambda x: x[:, i:i+1]+1)(x_in)
        emb_dim = int(max(min(np.ceil(.5 * v), 50), 2))
        emb_layer = Embedding(input_dim=v+1, output_dim=emb_dim,
                              input_length=1)(emb_in)
        emb_layer=Flatten()(emb_layer)
```

```
        layers_in.append(emb_layer)
    # numerical layers
    num_in = Lambda(lambda x: x[:, -4:])(x_in)
    num_layer = Dense(16)(num_in)
    layers_in.append(num_layer)
    # combine
    x = Concatenate()(layers_in)
    x = Dense(60, activation='relu')(x)
    x = Dropout(.2)(x)
    x = Dense(60, activation='relu')(x)
    x = Dropout(.2)(x)
    x = Dense(60, activation='relu')(x)
    x = Dropout(.2)(x)
    x_out = Dense(2, activation='softmax')(x)
    nn = Model(inputs=x_in, outputs=x_out)
    nn.compile(loss='categorical_crossentropy', optimizer='adam', metrics=['accuracy'])
    return nn
```

아래는 car_vars_ord의 첫 key는 0이고 value는 9일 때, 3이 입력되면 Embedding layer에 의해 출력된 5개의 실수 벡터를 보여주고 있다.

```
import numpy as np
aa=int(max(min(np.ceil(.5 * 9), 50), 2))

v=9
model = tf.keras.Sequential()
model.add(tf.keras.layers.Embedding(v+1, aa, input_length=1))
model.compile('rmsprop', 'mse')
output_array = model.predict(np.array([3]))
print(output_array)
```

```
[[[ 0.00022001 -0.01777273 -0.00655563  0.0315379   0.01513681]]]
```

nn_ord() 함수에 정의된 딥러닝 모형 nn의 구조의 일부분을 보여주고 있다. flatten부터 flatten_7까지가 범주형 특성 변수가 embedding된 것이며, dense는 실수형 특성 변수가 MLP 층을 통과한 이후의 차원을 표시하고 있다. 이 차원을 모두 합치면 차원의 크기가 46이 된 것을 확인할 수 있다.

```
nn = nn_ord()
nn.summary()
```

```
flatten (Flatten)            (None, 5)     0       ['embedding_6[0][0]']

flatten_1 (Flatten)          (None, 4)     0       ['embedding_7[0][0]']

flatten_2 (Flatten)          (None, 2)     0       ['embedding_8[0][0]']

flatten_3 (Flatten)          (None, 5)     0       ['embedding_9[0][0]']

flatten_4 (Flatten)          (None, 3)     0       ['embedding_10[0][0]']

flatten_5 (Flatten)          (None, 3)     0       ['embedding_11[0][0]']

flatten_6 (Flatten)          (None, 2)     0       ['embedding_12[0][0]']

flatten_7 (Flatten)          (None, 6)     0       ['embedding_13[0][0]']

dense (Dense)                (None, 16)    80      ['lambda_8[0][0]']

concatenate (Concatenate)    (None, 46)    0       ['flatten[0][0]',
                                                    'flatten_1[0][0]',
                                                    'flatten_2[0][0]',
                                                    'flatten_3[0][0]',
                                                    'flatten_4[0][0]',
                                                    'flatten_5[0][0]',
                                                    'flatten_6[0][0]',
                                                    'flatten_7[0][0]',
                                                    'dense[0][0]']

dense_1 (Dense)              (None, 60)    2820    ['concatenate[0][0]']

dropout (Dropout)            (None, 60)    0       ['dense_1[0][0]']

dense_2 (Dense)              (None, 60)    3660    ['dropout[0][0]']
```

다음과 같이 X_train과 one-hot encoding한 y_train으로 모형을 학습시키면

```
nn.fit(X_train, to_categorical(y_train), batch_size=128, epochs=30, verbose=1)
```

```
Epoch 28/30
30000/30000 [==============================] - 1s 29us/sample - loss: 0.3009 - acc: 0.8619
Epoch 29/30
30000/30000 [==============================] - 1s 26us/sample - loss: 0.3010 - acc: 0.8615
Epoch 30/30
30000/30000 [==============================] - 1s 26us/sample - loss: 0.2998 - acc: 0.8629
```

아래와 같이 모형의 성능은 0.86 정도이며 과대적합은 발생하지 않은 것으로 나타난다.

```
score=nn.evaluate(X_test, to_categorical(y_test))
print(score[1])
```

```
0.86021084
```

CFP를 구하기 위한 표본을 X_test[0]로 선정하고 이 표본을 딥러닝 모형에 입력하기 위해 아래와 같이 4D 텐서로 reshape한다.

```
X = X_test[0].reshape((1,) + X_test[0].shape)
```

다음과 같이 CounterfactualProto의 입력 옵션을 정의하고 딥러닝 모형 nn을 블랙박스 모형으로 간주하여

predict_fn=lambda x:nn.predict(x)

로 예측함수를 정의하고 있다. eps=(.01, .01)은 predict_fn에 대해 수치해석적 미분의 변화량을 지정해 주고 있다.

```
shape = X.shape
beta = .01
c_init = 1.
c_steps = 5
max_iterations = 500
rng = (-1., 1.) # scale features between -1 and 1
rng_shape = (1,) + data.shape[1:]
feature_range = ((np.ones(rng_shape) * rng[0]).astype(np.float32),
(np.ones(rng_shape) * rng[1]).astype(np.float32))
```

```
predict_fn = lambda x: nn.predict(x)
cf = CounterfactualProto(predict_fn, shape, beta=beta, cat_vars=cat_vars_ord,
        max_iterations=max_iterations, feature_range=feature_range, c_init=c_init,
        c_steps=c_steps, eps=(.01, .01))
```

다음과 같이 X_test[0]의 CFP를 구하고 describe_instance() 함수를 정의하여 X_test[0]와 이로부터 생성된 CFP를 알기 쉽게 설명하도록 하고 있다. 앞에서 정의했던 describe_instance() 함수와 거의 유사하지만, one_to_ord와 같은 utility가 없어진 것을 볼 수 있다.

```
cf.fit(X_train, d_type='abdm', disc_perc=[25, 50, 75]);
explanation = cf.explain(X)
```

```
def describe_instance(X, explanation, eps=1e-2):
    print('Original instance: {} — proba: {}'.format(target_names[explanation.orig_class],
          explanation.orig_proba[0]))
    print('Counterfactual instance: {} —
           proba: {}'.format(target_names[explanation.cf['class']],
           explanation.cf['proba'][0]))
    print('₩nCounterfactual perturbations...')
    print('₩nCategorical:')
    X_orig_ord = X
    X_cf_ord = explanation.cf['X']
    delta_cat = {}
    for i, (_, v) in enumerate(category_map.items()):
        cat_orig = v[int(X_orig_ord[0, i])]
        cat_cf = v[int(X_cf_ord[0, i])]
        if cat_orig != cat_cf:
            delta_cat[feature_names[i]] = [cat_orig, cat_cf]
    if delta_cat:
        for k, v in delta_cat.items():
            print('{}: {} —> {}'.format(k, v[0], v[1]))
    print('₩nNumerical:')
    delta_num = X_cf_ord[0, -4:] - X_orig_ord[0, -4:]
    n_keys = len(list(cat_vars_ord.keys()))
    for i in range(delta_num.shape[0]):
        if np.abs(delta_num[i]) > eps:
            print('{}: {:.2f} —> {:.2f}'.format(feature_names[i+n_keys],
                  X_orig_ord[0,i+n_keys],
                  X_cf_ord[0,i+n_keys]))
```

X_test[0]은 <=50K로 예측되었고 이에 대응하는 CFP는 확률 0.5003으로 >50K로 예측되었다. 다음 결과는 X_test[0]에서 Captital Gain을 약간만 증가시키면

label이 바뀐다는 것을 보여주고 있다.

```
describe_instance(X, explanation)
```

```
Original instance: <=50K — proba: [0.8820062  0.11799379]
Counterfactual instance: >50K — proba: [0.49965528 0.5003447 ]

Counterfactual perturbations...

Categorical:

Numerical:
Capital Gain: -0.96 —> -0.83
```

14.3.3 CFP의 적용: image 데이터

여러 번 사용해서 익숙한 MNIST 데이터를 이용하여 CFP를 구하는 방법에 대해 논의하고자 한다. 이를 위해 다음과 같이 필요한 모듈을 호출한다.

```
import tensorflow as tf
tf.get_logger().setLevel(40) # suppress deprecation messages
tf.compat.v1.disable_v2_behavior()
from tensorflow.keras.layers import Conv2D, Dense, Dropout, Flatten, MaxPooling2D,
Input, UpSampling2D
from tensorflow.keras.models import Model, load_model
from tensorflow.keras.utils import to_categorical
import matplotlib
%matplotlib inline
import matplotlib.pyplot as plt
import numpy as np
import os
from time import time
from alibi.explainers import CounterfactualProto
```

다음과 같이 학습데이터와 시험데이터로 분리하고 이미지 "2"를 예로 보여주고 있다.

```
(x_train, y_train), (x_test, y_test) = tf.keras.datasets.mnist.load_data()
print('x_train shape:', x_train.shape, 'y_train shape:', y_train.shape)
plt.gray()
plt.imshow(x_test[1]);
```

```
x_train shape: (60000, 28, 28) y_train shape: (60000,)
```

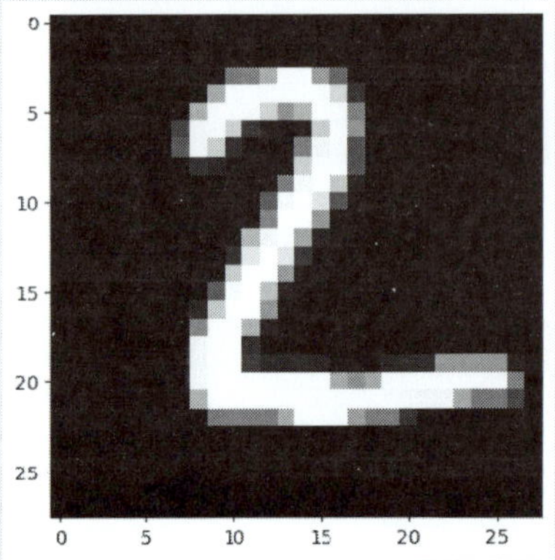

아래는 자료의 사전정리 과정을 보여주고 있다.

```
x_train = x_train.astype('float32') / 255
x_test = x_test.astype('float32') / 255
x_train = np.reshape(x_train, x_train.shape + (1,))
x_test = np.reshape(x_test, x_test.shape + (1,))
print('x_train shape:', x_train.shape, 'x_test shape:', x_test.shape)
y_train = to_categorical(y_train)
y_test = to_categorical(y_test)
print('y_train shape:', y_train.shape, 'y_test shape:', y_test.shape)
```

```
x_train shape: (60000, 28, 28, 1) x_test shape: (10000, 28, 28, 1)
y_train shape: (60000, 10) y_test shape: (10000, 10)
```

```
xmin, xmax = -.5, .5
x_train = ((x_train - x_train.min()) / (x_train.max() - x_train.min())) * (xmax - xmin)+ xmin
x_test = ((x_test - x_test.min()) / (x_test.max() - x_test.min())) * (xmax - xmin) + xmin
```

다음과 같이 MNIST 데이터의 label을 예측하는 CNN 모형을 구축한 후, 학습시킨 결과 모형의 성능은 accuracy가 0.9873으로 나타났다.

```
x_in = Input(shape=(28, 28, 1))
x = Conv2D(filters=32, kernel_size=2, padding='same', activation='relu')(x_in)
x = MaxPooling2D(pool_size=2)(x)
x = Dropout(0.3)(x)
x = Conv2D(filters=64, kernel_size=2, padding='same', activation='relu')(x)
x = MaxPooling2D(pool_size=2)(x)
x = Dropout(0.3)(x)
x = Flatten()(x)
x = Dense(256, activation='relu')(x)
x = Dropout(0.5)(x)
x_out = Dense(10, activation='softmax')(x)
cnn = Model(inputs=x_in, outputs=x_out)
cnn.compile(loss='categorical_crossentropy', optimizer='adam', metrics=['accuracy'])
```

```
cnn.fit(x_train, y_train, batch_size=32, epochs=3, verbose=0)
cnn.save('mnist_cnn.h5', save_format='h5')
```

```
cnn = load_model('mnist_cnn.h5')
score = cnn.evaluate(x_test, y_test, verbose=0)
print('Test accuracy: ', score[1])
```

```
Test accuracy:  0.9876
```

CFP를 구하기 위해 필요한 autoencoder 모형을 ae_model() 함수로 정의하고 다음과 같이 학습시키고 있다.

```
def ae_model():
    # encoder
    x_in = Input(shape=(28, 28, 1))
    x = Conv2D(16, (3, 3), activation='relu', padding='same')(x_in)
    x = Conv2D(16, (3, 3), activation='relu', padding='same')(x)
    x = MaxPooling2D((2, 2), padding='same')(x)
    encoded = Conv2D(1, (3, 3), activation=None, padding='same')(x)
    encoder = Model(x_in, encoded)
```

```
    # decoder
    dec_in = Input(shape=(14, 14, 1))
    x = Conv2D(16, (3, 3), activation='relu', padding='same')(dec_in)
    x = UpSampling2D((2, 2))(x)
    x = Conv2D(16, (3, 3), activation='relu', padding='same')(x)
    decoded = Conv2D(1, (3, 3), activation=None, padding='same')(x)
    decoder = Model(dec_in, decoded)
    # autoencoder = encoder + decoder
    x_out = decoder(encoder(x_in))
    autoencoder = Model(x_in, x_out)
    autoencoder.compile(optimizer='adam', loss='mse')
    return autoencoder, encoder, decoder
```

```
ae, enc, dec = ae_model()
ae.fit(x_train, x_train, batch_size=128, epochs=4, validation_data=(x_test, x_test))
ae.save('mnist_ae.h5', save_format='h5')
enc.save('mnist_enc.h5', save_format='h5')
```

아래는 autoencoder의 성능을 그림으로 점검하기 위해 입력된 원래 이미지와 autoencoder로 재생된 이미지를 짝지어 보여주고 있다. 제1행은 원래 이미지이고 제2행은 재생된 이미지로, autoencoder의 성능이 우수한 것으로 판단된다.

```
ae = load_model('mnist_ae.h5')
enc = load_model('mnist_enc.h5', compile=False)
decoded_imgs = ae.predict(x_test)
n = 5
plt.figure(figsize=(20, 4))
for i in range(1, n+1):
    ax = plt.subplot(2, n, i)
    plt.imshow(x_test[i].reshape(28, 28))
    ax.get_xaxis().set_visible(False)
    ax.get_yaxis().set_visible(False)
    # display reconstruction
    ax = plt.subplot(2, n, i + n)
    plt.imshow(decoded_imgs[i].reshape(28, 28))
    ax.get_xaxis().set_visible(False)
    ax.get_yaxis().set_visible(False)
plt.show()
```

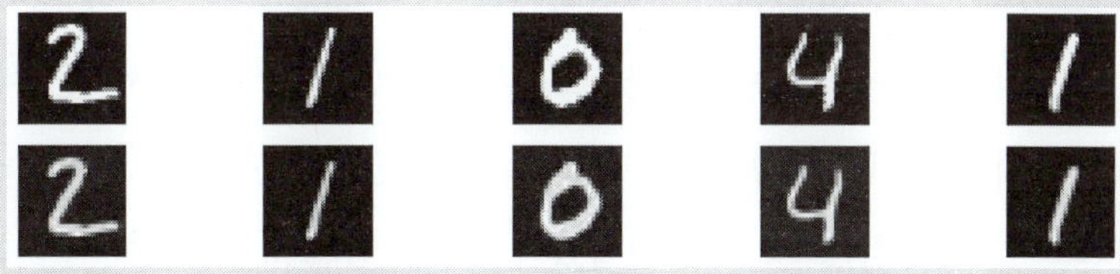

다음과 같이 x_test[0]의 이미지 "7"의 CFP를 구하고자 한다.

```
X = x_test[0].reshape((1,) + x_test[0].shape)
plt.imshow(X.reshape(28, 28))
```

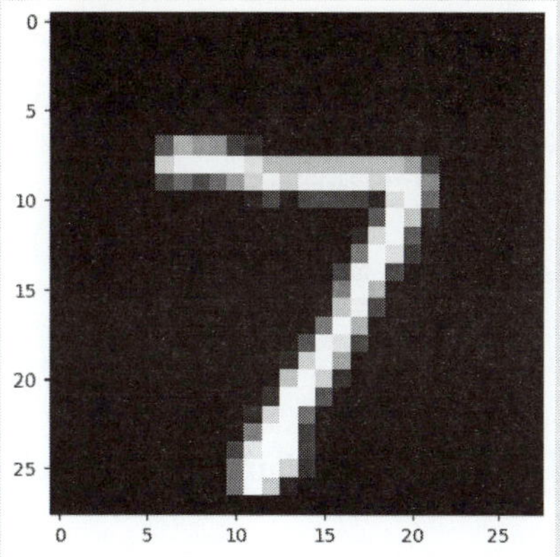

autoencoder 손실과 x_proto 손실이 CFP를 구하는 데 추가되므로 다음과 같이 autoencoder 손실의 가중치 gamma와 x_proto 손실의 가중치 theta 값을 각각 100.으로 부여하고 있다.

```
shape = (1,) + x_train.shape[1:]
gamma = 100.
theta = 100.
c_init = 1.
c_steps = 2
max_iterations = 1000
feature_range = (x_train.min(),x_train.max())
```

아래 프로그램과 같이 cf.explain의 입력 옵션 k=None을 부여하면 (k=None이 default) x_proto는 특성 변수의 평균으로 구해진다. 아래 출력에서 볼 수 있듯이 x_proto를 구하는 데 19초 정도가 걸리고, CFP를 구하기 위한 cf.explain을 실행하는데 9초 정도 걸리는 것으로 나타났다. 이를 통해 x_proto를 구하는 것이 CFP를 구하는 것보다 2배 정도의 시간이 소요된다는 것을 알 수 있다.

```
cf = CounterfactualProto(cnn, shape, gamma=gamma, theta=theta,
                         ae_model=ae, enc_model=enc, max_iterations=max_iterations,
                         feature_range=feature_range, c_init=c_init, c_steps=c_steps)
start_time = time()
cf.fit(x_train) # find class prototypes
print('Time to find prototypes each class: {:.3f} sec'.format(time() - start_time))
start_time = time()
explanation = cf.explain(X)
print('Explanation took {:.3f} sec'.format(time() - start_time))
```

```
Time to find prototypes each class: 19.140 sec
Explanation took 9.296 sec
```

다음과 같이 원래 이미지가 7임을 explaination['orig_class']로 확인할 수 있다.

```
print(explanation.data.keys())
print(explanation.orig_class)
```

```
dict_keys(['cf', 'all', 'orig_class', 'orig_proba', 'id_proto'])
7
```

아래는 CFP의 예측 label과 explanation.id_proto에 의해 CFP에 가장 가까운 x_proto의 label은 9이며, 원래 표본 x_test[0]의 label 7에서 9로 변한 것을 보여주고 있다.

```
print('Counterfactual prediction: {}'.format(explanation.cf['class']))
print(f'Closest prototype class: {explanation.id_proto}')
plt.imshow(explanation.cf['X'].reshape(28, 28))
```

```
Counterfactual prediction: 9
Closest prototype class: 9
```

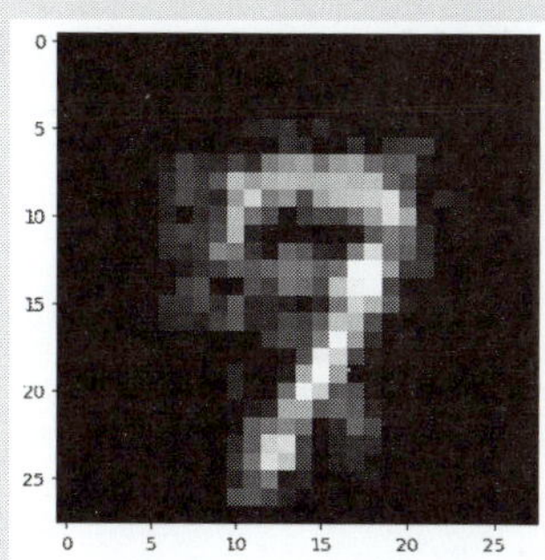

다음은 .data['all']을 이용하여 이미지 7에서 CFP의 9로 변해가는 과정을 보여주는 프로그램이다.

```
n = len(explanation.data['all'][0])
plt.figure(figsize=(20, 4))
for i in range(n):
    ax = plt.subplot(1, n+1, i+1)
    plt.imshow(explanation['all'][0][i].reshape(28, 28))
    ax.get_xaxis().set_visible(False)
    ax.get_yaxis().set_visible(False)
plt.show()
```

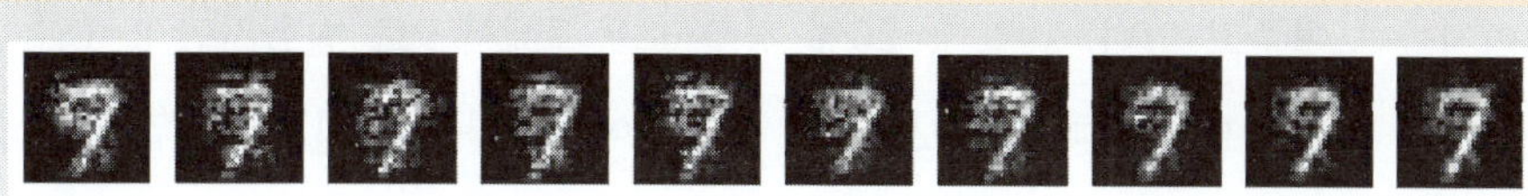

아래는 CFP의 예측 label 내에서 CFP에 가장 가까운 k개의 표본평균으로 x_proto를 구했을 때, k값에 따른 CFP의 변화를 보기 위해 k=1일 경우와 k=20인 경우의 CFP를 구하고 있다.

```
cf = CounterfactualProto(cnn, shape, gamma=gamma, theta=theta,
                         ae_model=ae, enc_model=enc, max_iterations=max_iterations,
                         feature_range=feature_range, c_init=c_init, c_steps=c_steps)
cf.fit(x_train)
explanation_k1 = cf.explain(X, k=1, k_type='mean')
explanation_k20 = cf.explain(X, k=20, k_type='mean')
```

아래는 k=1일 경우의 CFP의 예측 label, x_proto의 label, 그리고 CFP의 label 이미지를 보여주고 있다.

```
print('Counterfactual prediction: {}'.format(explanation_k1.cf['class']))
print(f'Closest prototype class: {explanation.id_proto}')
plt.imshow(explanation_k1.cf['X'].reshape(28, 28));
```

```
Counterfactual prediction: 9
Closest prototype class: 9
```

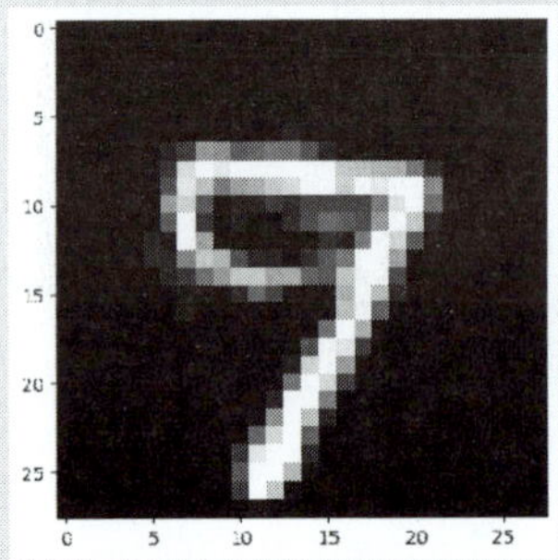

다음은 k=20일 경우의 CFP의 예측 label, x_proto의 label, 그리고 CFP의 label 이미지를 보여주고 있다. k=1, k=20일 경우 모두 7에서 9로 변했지만 k=1일 때가 좀 더 선명한 9의 이미지를 보여주고 있다. 이는 k를 선택할 때 너무 크지 않은 값을 선택하는 것이 좋다는 것을 의미한다.

```
print('Counterfactual prediction: {}'.format(explanation_k20.cf['class']))
print(f'Closest prototype class: {explanation.id_proto}')
plt.imshow(explanation_k20.cf['X'].reshape(28, 28))
```

```
Counterfactual prediction: 9
Closest prototype class: 9
```

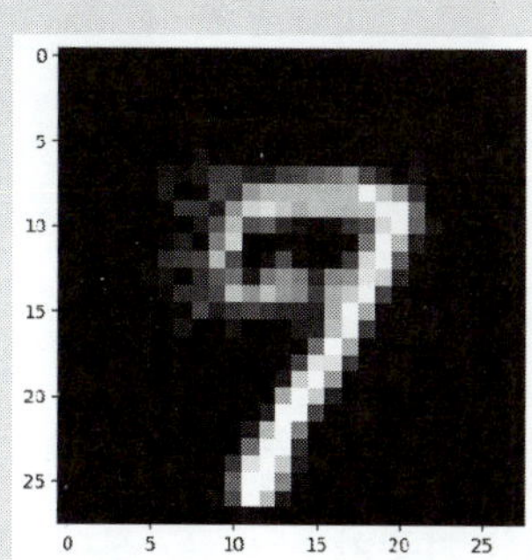

다음은 원래 표본 label 7에서 label이 0인 CFP를 생성하는 프로그램이며 그 결과를 보여주고 있다.

```
cf = CounterfactualProto(cnn, shape, gamma=gamma, theta=theta,
                         ae_model=ae, enc_model=enc, max_iterations=2000,
                         feature_range=feature_range, c_init=c_init, c_steps=c_steps)
cf.fit(x_train)
explanation_2 = cf.explain(X, k=5, k_type='mean', target_class=[0])
proto_2 = explanation_2.id_proto
```

```
print('Counterfactual prediction: {}'.format(explanation_2.cf['class']))
print(f'Closest prototype class: {proto_2}')
plt.imshow(explanation_2.cf['X'].reshape(28, 28))
```

```
Counterfactual prediction: 0
Closest prototype class: 0
```

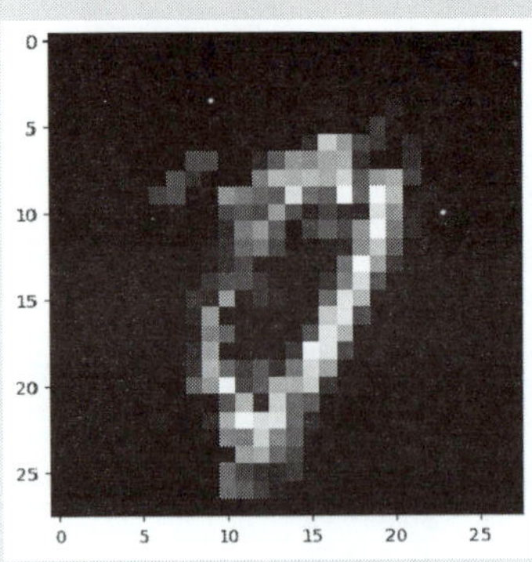

다음은 CFP를 생성하는 시간을 단축하기 위해 CFP의 손실함수 중 첫 번째 손실함수 $c(f(x')-y')^2$에서 가중치 $c=0$을 부여하여 첫 번째 손실함수를 제거하고 있다. 다음과 같이 c_int=0., c_steps=1로 주면 $c=0$이 된다.

```
c_init = 0. # weight on prediction loss term set to 0
c_steps = 1 # no need to find optimal values for c
```

앞의 CNN 모형을 블랙박스 모형으로 간주하여 예측함수 predict_fn을 정의하고 CFP를 구하면 아래 출력과 같이 시간이 많이 단축된 것을 알 수 있으며 CFP의 label이 9로 바뀐 것을 볼 수 있다. 그러나 CFP에서 손실함수의 제거는 신중해야 한다. 그 이유는 MNIST 데이터와 같이 간단한 이미지의 경우에는 손실함수 제거가 CFP를 생성하는 데 영향을 받지 않지만, 일반적으로 손실함수의 제거는 성공적인 counterfactual 생성에 방해요인이 되기 때문이다.

```
predict_fn = lambda x: cnn.predict(x)

cf = CounterfactualProto(predict_fn, shape, gamma=gamma, theta=theta,
ae_model=ae, enc_model=enc, max_iterations=max_iterations,
```

```
feature_range=feature_range, c_init=c_init, c_steps=c_steps)
cf.fit(x_train)
start_time = time()
explanation = cf.explain(X, k=1)
print('Explanation took {:.3f} sec'.format(time() - start_time))
```

```
Explanation took 5.271 sec
```

```
print('Counterfactual prediction: {}'.format(explanation.cf['class']))
print(f'Closest prototype class: {explanation.id_proto}')
plt.imshow(explanation.cf['X'].reshape(28, 28))
```

```
Counterfactual prediction: 9
Closest prototype class: 9
```

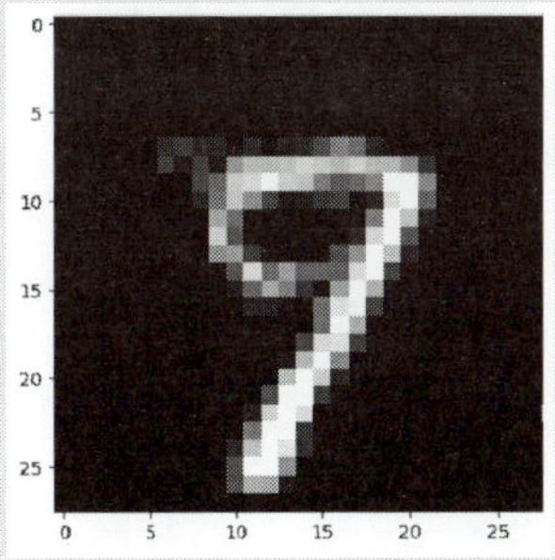

15장

CFRL
(Counterfactual with Reinforcement Learning)

CEM, CFI, CFP는 모두 손실함수를 정의하고 이 손실함수를 최소화하여 counterfactual를 구하였다. 그러나 CFRL은 손실함수를 이용하지 않고 별도의 모형을 학습시켜 이로부터 counterfactual을 생성하는 방법을 사용한다. 이 별도의 모형은 강화학습(reinforcement learning) 모형 중 DDPG(deep deterministic policy gradient, 박유성(2021) 참조) 모형이다.

강화학습은 state(s), action(a), 그리고 reward(r)로 학습데이터가 구성되어 있으며 이 학습데이터는 머신러닝 모형처럼 주어지는 것이 아니라, 강화학습과정에서 생성된다는 차이점이 있다. 주어진 state에서 reward의 기대치를 최대로 하는 action을 찾는 것이 강화학습의 목적이다. 당연하게 reward의 기대치는 state와 action의 함수이며 이를 Q 함수라고 한다. 이 Q 함수는 state와 action을 입력하여 reward 기대치를 출력하는 딥러닝 모형이고, action은 state를 입력받아 Q 함수값을 최대로 하는 action을 출력하는 딥러닝 모형으로 구성되어 있다.

CFRL에서는 state $s=(x, y_M, y_T, C)$로 정의하고 action은 $a=x+\delta$로 정의된다. 여기에서 x는 counterfactual를 생성하기 위한 원래 표본이고 M을 예측모형이라고 정의할 때, $y_M=M(x)$, y_T는 counterfactual로 변경하고자 하는 목표 label이다. 그리고 C는 counterfactual를 생성할 때 부여할 수 있는 제한조건(constraint)이다. δ는 x의 변화량(perturbation)으로 $x+\delta$가 counterfactual이다. reward는 $M(x+\delta)=y_T$이면 1을 주고 그렇지 않으면 0을 준다. 제한조건 C는 입력된 원래의 x에서 변경할 수 없는(immutable) 특성 변수(예를 들어, 성별이나 인종)를 고정하거나 특성 변수를 일정구간 안에 고정하는 조건을 부여한다. 이는 원래의 데이터에서 실현가능한 counterfactual을 생성하기 위함이다.

15.1 CFRL의 작동원리

CFRL은 예측모형 M의 예측 결과만 이용하므로 M이 유리박스 모형이든 블랙박스 모형이든 관계없으며 미분이 불가능한 앙상블러닝도 적용가능하다.

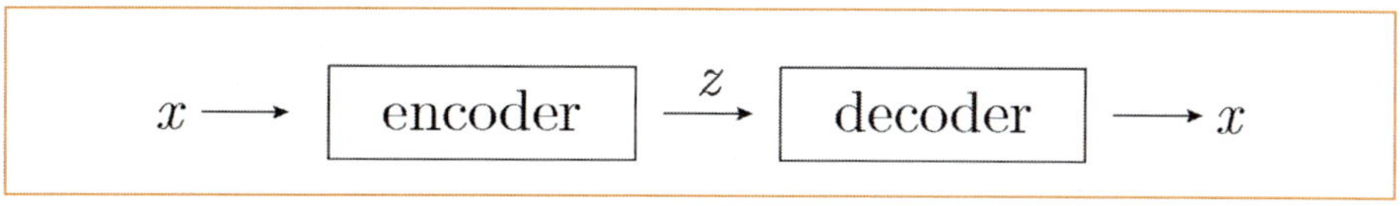

그림 15-1 autoencoder의 encoder와 decoder

CFRL은 특성 변수 x와 counterfactual $x+\delta$의 차원을 축소하고, x와 $x+\delta$가 서로 구별이 안 될 만큼 분포적으로 동일해야 하므로, 앞의 조건을 만족하는 autoencoder 모형을 학습시켜야 한다. autoencoder는 <그림 15-1>과 같이 encoder와 decoder로 구성되어 있다.

CFRL에서는 x와 $x+\delta$ 대신 autoencoder의 encoder 출력인 z_x와 $z_{x+\delta}$를 이용하여 강화학습 모형을 학습시킨다. $z_{x+\delta}$를 decoder를 통해 $x+\delta$로 환원한 후, $x+\delta$를 모형 M에 입력하여 $M(x+\delta)=y_T$ 여부에 따라 reward 값을 부여하게 된다. decoder의 출력인 $x+\delta$에 조건 C가 만족되도록 범위로 주어진 조건은 clip하고 변경 불가능한 특성 변수는 원래값으로 고정한다.

CFRL의 손실함수는

$$L(\delta)=L_Q+L_a+\theta_1 L_1(\delta)+\theta_2 L_2(x+\delta, AE(x+\delta))$$

이다. L_Q는 Q 함수의 손실함수로 회귀손실인 MSE(mean squared error)로 정의되고 L_a는 action 함수의 손실함수로 음의 Q 함수 기대치로 정의된다. δ에 ℓ_1-norm 손실함수를 적용한 이유는 δ를 최소로 하여 counterfactual이 원래의 특성 변수에 근접하도록(sparse) 하기 위함이다. $L_2(x+\delta, AE(x+\delta))$는 consistency 손실이라고 하며 counterfactual이 학습데이터와 분포적으로 동일하게 하기 위함이다.

15.2 ALIBI에서 CFRL의 적용

Alibi에서는 image 데이터인 경우 CounterfactualRL 클래스를 사용하고, tabular 데이터의 경우 CounterfactualRLTabular 클래스를 적용한다.

15.2.1 image 데이터

CFRL은 블랙박스 모형에 적용되므로 예측함수를 미리 정의하여야 한다.

```
predictor=lambda x:model(x)
```

predictor의 출력은 2D 텐서이며 첫 번째 축은 batch 크기이고 두 번째 축은 label 확률 또는 logits 값으로, 크기가 label 수와 일치해야 한다. 이미 논의했듯이 autoencoder의 encoder 값이 DDPG 강화학습 모형에 입력되고, 출력된 decoder는 제한조건을 충족되도록 조절해서 예측모형 M에 입력된다. 그러므로 autoencoder의 encoder와 decoder가 별도로 지정되어야 한다. image 데이터 분석을 위한 CFRL의 동기화는 다음과 같다.

```
explainer=CounterfactualRL(predictor=predictor, encoder=ae.encoder,
                decoder=ae.decoder, coeff_sparsity=θ1,coeff_consistency=θ2,
                latent_dim=number, train_steps=300000,batch_size=100)
```

여기서 predictor는 예측함수이고 encoder와 decoder는 학습된 autoencoder의 encoder와 decoder를 정의한다. coeff_sparsity는 CFRL의 ℓ_1-norm의 가중치, coeff_consistency는 autoencoder 손실함수의 가중치, 그리고 latent_dim은 encoder 출력의 노드수이다. train_steps는 강화학습 모형의 학습 반복수를 말하며 batch_size는 강화학습 모형의 손실함수를 추정하기 위해 임의 추출한 표본수를 의미한다.

CFRL에서는 강화학습 모형을 학습시켜야 하므로 .fit 과정이 필요하다.

```
explainer.fit(X_train)
```

counterfactual은 다음과 같이 생성한다.

```
explanation=explainer.explain(X=X_test, Y_t=np.array([1]))
```

여기서 X는 설명하고자 하는 표본(들)을, Y_t는 X에 지정된 표본이 목적하는 label(들)를 지정한다. X에 대해 목적 변수를 각각 지정해도 되고 일괄적으로 하나의 label를 지정할 수도 있다. np.array([1])은 X의 목적 label이 모두 1일 때를 가정한 것이다.

15.2.2 Tabular 데이터

CFRL은 머신러닝 모형에 무관하게 적용되는(model-agnostic) explainer이고 미분이 불가능한 Random forest, XGBoost, CatBoost와 같은 앙상블러닝에도 손쉽게 적용할 수 있다. Tabular 데이터에서 실수형과 범주형 특성 변수 모두에 적용 가능하다.

CFRL의 autoencoder 모형을 tabular 데이터에 적용할 때, 실수형과 범주형 특성 변수를 분리해서 출력하도록 해야 한다. autoencoder는 특성 변수를 차원축소하여 분포적으로 동일한 특성 변수를 출력해야 하기 때문이다. 이를 위해 tabular 데이터를 autoencoder에 입력하여 다중출력노드를 가진 decoder를 설계한다. 첫 번째 출력층은 실수형 특성 변수를 출력하고, 나머지 출력층은 범주형 특성 변수 수만큼 있으며 출력층 하나에 하나의 범주형 특성 변수를 출력하도록 설계한다. 예를 들어, 10개의 실수형 특성 변수와 5개의 범주형 특성 변수가 있으면 decoder는 총 6개의 출력층을 가지게 된다.

Tabular 데이터를 CFRL에 적용하기 위해 예측함수를 미리 정의해야 한다.

```
predictor=lambda x:model.predict_proba(x)
```

Tabular 데이터에 적용되는 autoencoder의 입력 특성 변수 중 실수형은 표준화(standardize)되어야 하고 범주형 특성 변수는 one-hot encoding 되어야 한다. 또한 decoder 출력값은 원래의 특성 변수 shape으로 전환되어야 예측모형 M에 입력할 수 있고, 강화학습 모형도 학습시킬 수 있다. 이러한 과정에서 특성 변수의 dtype이 변경되는 것을 방지하여야 한다. 예를 들어 age는 dtype이 int이지만

decoder에 의해 float로 변경될 수 있기 때문이다. 이러한 일련의 과정은 아래의 get_he_preprocessor로 해결한다.

```
from alibi.explainers.backends.cfrl_tabular import get_he_preprocessor

heae_preprocessor, heae_inv_preprocessor = get_he_preprocessor(X=X_train,
    feature_names=adult.feature_names, category_map=adult.category_map,
    feature_types=feature_types)
```

여기서 heae_preprocessor는 실수형 특성 변수를 표준화하고 범주형 특성 변수를 one-hot encoding한 결과가 저장된 변수이고, heae_inv_preprocessor는 decoder의 출력을 원래 입력자료로 환원하는 processor이다. feature_names는 특성 변수 명으로 list 자료이고, category_map은 dictionary data로 범주형 특성 변수의 index를 key로, 대응하는 범주값을 list로 지정한다. feature_types는 실수형 특성 변수의 dtype를 지정하는 옵션으로, 예를 들어

```
feature_types={"Age": int, "Capital Gain": int, "Capital Loss": int, "Hours per week":int}
```

와 같이 dictionary로 지정한다. 특성 변수 중 성별과 인종과 같이 변경이 불가능한 변수나 실수형 특성 변수의 증감을 다음과 같이 지정할 수 있다.

```
immutable_features=['Marital Status', 'Relationship', 'Race', 'Sex']
range={'Age':[0.0, 1.0], 'Hours_per_week':[−1.0, 0.0], 'Capital Gain': [−1.0,1.0]}
```

range에 정의된 -1.0, 0.0, 1.0은 각각 감소, 현재값, 증가를 의미한다. 그러므로 'Age'는 증가만 할 수 있고, 'Hours_per_week'는 감소만, 그리고 'Capital Gain'은 증감을 모두 허용한다. 증감을 모두 허용하는 것은 실질적으로 제한조건이 없는 것이므로 따로 지정하지 않아도 된다. 앞의 range에 포함된 0.0은 기준점 역할을 하므로 반드시 포함되어야 한다. Tabular 데이터에 대한 CFRL은 다음과 같이 동기화된다.

```
explainer=CounterfactualRLTabular(predictor=predictor, encoder=ae.encoder,
                decoder=ae.decoder, encoder_preprocessor=heae_preprocessor,
                decoder_inv_preprocessor=heae_inv_preprocessor,
                coeff_sparsity=COEFF_SPARSITY,
                coeff_consistency=COEFF_CONSISTENCY,
                feature_names=adult.feature_names,
                category_map=adult.category_map,
                immutable_features=immutable_features, ranges=range)
```

image 데이터처럼 tabular 데이터에서도 .fit step이 필요하다.

```
explainer.fit(X_train)
```

.explain를 적용하여 counterfactual을 구할 때, 특성 변수에 다음과 같은 조건을 부여할 수 있다.

```
C=[{'Age':[0, 20], 'workclass':['state_gov', '?', 'Local_gov']}]
```

위에서 'Age'의 제한조건 range={'Age':[0.0, 1.0]}에 추가하여 0~20세까지 증가범위를 제한하고 "workclass"는 오직 ['state_gov', '?', 'Local_gov']중의 하나 또는 원래의 직업군에 남도록 조건을 부여할 수 있다.

다음과 같이 explain 함수를 호출하여 counterfacual을 생성할 수 있다.

```
explanation=explainer.explain(X=X_test, Y_t=np.array([1]), C=C)
```

Tabular 데이터에 적용된 CFRL은 입력데이터 하나당 여러 개의 counterfactual 을 생성할 수 있다. 다음과 같이 diversity=True를 부여하고 num_samples= number로 생성하고 싶은 만큼의 counterfactual들의 숫자를 지정하면 된다. 이렇게 다수의 counterfactual들을 생성하는 이유는 실현 가능한 counterfactual을 선택할 수 있도록 하기 위함이다. 예를 들어, 대출이 거절되었을 때 개인의 사정에 따라 가장 실현가능성이 높은 counterfactual을 제시할 수 있게 하기 위함이다.

```
explanation=explainer.explain(X=X_test, Y_t=np.array([1]), C=C,
                              diversity=True, num_samples=number)
```

15.3 CFRL의 적용과 응용

15.3.1 CFRL: tabular 데이터

다른 counterfactual 방법과 비교를 위해 이미 익숙한 fetch_adult 데이터를 이용하여 CFRL을 적용하고자 한다. fetch_adult 데이터의 특성 변수는 실수형과 범주형으로 구성되어 있으므로 다음과 같이 필요한 모듈을 호출한다. alibi가 제공하는 utility중 apply_category_mapping은 순서형 정수로 정의된 범주값을 원래의 text 형태의 범주값으로 변경해 주는 utility로써, CFRL을 원래의 특성 변수값으로 환원시키기 위한 utility이다.

```
import os
import numpy as np
import pandas as pd
from copy import deepcopy
from typing import List, Tuple, Dict, Callable
import tensorflow as tf
import tensorflow.keras as keras
from sklearn.compose import ColumnTransformer
from sklearn.preprocessing import StandardScaler, OneHotEncoder
from sklearn.model_selection import train_test_split
from sklearn.metrics import accuracy_score
from xgboost import XGBClassifier
from sklearn.ensemble import RandomForestClassifier
from sklearn.tree import DecisionTreeClassifier
from sklearn.linear_model import LogisticRegression
from alibi.explainers import CounterfactualRLTabular, CounterfactualRL
from alibi.datasets import fetch_adult
from alibi.explainers.backends.cfrl_tabular import get_he_preprocessor,
        apply_category_mapping
```

다음은 범주형 특성 변수 명과 대응하는 column index인 특성 변수 id를 categorical_ids로 정의하고 실수형 특성 변수도 동일한 절차로 처리한 후, 학습 데이터와 시험데이터를 정의하고 있다.

```
adult = fetch_adult()

categorical_names = [adult.feature_names[i] for i in adult.category_map.keys()]
categorical_ids = list(adult.category_map.keys())
numerical_names = [name for i, name in enumerate(adult.feature_names)
                   if i not in adult.category_map.keys()]
numerical_ids = [i for i in range(len(adult.feature_names))
                 if i not in adult.category_map.keys()]

X, Y = adult.data, adult.target
X_train, X_test, Y_train, Y_test = train_test_split(X, Y, test_size=0.2, random_state=13)
print(X_train[:5])
```

```
[[46  4  4  0  6  0  2  1  0  0 60  9]
 [28  4  4  1  2  4  4  0  0  0 40  5]
 [19  0  4  1  0  3  4  0  0  0 35  9]
 [43  4  4  1  2  3  4  1  0  0 40  9]
 [22  0  4  1  0  3  4  1  0  0 35  9]]
```

ColumnTransformer를 적용하여 앞에서 정의한 실수형 id를 이용하여 실수형 특성 변수 자료를 표준화하고, 범주형 특성 변수값도 one-hot encoding하여 X_train과 X_test를 변환시킨 후, 이를 각각 X_train_ohe, X_test_ohe로 정의하고 있다.

```
preprocessor = ColumnTransformer([("num", StandardScaler(), numerical_ids),
                                  ("cat", OneHotEncoder(sparse=False,
                                   handle_unknown="ignore"), categorical_ids)])
```

```
preprocessor.fit(X_train)

X_train_ohe = preprocessor.transform(X_train)
X_test_ohe = preprocessor.transform(X_test)
```

fetch_adult 데이터를 이용한 이항분류과제를 random forest 모형으로 학습시킨 후, random forest 예측확률을 예측함수 predictor로 정의하고 있다. random forest 모형의 성능은 accuracy가 0.863으로 측정되었다.

```
# Select one of the below classifiers.
# clf = XGBClassifier(min_child_weight=0.5, max_depth=3, gamma=0.2)
# clf = LogisticRegression(C=10)
# clf = DecisionTreeClassifier(max_depth=10, min_samples_split=5)
clf = RandomForestClassifier(max_depth=15, min_samples_split=10,
                             n_estimators=50)

clf.fit(X_train_ohe, Y_train)
```

```
predictor = lambda x: clf.predict_proba(preprocessor.transform(x))
```

```
acc = accuracy_score(y_true=Y_test, y_pred=predictor(X_test).argmax(axis=1))
print("Accuracy: %.3f" % acc)
```

```
Accuracy: 0.862
```

다음은 CFRL에 사용되는 autoencoder의 encoder를 구축하고 있다. 2개의 Dense 층으로 구성된 간단한 모형이며 출력값은 tanh 활성함수에 의해 −1~1 사이값을 가지게 된다. encoder의 입력은 표준화된 실수형 특성 변수와 one-hot encoding된 범주형 특성 변수이다.

```
class ADULTEncoder(keras.Model):
    def __init__(self, hidden_dim: int, latent_dim: int, **kwargs):
        super().__init__(**kwargs)
        self.fc1 = keras.layers.Dense(hidden_dim)
        self.fc2 = keras.layers.Dense(latent_dim)

    def call(self, x: tf.Tensor, **kwargs) -> tf.Tensor:
        x = tf.nn.relu(self.fc1(x))
        x = tf.nn.tanh(self.fc2(x))
        return x
```

다음은 Autoencoder의 decoder를 보여주고 있다. decoder의 입력은 encoder의 출력이며 decoder의 출력은 총 9개의 출력층으로 구성된 다중출력층(multiple outputs)이다. 첫 번째 출력층은 실수형 특성 변수를 출력하고 2~9번째 출력층은 범주형 특성 변수의 출력으로 각 출력층의 노드수는 각 범주형 특성 변수의 범주 수이다.

```
class ADULTDecoder(keras.Model):
    def __init__(self, hidden_dim: int, output_dims: List[int], **kwargs):

        super().__init__(**kwargs)
        self.fc1 = keras.layers.Dense(hidden_dim)
        self.fcs = [keras.layers.Dense(dim) for dim in output_dims]

    def call(self, x: tf.Tensor, **kwargs) -> List[tf.Tensor]:
        x = tf.nn.relu(self.fc1(x))
        xs = [fc(x) for fc in self.fcs]
        return xs
```

다음은 앞에서 정의된 encoder와 decoder를 연결한 autoencoder를 정의하고 있다.

```
class HeAE(keras.Model):
    def __init__(self, encoder: keras.Model, decoder: keras.Model, **kwargs):
        super().__init__(**kwargs)
        self.encoder = encoder
        self.decoder = decoder
    def call(self, x: tf.Tensor, **kwargs):
        z = self.encoder(x)
        x_hat = self.decoder(z)
        return x_hat
```

다음은 autoencoder의 입력데이터와 출력데이터를 정의하는 과정을 보여주고 있다. CFRL의 autoencoder는 강화학습 모형에 encoder 값을 입력해서 강화학습의 출력인 counterfactual encoder 값을 원래의 입력데이터의 형태로 출력해야 하므로 이러한 과정은 필수적이다. autoencoder에 입력되는 데이터는 자료의 사전정리 과정이 필수적이다. tabular 데이터는 실수형과 범주형이 혼재되어 있기 때문이다. 이러한 과정은 alibi의 get_he_preprocessor() 함수로 구현된다. get_he_processor는 실수형 특성 변수를 표준화하고 범주형 특성 변수는 one-hot encoding하는 아래와 같은 heae_preprocessor를 생성한다. X_train을 get_he_preprocessor() 함수에 입력하면 표준화된 실수형 특성 변수가 먼저 heae_preprocessor에 저장되고 뒤이어 one-hot encoding된 범주형 특성 변수가 저장된다. heae_inv_preprocessor는 강화학습 모형에서 encoder 출력 형태로 출력되는 특성 변수를 원래의 특성 변수 형식으로 환원해 주는 함수이다.

autoencoder의 출력은 다중 출력이므로 autoencoder의 목적 변수는 다음과 같이 dictionary 데이터 type의 trainset_outputs으로 정의한다. 실수형 특성 변수는 "output_1"을 key로 하고 value는 trainset_input[:,:len(numerical_ids)]로 정의하고, 범주형 특성 변수는 "output_2" ~ "output_9"를 key로 하고 대응하는 value는 X_train[:,cat_id]로 정의하고 있다. 마지막으로 .from_tensor_slices() 함수를 이용하여 autoencoder의 입력(trainset_input)과 출력(trainset_outputs)를 짝지어 128 배치 단위로 표본을 임의추출하도록 하고 있다.

```
# Define attribute types, required for datatype conversion.
feature_types={"Age":int,"Capital Gain":int,"Capital Loss":int,"Hours per week":int}

heae_preprocessor, heae_inv_preprocessor =
        get_he_preprocessor(X=X_train, feature_names=adult.feature_names,
                    category_map=adult.category_map, feature_types=feature_types)
# Define trainset
trainset_input = heae_preprocessor(X_train).astype(np.float32)
print(trainset_input.shape)
trainset_outputs = {"output_1": trainset_input[:, :len(numerical_ids)]}
for i, cat_id in enumerate(categorical_ids):
    trainset_outputs.update({f"output_{i+2}": X_train[:, cat_id]})
trainset = tf.data.Dataset.from_tensor_slices((trainset_input, trainset_outputs))
```

```
trainset = trainset.shuffle(1024).batch(128, drop_remainder=True)
```

```
(26048, 57)
```

다음은 autoencoder의 은닉층 수, encoder의 출력노드 수, 그리고 decodor의 OUT_DIMS를 정의하고 있다. 실수형 출력노드 수는 4, 범주형 특성 변수의 출력노드수는 9,7, ..., 11이 되도록 지정하고 있다.

```
EPOCHS = 50 # epochs to train the autoencoder
HIDDEN_DIM = 128 # hidden dimension of the autoencoder
LATENT_DIM = 15 # define latent dimension
# Define output dimensions.
OUTPUT_DIMS = [len(numerical_ids)]
OUTPUT_DIMS += [len(adult.category_map[cat_id]) for cat_id in categorical_ids]
print(OUTPUT_DIMS)
```

```
[4, 9, 7, 4, 9, 6, 5, 2, 11]
```

다음은 autoencoder 모형인 HeAE를 학습시키기 위해 실수형 목적 변수의 손실함수는 MSE, 범주형 목적 변수는 SparseCategoricalCrossentropy를 부여하고 있다. 범주형 목적 변수가 순서형 정수(ordinal integer)로 정의되었기 때문이다. 손실함수의 가중치는 실수형은 1, 범주형에는 각각 1/8을 준다.

```
# Define the heterogeneous auto-encoder.
heae = HeAE(encoder=ADULTEncoder(hidden_dim=HIDDEN_DIM,
                latent_dim=LATENT_DIM),
            decoder=ADULTDecoder(hidden_dim=HIDDEN_DIM,
                output_dims=OUTPUT_DIMS))
# Define loss functions.
he_loss = [keras.losses.MeanSquaredError()]
he_loss_weights = [1.]
# Add categorical losses.
for i in range(len(categorical_names)):
    he_loss.append(keras.losses.SparseCategoricalCrossentropy(from_logits=True))
```

```
    he_loss_weights.append(1./len(categorical_names))
# Define metrics.
metrics = {}
for i, cat_name in enumerate(categorical_names):
    metrics.update({f"output_{i+2}": keras.metrics.SparseCategoricalAccuracy()})

heae.compile(optimizer=keras.optimizers.Adam(learning_rate=1e-3),
             loss=he_loss, loss_weights=he_loss_weights,metrics=metrics)
heae.fit(trainset, epochs=EPOCHS)
```

```
Epoch 49/50
203/203 [==============================] - 0s 2ms/step - loss: 0.0076 - output_1_loss: 0.0029 -
output_2_loss: 0.0048 - output_3_loss: 0.0045 - output_4_loss: 0.0044 - output_5_loss: 0.0044 -
output_6_loss: 0.0041 - output_7_loss: 0.0051 - output_8_loss: 0.0010 - output_9_loss: 0.0096 -
output_2_sparse_categorical_accuracy: 0.9994 - output_3_sparse_categorical_accuracy: 0.9995 -
output_4_sparse_categorical_accuracy: 0.9993 - output_5_sparse_categorical_accuracy: 0.9994 -
output_6_sparse_categorical_accuracy: 0.9994 - output_7_sparse_categorical_accuracy: 0.9989 -
output_8_sparse_categorical_accuracy: 0.9998 - output_9_sparse_categorical_accuracy: 0.9982
Epoch 50/50
203/203 [==============================] - 0s 2ms/step - loss: 0.0075 - output_1_loss: 0.0027 -
output_2_loss: 0.0050 - output_3_loss: 0.0044 - output_4_loss: 0.0046 - output_5_loss: 0.0043 -
output_6_loss: 0.0041 - output_7_loss: 0.0051 - output_8_loss: 0.0011 - output_9_loss: 0.0096 -
output_2_sparse_categorical_accuracy: 0.9992 - output_3_sparse_categorical_accuracy: 0.9995 -
output_4_sparse_categorical_accuracy: 0.9990 - output_5_sparse_categorical_accuracy: 0.9993 -
output_6_sparse_categorical_accuracy: 0.9992 - output_7_sparse_categorical_accuracy: 0.9990 -
output_8_sparse_categorical_accuracy: 0.9997 - output_9_sparse_categorical_accuracy: 0.9979
```

다음은 CFRL의 손실함수 가중치이며 immutable_features에 CFRL 생성 시 변하지 않아야 할 특성 변수를 지정하고, ranges로 특성 변수 Age는 증가만 허용하고 있다.

```
COEFF_SPARSITY = 0.5 # sparisty coefficient
COEFF_CONSISTENCY = 0.5 # consisteny coefficient
TRAIN_STEPS = 10000
BATCH_SIZE = 100 # batch size
```

```
immutable_features = ['Marital Status', 'Relationship', 'Race', 'Sex']
ranges = {'Age': [0.0, 1.0]}
```

다음과 같이 CFRL를 동기화하고 강화학습 모형을 학습시켜야 하므로 .fit

step를 실행한다. latent_dim은 encoder의 출력으로 강화학습 모형의 입력 dimension이므로 지정되어야 한다.

```
explainer = CounterfactualRLTabular(predictor=predictor,encoder=heae.encoder,
                decoder=heae.decoder,latent_dim=LATENT_DIM,
                encoder_preprocessor=heae_preprocessor,
                decoder_inv_preprocessor=heae_inv_preprocessor,
                coeff_sparsity=COEFF_SPARSITY,
                coeff_consistency=COEFF_CONSISTENCY,
                category_map=adult.category_map, feature_names=adult.feature_names,
                ranges=ranges, immutable_features=immutable_features,
                train_steps=TRAIN_STEPS, batch_size=BATCH_SIZE, backend="tensorflow")
```

```
explainer = explainer.fit(X=X_train)
```

CFRL은 2개 이상의 표본에 대해 CFRL을 생성할 수 있으므로 X_test의 예측 label이 1인 표본을 X_positive로 정의하고 이 중 1,000개를 선택하여 예측 label이 0이 되는 CFRL을 구하고자 한다(Y_t=np.array([0]). Age는 0~20세를 증가하게 하고, Workclass는 지정된 3개 중 하나의 직업군으로 변하도록 제한조건을 부여한 후 CFRL을 구하고 있다.

```
# Select some positive examples.
X_positive = X_test[np.argmax(predictor(X_test), axis=1) == 1]
X = X_positive[:1000]
Y_t = np.array([0])
C = [{"Age": [0, 20], "Workclass": ["State-gov", "?", "Local-gov"]}]

explanation = explainer.explain(X, Y_t, C)
```

아래는 원래 데이터 X와 대응하는 CFRL을 pandas 데이터로 전환하여 출력하는 프로그램이다. “Label”을 feature_names에 추가하여 예측된 label 값의 변수명으로 지정하고 있다. 범주형 특성 변수의 범주값이 순서형 정수이므로 이를 원래의 text 범주값으로 환원하기 위해 alibi에서 제공하는 apply_category_mapping을 이용하고 있다.

```
orig = np.concatenate(
        [explanation.data['orig']['X'], explanation.data['orig']['class']],axis=1)

cf = np.concatenate(
        [explanation.data['cf']['X'], explanation.data['cf']['class']],axis=1)
# Define new feature names and category map by including the label.
feature_names = adult.feature_names + ["Label"]
category_map = deepcopy(adult.category_map)
category_map.update({feature_names.index("Label"): adult.target_names})
# Replace label encodings with strings.
orig_pd = pd.DataFrame(apply_category_mapping(orig, category_map),
                       columns=feature_names)
cf_pd = pd.DataFrame(apply_category_mapping(cf, category_map),
                     columns=feature_names)
```

다음은 원래 데이터(org_pd)와 대응하는 CFRL(cf_pd)을 보여주고 있다. immutable_features, ranges, 그리고 C에 부여한 제한조건을 충실하게 따르는 5번째 표본만 제외하고 label이 모두 <=50K로 변한 CFRL을 생성한 것을 확인할 수 있다.

```
orig_pd.head(n=10)
```

	Age	Workclass	Education	Marital Status	Occupation	Relationship	Race	Sex	Capital Gain	Capital Loss	Hours per week	Country	Label
0	60	Private	High School grad	Married	Blue-Collar	Husband	White	Male	7298	0	40	United-States	>50K
1	35	Private	High School grad	Married	White-Collar	Husband	White	Male	7688	0	50	United-States	>50K
2	39	State-gov	Masters	Married	Professional	Wife	White	Female	5178	0	38	United-States	>50K
3	44	Self-emp-inc	High School grad	Married	Sales	Husband	White	Male	0	0	50	United-States	>50K
4	39	Private	Bachelors	Separated	White-Collar	Not-in-family	White	Female	13550	0	50	United-States	>50K
5	45	Private	High School grad	Married	Blue-Collar	Husband	White	Male	0	1902	40	?	>50K
6	50	Private	Bachelors	Married	Professional	Husband	White	Male	0	0	50	United-States	>50K
7	29	Private	Bachelors	Married	White-Collar	Wife	White	Female	0	0	50	United-States	>50K
8	47	Private	Bachelors	Married	Professional	Husband	White	Male	0	0	50	United-States	>50K
9	35	Private	Bachelors	Married	White-Collar	Husband	White	Male	0	0	70	United-States	>50K

```
cf_pd.head(n=10)
```

	Age	Workclass	Education	Marital Status	Occupation	Relationship	Race	Sex	Capital Gain	Capital Loss	Hours per week	Country	Label
0	60	Private	High School grad	Married	Blue-Collar	Husband	White	Male	161	0	40	United-States	<=50K
1	35	Private	High School grad	Married	Blue-Collar	Husband	White	Male	149	0	50	United-States	<=50K
2	39	State-gov	Dropout	Married	Service	Wife	White	Female	488	0	37	United-States	<=50K
3	44	Self-emp-inc	High School grad	Married	Blue-Collar	Husband	White	Male	51	0	51	United-States	<=50K
4	39	Private	Bachelors	Separated	Admin	Not-in-family	White	Female	157	0	49	United-States	<=50K
5	45	Private	High School grad	Married	Blue-Collar	Husband	White	Male	0	1867	37	Latin-America	>50K
6	50	Private	Dropout	Married	Blue-Collar	Husband	White	Male	90	2	49	United-States	<=50K
7	29	Private	High School grad	Married	Blue-Collar	Wife	White	Female	347	1	50	United-States	<=50K
8	47	Private	Dropout	Married	Blue-Collar	Husband	White	Male	68	3	49	United-States	<=50K
9	35	Private	High School grad	Married	Blue-Collar	Husband	White	Male	163	0	70	United-States	<=50K

다음은 X_positive[0]에 대한 여러 개의 CFRL을 구하는 프로그램이다. 단순하게 diversity=True를 부여하면 하나의 표본에 대해 다수의 CFRL을 생성할 수 있다.

```
X = X_positive[0].reshape(1, -1)
explanation = explainer.explain(X=X, Y_t=Y_t, C=C, diversity=True,
                                num_samples=100,batch_size=10)
```

```
orig = np.concatenate(
        [explanation.data['orig']['X'], explanation.data['orig']['class']],axis=1)
cf = np.concatenate(
        [explanation.data['cf']['X'], explanation.data['cf']['class']],axis=1)
orig_pd = pd.DataFrame(apply_category_mapping(orig, category_map),
                       columns=feature_names)
cf_pd = pd.DataFrame(apply_category_mapping(cf, category_map),
                     columns=feature_names)
```

```
orig_pd.head(n=5)
```

	Age	Workclass	Education	Marital Status	Occupation	Relationship	Race	Sex	Capital Gain	Capital Loss	Hours per week	Country	Label
0	60	Private	High School grad	Married	Blue-Collar	Husband	White	Male	7298	0	40	United-States	>50K

```
cf_pd.head(n=5)
```

	Age	Workclass	Education	Marital Status	Occupation	Relationship	Race	Sex	Capital Gain	Capital Loss	Hours per week	Country	Label
0	60	Private	High School grad	Married	Blue-Collar	Husband	White	Male	165	0	39	United-States	<=50K
1	60	Private	High School grad	Married	Blue-Collar	Husband	White	Male	169	0	39	United-States	<=50K
2	60	Private	High School grad	Married	Blue-Collar	Husband	White	Male	170	0	39	United-States	<=50K
3	60	Private	High School grad	Married	Blue-Collar	Husband	White	Male	170	0	40	United-States	<=50K
4	60	Private	High School grad	Married	Blue-Collar	Husband	White	Male	172	0	39	United-States	<=50K

15.3.2 CFRL: image 데이터

image 데이터인 MNIST 데이터를 CFRL에 적용하기 위해 필요한 모듈을 다음과 같이 호출한다.

```
import os
import numpy as np
import matplotlib.pyplot as plt
from typing import Dict
import tensorflow as tf
from tensorflow.keras.layers import Conv2D, Dense, Dropout, Flatten
from tensorflow.keras.layers import MaxPooling2D, Input,UpSampling2D, Reshape
from tensorflow.keras.models import Model, load_model
import tensorflow.keras as keras
from alibi.explainers import CounterfactualRL
```

MNIST 데이터를 학습데이터와 시험데이터로 분리한 후, 데이터 generator인 tf.data.Dataset을 이용하여 1,024개의 표본을 shuffling하고 64개의 표본을 임의 추출하는 trainset_classifier와 testset_classifier를 정의하고 있다. 이 데이터 셋은 이어지는 CNN 모형을 학습시키는 데 사용된다.

```
(X_train, Y_train), (X_test, Y_test) = tf.keras.datasets.mnist.load_data()

X_train = np.expand_dims(X_train, axis=-1).astype(np.float32) / 255.
X_test = np.expand_dims(X_test, axis=-1).astype(np.float32) / 255.
```

```
trainset_classifier = tf.data.Dataset.from_tensor_slices((X_train, Y_train))
trainset_classifier = trainset_classifier.shuffle(1024).batch(64)

testset_classifier = tf.data.Dataset.from_tensor_slices((X_test, Y_test))
testset_classifier = testset_classifier.shuffle(1024).batch(64)
```

```
x_in = Input(shape=(28, 28, 1))
x = Conv2D(filters=64, kernel_size=2, padding='same', activation='relu')(x_in)
x = MaxPooling2D(pool_size=2)(x)
x = Dropout(0.3)(x)
x = Conv2D(filters=32, kernel_size=2, padding='same', activation='relu')(x)
x = MaxPooling2D(pool_size=2)(x)
x = Dropout(0.3)(x)
x = Conv2D(filters=32, kernel_size=2, padding='same', activation='relu')(x)
x = MaxPooling2D(pool_size=2)(x)
x = Dropout(0.3)(x)
x = Flatten()(x)
x = Dense(256, activation='relu')(x)
x = Dropout(0.5)(x)
x_out = Dense(10, activation='softmax')(x)
cnn = Model(inputs=x_in, outputs=x_out)
loss = keras.losses.SparseCategoricalCrossentropy(from_logits=True)
cnn.compile(loss=loss, optimizer='adam', metrics=['accuracy'])
```

```
cnn.fit(trainset_classifier, epochs=5)
```

```
938/938 [==============================] - 29s 30ms/step - loss: 0.5332 - accuracy: 0.8234
Epoch 2/5
938/938 [==============================] - 30s 32ms/step - loss: 0.1907 - accuracy: 0.9412
Epoch 3/5
938/938 [==============================] - 32s 34ms/step - loss: 0.1517 - accuracy: 0.9535
Epoch 4/5
938/938 [==============================] - 34s 37ms/step - loss: 0.1289 - accuracy: 0.9597
Epoch 5/5
938/938 [==============================] - 44s 47ms/step - loss: 0.1173 - accuracy: 0.9637
```

```
loss, accuracy = cnn.evaluate(testset_classifier)
```

```
157/157 [==============================] - 1s 8ms/step - loss: 0.0414 - accuracy: 0.9872
```

CFRL은 블랙박스 모형에 적용되므로 다음과 같이 예측함수를 정의한다.

```
def predictor(X: np.ndarray):
    Y = cnn(X).numpy()
    return Y
```

CFRL은 autoencoder의 encoder와 decoder 모형이 필요하므로 다음과 같이 ae_model() 함수를 정의한다. CFRL에서 강화학습 모형은 1D 텐서로 정의된 encoder 출력을 사용하므로 encoder의 마지막 층을 Flatten()으로 하여 3D 텐서를 1D 텐서로 reshape하고 있다.

```
def ae_model():
    x_in = Input(shape=(28, 28, 1))
    x = Conv2D(16, (3, 3), activation='relu', padding='same')(x_in)
    x = Conv2D(16, (3, 3), activation='relu', padding='same')(x)
    x = MaxPooling2D((2, 2), padding='same')(x)
    x = Conv2D(1, (3, 3), activation=None, padding='same')(x)
    x = MaxPooling2D((2, 2), padding='same')(x)
    x = Flatten()(x)
    encoded=Dense(64, activation='tanh')(x)
    encoder=Model(x_in,encoded)
    encoder.summary()
    dec_in = Input(shape=(64,))
    x = Dense(128, activation='relu')(dec_in)
    x = Reshape((4,4,8))(x)
    x = Conv2D(16, (3, 3), activation='relu', padding='same')(x)
    x = UpSampling2D((2, 2))(x)
    x = Conv2D(16, (3, 3), activation='relu', padding='same')(x)
    x = UpSampling2D((2, 2))(x)
    x = Conv2D(8, (3, 3), activation='relu', padding='valid')(x)
    x = UpSampling2D((2, 2))(x)
    decoded = Conv2D(1, (3, 3), activation=None, padding='same')(x)
    decoder = Model(dec_in, decoded)
    decoder.summary()
    x_out = decoder(encoder(x_in))
    autoencoder = Model(x_in, x_out)
    autoencoder.summary()
    autoencoder.compile(optimizer='adam', loss='mse')
    return autoencoder, encoder, decoder
```

encoder와 decoder 모형은 다음과 같은 구조를 가지고 있다.

```
ae, encoder, decoder=ae_model()
```

```
Model: "model_1"
_________________________________________________________________
 Layer (type)                Output Shape              Param #
=================================================================
 input_2 (InputLayer)        [(None, 28, 28, 1)]       0

 conv2d_3 (Conv2D)           (None, 28, 28, 16)        160

 conv2d_4 (Conv2D)           (None, 28, 28, 16)        2320

 max_pooling2d_3 (MaxPooling  (None, 14, 14, 16)       0
 2D)

 conv2d_5 (Conv2D)           (None, 14, 14, 1)         145

 max_pooling2d_4 (MaxPooling  (None, 7, 7, 1)          0
 2D)

 flatten_1 (Flatten)         (None, 49)                0

 dense_2 (Dense)             (None, 64)                3200

=================================================================
Total params: 5,825
Trainable params: 5,825
Non-trainable params: 0
_________________________________________________________________
```

```
Model: "model_2"
_________________________________________________________________
 Layer (type)                Output Shape              Param #
=================================================================
 input_3 (InputLayer)        [(None, 64)]              0

 dense_3 (Dense)             (None, 128)               8320

 reshape (Reshape)           (None, 4, 4, 8)           0

 conv2d_6 (Conv2D)           (None, 4, 4, 16)          1168

 up_sampling2d (UpSampling2D  (None, 8, 8, 16)         0
 )

 conv2d_7 (Conv2D)           (None, 8, 8, 16)          2320

 up_sampling2d_1 (UpSampling  (None, 16, 16, 16)       0
 2D)

 conv2d_8 (Conv2D)           (None, 14, 14, 8)         1160

 up_sampling2d_2 (UpSampling  (None, 28, 28, 8)        0
 2D)

 conv2d_9 (Conv2D)           (None, 28, 28, 1)         73

=================================================================
Total params: 13,041
Trainable params: 13,041
Non-trainable params: 0
_________________________________________________________________
```

autoencoder의 encoder와 decoder를 학습시키기 위해 .map 함수를 이용하여 입력변수 x를 그대로 복사해서 목적 변수 x로 정의(lambda x:(x,x))하여 학습데이터와 시험데이터를 생성한다.

```
# Define autoencoder trainset.
trainset_ae = tf.data.Dataset.from_tensor_slices(X_train)
trainset_ae = trainset_ae.map(lambda x: (x, x))
trainset_ae = trainset_ae.shuffle(buffer_size=1024).batch(64)
# Define autoencode testset.
testset_ae = tf.data.Dataset.from_tensor_slices(X_test)
testset_ae = testset_ae.map(lambda x: (x, x))
testset_ae = testset_ae.shuffle(buffer_size=1024).batch(64)
```

autoencoder 모형을 학습시킨 후, 5개의 입력이미지와 autoencoder에 의해 재생된 이미지를 살펴보면 다음과 같다.

```
ae.fit(trainset_ae, epochs=20)
```

```
Epoch 18/20
938/938 [==============================] - 63s 67ms/step - loss: 0.0093
Epoch 19/20
938/938 [==============================] - 48s 51ms/step - loss: 0.0093
Epoch 20/20
938/938 [==============================] - 61s 65ms/step - loss: 0.0092
```

```
NUM_SAMPLES = 5

np.random.seed(0)
indices = np.random.choice(X_test.shape[0], NUM_SAMPLES)
inputs = [X_test[i].reshape(1, 28, 28, 1) for i in indices]
inputs = np.concatenate(inputs, axis=0)

inputs_hat = ae(inputs).numpy()
```

```
plt.rcParams.update({'font.size': 22})
fig, ax = plt.subplots(2, NUM_SAMPLES, figsize=(25, 10))
for i in range(NUM_SAMPLES):
    ax[0][i].imshow(inputs[i], cmap='gray')
    ax[1][i].imshow(inputs_hat[i], cmap='gray')
text1 = ax[0][0].set_ylabel("x")
text2 = ax[1][0].set_ylabel("x_hat")
```

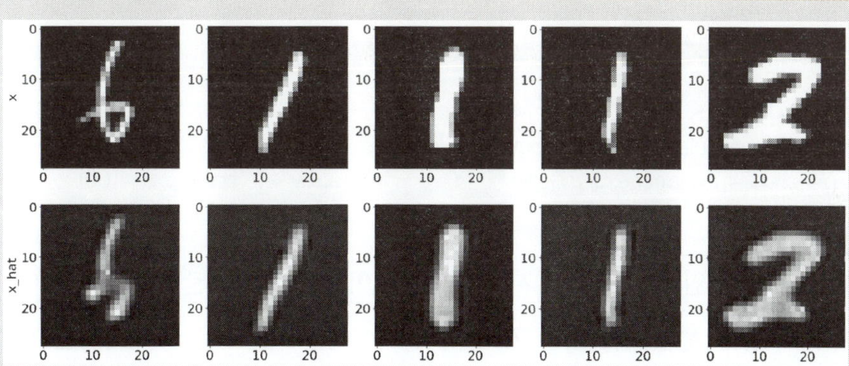

다음은 running time을 줄이기 위해 COEFF_CONSISTENCY=0을 주어 autoencoder 손실함수의 가중치를 0으로 하였다. 또한, 강화학습 모형의 반복수를 50,000으로 주어 강화학습 모형의 성능을 향상시키고 있다.

```
# Define constants
COEFF_SPARSITY = 7.5
COEFF_CONSISTENCY = 0
TRAIN_STEPS = 50000
BATCH_SIZE = 100
```

다음과 같이 CFRL 모형을 동기화하고 시험데이터 250개를 모두 label 2가 되도록 CFRL을 출력하도록 학습시키고 있다. 여기에서 batch는 CFRL을 생성하기 위해 사용된 batch 크기이다.

```
explainer=CounterfactualRL(predictor=predictor, encoder=encoder,decoder=decoder,
                latent_dim=64,coeff_sparsity=COEFF_SPARSITY,
                coeff_consistency=COEFF_CONSISTENCY,
                train_steps=TRAIN_STEPS, batch_size=64,backend="tensorflow")
```

```
explainer = explainer.fit(X=X_train)
```

```
100%|██████████████████████████████| 50000/50000 [1:14:15<00:00, 11.22it/s]
```

```
# Generate counterfactuals for some test instances.
explanation = explainer.explain(X_test[0:200], Y_t=np.array([2]), batch_size=100)
```

다음 그림은 입력된 원래의 시험데이터와 이로부터 생성된 CFRL의 이미지를 보여주고 있다. 원래 이미지는 7, 2, 1, 0, 4이지만 CFRL은 0 이미지를 제외하고 모두 2로 예측되었다. train_steps를 좀 더 늘리고 autoencoder 손실함수를 추가하면 좀 더 좋은 결과를 기대할 수 있을 것으로 기대된다.

```
fig, ax = plt.subplots(2, NUM_SAMPLES, figsize=(25, 10))
for i in range(NUM_SAMPLES):
    ax[0][i].imshow(explanation.data['orig']['X'][i], cmap='gray')
    ax[1][i].imshow(explanation.data['cf']['X'][i], cmap='gray')
    ax[0][i].set_xlabel("Label: " + str(explanation.data['orig']['class'][i]))
    ax[1][i].set_xlabel("Label: " + str(explanation.data['cf']['class'][i]))
text1 = ax[0][0].set_ylabel("X")
text2 = ax[1][0].set_ylabel("X_hat")
```

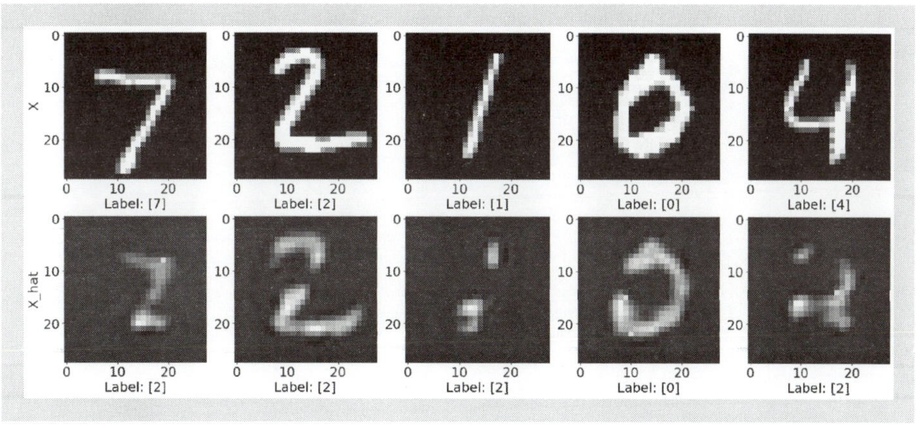
X
X_hat
Label: [7]
Label: [2]
Label: [1]
Label: [0]
Label: [4]
Label: [2]
Label: [2]
Label: [2]
Label: [0]
Label: [2]

5부

ALIBI와 EBM

Alibi는 global explainer로 ALE(accumulated local effects), PD(partial dependence), PV(partial dependence variance), PI(permutation importance)를 제공하고, local explainer로 Anchors, IG(integrated gradients), KernelShap, TreeShap, CFI(counterfactual instances), CEM(constrative explanation method), CFP(counterfactual guided by prototypes), CFRL(counterfactuals with reinforcement learning), 그리고 SE(similarity explanations)등을 제공하고 있다. 제16장에서는 하나의 데이터에 이러한 explainer들을 적용하고 해석하고 비교하고자 한다.

EBM 모형은 지금까지 논의한 XAI의 접근과 완전하게 다른 방법으로 구현된 XAI모형이다. EBM 모형은 GAM(generalized additive model) 모형에 해당되며, 분류 및 회귀를 목표로 하는 성능이 우수한 앙상블러닝 모형이자 모형 자체가 설명 가능한 유리박스 모형이다.

16장

ALIBI explainer들의 비교와 응용

이 장에서는 하나의 tabular 데이터를 이용하여 global explainer로는 ALE를 적용하고 local explainer로는 Anchors, IG, KernelShap, TreeShap을 적용하고자 한다. kernelShap과 TreeShap은 shap 라이브러리에서 설명한 것과 동일하기 때문에 alibi에서는 별도의 논의를 생략하였다. 또한 CFI, CEM, CFP, CFRL를 비교하고자 한다. 이를 위해 다음과 같이 필요한 모듈을 호출한다.

```
import requests
from io import BytesIO, StringIO
import matplotlib.pyplot as plt
import numpy as np
%matplotlib inline
import numpy as np
import pandas as pd
from sklearn.preprocessing import StandardScaler
from sklearn.model_selection import train_test_split
import joblib
np.random.seed(0)
```

다음은 앞으로 적용할 2개의 모형명과 counterfactual을 구할 때 필요한 autoencoder의 encoder 명과 decoder 명을 미리 지정하고 있다.

```
TF_MODEL_FNAME = 'tf-clf-wine'
RFC_FNAME = 'rfc-wine'
ENC_FNAME = 'wine_encoder'
DEC_FNAME = 'wine_decoder'
```

https 주소로 주어진 데이터를 request.get으로 읽고 StringIO로 문자형 데이터를 읽도록 하고 있다.

```
def fetch_wine_ds():
    url = 'https://archive.ics.uci.edu/ml/machine-learning-databases/
           wine-quality/winequality-red.csv'
    resp = requests.get(url)
    string_io = StringIO(resp.content.decode('utf-8'))
    return pd.read_csv(string_io, sep=';')
```

분석하고자 하는 wine 데이터는 다음과 같다.

```
df = fetch_wine_ds()
df.head()
```

	fixed acidity	volatile acidity	citric acid	residual sugar	chlorides	free sulfur dioxide	total sulfur dioxide	density	pH	sulphates	alcohol	quality
0	7.4	0.70	0.00	1.9	0.076	11.0	34.0	0.9978	3.51	0.56	9.4	5
1	7.8	0.88	0.00	2.6	0.098	25.0	67.0	0.9968	3.20	0.68	9.8	5
2	7.8	0.76	0.04	2.3	0.092	15.0	54.0	0.9970	3.26	0.65	9.8	5
3	11.2	0.28	0.56	1.9	0.075	17.0	60.0	0.9980	3.16	0.58	9.8	6
4	7.4	0.70	0.00	1.9	0.076	11.0	34.0	0.9978	3.51	0.56	9.4	5

다음은 “quality” 변수가 5 이상이면 wine의 class가 “good”이고 5 미만이면 “bad”로 정의하여 목적 변수를 이항변수로 전환하고 있다. 목적 변수 y_train_lab과 y_test_lab은 random forest 모형을 적용하기 위해 목적 변수값이 “good” 또는 “bad”가 되도록 정의하고, y_train과 y_test는 MLP 모형을 적용할 one-hot encoding된 목적 변수이다. X_train은 표준화되었다.

```
df['class'] = 'bad'
df.loc[(df['quality'] > 5), 'class'] = 'good'
features = ['fixed acidity', 'volatile acidity', 'citric acid', 'residual sugar',
            'chlorides', 'free sulfur dioxide', 'total sulfur dioxide', 'density',
            'pH', 'sulphates', 'alcohol']
df['good'] = 0
df['bad'] = 0
df.loc[df['class'] == 'good', 'good'] = 1
df.loc[df['class'] == 'bad', 'bad'] = 1
data = df[features].to_numpy()
labels = df[['class','good', 'bad']].to_numpy()
print(data[:5])
print(labels[:5])
X_train, X_test, y_train, y_test = train_test_split(data, labels, random_state=0)
X_train, X_test = X_train.astype('float32'), X_test.astype('float32')
y_train_lab, y_test_lab = y_train[:, 0], y_test[:, 0]
y_train, y_test = y_train[:, 1:].astype('float32'), y_test[:, 1:].astype('float32')
scaler = StandardScaler()
scaler.fit(X_train)
```

```
[[7.400e+00 7.000e-01 0.000e+00 1.900e+00 7.600e-02 1.100e+01 3.400e+01
  9.978e-01 3.510e+00 5.600e-01 9.400e+00]
 [7.800e+00 8.800e-01 0.000e+00 2.600e+00 9.800e-02 2.500e+01 6.700e+01
  9.968e-01 3.200e+00 6.800e-01 9.800e+00]
 [7.800e+00 7.600e-01 4.000e-02 2.300e+00 9.200e-02 1.500e+01 5.400e+01
  9.970e-01 3.260e+00 6.500e-01 9.800e+00]
 [1.120e+01 2.800e-01 5.600e-01 1.900e+00 7.500e-02 1.700e+01 6.000e+01
  9.980e-01 3.160e+00 5.800e-01 9.800e+00]
 [7.400e+00 7.000e-01 0.000e+00 1.900e+00 7.600e-02 1.100e+01 3.400e+01
  9.978e-01 3.510e+00 5.600e-01 9.400e+00]]
[['bad' 0 1]
 ['bad' 0 1]
 ['bad' 0 1]
 ['good' 1 0]
 ['bad' 0 1]]
```

아래와 같이 bad_wines와 good_wines로 데이터를 나누고 counterfactual을 구하기 위한 표본의 특성 변수를 x로 정의하고 있다. 특성 변수 x의 wine의 질은 "good"이다.

```
bad_wines = np.array([a for a, b in zip(X_train, y_train) if b[1] == 1])
good_wines = np.array([a for a, b in zip(X_train, y_train) if b[1] == 0])
x = np.array([[9.2, 0.36, 0.34, 1.6, 0.062, 5., 12., 0.99667, 3.2, 0.67, 10.5]])

print(bad_wines.shape)
print(good_wines.shape)
```

```
(559, 11)
(640, 11)
```

다음은 autoencoder 모형 클래스 AE를 정의하고 이로부터 encoder와 decoder 모형을 학습시키고 저장하고 있다. 이 autoencoder 모형은 CFP, CEM, CFRL을 생성할 때 이용될 것이다.

```
import tensorflow.keras as tf
from tensorflow.keras.layers import Input, Dense
from tensorflow.keras.models import Model, Sequential,load_model
ENCODING_DIM = 7
BATCH_SIZE = 64
```

```
EPOCHS = 100
class AE(tf.Model):
    def __init__(self, encoder: tf.Model, decoder: tf.Model, **kwargs) -> None:
        super().__init__(**kwargs)
        self.encoder = encoder
        self.decoder = decoder

    def call(self, x,**kwargs):
        z = self.encoder(x)
        x_hat = self.decoder(z)
        return x_hat

def make_ae():
    len_input_output = X_train.shape[-1]
    encoder = Sequential()
    encoder.add(Dense(units=ENCODING_DIM*2, activation="relu",
                      input_shape=(len_input_output, )))
    encoder.add(Dense(units=ENCODING_DIM, activation="relu"))

    decoder = Sequential()
    decoder.add(Dense(units=ENCODING_DIM*2, activation="relu",
                      input_shape=(ENCODING_DIM,)))
    decoder.add(Dense(units=len_input_output, activation="linear"))
    ae = AE(encoder=encoder, decoder=decoder)
    ae.compile(optimizer='adam', loss='mean_squared_error')
    history = ae.fit(scaler.transform(X_train),scaler.transform(X_train),
                     batch_size=BATCH_SIZE,epochs=EPOCHS,verbose=False,)

    ae.encoder.save(f'{ENC_FNAME}.h5')
    ae.decoder.save(f'{DEC_FNAME}.h5')
    return ae
def load_ae_model():
    encoder = load_model(f'{ENC_FNAME}.h5')
    decoder = load_model(f'{DEC_FNAME}.h5')
    return AE(encoder=encoder, decoder=decoder)
```

다음의 연속된 프로그램은 wine 데이터를 이용한 분류과제를 실행할 모형인 random forest 모형과 MLP 모형을 함수로 정의하고 있다. random forest 모형의 목적 변수는 y_train_lab이고 MLP 모형의 목적 변수는 y_train으로 정의된 것을 볼 수 있다. random forest 모형의 목적 변수는 “bad” 또는 “good”으로 정의되고, MLP 모형은 목적 변수가 one-hot encoding된 값으로 정의되기 때문이다. 물론 random forest 모형도 MLP 모형의 one-hot encoding된 목적 변수를 사용해도 된다.

```
from sklearn.ensemble import RandomForestClassifier
from sklearn.metrics import accuracy_score, f1_score

def make_rfc():
    rfc = RandomForestClassifier(n_estimators=50)
    rfc.fit(scaler.transform(X_train), y_train_lab)
    y_pred = rfc.predict(scaler.transform(X_test))
    print('accuracy_score:', accuracy_score(y_pred, y_test_lab))
    print('f1_score:', f1_score(y_test_lab, y_pred, average=None))
    joblib.dump(rfc, f"{RFC_FNAME}.joblib")
    return rfc

def load_rfc_model():
    return joblib.load(f"{RFC_FNAME}.joblib")
```

```
def make_tf_model():
    inputs = Input(shape=X_train.shape[1])
    x = Dense(6, activation="relu")(inputs)
    outputs = Dense(2, activation="softmax")(x)
    model = Model(inputs, outputs)
    model.compile(optimizer="adam", loss="categorical_crossentropy",
                  metrics=['accuracy'])
    history = model.fit(scaler.transform(X_train),y_train,epochs=30,verbose=False,
                        validation_data=(scaler.transform(X_test), y_test),)
    y_pred = model(scaler.transform(X_test)).numpy().argmax(axis=1)
    print('accuracy_score:', accuracy_score(y_pred, y_test.argmax(axis=1)))
    print('f1_score:', f1_score(y_pred, y_test.argmax(axis=1), average=None))
    model.save(f'{TF_MODEL_FNAME}.h5')
    return model

def load_tf_model():
    return load_model(f'{TF_MODEL_FNAME}.h5')
```

random forest, MLP, 그리고 autoencoder 모형을 차례로 학습시키고 있으며 random forest 모형이 MLP 모형보다 더 성능이 우수한 것으로 나타났다.

```
rfc = make_rfc()
model = make_tf_model()
ae = make_ae()
```

```
accuracy_score: 0.815
f1_score: [0.8        0.82790698]
accuracy_score: 0.755
f1_score: [0.77314815 0.73369565]
```

원래 데이터 x와 이로부터 생성된 counterfactual을 비교하기 위한 compare_instance() 함수를 정의하고 있다. 출력으로 왼쪽 20개 칸에 특성 변수 이름을, 다음 10개 칸의 가운데에 원래 특성 변수값, 다음 10개 칸의 가운데에 CF의 특성 변수값, 그리고 마지막 5개 칸 가운데에 두 값의 차이를 출력하게 하는 함수이다. plot_importance() 함수는 특성 변수 중요도(feat_imp)와 특성 변수명(feat_names)을 입력받아, 특성 변수 중요도를 0을 기준점(by=0)으로 재정리한 pandas 데이터를 만들고 막대그래프를 그리게 하는 함수이다. plot_importance() 함수는 표본 하나의 예측치에 대한 특성 변수 중요도를 그려준다.

```
def compare_instances(x, cf):
    """
    Show the difference in values between two instances.
    """
    x = x.astype('float64')
    cf = cf.astype('float64')
    for f, v1, v2 in zip(features, x[0], cf[0]):
        #<왼쪽 25개자리, ^가운데 10자리, >20: 오른쪽 20자리
        print(f'{f:<25} instance: {round(v1, 3):^10} counter factual: {round(v2, 3):^10}
             difference: {round(v2 - v1, 5):^5}')

def plot_importance(feat_imp, feat_names, class_idx, **kwargs):
    """
    Create a horizontal barchart of feature effects, sorted by their magnitude.
    """
    df = pd.DataFrame(data=feat_imp, columns=feat_names).
                             sort_values(by=0, axis='columns')#0값을 기준점
    feat_imp, feat_names = df.values[0], df.columns
    fig, ax = plt.subplots(figsize=(10, 5))
    y_pos = np.arange(len(feat_imp))
    ax.barh(y_pos, feat_imp)
    ax.set_yticks(y_pos)
    ax.set_yticklabels(feat_names, fontsize=15)
    ax.invert_yaxis()
    ax.set_xlabel(f'Feature effects for class {class_idx}', fontsize=15)
```

```
return ax, fig
```

local explainer 중 IG를 이용하여 앞에서 정의한 특성 변수 x를 가진 표본의 MLP 예측치에 대한 특성 변수 기여도를 보여주고 있다. IG는 미분 가능한 모형에 적용가능하므로 MLP 모형을 model로 부여하고 있다. 표본 x는 'good'으로 예측되었고 free sulfur dioxide는 'good'으로 예측하는 데 음의 효과를 volatile acidity는 양으로 가장 큰 효과를 보여주고 있다.

```
from alibi.explainers import IntegratedGradients
ig = IntegratedGradients(model,layer=None,method="gausslegendre",n_steps=50,
                         internal_batch_size=100)
result = ig.explain(scaler.transform(x), target=0)
plot_importance(result.data['attributions'][0], features, '"good"')
```

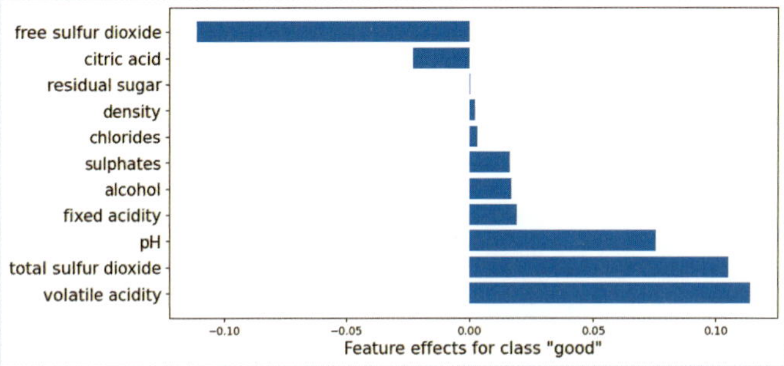

다음은 KenelShap을 이용하여 표본 x의 local explainer를 보여주고 있다. KernelShap은 black-box 모형에 적용되므로 MLP 모형의 출력을 예측함수 predict_fn으로 정의하여 사용하고 있다. class=0(good)과 class=1(bad)로 나누어 특성 변수 기여도를 보여주고 있다.

```
from alibi.explainers import KernelShap
predict_fn = lambda x: model(scaler.transform(x))
explainer = KernelShap(predict_fn, task='classification')
explainer.fit(X_train[0:100])
```

```
result = explainer.explain(x)
plot_importance(result.shap_values[0], features, 0)
plot_importance(result.shap_values[1], features, 1)
```

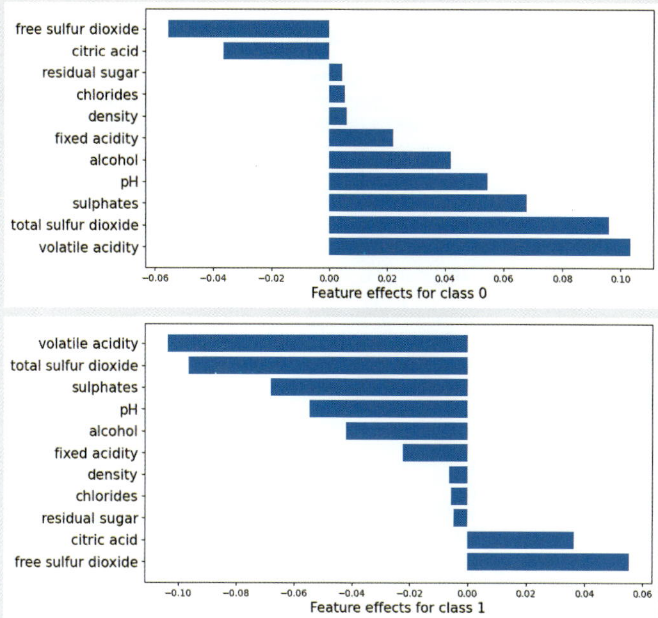

학습된 random forest 모형으로부터 explainer를 구하기 위해 TreeShap을 적용하는 예를 보여주고 있다. interventional TreeShap을 이용할 경우에는 .fit에 데이터를 입력하여 shap value를 구하지만, .fit에 데이터를 입력하지 않으면 이어서 논의할 path_dependent TreeShap이 된다. 아래에서 확인할 수 있듯이 결과의 차이는 거의 없지만 path_dependent가 좀 더 계산속도가 빠르다는 장점을 가지고 있다.

```
from alibi.explainers import TreeShap
tree_explainer_interventional = TreeShap(rfc, model_output='raw', task='classification')
tree_explainer_interventional.fit(scaler.transform(X_train[0:100]))
result = tree_explainer_interventional.explain(scaler.transform(x), check_additivity=False)
plot_importance(result.shap_values[1], features, "'Good'")
```

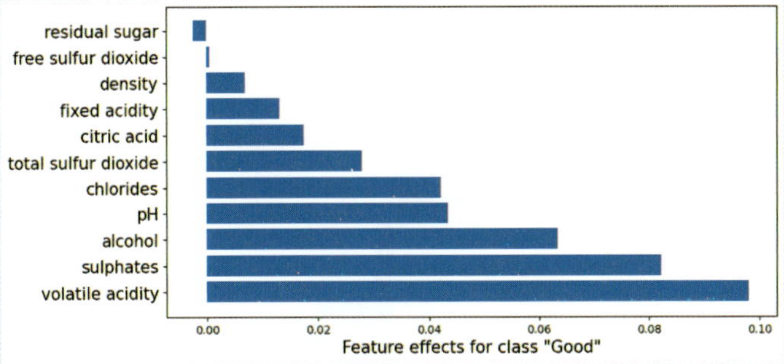


```
path_dependent_explainer = TreeShap(rfc, model_output='raw', task='classification')
path_dependent_explainer.fit()
result = path_dependent_explainer.explain(scaler.transform(x))
plot_importance(result.shap_values[1], features, "Good")
```

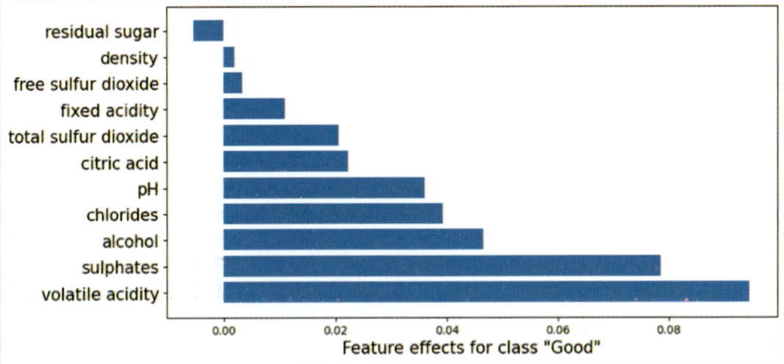

다음은 MLP 모형을 Anchors에 적용하고 있다. Anchor는 black-box 모형에 적용되므로 예측함수 predict_fn을 정의하고 Anchors에 의한 설명 가능성을 높이기 위해 .fit step에서 disc_pers로 실수형 특성 변수를 범주화하여 Anchors를 구하고 있다.

```
from alibi.explainers import AnchorTabular
predict_fn = lambda x: model.predict(scaler.transform(x))
explainer = AnchorTabular(predict_fn, features)
explainer.fit(X_train, disc_perc=(25, 50, 75))
result = explainer.explain(x, threshold=0.95)
```

아래와 같이 범주화된 Anchors를 가진 표본은 95.4%는 label이 "good"이며 이러한 Anchor를 만족하는 표본비율은 X_train에서 16.3% 정도인 것으로 나타났다.

```
print('Anchor =', result.data['anchor'])
print('Precision = ', result.data['precision'])
print('Coverage = ', result.data['coverage'])
```

```
Anchor = ['alcohol > 10.10', 'volatile acidity <= 0.39']
Precision =  0.9537313432835821
Coverage =  0.16263552960800667
```

Global explainer인 ALE를 MLP 모형에 적용하고 있다. ALE는 black-box 모형에 적용되므로 예측함수가 필요하며 predic_fn으로 정의하고 있다. predict_fn이 MLP의 출력에 정의되었으므로 "good"을 나타내는 0 column을 선택하고 있다. 아래 그림은 특성 변수 'alcohol'이 증가하면서 S자 형태로 'good'일 확률이 증가한다는 것을 보여주고 있다.

```
from alibi.explainers import ALE
from alibi.explainers.ale import plot_ale
predict_fn = lambda x: model(scaler.transform(x)).numpy()[:, 0]
ale = ALE(predict_fn, feature_names=features)
exp = ale.explain(X_train)
plot_ale(exp, features=['alcohol'], line_kw={'label': 'Probability of "good" class'})
```

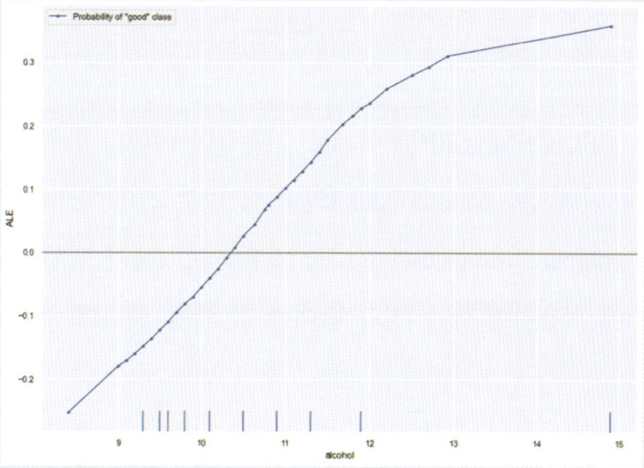

다음은 다른 특성 변수에 대해서도 ALE를 적용한 결과를 보여주고 있다. volatile acidity와 total sulfur dioxide는 증가할수록 "good" label에 해당할 확률이 감소하는 것을 보여주고 있다.

```
import seaborn as sns
sns.set(rc={'figure.figsize':(11.7,8.27)})
plot_ale(exp, features=['sulphates', 'volatile acidity', 'residual sugar', 'chlorides',
                        'free sulfur dioxide', 'total sulfur dioxide'],
         line_kw={'label': 'Probability of "good" class'})
```

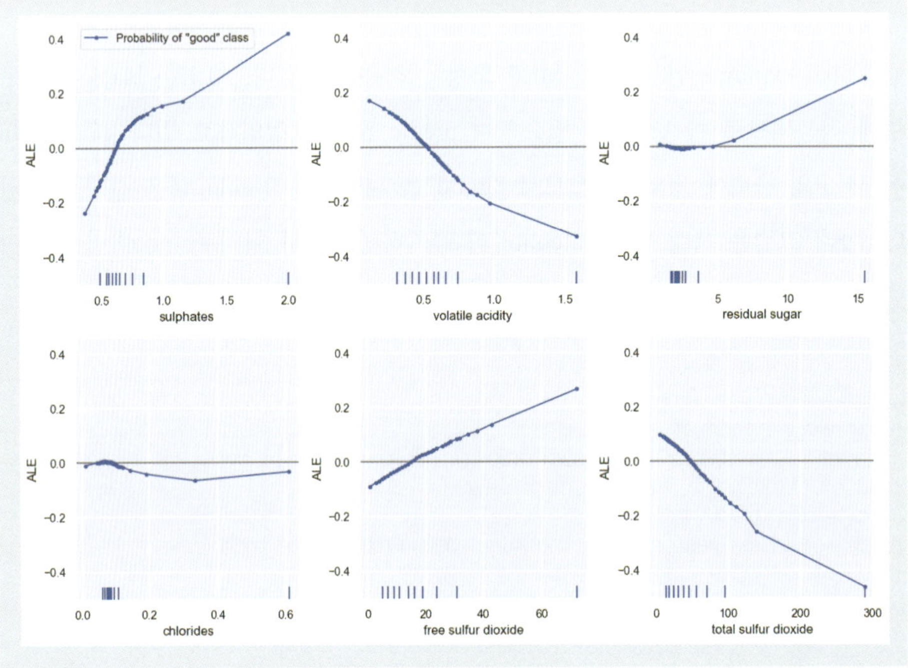

이제 CFRL, CFI, CEM, CFP를 차례로 적용하여 데이터 x의 counterfactual을 구한다. 이후, 데이터 x와 counterfactual의 특성 변수 간의 차이를 살펴보기 위해 앞에서 정의한 compare_instances() 함수를 적용하고, x에서 생성된 counterfactual을 KernelShap에 적용하여 예측 결과에 대한 각 특성 변수의 기여도를 구하고자 한다.

먼저 CFRL을 적용하여 표본 x의 counterfactual을 구해보자. CFRL은 다른

counterfactual 방법과 다르게 counterfactual을 강화학습 모형으로 생성한다. Autoencoder 모형의 encoder의 출력을 강화학습 모형의 actor에 입력하여 목표 label에 도달하면 reward를 받는 구조를 가지고 있다. reward의 기댓값인 Q 함수를 최대로 하는 actor 모형을 학습시켜 출력된 값을 autoencoder의 decoder에 입력한다. decoder의 출력값이 counterfactual이며 decoder에 여러 가지 제한조건을 부여하여 실현가능한 counterfactual을 생성한다. CFRL은 블랙박스 모형에 적용되므로 예측함수를 정의하고 autoencoder의 encoder와 decoder를 정의해야 한다. latent_dim은 강화학습 모형의 입력 shape인 autoencoder의 encoder 노드 수를 지정한다. 원래의 표본이 x이고 x의 label이 "good"이므로 목표 label은 "bad"로 지정(Y_t=np.array([1]) 하고 있다. 아래의 출력을 보면 CFRL의 counterfactual의 label이 1("bad")로 변한 것을 볼 수 있다.

```
from alibi.explainers import CounterfactualRL
predict_fn = lambda x: model(x)
cfrl_explainer = CounterfactualRL(predictor=predict_fn, encoder=ae.encoder,
                    decoder=ae.decoder, latent_dim=7, coeff_sparsity=0.5,
                    coeff_consistency=0.5, train_steps=10000,batch_size=100)
cfrl_explainer.fit(X=scaler.transform(X_train))
result_cfrl = cfrl_explainer.explain(X=scaler.transform(x), Y_t=np.array([1]))
print("Instance class prediction:", model.predict(scaler.transform(x))[0].argmax())
print("Counterfactual class prediction:",
                     model.predict(result_cfrl.data['cf']['X'])[0].argmax())
```

```
1/1 [==============================] - 0s 27ms/step
Instance class prediction: 0
1/1 [==============================] - 0s 29ms/step
Counterfactual class prediction: 1
```

위에서 생성된 counterfactual을 unscale(표준화된 것을 원래로)하고 원래의 표본과 compare_instances() 함수를 통해 비교하면 다음과 같다. 앞에서 보여준 특성 변수별 ALE 관점에서 볼 때 volatile acidity, chrorides, 그리고 total sulfur dioxide는 증가시키고 alcohol은 줄여서 "bad"가 될 확률을 증가시킨 것으로 볼 수 있다.

```
cfrl = scaler.inverse_transform(result_cfrl.data['cf']['X'])
compare_instances(x, cfrl)
```

```
fixed acidity          instance:   9.2    counter factual:  8.746    difference: -0.45363
volatile acidity       instance:   0.36   counter factual:  0.364    difference: 0.00405
citric acid            instance:   0.34   counter factual:  0.328    difference: -0.01165
residual sugar         instance:   1.6    counter factual:  1.526    difference: -0.07394
chlorides              instance:  0.062   counter factual:  0.075    difference: 0.01312
free sulfur dioxide    instance:   5.0    counter factual:  5.224    difference: 0.22355
total sulfur dioxide   instance:   12.0   counter factual:  23.771   difference: 11.7705
density                instance:  0.997   counter factual:  0.997    difference: 0.00062
pH                     instance:   3.2    counter factual:  3.266    difference: 0.06616
sulphates              instance:   0.67   counter factual:  0.612    difference: -0.05816
alcohol                instance:   10.5   counter factual:  9.288    difference: -1.21179
```

KernelShap으로 MLP 모형의 예측 결과에 대한 특성 변수 기여도를 산출하고자 한다. 이를 위해 우선 predict_fn을 MLP 모형으로 정의한 후, 원래의 표본 x와 CFRL의 예측(x:good, CFRL:bad)에 대한 각각의 특성 변수 기여도를 아래와 같이 구할 수 있다.

```
from alibi.explainers import KernelShap
predict_fn = lambda x: model(scaler.transform(x))
explainer = KernelShap(predict_fn, task='classification')
explainer.fit(X_train[0:100])
result_x = explainer.explain(x)
#print(result_x)
result_cfrl = explainer.explain(cfrl)
#print(result_cfrl)
plot_importance(result_x.shap_values[0], features, "good")
plot_importance(result_cfrl.shap_values[1], features, "bad")
```

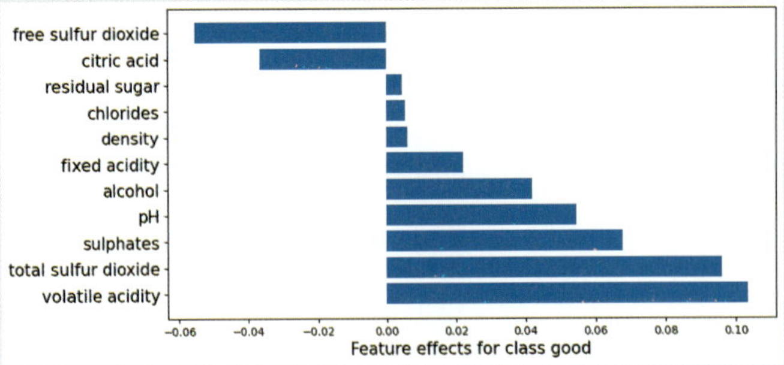

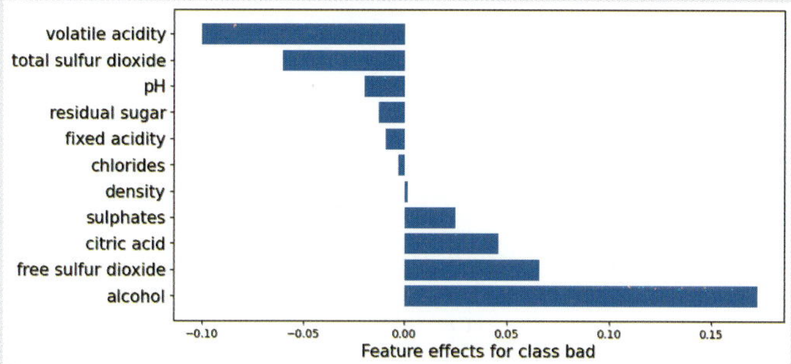

CEM, CFI, 그리고 CFP는 tensorflow-v1에서 실행되므로 다음과 같이 현재의 tensorflow-v2를 version 1로 변경해야 한다.

```
import tensorflow.compat.v1 as tf
tf.disable_v2_behavior()
```

다음과 같이 저장된 MLP 모형과 autoencoder 모형을 load한다.

```
model = load_tf_model()
ae = load_ae_model()
```

CFI, CEM, 그리고 CFP는 유리박스 모형과 블랙박스 모형에 적용 가능한 counterfactual explainer이다. CFI의 손실함수는 counterfactual의 예측 label과 목표 label의 거리와 sparseness 손실함수의 합으로 구성되어 있다. 아래는 CFI의 label이 1(bad)로 변한 것을 보여주고 있다.

```
from alibi.explainers import Counterfactual
explainer = Counterfactual(model, shape=(1,) + X_train.shape[1:],
                    target_proba=0.51, tol=0.01, target_class='other')
result_cf = explainer.explain(scaler.transform(x))
print("Instance class prediction:", model.predict(scaler.transform(x))[0].argmax())
print("Counterfactual class prediction:",
```

```
model.predict(result_cf.data['cf']['X'])[0].argmax())
```

```
Instance class prediction: 0
Counterfactual class prediction: 1
```

다음은 원래의 표본 x와 CFI와의 차이를 보여주고 있다. CFRL과 비교하여 차이가 많이 작다는 것을 볼 수 있다. 이는 sparseness가 충족되어 CFI의 실현가능성 측면에서 바람직한 현상이다.

```
cf = scaler.inverse_transform(result_cf.data['cf']['X'])
compare_instances(x, cf)
```

```
fixed acidity          instance:   9.2    counter factual:  9.231   difference: 0.03061
volatile acidity       instance:   0.36   counter factual:  0.36    difference: 0.00023
citric acid            instance:   0.34   counter factual:  0.341   difference: 0.00073
residual sugar         instance:   1.6    counter factual:  1.598   difference: -0.00225
chlorides              instance:   0.062  counter factual:  0.062   difference: -0.00014
free sulfur dioxide    instance:   5.0    counter factual:  4.923   difference: -0.07704
total sulfur dioxide   instance:   12.0   counter factual:  12.666  difference: 0.66649
density                instance:   0.997  counter factual:  0.997   difference: 1e-05
pH                     instance:   3.2    counter factual:  3.2     difference: -0.00022
sulphates              instance:   0.67   counter factual:  0.489   difference: -0.18137
alcohol                instance:   10.5   counter factual:  10.432  difference: -0.0678
```

아래는 KernelShap을 이용하여 x와 CFI의 각 예측 label에 대한 특성 변수 기여도를 보여주고 있다.

```
from alibi.explainers import KernelShap
predict_fn = lambda x: model.predict(scaler.transform(x))
explainer = KernelShap(predict_fn, task='classification')
explainer.fit(X_train[0:100])
result_x = explainer.explain(x)
result_cf = explainer.explain(cf)
plot_importance(result_x.shap_values[0], features, 0)
plot_importance(result_cf.shap_values[1], features, 1)
```

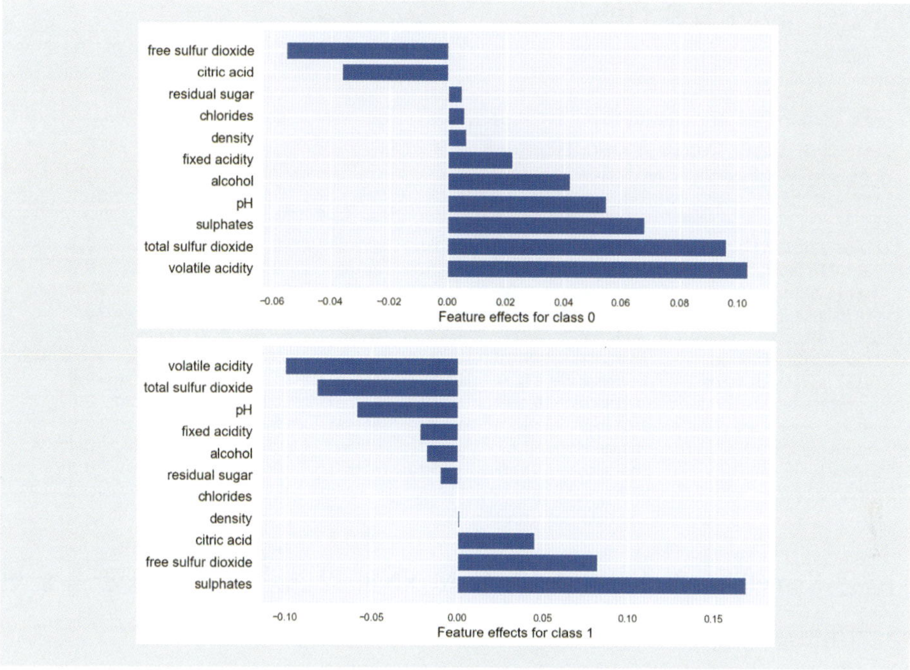

다음은 CEM을 적용하여 구한 counterfactual(PN)을 보여주고 있다. CEM의 손실함수는 CFI의 손실함수에(같지는 않지만 개념적으로 동일) 학습데이터 분포를 유지하도록 autoencoder 손실함수를 추가한 것이다.

```
from alibi.explainers import CEM
cem = CEM(model, shape=(1,) + X_train.shape[1:], mode='PN',
          kappa=0.2, beta=0.1, ae_model=ae)

cem.fit(scaler.transform(X_train), # scaled training data
no_info_type='median' # non-informative value for each feature
)
result_cem = cem.explain(scaler.transform(x), verbose=False)
cem_cf = result_cem.data['PN']
print("Instance class prediction:", model.predict(scaler.transform(x))[0].argmax())
print("Counterfactual class prediction:", model.predict(cem_cf)[0].argmax())
```

```
Instance class prediction: 0
Counterfactual class prediction: 1
```

원래의 표본 x와 CEM_PN을 비교한 결과를 보여주고 있다. CFI에 비해 특성 변수값의 차이가 크게 나타났다.

```
cem_cf = result_cem.data['PN']
cem_cf = scaler.inverse_transform(cem_cf)
compare_instances(x, cem_cf)
```

```
fixed acidity          instance:  9.2    counter factual:  9.2     difference: -0.0
volatile acidity       instance:  0.36   counter factual:  0.36    difference:  0.0
citric acid            instance:  0.34   counter factual:  0.439   difference: 0.0991
residual sugar         instance:  1.6    counter factual:  1.6     difference: -0.0
chlorides              instance:  0.062  counter factual:  0.062   difference: -0.0
free sulfur dioxide    instance:  5.0    counter factual:  -13.779 difference: -18.77943
total sulfur dioxide   instance:  12.0   counter factual:  12.0    difference: -0.0
density                instance:  0.997  counter factual:  0.997   difference:  0.0
pH                     instance:  3.2    counter factual:  3.2     difference:  0.0
sulphates              instance:  0.67   counter factual:  0.569   difference: -0.10138
alcohol                instance:  10.5   counter factual:  10.5    difference:  0.0
```

다음은 KernelShap을 이용하여 x와 CEM_PN의 각 예측 label에 대한 특성 변수 기여도를 보여주고 있다.

```
from alibi.explainers import KernelShap
predict_fn = lambda x: model.predict(scaler.transform(x))
explainer = KernelShap(predict_fn, task='classification')
explainer.fit(X_train[0:100])
result_x = explainer.explain(x)
result_cem_cf = explainer.explain(cem_cf)
plot_importance(result_x.shap_values[0], features, 0)
plot_importance(result_cem_cf.shap_values[1], features, 1)
```

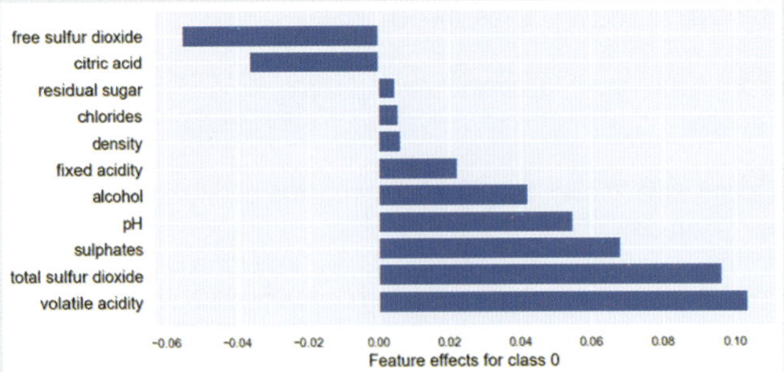

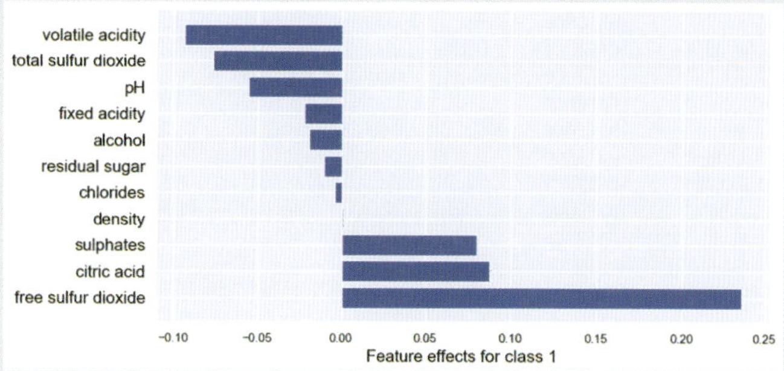

CFP의 손실함수는 CEM의 손실함수에(같지는 않지만 개념적으로 동일함) x_proto 손실을 추가한 형태이다. autoencoder 손실은 counterfactual이 전체 데이터 분포를 벗어나지 하지 않도록 제어하는 반면, x_proto 손실은 CF가 소속된 label의 데이터 분포를 벗어나지 않도록 제어한다.

```
from alibi.explainers import CounterfactualProto
explainer = CounterfactualProto(model, shape=(1,) + X_train.shape[1:],
                                ae_model=ae, enc_model=ae.encoder)
explainer.fit(scaler.transform(X_train)) # Fit the explainer with scaled data
result_proto = explainer.explain(scaler.transform(x), verbose=False)
proto_cf = result_proto.data['cf']['X']
print("Instance class prediction:", model.predict(scaler.transform(x))[0].argmax())
print("Counterfactual class prediction:", model.predict(proto_cf)[0].argmax())
```

```
Instance class prediction: 0
Counterfactual class prediction: 1
```

아래는 원래 표본 x와 CFP의 차이를 보여주고 있다. 다른 CF 방법론과 비교하여 차이가 가장 작은 것으로 나타나 CF의 실현 가능성이 가장 높은 것으로 판단된다.

```
proto_cf = scaler.inverse_transform(proto_cf)
compare_instances(x, proto_cf)
```

```
fixed acidity          instance:  9.2    counter factual:  9.2    difference: -0.0
volatile acidity       instance:  0.36   counter factual:  0.36   difference:  0.0
citric acid            instance:  0.34   counter factual:  0.34   difference:  0.0
residual sugar         instance:  1.6    counter factual:  1.6    difference: -0.0
chlorides              instance:  0.062  counter factual:  0.062  difference: -0.0
free sulfur dioxide    instance:  5.0    counter factual:  5.0    difference:  0.0
total sulfur dioxide   instance:  12.0   counter factual:  12.0   difference: -0.0
density                instance:  0.997  counter factual:  0.997  difference:  0.0
pH                     instance:  3.2    counter factual:  3.2    difference: 0.00012
sulphates              instance:  0.67   counter factual:  0.52   difference: -0.14998
alcohol                instance:  10.5   counter factual:  10.17  difference: -0.32985
```

다음은 KernelShap을 이용하여 x와 CFP의 예측 label에 대한 특성 변수의 기여도를 보여주고 있다.

```
from alibi.explainers import KernelShap
predict_fn = lambda x: model.predict(scaler.transform(x))
explainer = KernelShap(predict_fn, task='classification')
explainer.fit(X_train[0:100])
result_x = explainer.explain(x)
result_proto_cf = explainer.explain(cem_cf)
plot_importance(result_x.shap_values[0], features, 0)
print(result_x.shap_values[0].sum())
plot_importance(result_proto_cf.shap_values[1], features, 1)
```

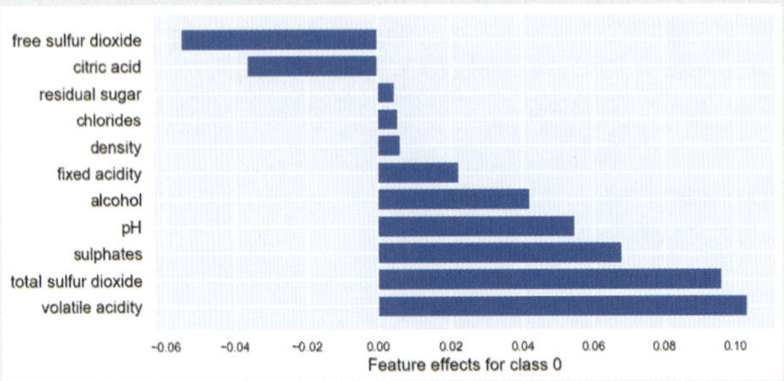

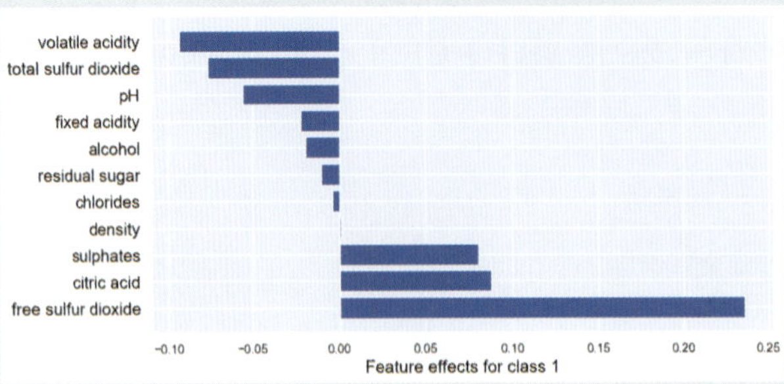

17장

EBM
(Explainable Boosting Machines)

유리박스 모형(glass-box 또는 white-box model)의 수학적 표현을 보면 특성 변수의 중요도 및 예측치에 대한 특성 변수의 기여도를 바로 파악할 수 있는 모형이다. 선형회귀모형이나 로지스틱 회귀모형이 대표적인 유리박스 모형에 해당된다. 그러나 유리박스 모형의 가장 큰 약점은 예측정밀도(prediction accuracy)가 블랙박스 모형에 비해 낮다는 것이다. 반면, 블랙박스 모형은 예측정밀도는 높지만 모형 자체의 설명 가능성(explainability)이 낮다는 약점을 가지고 있다. 대표적인 블랙박스 모형은 bagging, boosting, 그리고 딥러닝 모형이다.

EBM은 bagging과 boosting을 결합한 모형으로, EBM 모형 자체로 설명 가능성을 가진 유리박스 모형이다. 유리박스 모형임에도 불구하고 EBM의 저자(Nori et al., 2019)들에 의하면 random forest, XGBoost 등과 견줄만한 예측정밀도를 가진 bagged boosting 모형이다.

17.1 EBM 모형의 이해

EBM 모형을 이해하기 위해서는 먼저 다음과 같이 정의된 GAM(generalized additive model)을 이해해야 한다.

$$g(E(Y)) = \beta_0 + \sum_{j=1}^{k} \eta_j(x_j, \theta_j)$$

여기서 k는 특성 변수 수이고, link 함수로 예를 들어 선형회귀모형일 경우 g는 항등함수(identity) 함수인 $g(E(Y)) = E(Y)$, $\eta_j(x_j, \theta_j) = \theta_j x_j$이며 로지스틱 회귀모형일 경우 g는 로지스틱 함수인 $g(E(Y)) = \log\frac{E(Y)}{1-E(Y)}$, $\eta_j(x_j, \theta_j) = \theta_j x_j$이다. η_j는 특성 변수 x_j의 변환함수로 GAM에서는 η_j가 미리 정해진 함수이지만 EBM은 η_j를 boosting 방법 중 gradient boosting으로 결정한다. GAM의 특성인 특성 변수의 가법성(additive) 덕분에 $\eta_j(x_j, \theta_j)$를 구하면 이 값이 $g(E(Y))$

에 대한 특성 변수 x_j의 기여도(local explainer)이고 학습데이터에서 구한 $\eta_j(x_j, \theta_j)$의 절댓값의 평균이 특성 변수 x_j의 중요도(global explainer)가 된다.

GAM 모형에 다음과 같이 교호작용을 포함하면 이를 GA^2M(generalized additive models with pairwise interactions) 모형이라고 한다.

$$g(E(Y)) = \beta_0 + \sum_{j=1}^{k} \eta_j(x_j, \theta_j) + \sum_j \sum_{\ell \neq j} \eta_{j\ell}(x_j, x_\ell, \gamma_{j\ell})$$

GA^2M 모형에서 특성 변수 수 k가 증가하면 교호작용 $\eta_{i\ell}(x_j, x_\ell, \gamma_{j\ell})$의 수가 너무 커지므로 Lou et al. (2013)의 FAST 알고리즘으로 통계적으로 유의한 교호작용만 GA^2M 모형에 포함시킨다.

EBM 모형은 GA^2M 모형을 기반으로 교호작용을 FAST 알고리즘을 통해 자동으로 선택해 주며 $\eta_j(x_j, \theta_j)$와 $\eta_{i\ell}(x_j, x_\ell, \gamma_{j\ell})$을 boosting 모형 중 gradient boosting으로 추정하는 모형이다. EBM 모형의 작동원리를 좀 더 자세하게 정리하면 다음과 같다.

(1) β_0는 목적 변수 y의 평균, 즉 $\bar{y} = \frac{1}{n}\sum_{k=1}^{n} y_k$으로 추정한다. 여기서 y가 범주형이면 관심있는 label에 $y=1$, 다른 label에 $y=0$값을 부여한다. 즉, one .vs. rest 기법으로 범주형 자료를 정의한다.

(2) $\eta_j(x_j, \theta_j)$는 오직 j번째 특성 변수인 x_j로만 구성된 낮은 깊이(최대 3)의 의사결정나무이며 SSE를 불순도(impurity) 지수로 한 gradient boosting으로 추정한다. $\eta_{i\ell}(x_j, x_\ell, \gamma_{j\ell})$도 $\eta_j(x_j, \theta_j)$와 동일하게 (x_j, x_ℓ)로만 구성된 gradient boosting 의사결정나무로 추정한다.

단계 (2)에서 특성 변수 x_j에 대한 의사결정나무를 분할하는 노드값은 x_j가 범주형이면 범주를 순서형 정수(ordinary integer)로 변환한 후, 이를 노드값을 결정하는 bin으로 정의한다. 한편, x_j가 실수형이면 동일간격으로 정의된 bin을 만든 후, 특정 bin에 포함된 bin이 없으면 인접한 bin이 통합되도록 bin 너비를

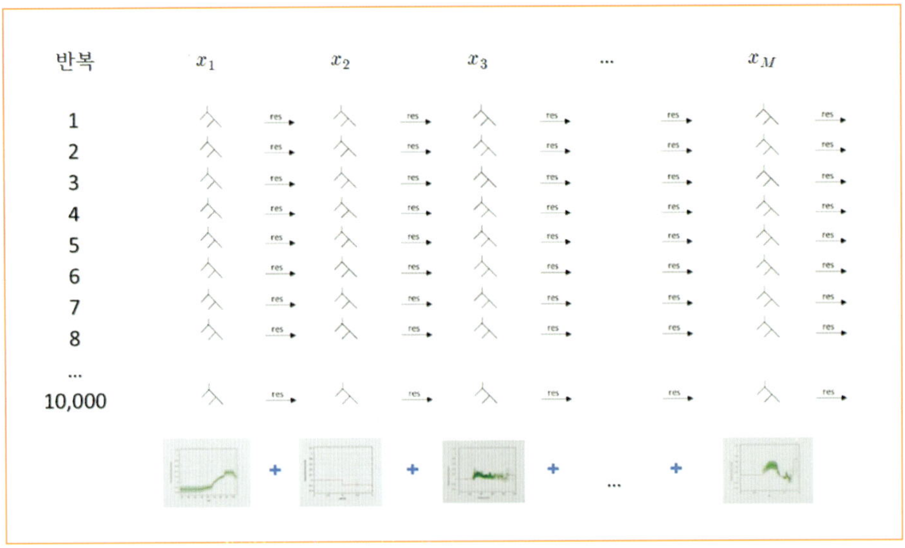

그림 17-1 EBM에서의 Gradient Boosting
출처: "The Science Behind InterpretML: Explainable Boosting Machine" on YouTubeby Microsoft Research

조절한다. 이처럼 정의된 각 bin의 상한값과 하한값이 의사결정나무를 분할하는 노드값의 후보들이 된다. EBM의 이러한 노드값 결정과정 때문에 범주형 데이터를 one-hot encoding과 같은 수량화 과정이 불필요하다. 그러므로 text로 표현된 범주형 데이터를 그대로 사용하는 장점을 가지게 된다.

EBM을 제안한 Nori et al. (2019)는 단계 (2)에서 실행되는 gradient boosting이 특성 변수 선택 순서에 의존하지 않도록 다음의 두 가지를 추가하였다. 첫 번째는 gradient boosting의 학습률을 아주 작은 값으로 주는 것이고 두 번째는 <그림 17-1>과 같은 순차순환방식(round-robin fashion)으로 $\eta_j(x_j, \theta_j)$와 $\eta_{i\ell}(x_j, x_\ell, \gamma_{j\ell})$를 추정하도록 하고 있다. <그림 17-1>에서 볼 수 있듯이 $y-\overline{y}$를 목적 변수로 x_1으로 gradient boosting 의사결정나무 f_{11}을 구성하고 잔차 $y-(\overline{y}+f_{11})$을 구한다. 이 잔차를 목적 변수로 하여 x_2를 기준으로 gradient boosting 의사결정나무 f_{21}를 구성하고 $y-(\overline{y}+f_{11}+f_{21})$을 구한 후, x_3를 기준으로 잔차 $y-(\overline{y}+f_{11}+f_{21})$에 대해 gradient boosting 의사결정나무 f_{31}을

구한다. 이를 반복하여 최종적으로 f_{k1}을 구하고 잔차 $y-(\overline{y}+\sum_{j=1}^{k} f_{j1})$를 구하면 첫 round가 끝나게 된다.

순차순환방식이므로 두 번째 round도 첫 번째 반복과 동일한 방법으로 진행된다. 즉, 첫 번째 반복의 마지막 단계에서 구한 잔차 $y-(\overline{y}+\sum_{j=1}^{k} f_{j1})$을 목적 변수로 하여 x_1으로 gradint boosting 의사결정나무 f_{12}를 구성하고 잔차 $y-(\overline{y}+\sum_{j=1}^{k} f_{j1}+f_{12})$를 구한다. 이를 반복하면 x_k으로 잔차 $y-(\overline{y}+\sum_{j=1}^{k}\sum_{t=1}^{2} f_{jt})$를 구하게 된다. 이러한 round를 T번 반복하면 특성 변수 x_j에 대해 $(f_{j1}, f_{j2}, \cdots, f_{jT})$, $j=1,2,\cdots,k$을 구하게 되고 $\eta_j(x_j, \theta_j)=\sum_{t=1}^{T} f_{jt}$로 정의된다.

<그림 17-1>은 오직 특성 변수의 주변효과만 표현하였지만, 특성 변수의 교호작용(interaction)이 포함되면 각 반복에 이들 교호작용에 대한 gradient boosting 의사결정나무를 추가하면 된다. 최종적으로 EBM은 단계 (2)를 boostrap 데이터셋 수만큼 반복하는 bagging을 적용한다. 이는 예측의 신뢰도를 높이고 예측치의 변동성을 측정하기 위함이다.

17.2 EBM의 적용과 응용

EBM은 Microsoft Research에서 개발되었으므로 다음과 같이 InterpretML을 설치해야 한다.

```
pip install interpret
```

Interpret의 시각화는 별도의 사전 작업 없이 show() 함수에 의해 구현된다. 내부적으로 시각화 라이브러리인 plotly Dash와 연동되어 자동으로 시각화가 되지만 좀 더 빠르고 error 없이 시각화가 실행되기 위해서는 아래를 우선적으로 실행할 것을 권장한다.

```
from interpret import set_visualize_provider
from interpret.provider import InlineProvider
set_visualize_provider(InlineProvider())
```

17.2.1 EBM: 회귀

다음과 같이 분석에 필요한 모듈을 호출한다. EBM은 유리박스 모형이므로 Interpret에서 제공하는 유리박스 모형인 선형회귀모형과 의사결정나무도 호출하여 EBM과 비교하고자 한다.

```
import pandas as pd
import numpy as np

from interpret.glassbox import ExplainableBoostingRegressor, LinearRegression,
                               RegressionTree
from sklearn.model_selection import train_test_split
```

EBM 회귀모형을 적용하기 위해 아래와 같이 wine 데이터를 호출하고 학습데이터와 시험데이터로 분리한다. wine 데이터는 와인의 특성을 대표하는 특성 변수 X로 목적 변수인 와인 등급 y를 예측하는 회귀모형 데이터이다. wine 데이터의 자세한 내용은 16장을 참고하길 바란다.

```
df = pd.read_csv('winequality-red.csv')
Y = df['quality']
X =  df[['fixed acidity', 'volatile acidity', 'citric acid', 'residual sugar',
     'chlorides', 'free sulfur dioxide', 'total sulfur dioxide', 'density',
     'pH', 'sulphates', 'alcohol']]

X_featurenames = X.columns
X_train, X_test, Y_train, Y_test = train_test_split(X, Y, test_size = 0.2)
```

아래와 같이 interpret의 Marginal 클래스로 쉽게 데이터의 특성을 파악할 수 있다. show()를 실행하면 아래와 같이 "Select Component to Graph" 창과 해당

창의 오른쪽 끝에 있는 화살표를 클릭하면 선택 배너가 나타난다. 아래는 summary를 선택했을 때 학습데이터의 목적 변수의 히스토그램을 보여주고 있다.

```
from interpret import show
from interpret.data import Marginal

marginal = Marginal().explain_data(X_train, Y_train, name = 'Train Data')
show(marginal)
```

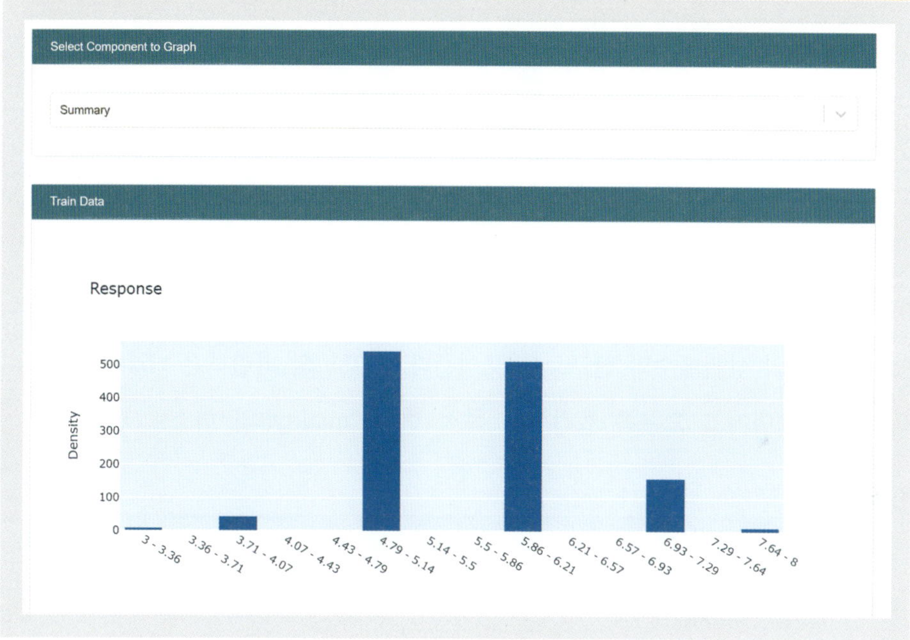

"Select Component to Graph" 창의 오른쪽 화살표를 클릭하면 아래와 같이 summary, 특성 변수명, 자료타입, 그리고 유일한 특성 변수값의 수를 볼 수 있다.

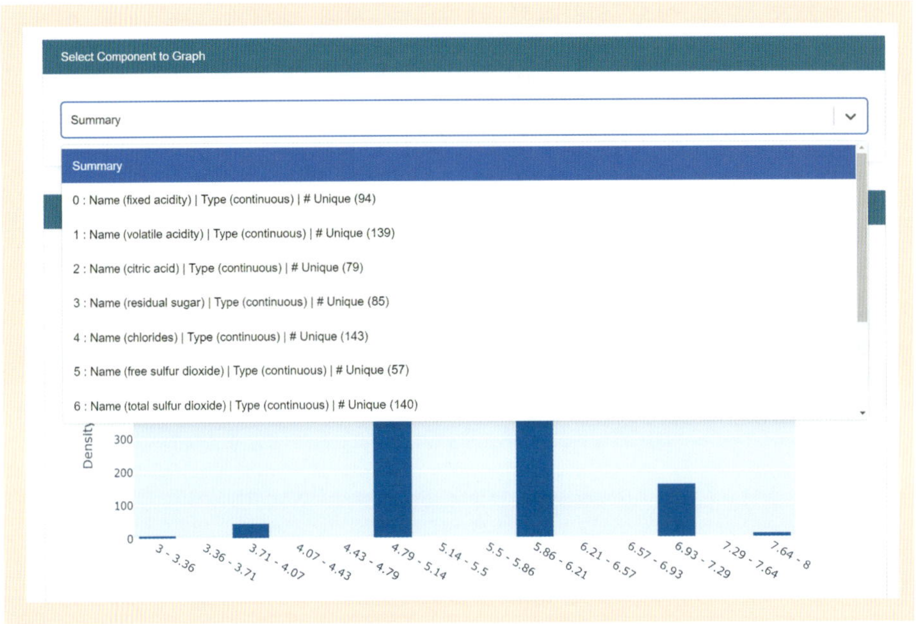

0번째 "fixed acidity"를 선택하면 아래와 같이 "fixed acidity"와 목적 변수 "quality"와의 상관계수와 산포도를 보여준다. 산포도의 파란색은 "fixed acidity"의 히스토그램이고 오른쪽 빨간색은 목적 변수 "quality"의 히스토그램이다.

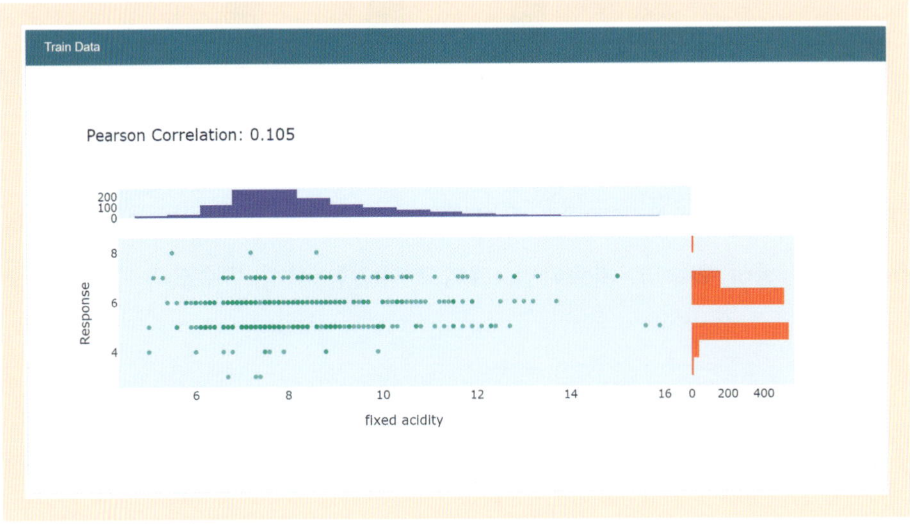

다음과 같이 선형회귀모형, 의사결정나무, 그리고 EBM 모형을 동기화하고 .fit으로 모형을 학습시킨 후, interpret의 RegressionPerf 클래스로 R^2와 잔차 플롯을 show() 함수로 보여주고 있다. EBM 모형의 R^2 값은 0.42로 선형회귀모형이나 의사결정나무보다 우수한 것으로 나타났다. EBM의 초모수를 조절하면 좀 더 좋은 결과를 기대할 수 있을 것이다.

```
seed = 1234

lr = LinearRegression(random_state=seed)
lr.fit(X_train, Y_train)

rt = RegressionTree(random_state=seed)
rt.fit(X_train, Y_train)

ebm = ExplainableBoostingRegressor(random_state=seed)
ebm.fit(X_train, Y_train)
```

```
from interpret.perf import RegressionPerf

ebm_perf = RegressionPerf(ebm.predict).explain_perf(X_test, Y_test, name='EBM')
lr_perf = RegressionPerf(lr.predict).explain_perf(X_test, Y_test, name='Linear Regression')
rt_perf = RegressionPerf(rt.predict).explain_perf(X_test, Y_test, name='Regression Tree')
show(ebm_perf)
show(lr_perf)
show(rt_perf)
```

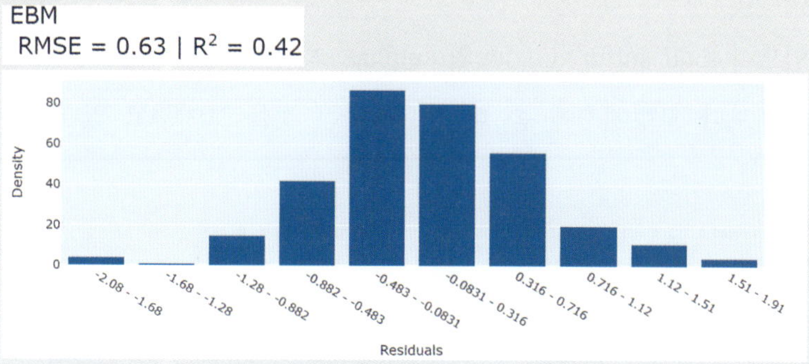

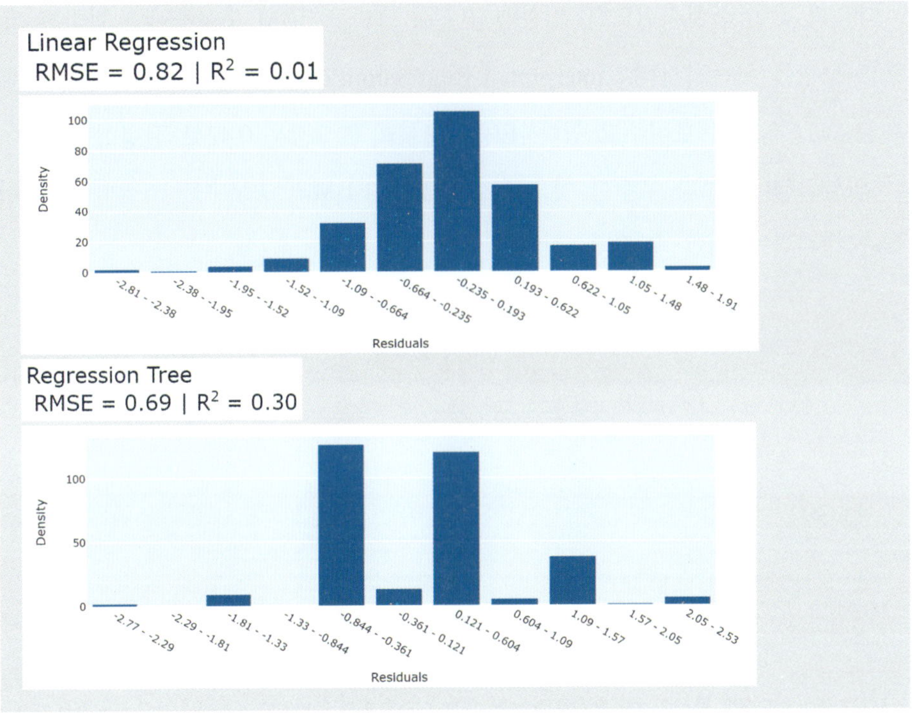

EBM 모형의 global explainer는 아래와 같이 간단한 코드로 구현된다. "Select Component to Graph" 창에서 summary를 선택하면 특성 변수 중요도를 볼 수 있다. 특성 변수 중요도는 학습데이터 각 표본에서 계산한 $\eta_j(x_j,\theta_j)$와 $\eta_{j\ell}(x_j,x_\ell,\gamma_{j\ell})$의 절댓값의 평균으로 구해진다. alcohol, sulphates 순으로 중요도를 보여주고 있으며 total sulfur dioxide와 sulphates의 교호작용이 fixed acidity의 marginal 효과보다 모형예측에 좀 더 중요하다는 것을 보여주고 있다.

```
ebm_global = ebm.explain_global(name='EBM')
show(ebm_global)
```

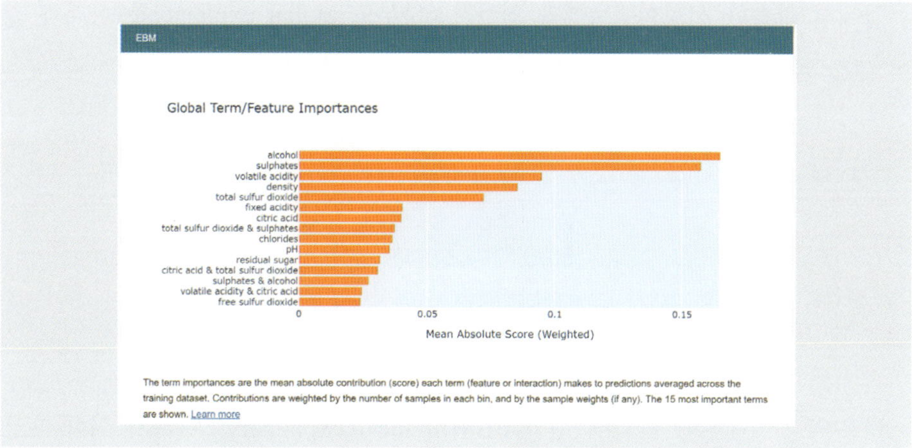

"Select Component to Graph" 창에서 chlorides를 선택하면 아래와 같이 x축의 chlorides 값이 증가하면서 목적 변수 "quality" 값이 감소하고 있음을 보여주고 있다. 이 plot에서 관심 있게 살펴보아야 할 것은 chlorides 값이 0.05와 0.25 근처에서 갑작스러운 drop 현상과 상승효과가 나타나는데 왜 이런 현상이 일어나는지를 규명해야 할 것이다. 설명이 가능한 것인지, 특이치에 의한 현상인지, 단순한 sampling error인지, 일반화가 가능한지 등을 점검해야 모형의 신뢰도를 확보할 수 있기 때문이다. 교호작용과 목적 변수와의 관계는 heatmap으로 제공되므로 각자 실행하여 확인해 보길 바란다.

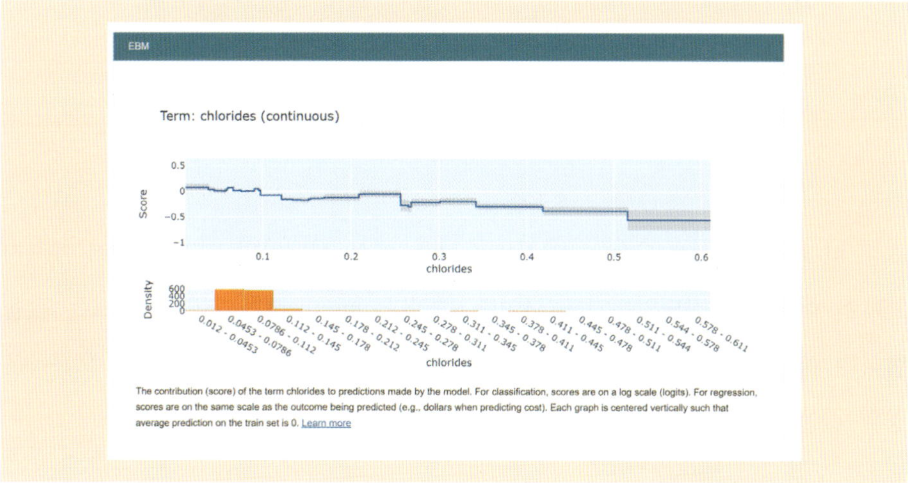

앞에서 학습한 선형회귀모형과 의사결정나무도 global explainer를 아래와 같이 구할 수 있지만 동일한 방법으로 해석하므로 결과는 생략한다.

```
lr_global = lr.explain_global(name="Linear Regression")
show(lr_global)
```

```
rt_global = rt.explain_global(name="Regression Tree")
show(rt_global)
```

다음은 시험데이터 각각에 대한 EBM의 local explainer를 구하기 위한 프로그램이다. "Select Component to Graph" 창을 클릭하면 시험데이터 각각의 목적 변수값, 예측치, 그리고 잔차를 보여주고 있다.

```
ebm_local = ebm.explain_local(X_test, Y_test, name='EBM')
show(ebm_local)
```

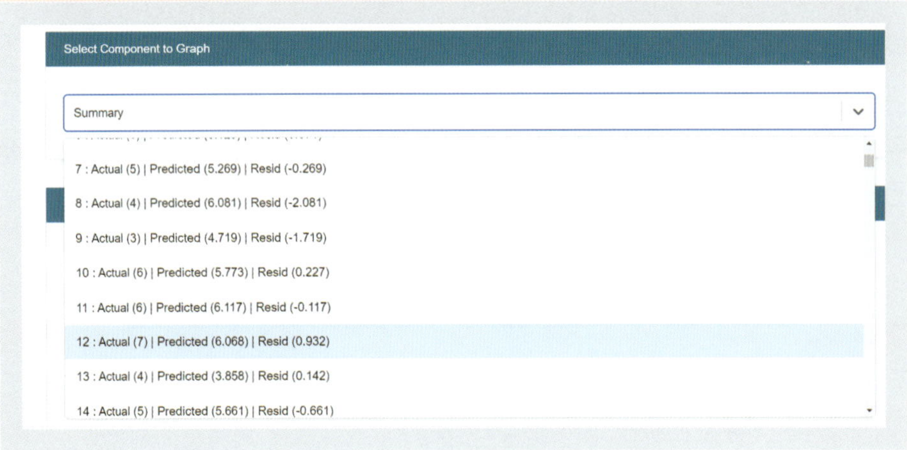

표본 id 16을 "Select Component to Graph"에서 선택하면 아래와 같이 예측치 5.31이 어떻게 추정되었는지를 보여주고 있다. intercept를 포함하여 모든 값을 합하면 예측치 5.31을 구하게 된다. 0을 중심으로 왼쪽은 음의 값을, 오른쪽은 양의 값을 가진다.

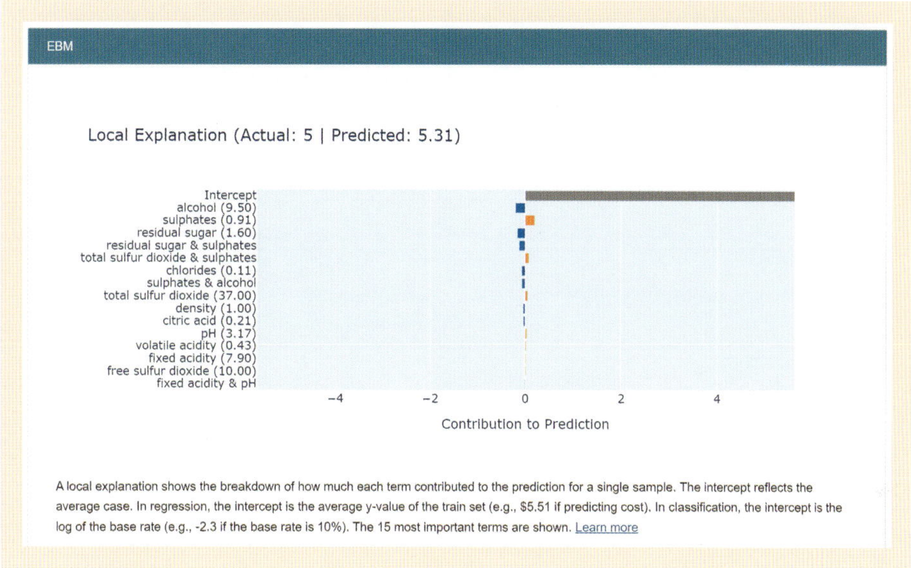

위에서 특성 변수 괄호 안의 값은 아래와 같이 관측치이며,

```
print(X_test.iloc[16])
```

```
fixed acidity            7.9000
volatile acidity         0.4300
citric acid              0.2100
residual sugar           1.6000
chlorides                0.1060
free sulfur dioxide     10.0000
total sulfur dioxide    37.0000
density                  0.9966
pH                       3.1700
sulphates                0.9100
alcohol                  9.5000
```

위 local explainer의 예측치, 좌표들의 특성 변수명과 좌표 특성 변수값은 다음과 같이 구체적으로 확인할 수 있다. 좌표값은 커서를 그림에 대면 알 수 있다.

```
print(ebm.term_features_)
print(ebm.term_names_)
```

```
[(0,), (1,), (2,), (3,), (4,), (5,), (6,), (7,), (8,), (9,), (10,), (0, 1), (0, 6), (0, 8), (1, 2), (1, 6), (2, 6), (3, 9), (6, 8), (6, 9), (9, 10)]
```

```
['fixed acidity', 'volatile acidity', 'citric acid', 'residual sugar', 'chlorides', 'free sulfur dioxide', 'total sulfur dioxide', 'density', 'pH', 'sulphates', 'alcohol', 'fixed acidity & volatile acidity', 'fixed acidity & total sulfur dioxide', 'fixed acidity & pH', 'volatile acidity & citric acid', 'volatile acidity & total sulfur dioxide', 'citric acid & total sulfur dioxide', 'residual sugar & sulphates', 'total sulfur dioxide & pH', 'total sulfur dioxide & sulphates', 'sulphates & alcohol']
```

```
print(ebm.predict(np.array(X_test.iloc[16])))
```

```
[5.30751765]
```

```
print(ebm.intercept_)
```

```
5.636678040019068
```

```
print(ebm.predict_and_contrib(np.array(X_test.iloc[16])))
```

```
(array([5.30751765]), array([[ 0.012528  ,  0.01884763, -0.03253578, -0.16347363, -0.07020672,
         0.01233691,  0.04523301, -0.03923267,  0.02987176,  0.19265245,
        -0.20218505,  0.00527303, -0.00479754, -0.01132549, -0.00220228,
        -0.00486014,  0.00604624, -0.12407876, -0.00171979,  0.07097471,
        -0.06630628]]))
```

17.2.2 EBM: 분류

EBM으로 분류과제를 실행하기 위해 이미 익숙한 adult 데이터를 호출한 후, df.columns를 통해 adult 데이터에 변수명을 부여하고 있다. EBM에서 변수명은 global 또는 local explainer를 구할 때, 데이터에 부여된 변수명을 자동으로 연결하여 출력하므로 변수명을 부여하는 것은 EBM에서 자료의 사전정리 과정에 해당된다. adult 데이터에 있는 특성 변수 14개 중 8개가 text 범주형 특성 변수이고 목적 변수도 text 범주형이지만 별도의 수량화 과정 없이 학습데이터와 시험데이터를 분리하고 있다. EBM 모형은 범주형 특성 변수를 순서형 실수로 변환하는 기능이 내재되어 있기 때문이다.

```
import numpy as np
import pandas as pd
```

```
from sklearn.model_selection import train_test_split
from sklearn.metrics import roc_auc_score, accuracy_score
from interpret.glassbox import ExplainableBoostingClassifier
from interpret import show

df = pd.read_csv(
"https://archive.ics.uci.edu/ml/machine-learning-databases/adult/adult.data",header=None)
#print(df.head())
df.columns = ["Age", "WorkClass", "fnlwgt", "Education", "EducationNum",
              "MaritalStatus", "Occupation", "Relationship", "Race", "Gender",
              "CapitalGain", "CapitalLoss", "HoursPerWeek", "NativeCountry", "Income"]
X = df.iloc[:, :-1]
y = df.iloc[:, -1]
print(X[:5])
print(y[:5])
```

```
   Age          WorkClass  fnlwgt   Education  EducationNum  ₩
0   39          State-gov   77516   Bachelors            13
1   50   Self-emp-not-inc   83311   Bachelors            13
2   38            Private  215646     HS-grad             9
3   53            Private  234721        11th             7
4   28            Private  338409   Bachelors            13

        MaritalStatus          Occupation   Relationship   Race  Gender  ₩
0       Never-married        Adm-clerical  Not-in-family  White    Male
1  Married-civ-spouse     Exec-managerial        Husband  White    Male
2            Divorced   Handlers-cleaners  Not-in-family  White    Male
3  Married-civ-spouse   Handlers-cleaners        Husband  Black    Male
4  Married-civ-spouse      Prof-specialty           Wife  Black  Female

   CapitalGain  CapitalLoss  HoursPerWeek  NativeCountry
0         2174            0            40  United-States
1            0            0            13  United-States
2            0            0            40  United-States
3            0            0            40  United-States
4            0            0            40           Cuba
0    <=50K
1    <=50K
2    <=50K
3    <=50K
4    <=50K
Name: Income, dtype: object
```

ExplainableBoostingClassifier를 동기화하고 학습시킨 후, sklearn의 metrics중 roc_auc_score와 accuracy_score를 이용하여 EBM 모형의 성능을 점검한다.

```
seed = 42
np.random.seed(seed)
X_train, X_test, y_train, y_test = train_test_split(X, y, test_size=0.20, random_state=seed)
```

```
ebm = ExplainableBoostingClassifier()
ebm.fit(X_train, y_train)

auc = roc_auc_score(y_test, ebm.predict_proba(X_test)[:, 1])#>50K is 1 at axis=1
accuracy=accuracy_score(y_test, ebm.predict(X_test))
print("AUC: {:.3f}".format(auc))
print(f'accuracy{accuracy}')
```

```
AUC: 0.929
accuracy0.8753262705358513
```

아래는 explain_global() 함수로 구한 특성 변수 중요도를 보여주고 있다.

```
show(ebm.explain_global())
```

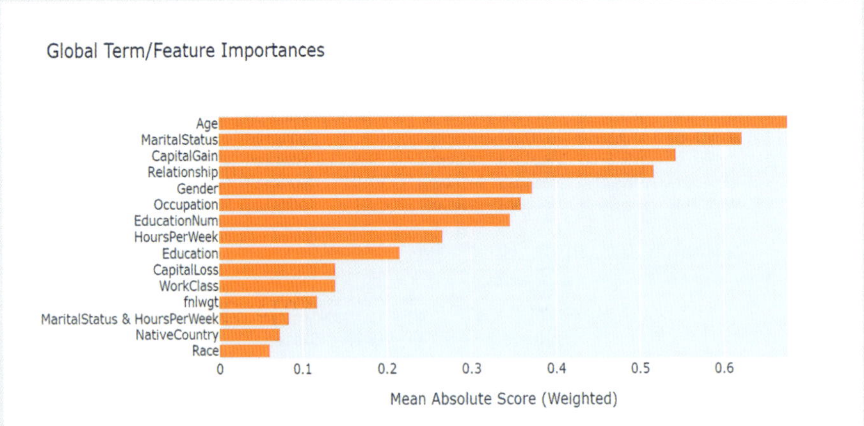

다음은 "Select Component to Graph" 창에서 범주형 특성 변수 "WorkClass"를 선택했을 때의 label 1(>50K)의 logit 값에 대한 global explainer를 보여주고 있다. 그림에 커서를 대면 구체적인 logit 값과 표준편차를 볼 수 있다.

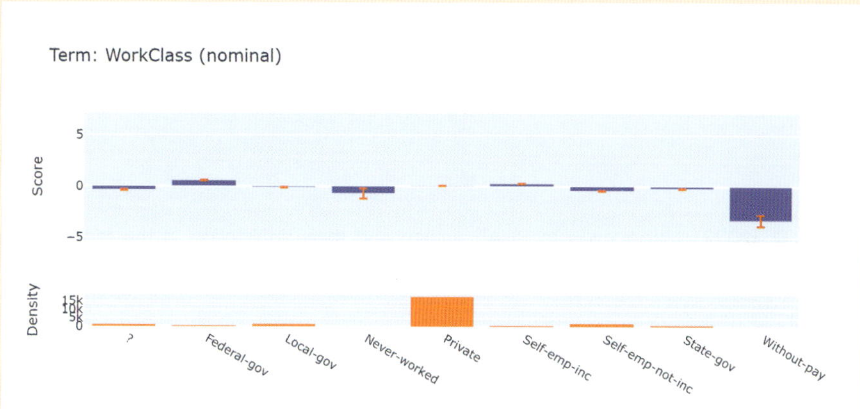

다음은 첫 5개의 시험데이터 각각의 예측 label에 대한 특성 변수 기여도를 보여주고 있다. 2번째 시험표본의 실제 label과 예측 label 그리고 예측 label 확률을 보여주고 있으며 2번째 시험표본의 각 특성 변수 기여도의 구체적인 값은 그림에 커서를 대거나 predict_and_contrib 함수를 이용하여 산출할 수 있다.

```
show(ebm.explain_local(X_test[:5], y_test[:5]))
```

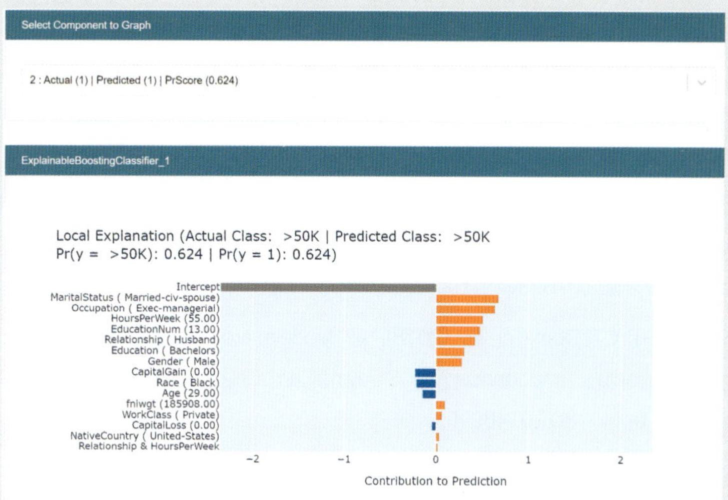

참고문헌

국외도서

• Bagheri, R. (2022). Introduction to SHAP values and their application in machine learning.

• https://towardsdatascience.com/introduction-to-shap-values-and-their-application-in-machine-learning-8003718e6827

• Baj, G. and Cina, G.C. (2022): Explainability for tree-based models: Which SHAP approximation is better?

• https://pacmedhealth.medium.com/explainability-for-tree-based-models-which-shap-approximation-is-best-6df78bc5d086

• Beck, A., and Teboulle, M. (2009). A Fast Iterative Shrinkage-Thresholding Algorithm for Linear Inverse Problems. SIAM Journal on Imaging Sciences, Vol. 2, Iss. 1.

• Bentley, J.L. (1975). Multi Dimensional Binary Search Trees Used Associative Searching. Communication of the ACM, 18, 509-517.

• Breiman, L. (2001). Random Forests. Machine Learning, 45, 5-32.

• Charpiat, G., Girard, N., Felardos, L., Tarabalka, Y.(2019). Input Similarity from the Neural Network Perspective. Advances in Neural Information Processing Systems 32.

• Covert, I. and Lee, S. (2021). Improving KernelSHAP: Practical Shapley Value, *Estimation via Linear Regression. Proceedings of the 24th International Conference on Artificial Intelligence and Statistics.*

• Dhurandhar, A., Chen, P-Y., Luss, R., Tu, C-C., Ting, P., Shanmugam, K., Das, P. (2018). Explanations based on the Missing: Towards Contrastive Explanations with Pertinent Negatives. arXiv:1802.07623v2.

• Fisher, A., Rudin, C., Dominici, F. (2018). All Models are Wrong, but Many are Useful: Learning a Variable's Importance by Studying an Entire Class of Prediction Models Simultaneously. arXiv:1801.01489v5.

• Gurumoorthy, K. S., Dhurandhar, A., Cecchi, G., Aggarwal, C. (2019). Efficient Data Representation by Selecting Prototypes with Important Weights. arXiv:1707.01212v4.

- Jacovi, A., Swayamdipta, S., Ravfogel, S., Elazar, Y., Choi, Y., Goldberg, Y. (2021). Contrastive Explanations for Model Interpretability. arXiv:2103.01378v3.
- Jun, K. and Nowak, R. (2016). Anytime Exploration for Multi-armed Bandits using Confidence Information. http://proceedings.mlr.press/v48/jun16.pdf
- Kaufmann, E. and Kalyanakrishnan, S. (2013). Information Complexity in Bandit Subset Selection. JMLR: Workshop and Conference Proceedings vol 30 (2013) 1-24.
- Kim, B., Wattenberg, M., Gilmer, J., Cai, C., Wexler, J., Viegas, F., Sayres, R. (2018). Interpretability Beyond Feature Attribution: Quantitative Testing with Concept Activation Vectors. arXiv.1711.11279.
- Looveren, A. V., and Klaise, J. (2020). Interpretable Counterfactual Explanations Guided by Prototypes. arXiv:1907.02584v2.
- Lou, Y., Caruana, R., Gehrke, J., Hooker, G. (2013). Accurate intelligible models with pairwise interactions. KDD '13: Proceedings of the 19th ACM SIGKDD international conference on Knowledge discovery and data mining, pp 623-631.
- Lundberg, S.M. and Lee, S. (2017). A unified approach to interpreting model predictions. Adv. Neural Inf. Process. Syst. pp. 4765–4774.
- Nori, H., Jenkins, S., Koch, P., Caruana, R. (2019). InterpretML: A Unified Framework for Machine Learning Interpretability. arXiv:1909.09223v1.
- Ribeiro, M. T., Singh, S., Guestrin, C. (2018). Anchors: High-Precision Model-Agnostic Explanations. *Association for the Advancement of Artificial Intelligence*.
- Samoilescu, R-F., Looveren, A. V., Klaise, J. (2021). Model-agnostic and Scalable Counterfactual Explanations via Reinforcement Learning. arXiv:2106.02597v1.
- Sand (2020). ML Model Interpretability : ELI5 & Permutation Importance
- Shapley, L.S. (1951). Notes on the n-Person Game — II: The Value of an n-Person Game. Santa Monica, Calif.: RAND Corporation.
- Shrikumar, A., Greenside, P., Shcherbina, A., KundajeAvanti, A. (2016). Not Just a Black Box: Learning Important Features Through Propagating Activation Differences. arXiv:1605.01713.
- Wachter, S., Mittelstadt, B., Russell, C. (2017). Counterfactual Explanations without Opening the Black Box: Automated Decisions and the GDPR. arXiv:1711.00399v3.
- Wick, F., Kerzel, U., Feindt, M. (2020). Cyclic Boosting-an explainable supervised machine learning algorithm. arXiv:2002.03425v3.

국내도서

- 박유성(2021). Stable Baselines를 이용한 강화학습. 자유아카데미
- 박유성(2022). 파이썬을 이용한 통계적 머신러닝. 자유아카데미

웹페이지

- https://readthedocs.org/projects/alibi/downloads/pdf/latest/
- https://shap.readthedocs.io/en/latest/index.html
- https://lime-ml.readthedocs.io/en/latest/lime.html
- https://interpret.ml/docs/ebm.html

찾아보기

D

E

F

G

alibi · lime · shap · ELI5 InterpretML을 활용한 XAI

저　　자　박유성
발 행 인　김지영
발 행 처　자유아카데미
주　　소　경기도 파주시 회동길 37-42
　　　　　파주출판도시
전　　화　031-955-1321
팩　　스　031-955-1322
홈페이지　www.freeaca.com
전자우편　main@freeaca.com(대표)
　　　　　editor@freeaca.com(편집)
　　　　　crm@freeaca.com(영업)
등　　록　제406-2003-017호, 1980. 7. 12
제1판1쇄　2024년 1월 15일 발행

ISBN 979-11-5808-533-9 93000